吴震著作集·阳明学系列

阳明后学研究

（重修增订本）

吴震 著

上海人民出版社

目录

目　录

序章　现成良知

——阳明学及其后学的思想展开

阳明学的最高命题是“致良知”，而“现成良知”则是阳明学思想体系中蕴含的一个重要观念。尽管王阳明在生前就何谓“良知本体”或“良知工夫”等理论问题有系统的阐发，建构起一套良知学的思想体系，但是，在阳明后学的思想发展中，王门诸子从本体与工夫等角度出发，对“良知”问题展开了持续深入的探讨，出现了各种“王门良知说”，特别是围绕“现成良知”问题竟产生了严重的意见分歧，引发了种种思想争议，构成了阳明学派分化发展的重要因素，同时也成为后人探求阳明心学发展趋向的一大焦点。通过从历史和理论两个层面，对这些思想分歧及其争议进行梳理和探讨，将有助于我们更全面地了解阳明学的义理内涵以及阳明后学思想发展的各种可能性。

一　现成、见在、当下

所谓“现成良知”，其意无非是说“良知是现成的”。从思想上看，何谓“现成”？何以在“良知”之前要冠上“现成”一词？却是值得深思的问题。故有必要先从“现成”一词说起。

先来看一下东林党人顾宪成弟子史孟麟（号玉池，1559—1623）对现成良知说的一个批判：

人心有见成的良知，天下无见成的圣人。[①]

这是史玉池以李贽（号卓吾，1527—1602）为批判对象而说的一句话，根据他的观察，李卓吾在南京"讲心学"时，口口声声"说每个人都是见见成成的圣人"。[②]这里出现了两个关键词："见成良知"和"见成圣人"。依照史玉池的判断，由"见成良知"必可推出"见成圣人"的结论，而"见成圣人"一说，显然是荒谬绝伦的说法，因此，作为其前提的"见成良知"说也必然是一个荒唐至极的观点。

另一位晚明重要思想家刘宗周（号念台，1578—1645）对心学末流也非常不满，他注意到晚明心学有一种"现成圣人"说，并断然指出"自古无现成的圣人"[③]，与上述史玉池的说法如出一辙，不过，他从义理出发，又肯定"良知本是见成"。[④]这就表明"现成良知"问题具有一定的义理复杂性。

由以上所举史玉池和刘念台的例子说明，在晚明时代，"现成良知"似已成为一个思想热点而广受关注，尽管主要是

① 顾宪成：《当下绎·过去未来》，清康熙年刊本《顾端文公遗书》所收。

② 同上。

③《刘子全书》卷一《人谱·证人要旨》，清道光年间刊本，叶6下。按，刘念台以下之言亦值得注意："学者若不合下信得自己原是圣人，如何有亲切下手工夫？"（同上书卷十九《答胡生二》，叶23下—24上）"今日开口第一义，须信我辈人人是个人，人便是圣人之人，圣人却人人可做。于此信得及，方是良知眼孔。"（《刘子全书遗编》卷一《语类》，叶4上。又见《刘子全书》卷十三《会录》，叶15上）

④《刘子全书》卷二十一《重刻王阳明先生传习录序》，叶17下。

被当作批判的靶子来看待的。须指出的是，史玉池所说的“见成”与刘念台所说的“现成”，意思完全一致，其中的“见”读作“现”。大致说来，所谓“现成”，与我们现在所说的“现成享受”中的“现成”一词，意思是相同的，意指已经“做好了”的某种事物。当然，“现成”一词本非书面语而是当时的一种口语，或称“俗语”，作为记述文字的出现，似与翻译佛经有关。比如唐僧玄奘翻译的早期佛典《具舍论》卷二十中，有这样一句：“有作用时，名为现在。”意即通常所说的现世存在，而“现成”一词也含有现世存在这层意思。这是从“作用”的角度来命名“现在”，其中已有一种哲学概念的含义。此外在佛经中也常用来指称“三世”（过去、现在、未来）之一。要之，“现成”一词，自唐代禅学盛行以后，逐渐被广泛使用，其主要意思是指不假造作安排、现今成就。[①] 到了宋代，语录体大为盛行，“现成”一词已经不再局限在佛学内部，而转化为社会上的一般用语。

如果从现世存在、现今成就的角度看，那么“现成”一词又含有时间的含义，意近“现在”（又作“见在”），是相对于过去、未来而言的表示时间序列的概念。作为时间概念的“现成”，又有其他与此含义接近的用语，例如“当下”“当时”“见在”等。康熙年间刘淇（生卒不详）《助字辨略》卷二“当”字条对“当下”和“当时”的解释或许有助于我们的理解，他说：

> 当下，犹云即时也。
>
> 当时，与当下义近，举见在而言，言在此一时即为

① 参见宋僧圜悟克勤（1063—1135）：《碧岩录》第九则；丁福保编：《佛教大辞典》“现成”条。

是耳。①

其中，一连出现了“当时”“当下”“见在”三词，从广义上说，均与我们这里所说的“现成”一词之意相同。在阳明学特别是阳明后学的思想语言当中，“现成”往往又作“见成”或“见在”，其例不胜枚举，阳明就使用“见在”一词，来强调良知的“见在”性，实质上也就是强调良知的“现成”性，这一点有待后述。

其实，在宋代文献尤其是在语录体的文章当中，也时常可以看到“见在”“当下”等词，基本上也属于“现成”一词的语义范围。与此相似的还有“合下”一词，也频繁出现，例如程颢（号明道，1032—1085）曾说：“颜子合下完具”“孟子合下大”②。朱熹（号晦庵，1130—1200）亦云：“‘大学之道，在明明德’，谓人合下便有此明德。”③此所谓“合下”，从其文脉来看，实与“当下”“见在”等词的意思相近，强调的是人心即可当下就具备“明德”这层意思。朱子又说：

> 究观圣门教学，循循有序，无有合下先求顿悟之理。④

这是就工夫论而言，否定即刻当下“先求顿悟”的工夫主张。

值得注意的是，朱子此说显是针对陆九渊（号象山，1139—1193）之流而发的。根据另一份史料的记载，陆象山之兄陆九皋曾对象山“只主张见在”的观点，意有不满，劝

① 刘淇：《助字辨略》，中华书局，1954年，第93页。按，“当时”语见《史记·酷吏列传》。

② 《程氏遗书》卷三，《二程集》，中华书局，1981年，第62页。

③ 《朱子语类》卷十五，中华书局，1986年，第289页。

④ 《朱子文集》卷五十三《答刘公度》第六书，京都中文出版社刊和刻近世汉籍丛刊本，第3740页。

其“不可儿戏度日，视听言动之际、三千三百之微，不可不察”①。在著名的“鹅湖之会”上，象山作诗《鹅湖和教授兄韵》，其中有一句：

> 易简工夫终久大，支离事业竟浮沉。欲知自下升高处，真伪先须辨只今。②

正是这句诗引发了朱子的强烈不满，预示朱陆之争的开场，此且不论。重要的是，所谓“主张见在”“须辨只今”，显然，这两个说法在象山那里自有其思想上的深意，其中“见在”与“只今”的意思是基本一致的，均指“当下”。在朱子看来，所谓“见在”，便是象山所主张的“当下便是”（或“合下便是”）。朱子认为，象山根据“当下便是”的观点，便于“许多道理切身要紧去处不曾理会”，不仅如此，象山还自以为“实见得个道理恁地，所以不怕天、不怕地，一向胡叫胡喊”③。可见，围绕“当下便是”“主张见在”等说，早在朱陆的时代，便已作为一项重要的思想议题而被凸显出来，成为理学与心学分庭抗礼的一个标志。

不过，对我们来说，这些思想争辩的是非对错可以暂且放下④，令我们关注的是，这里出现的一系列概念：“合下”“当下”“只今”“见在”等，其实在一般意义上，都可与“见

---

① 《陆子学谱》卷五《家学·陆修职九皋》，引自《江西人物志木传》。

② 《陆九渊集》卷二十五，中华书局，1980年，第301页。

③ 《朱子语类》卷一二四，第2981页。

④ 若从阳明学的角度看，结论就可能非常不同。如阳明再传弟子周海门便针对朱子的象山批判来了个彻底扭转，尖锐指出：“观晦庵之言，句句说着。夫心外更有何物，心外更有何事哉？孟子而后要个能不怕、能叫喊者，陆子一人而已。”（《东越证学录》卷三《武林会语》，台湾文海出版社影印万历三十三年序刻本，第243页）

在”“现在”“现成”的语意相通，都属于即刻当下这一时间性概念，本来并不含有特殊的哲学意味。但是若从思想上看，“合下便是”，“当下即是”或“主张见在”等作为一种思想主张，则其中已然别具深意，涵指形上存在即是“当下”存在，绝对本体就在“当下”呈现，工夫实践更须关注“当下”“见在”，于是，见在或现成等原本属于时间性的概念，变成了某种本体的存在方式或呈现方式的一种观念表述。例如泰州学派罗汝芳（号近溪，1505—1588）弟子杨起元（号复所，1547—1599）有一段非常经典的论述，值得重视，他认为孟子性善论、良知说，都是指“现在”（即“见在”）而言：“皆指现在平铺于日用之间者言之”，“现在”良知对人而言，意味着“无古今、无圣愚，人原是天，目原天明，耳原天聪，一切动作原是天运，现无欠缺，现无矫揉”，因此，“天下之道，只在当下；圣人之学，只求当下。当下学到终身，终身只是当下。”①这应当就是阳明后学中具有典型意义的“现成良知”说、“见在良知”说、“当下良知”说。

要之，阳明学及其后学中出现的“现成良知”或“见在良知”的说法，其实便是心学思想的一种观念表述，旨在肯定良知本体的当下性、现成性、见在性等特征，旨在宣称良知存在既是形上存在又是当下存在，既是超越存在又是现实存在。正所谓“不离日用常行内，直造先天未画前”（阳明诗），阳明这句脍炙人口的诗句便是现成良知理论的生动刻画。

① 杨复所：《证学编》卷四《宏山先生语录序》，《四库全书存目丛刊》子部第90册所收北京图书馆藏万历四十五年佘永宁刻本，第387—388页。

二　良知正指见在而言

我们先来看一段清初学者王嗣槐（生卒不详）对阳明良知学的一个尖锐批评：

> 阳明之致良知，也是从现成说的，去人欲，也是从现成说的。不但从圣人说，也是个现成的圣人，从孩提说，也是个现成的孩提，即从庸众人说，也是个满街都是现成的圣人。①

这段话的思想倾向性非常显著，几乎是对阳明良知学的全盘否定。只是他的眼光虽然非常独特，尽管其对阳明学的义理了解不免有限。在他看来，"现成"一词在阳明学的思想体系当中具有非同一般的特殊含义。其中所谓"满街都是现成的圣人"，不用说，其典故出自《传习录》卷下，是阳明分别回答王艮（号心斋，1483—1541）和董澐（号萝石，1457—1533）的提问时所说的一句话。但是原文中并没有"现成的"三字，显然经过王嗣槐的重新解读，在他的理解中，所谓"满街都是圣人"必是指"满街都是现成的圣人"，而且他使用一连串"现成的"，用来修饰"良知"，显然别有用意。他非常肯定地认为，"现成"乃是阳明学的关键词，而且是确凿无疑的事实。

那么，阳明自己到底有没有使用过"现成"一词呢？事实上，就现存阳明文献来看，其中从未出现过"现成良知"四字熟语，阳明常用的是"见在"一词，一共只有以下三例：

> 只存得此心常见在，便是学。过去、未来事，思之何

---

① 王嗣槐：《桂山堂读传习录辨》卷一《事物辨》一，转引自荒木见悟：《中国心学の鼓动と佛教》第5章"毛稚黄の欲望格去说"，中国书店，1995年，第240页。

> 益？徒放心耳。①
>
> 吾辈致知，只是各随分限所及。今日良知见在如此，只随今日所知，扩充到底。明日良知又有开悟，便从明日所知，扩充到底。如此方是精一功夫。②
>
> 良知无前后，只知得见在的几，便是一了百了。③

此处三例的“见在”，都是与“过去、未来”相并列的时间性概念。阳明旨在强调，过去或未来之事，无论怎样去冥思苦想，也得不到任何现实的效果，因此重要的是，必须就目前当下落实致良知工夫。这便是阳明所言“见在”的旨趣所在。但这并不是说，“见在”一词只具有即刻当下落实致良知工夫这一工夫论意义，因为根据“今日良知见在如此”的表述，完全可以推论出“良知见在”或“见在良知”这一观点，而所谓“见在良知”，便蕴含本体论的意义，意谓良知本体是即刻当下的存在。质言之，若欲从工夫上去把握“见在如此”的良知，其前提必须肯定良知就是“见在”的。

从历史上看，“现成良知”（或“见成良知”）作为一个固定概念，实是阳明弟子王畿（号龙溪，1498—1583）所特别强调的，甚至可以说，“现成良知”乃是龙溪思想的一个标志。在龙溪看来，这是阳明良知学的题中应有之义。不过在我们

① 《传习录》上，第79条。条目数字据陈荣捷《王阳明〈传习录〉详注集评》，台湾学生书局，1983年。

② 《传习录》下，第225条。按，顾宪成《当下绎·过去未来》中也引述了上面两条阳明语，并用“有常”与“无常”、“主宰”与“变化”这对概念来进行评论：“看前一条，则事有去来，心无去来，于此可以识当下之有常；看后一条，则今日有今日之见在，明日有明日之见在也，于此可以识当下之无常。有常语主宰也，无常语变化也。当下之时义大矣哉！”

③ 同上书，第281条。

看来，“现成良知”说乃是龙溪重新解读阳明的一个结论，这是毋庸置疑的。事实上，在各种“王门良知说”当中，龙溪的“现成”说最具代表性，而且其影响也最大。不过，对龙溪而言，他绝不会承认“现成”说是由自己的凭空想象而得来，相反，乃是他根据阳明师说而得出的必然结论。他曾以断然的口吻，强调指出阳明的良知概念可以“见在”两字来加以概括：

> 先师提出良知二字，正指见在而言，见在良知与圣人未尝不同。①

这是肯定阳明所言良知正是指向“见在”而言。在阳明第一代传人当中，恐怕唯有龙溪一人敢于这样断定。

其中后一句“见在良知”，其意与“现成良知”是一致的；至于“与圣人未尝不同”，则意指良知存在是绝对普遍的、人人同具的。准此，则“现成”一词并不是指“现在”这一单纯时间概念，更是指向良知存在具有先天性、遍在性之特征等哲学含义。也就是说，“见在良知”或“现成良知”即指良知是一种先天的、普遍的存在，而不是后天通过学习而得到的，也不是仅限于个别优秀人物（如圣人）才具备的。至此我们可以断定，“现成良知”说乃是良知本体论的一种论述，其所表明的并不仅仅是一种工夫论主张。

然而，在阳明后学当中，围绕“现成”或“见在”一词，却引发了种种意见冲突，龙溪对阳明的良知解释也招致不少反对意见，形成了各种王门良知说，其中最典型的一个观点便认为：

---

① 《龙溪集》卷四《与狮泉刘子问答》，京都中文出版社刊和刻近世汉籍丛刊本，第309页。

良知无见成，由于修证而始全。①

这是龙溪对王门良知说的归纳之一。此说是针对“见成良知”说的一个批评，通常认为，这是阳明后学中“修证派”的观点。依此观点，良知并不是“见成”的存在，唯有通过“修证”工夫，才能获得对良知的确切把握。

然而，现成说不仅遭到来自“修证派”的反对，更是“归寂派”集中攻击的对象。例如，即便阳明逝世三十多年以后，在嘉靖壬戌（1562）仲冬，“归寂派”代表人物罗洪先（号念庵，1504—1664）就与王龙溪围绕现成良知问题发生了一场辩论，念庵的批评非常尖锐：

世间那有现成良知？良知非万死工夫，断不能生也，不是现成可得。②

这是对“现成良知”说的全般否定，在阳明后学当中，是一个非常著名的观点。由此推论，念庵显然不会认同“现成良知”是阳明良知学的精义所在，恰恰相反，在他看来，“现成良知”必导致种种严重的后果，其中之一就是对工夫问题的忽视。然而须指出的是，当龙溪说良知是“见在”或“现成”的，意指良知既是先天存在，又是现实存在，属于良知本体论问题；而当念庵说良知“不是现成可得”时，讲的却是工夫论问题。显然这是属于两个不同层次的问题，表明两人对“现成良知”说的理解角度发生了根本的偏差。

其实，关于念庵与龙溪两人的观点冲突，在当时就已引起

---

① 《龙溪集》卷一《抚州拟岘台会语》，第 163 页。

② 《念庵集》卷八《松原志晤》，雍正元年刊石莲洞藏本，叶 38 下。按，龙溪对此有所反驳，见《龙溪集》卷十四《松原晤语寿念庵罗丈》。

了关注，如与龙溪曾有交往的耿定向（号天台，1524—1597）就不明白罗念庵为何要否定良知是“现成”的这一观点，他诘问道：“良知若非现成，又岂有造作良知者乎？”① 意思很清楚，如果否定良知是现成的，那么就有可能导致一种非常可怪之论：良知是后天由谁创造出来的。显然，耿天台是根据孟子所说的良知乃是“不虑而知不学而能”的这一良知观念而提出的质疑。但是对念庵而言，问题不在于“良知”本身，而在于“现成”一词所含有的语意表明，良知若是“现成”的，则必将导致一种错误的想法：以为致良知工夫不再需要。

另一方面，念庵与龙溪的这场争论也引起了明末东林党人顾宪成（号泾阳，1550—1612）的关注，尽管他对阳明后学尤其是王龙溪的批判可谓不遗余力，但是对于罗念庵为何有“世间那有见成良知”这一问，他也表示很难理解。于是，他要为念庵的“苦心”寻找理由，进而辩护道：难道念庵“宁不晓得”“良知不是见成的，难道是做成的”这层道理吗？他说：

> 罗念庵先生曰：“世间那有见成良知？”良知不是见成的，那个是见成的？且良知不是见成的，难道是做成的？此个道理稍知学者，类能言之。念庵宁不晓得而云尔？只因人自有生以来，便日向情欲中走，见声色逐声色，见货利逐货利，见功名逐功名。劳劳攘攘，了无休息，这良知

---

① 黄宗羲：《明儒学案》卷三十五《天台论学语·刘调父述言》，中华书局，1985年，第825页。按，查明刻本《天台集》（台湾文海出版社影印万历二十六年序刻本），无此文。据刘元卿（1544—1609）的记录，天台原话如下：“文恭（念庵）目及□世学者多以意识见解承当，颇欲矫正，至谓‘世间岂有现成良知’？夫良知非现成，为复造作者耶？”（刘元卿：《山居草》卷二《昭代儒宗辑略序》，万历二十一年序刻本，叶45下。）

> 却掷在一边，全然不采，有时觌面相逢，亦漠然不认，久久习熟那一切后来添上的，日亲日近，遂尔不招而集，不呼而应，反似见成。那原初见成的日疏日远，甚且嫌其能觉察我，能检点我，能阻碍我，专务蒙蔽，反成胡越。于此有人焉为之指示本来面目，辄将见成情识，冒作见成良知。这等乱话，岂不自欺欺人？于此又有人焉提出个致字，谓须著实去致，方得良知到手。辄又言良知不虑而知、不学而能，本自见成，何用费纤毫气力？这等大话，岂不自误误人？其为天下祸甚矣。念庵目击心恫，不得已特开此口，以为如此庶几。
>
> "世间那有见成良知？"犹言："世间那有见成圣人？"①

顾宪成为念庵的辩护，同时也意味着对龙溪的批判。在他看来，那些主张良知现成者，表面看似乎振振有词，无不以孟子的"不虑而知不学而能"为依据，但究其实质，却是"将见成情识，冒作见成良知"，使得"原初见成的"（良知）反而"日疏日远"，导致行为上的颠倒错乱（"反成胡越"），甚至个个自任是"见成圣人"。这就是念庵为何要发出"世间那有见成良知"这一看似有悖孟子良知说的根本疑问之用心所在。显然，顾宪成的回护与批评自有其立场预设，若就龙溪来看，若把"见成情识"等同于"见成良知"，岂不也是十分可怪之论？

因此我们还是要回到"现成良知"说的问题原点上来。如上所述，"现成良知"正可转换成"良知即现成"这一命题。而"良知即现成"这一命题首先就涉及对"良知"的理解问

---

① 顾宪成：《小心斋札记》卷十一，台湾广文书局1975年影印本，第274—275页；同上书，第277页（又见顾宪成：《当下绎·过去未来》）。

题。在阳明学那里，所谓“良知”，当然是指“是非之心”或“是非之则”，就此而言，与孟子的说法没有根本区别，良知是是非善恶的判断标准，亦即道德法则。这其实是儒家学者的共识。不过，按照阳明学的良知理论，“现成良知”乃是对孟子良知说的一个理论发展。然而这并不意味着阳明良知学脱离了孟子学的义理方向。关于阳明心学与孟子思想的关系，其实早在晚明时代，就有不少学者指出阳明学源出孟子。例如，阳明弟子薛侃（号中离，1486—1546）指出：阳明之学“得之孟子”①。对心学不无批评的晚明儒者方弘静（号采山，1516—1611）也指出：“阳明比朱子于杨、墨、洪水猛兽，盖欲自为孟子，此醉梦语也。”②这是批评阳明自比孟子以攻击朱子。刘念台则明确指出：“朱子之学，孔子之教也；阳明先生之学，孟子之教也。”③及至清初，朱子学者吕留良（号晚村，1629—1683）也指出：“阳明以‘洪水猛兽’比朱子，而以孟子自居。”④语气与方弘静如出一辙。可见，将阳明良知学上溯至孟子，几乎是晚明以来的一项共识。当然，对阳明而言，在回归孟子的过程中，他首先须应对的是朱子学问题，只有超越朱子

---

① 薛侃：《王门宗旨》附录《云门录》卷一，日本名古屋蓬左文库藏本。

② 方弘静：《千一录》卷七《子评》，京都大学人文科学研究所摄美国哈佛大学图书馆藏明刊本，叶26上。

③ 《刘子全书》卷十三《会录》，叶28上。不过，晚年念台对阳明学亦有批评：“岂知阳明立言之病，正是以《大学》合孟子，终属牵强。”（同上书卷十九《答韩参夫》，叶41上下）念台又指出阳明以良知解《大学》，“殊非本旨”（同上书卷十一《学言·中》，叶18下）。但是，念台的这个批评却表明他未能最终了解阳明“学庸合一”这一心学立场。

④ 吕留良：《吕晚村先生文集》卷一《与施愚山书》第1书，光绪三十四年翻刻本，叶15下。按，阳明语见《传习录》中《答罗整庵少宰书》，第176条。

学，才能开辟出阳明学的一片新天地。

质言之，王阳明在思想上由质疑朱子开始，中间经历了“格竹”失败以及“龙场悟道”的生命体验，最终达到的思想原点是“心即理”。意指判断是非的主体存在（心），同时又是是非准则本身（理）。换言之，道德主体与道德法则具有同一性，此即阳明所说“尔那一点良知，是尔自家底准则”①的意思，强调本心良知与是非准则的同一性。显然，“心即理”是针对“析心与理为二”的朱子学而提出来的。其中的关节点在于对“心”的理解。朱子不能认同作为道德本体的“心”，而只能认同作为认知能力的“心”，此“心”虽然具有主导意识活动的功能性作用，但其本身由于受理气两重性的影响，因此，一方面理在心中，心具众理，心具有统合性情的能力，而这种能力之所以可能的依据则是心中之理；另一方面，人心乃至人性又是禀受阴阳两气而生，构成人心中的气质成分，故人又极易受气质蠢动的牵引，潜伏着人欲的可能性，从而导致人心偏离正轨、迷失方向。基于此，“心”必须受性之本体（理）的规范，来克服人心中的私欲倾向，并通过一套即物穷理的工夫，由此打通心与理的隔阂，以实现“心与理一”的道德境界。②但是，在阳明看来，朱子所说的“心与理一”，其间下一“与”字，终不免“析心与理为二”③。在“心与理”合一的

① 《传习录》下，第206条。

② 如朱子指出：“他内外未尝不合。”（《朱子语类》卷十五，第296页）他继承的是二程的观点：“理与心一，而人不能会之为一。”（《程氏遗书》卷五，《二程集》第76页）但是，程朱此说只是表明工夫熟后的境界，而绝不意味着心与理的本质同一。

③ 《传习录》上，第33条；《传习录》中，第135条。

问题上，阳明与朱子的根本不同是：在阳明那里，主要是在本体论意义上规定了“心即理”；在朱子则主要是指工夫熟后之境界。[①] 而阳明晚年提出的“致良知”说，与其“心即理”命题存在密切的理论关联。因为，良知是心之本体，同时又是判断是非之准则，所以，道德主体与道德法则在“良知”中获得自我同一。

那么，在良知前冠上“现成”，又意味着什么？具体而言，“现成良知”具有两层意思：一是指良知的先天性，一是指良知的显在性。所谓“先天”，相对于“后天”而言，意指超越现象层次的本质存在。所以，龙溪甚至用“先天之学”[②] 来指称良知之学。所谓“现成”，其意无非是欲强调良知的先天性、普遍性。在阳明那里，当他说良知“人人自有，个个圆成”“不假外慕，无不具足”[③]，又说良知是“本来天则”[④]，其意就是强调良知的先天性和普遍性。不过重要的是，“先天”不能脱离“后天”，如龙溪所说：“非后天之外，别有先天也。”[⑤] 也就是说，作为“先天性”的良知同时又具有“显在性”——当下存在、当下呈现。

所谓“显在”，又称“普现”或“显现”，原是佛学用语，如《华严经》云：“佛自充满于法界，普现一切群生前。”然而关于本体存在的显在性，其实，程朱学的“理一分殊”命

---

① 如朱子所云：“物格后，他内外自然合。”(《朱子语类》卷十五，第295页）

② 《龙溪集》卷八《先天后天解义》。按，龙溪的这个说法源自《易·乾卦·文言传》中“先天而天弗违”一句。

③ 《传习录》上，第107条。

④ 《传习录》下，第295条。

⑤ 《龙溪集》卷七《南游会纪》，第511页。

题，正是阐发了理本体的先天性与显在性的关系问题。也就是说，理既是形上存在，同时理又散在万殊，必然在万事万象中“显在”，绝不是与现象界完全脱离、毫无关联的。周敦颐所说的“物有太极”，也是这个意思。即是说作为宇宙万物的根本原理，同时又内在于万物之中。换言之，也就是形上之理不得不呈现于形下的现象界中，不得不通过形下世界来呈现自身。而且这种“呈现”，绝不是理的分割，而是理的全体呈现。程明道指出：“形而上者，存于洒扫应对之间。”① 所强调的也是“理一分殊”的道理。及至阳明，在他的良知学当中，当然也包含形上形下相即不离这层含义，他指出：

良知只是一个，随他发见流行处，当下具足。②

讲的便是良知的显在性、当下性、具足性。这与“理一分殊”说，内涵虽不同，但在思维结构上却颇相似，即承认作为终极存在的“良知”必然在“分殊”处发用流行、展现自身。上面所引“今日良知见在如此”中的“良知”也是指在显现层次上（即“发见流行”或“发用流行”）的良知。故在阳明良知学当中，良知不是脱离形下世界的抽象化观念，它必然同时又是“发见流行”而且是“当下具足”的具体存在。只是阳明并不使用“理一分殊”这一表述方式，而是更多地用“万物一体”“体用一原”③ 来表述这一思想，甚至认为从天地鬼神到草木瓦石，也无不有人的“灵明”（即“良知”）。

---

① 《程氏粹言》卷一《论道篇》,《二程集》，第1175页。

② 《传习录》中，第189条。

③ 阳明喜用伊川“体用一原，显微无间”（见伊川《易传序》）一语，查《传习录》中共有5处，查《阳明文录》(《王阳明全集》卷四至卷八）中共有2处。

总之，在朱子哲学中，“理”具有外在客观的定理之意，阳明则把这个“理”收归于“心”，并用“良知”来取代（如“良知即天理”），于是，作为心体存在的良知便具有如同“天理”一般的本体性、至上性。另一方面，这种形上本体又不能抽离于形下世界或孤悬于生活世界之外，因此，良知本体又必然是现成圆满的、当下具足的。不过，在有些人看来，良知现成、当下即是之类的主张，将导致对工夫问题的漠视甚至是取消，反而使得良知本体脱离日常生活，任由人心自己说了算，以至于个人的心体能力得以无限膨胀，从而陷入主观的“独断主义”。事实上，罗念庵之所以强调“世间那有现成良知”，其根本原因就在于他担心良知现成说可能引发上述流弊。① 当然，念庵对良知的理解是否符合阳明学的义理，则是另一层面的问题。

三　见在良知与见在工夫

如果说“现成良知”主要是就本体立论，那么，从工夫层面看，“现成良知”如何转化出良知工夫？这里就涉及“见在工夫”的问题。阳明指出：

> 说致良知，即当下便有实地步可用工。故区区专说致良知，随时就事上致其良知，便是格物。②

这里所说的“当下”一词，其实与“现成”“见在”等意同，都是时间概念，涵指即刻当下，这与现成良知或见在良知所说的良知便是即刻当下的存在，在含义所指上是基本相同的。换

① 参见《念庵集》卷五《夏游记》。

② 《传习录》中，第187条。

言之，现成良知或见在良知所强调的正是良知存在的“当下性”，而所谓“当下性”，也正是阳明良知说所强调的良知必当下呈现这层意涵。

在上述引文中，阳明强调在“即刻当下”“随时就事上”去“致其良知”，以此解释《大学》的“格物”说，依其文脉看，似乎是在解释何谓“格物”的问题，其实不然，阳明此处所阐发的思想正揭示了致良知工夫的方法论问题。所谓“随时就事”四字，便是致良知工夫的根本方法，告诉人们必须在任何时间任何地点任何事情——即在所有的生活场景中，都不能忘了致良知。显然，这种见在工夫之所以可能，就是因为良知存在本身就是“见在良知”或“现成良知”，也正由此，所以扩充良知的最好方法就是在“当下便有实地步处”去做“致良知”工夫。

与上述阳明的这段话相关，阳明大弟子钱德洪（号绪山，1496—1574）曾经引用了一段阳明另外一个说法：“师常曰：‘吾此意思有能直下承当，只此修为，直造圣域。’”① 这是阳明要求弟子门人按照他说的良知学说去“直下承当”，便可一直通向“圣域”，而且是直截了当的“直造圣域”。其中所谓的“直下承当”，令人关注。这个措辞，或与临济禅有关②，但在阳明学那里，则属“见在工夫”这一工夫层次上的重要表述。

---

① 《王阳明全集》卷二十六《大学问·跋》，上海古籍出版社，1992年，第973页。

② 黄檗对裴休说过一句名言：“当体便是，动念即乖。”（黄檗希运：《传心法要》，载《禅语录》第8册，筑摩书房1971年版，第6页）又云：“深自悟入，直下便是，圆满具足，更无所欠。”（同上书，第19页）这令人联想起阳明所说的“见在具足”。

阳明通过“心外无理”这一理论设定，得出了这样的结论：对理的把握，不是向外在主客体关系上进行分析把握，而是通过内心的“反观内省”①才有可能，因为“理”即心之本体，而心体是当下的存在，所以对心之本体（良知）就须作出即刻当下式的整体把握。这种整体把握，归根结蒂是一种直接的自我把握。所谓“直下承当”“当下即是”，可以说也就是一种“直觉”式的自我把握。

其实，关于这层义理，陆象山已有一个很贴切的表述，即：“一是即皆是，一明即皆明。”②阳明亦用“一真一切真”③这一禅语（语出《坛经》），阐明了这种“当下即是”式的实践方式。阳明弟子欧阳德（号南野，1496—1554）也注意到这种工夫的重要性，他坦承这个说法虽源自佛教，但是儒家圣学也概莫能外。④可见，从象山到阳明，再发展到阳明后学，他们更在意从“明/暗”“是/非”“真/假”的角度来关注本心、良心、良知等本体工夫问题。从这个角度看，所谓“当下即是”“一真一切真”，并不是默坐澄心、直觉顿悟的说法，而是说良知本心必然在“随时就事上”直接地、即刻当下地自己意识到自己的“明”与“是”与“真”，如若不然，则一切皆暗、皆非、皆假。

龙溪亦承阳明此意，断然指出：

---

① 《传习录》中，第174条。

② 《陆九渊集》卷三十五《语录》，第469页。

③ 《王阳明全集》卷四《与薛尚谦（戊寅）》，第170页。

④ “‘一真一切真’，此虽佛氏语，然圣学亦不能外也。”（《南野集》卷三《答张维时》，嘉靖三十七年序刻本，叶7下）

圣学只论见在工夫。①

这个说法已经将“见在工夫”提升至具有普遍义的高度，也就是说，儒学工夫就是具有普遍意义的“见在工夫”。

当然，龙溪之意并不是说儒家思想的全部内容只有“见在工夫”这一条，而是说儒学在讲到工夫论时，更关注工夫的“见在”性、“当下”性，反对在语言概念、文字章句上的空头议论。这应当就是阳明所说的在“随时就事上”致良知之意。关于这一点，历来以为与龙溪思想不尽一致的钱绪山亦有认同，他指出：

格物之学，实良知见在功夫。……见在功夫，时行时止，时默时语，念念精明，毫厘不放，此即行著习察，实地格物之功也。于此体当切实，着衣吃饭，即是尽心至命之功。②

在这里，绪山的说法虽然没有像龙溪那样，将“见在工夫”直截了当地提到“圣学”的高度来表述，但是绪山显然说得更为具体，他用“时行时止，时默时语，念念精明，毫厘不放”等措辞来表达这样一层意思：良知的当下性、见在性就表现在非明即暗、非是即非、非真即假之间，容不得一丝一毫的间断、犹豫、等待，而必须在“时行时止”“时默时语”的瞬间，做到“念念精明”“毫厘不放”——即时时刻刻有良知观照，这就是绪山所理解的“见在工夫”。他还将“见在工夫”比喻成“着衣吃饭”，非常生动，在他看来，日常生活的一举一动，无不有良知的参与，因此任何日常生活行为，也就必然透露出

① 《龙溪集》卷八《中庸首章解义》，第579页。

② 《明儒学案》卷一十一《绪山论学书·与陈两湖》，第236页。

“尽心至命”的道德工夫。

不过，所谓“着衣吃饭”，也许会令人想起李卓吾的那句名言：“着衣吃饭即是人伦物理。”其实，在绪山，他并没有将“着衣吃饭”与“人伦物理”直接等同起来的意思，而是说就在“着衣吃饭”的过程中，可以当下呈现“人伦物理”。因此，不能对绪山所说的“着衣吃饭”一词作夸大解释①，而应看到“见在工夫”无非就是主张在现实生活当中去落实致良知的道德实践。

被认为是“王门修证派”的邹守益（号东廓，1491—1562）对“见在工夫”论更有关注，他也明确指出：

> 过去未来之思，皆是失却见在功夫。……精神见在，兢业不暇，那有闲功夫思虑过去、理解未来？……思曰

① 侯外庐等编《宋明理学史》下卷（人民出版社，1987年）讲到绪山思想时，对绪山使用“着衣吃饭”一词，似有夸大之解释。其实，“着衣吃饭”原为禅语，见《临济录》等。朱子也曾使用过此语，意在强调着实用功（参见《朱子语类》卷一二一，第2935页）。此语在明代似已成为一种“流行语”。被称为王门修证派的邹东廓曾指出：“穿衣吃饭，步步皆实学。”（《东廓集》卷五《简方时勉》，隆庆六年马森序刻安成佑启堂藏本，叶14下）与此相同，王龙溪亦云：“着衣吃饭，无非实学。”（《龙溪集》卷十二《与丁存吾》，第927页）另一位阳明弟子程松溪则云：“日用间视听言动，都如穿衣吃饭，要饱要暖，真心略无文饰，但求是当。”（《程文恭公遗稿》卷十四《复王龙溪书》，日本尊经阁文库藏万历十二年黄凤翔序刊本，叶2上）泰州学派的王东厓指出：“某临别数言，有曰：‘着衣吃饭，此心之妙用也。’”（《东厓王先生遗集》卷上《上敬庵许□司马书》，《四库全书存目丛书》集部第146册收嘉庆年间重修本，叶19下）耿天台曰：“夫入孝出弟，就是穿衣吃饭的。这个穿衣吃饭的，原自无声无臭，亦自不生不灭，极其玄妙者，人苦不著不察耳。”（《天台集》卷三《与周柳塘》第十五书，第343页。另参卷四《与吴少虞》第一书）诸如此类，不胜枚举。可见，阳明后学所云“着衣吃饭”与阳明的“见在工夫”说不无关系，然也不必由此断定是在主张“欲望肯定论”（如沟口雄三：《中国の私と公》，研文出版，1995年，第14页）。

> 睿，睿作圣。此是见在本体工程。①

所谓“精神见在”“见在本体”显然是指良知本体，而所谓的“见在本体工程”则是“见在功夫”的代名词。在邹东廓的说法中，显然有一层重要含义：即有必要对“见在本体”与“见在工夫”作一整体的统一把握，这个说法值得重视。这表明在阳明后学中，有关良知问题的思考及其讨论已经有了更深的理论开拓，由“现成良知”的问题更拓展出“当下”性、“见在”性等理论问题，相关讨论的影响甚至波及阳明学圈以外，例如后面将要看到的顾宪成。

另一位阳明弟子孙应奎（号蒙泉，生卒不详）在阳明后学当中是一位名不见经传的人物，学界历来对他缺乏必要的关注，但是他对阳明学的理解也有一定深度，他就注意到“见在”一词与阳明学的义理牵涉甚大。他从工夫论的角度，对“见在”问题有一个明确的诠释：

> 知者心之体，有知即是感，感即是意，意即是物，皆良知之用，一也。良知，见在之谓。致见在者，不息之谓也。夫既见在，则物格意诚而心正，一以贯之而无疑。②

这是说，因为良知就是“见在之谓”，所以致良知也就等于“致见在者”；而且既然良知是“见在”的，所以格物致知诚意正心等一套工夫，也必须以“见在良知”来贯彻。孙蒙泉此说可谓与龙溪“圣学只论见在工夫”如出一辙。

值得一提的是，在泰州学派特别是在罗汝芳（号近溪，

---

① 《东廓集》卷六《复濮工部致昭》，叶1上。按，参见《东廓集》卷六《复高仰之诸友》、卷七《贡院聚讲语》等。

② 孙应奎：《燕诒录》卷四《与友人论学》，京都大学附属中央图书馆藏万历三年孙应奎自序刻本，叶6下。

1515—1588）的思想圈内甚至流行一种“当下”论，也非常注重“见在工夫”说，以致时人有疑近溪为学“太受用现成”。[1]据耿天台所说，在嘉靖四十年代，近溪在任职南京期间，经常在讲会上向民众宣扬“当下承当”的理论[2]，受此影响，天台自己也努力效仿，常在讲会上强调：“教人须识当下本体。”[3]这个“当下本体”的说法，无疑就是“现成良知”之意。可见，不论近溪还是天台，他们都意识到“当下承当”与“当下本体”（即“见在工夫”与“见在本体”）在理论上有重要关联，当下本体必须当下承当，当下承当必有赖于当下本体，这与上述邹东廓的“见在本体工程”命题中所蕴含的必须对见在本体与见在工夫作一整体性把握的思想是完全吻合的。要之，“见在”同时指向本体与工夫的当下性。

近溪弟子杨起元（号复所，1547—1599）亦对近溪的“当下”理论十分认同，他甚至还有《当下吟》一诗，其首句便是：“学惟当下是真心。”[4]这应当就是阳明的“一真一切真”的另一种表述。当然，“真心”一词在阳明后学那里，实与良知为同义语，故所谓“当下是真心”，也就是说“当下”是“良知”，也无非就是现成良知说的另一表述而已。至此可见，“当下”论俨然成了良知理论的扩充推广版，几乎到了若论“良知”必论“当下”的地步。同时也可看到，由阳明的良

① 陈懋德：《刻罗明德先生遗集序》，见《罗明德公文集》卷首，东京内阁文库藏崇祯五年陈懋德序刻本。

② 参见《龙溪集》卷四《留都会纪》。

③ 同上。

④《杨复所先生家藏文集》卷八《当下吟二首示诸儿》，万历年间刘廷元序刻本。

知即“真知”“真己”①，发展到阳明后学那里，竟演变出良知即“真心”、良心即“童心”甚至“当下”即“真”等论述。

至于东林党人顾宪成，他对阳明后学（特别是对“无善无恶”说）的批判甚为严厉，这早已是耳熟能详的事实了。不过，他对晚明思想界流行的“当下”论也有重要关切，难得的是，他竟然也持肯定的态度。例如他的《当下绎》劈头一句便说：

> 近世率好言“当下”矣。所谓“当下”，何也？即当时也。此是各人日用间，现现成成一条大路。②

接着又说：

> 吾性合下具足，所以当下即是。合下以本体言，通摄见在、过去、未来，最为圆满。当下以对境言，论见在，不论过去、未来，最为的切。究而言之，所谓本体，原非于对境之外，另有一物，而所谓过去、未来要亦不离于见在也。③

这是从本体与工夫这两个层面对“当下”和“见在”两词所作的诠释。顾宪成一方面对心学末流的“当下即是”“一了百了”等说进行了批判，认为此类主张未免使人纵情恣意；另一方面又从“吾性合下具足”的角度，对“当下”一词本身作了正面

① 《传习录》上，第125条、第122条。

② 《当下绎·源头关头》。按，文中“现现成成”四字，清康熙年刊《顾端文公遗书》本原作“坦坦平平”，该本为张纯修重订，经此一改，语意全非。现据东京尊经阁文库藏万历刊本《当下绎》改，转引自鹤成久章：《顾宪成の〈当下绎〉について并びに译注（上）》，载广岛大学《东洋古典学研究》第5集，1998年5月）。

③ 《当下绎·源头关头》。

的肯定，甚至指出“当下之时义大矣哉”[①]，并且强调指出只有本体与工夫的统一，才是真正的“当下”。[②]

以上所见“见在本体”“见在工夫”“当下即是”“直下承当”等思想主张，都可看作是阳明学意义上的本体工夫论。若稍作分疏，其中有三层含义：一是强调良知存在的见在性、当下性；二是强调“着实用功”，即象山以来的“在人情事变上做工夫之说”[③]，也是阳明所说的“随时就事上”致良知工夫；三是强调“自然用功”，而此工夫并不牵涉人为安排、不为格套所拘、意识所转，主张在即刻当下，任其良知的“本然之觉”“自然之觉”。正如阳明所说：“良知亦自会觉”“一是百是”“一了百当”。[④]讲的都是这层意思。正是基于这种思想，故在阳明后学中转化出“现成良知”“见在本体”“见在工夫”“当下即是”等良知理论。

另一方面，由良知现成性、见在性、当下性等理论又进而衍生出“任其自然”“率其良知”等观点主张。如孙蒙泉曾指出：“良知自能学、自能问、自能思能辨。”[⑤]强调的便是“良

① 《当下绎·过去未来》。

② 如：“或问当下之说何如？曰：‘我欲仁，斯仁至矣。’孔子之语当下也。‘今人乍见孺子入井，皆有怵惕恻隐之心。’孟子之语当下也。孔子先拈出‘欲’字，方才说‘仁至’，是就工夫上点本体。孟子先拈出‘心’字，方才说‘扩而充之’，是就本体上点工夫。由孔子之说，见在便有下手处；由孟子之说，到底亦无歇手处。孔子说得极切实；孟子说得极圆满。总只是要人去做。”（《小心斋札记》卷三，第64—65页。按，此段又见《当下绎·本体功夫》）

③ 见《传习录》上，第37条。

④ 《传习录》下，第290条；《传习录》上，第120条；《传习录》下，第249条。

⑤ 《燕诒录》卷一《忆言》上，叶10下。

知自能”、良知“自然用功”这层义理。然而须注意的是，在晚明时代，人们开始意识到阳明后学主张的这种“自知自能”说，有可能导致对格物穷理等工夫问题的忽视乃至排斥，例如对湛、王两派学说均有批评的李经纶（生卒不详）便尖锐地指出：

> 谓天下之人，率其良知，不穷理而可以自能，尤天下之妄言也。①

入清以后，在对宋明理学进行理论清算的同时，更是将炮火集中在晚明心学身上，其中有一点就是针对良知“自然”说，例如戴震（1724—1777）便提出“必然”与“自然”这对概念，来批判陆王心学的“任其自然”说，他指出：

> 老聃、庄周、告子及释氏，皆不出乎以自然为宗，惑于其说者，以自然直与天地相似，更无容他求，遂谓为道之至高。宋之陆子静、明之王文成及才质过人者，多蔽于此。孟子何尝以自然者非性使之然哉？……盖自然而归于必然。……彼（按，指道释及陆王之流）任其自然而失者，无论矣。②

在他看来，讲“任其自然”者，那是异端佛老的专利，而儒家更重视“必然”，必以“必然”来限制“自然”，由“自然”上升到“必然”，才是孟子以来的儒学正道。他认为，晚明心学以来流行的“自然”说，必将产生漠视人伦规范、任由自己所行为是的狂妄病，而“必然”（他的解释是“极则”）适可扭转

① 《明儒学案》卷五十二《大学稽中传》，第1257页。

② 《戴震集》下篇，《绪言》卷上，上海古籍出版社，1980年，第367页。按，其实“任其自然”之说，与老庄学有思想渊源。郭象注《庄子》更是强调“任自然”。

心学流弊。至于戴震批评的内在义理究竟为何，这里已经不必深究。

那么，何谓“本心自然”呢？其实，我们可以从“见在具足”的现成良知论当中找到理论依据。如果追根溯源的话，则可在程明道那里找到思想根源，例如他说：天理自然，“非有安排”①,《识仁篇》中也有“不须防检、不须穷索……盖良知良能元不丧失”②之类的主张。从明道还可以再往上追溯至孟子，如“不学而能”“不虑而知”这一良知定义，亦可引申出良知“自然”、本心“自然”等结论。由此可见，“自然”一词又涵指本然如是的状态。

必须指出，从孟子的“不学不虑”、《中庸》的“率性之谓道”，到《易》学的“何思何虑”，经由明道的“不须防检、不须穷索”，对于晚明心学所造成的广泛影响不可低估。③顾宪成指出：

> 白沙先生以自然为宗，近世学者皆宗之，而不思不勉之说盈天下矣。④

这里的“盈天下”之说，语气稍显夸张。但至少可以说，“自

---

① 《程氏遗书》卷十一,《二程集》第 121 页。

② 《程氏遗书》卷二上,《二程集》第 16—17 页。

③ 吴柴庵说：“不学不虑，岂不是现成良知？”(《寤言》卷下，台湾伟文图书出版社刊影印本，第 108 页）罗近溪亦指出：“然则圣人之为圣人，只是把自己不虑不学的现在，对同莫为莫致的源头。……久久便自然成个不思不勉，而从容中道的圣人也。”(《明道录》卷四《会语》，京都中文出版社刊和刻近世汉籍丛刊本，第 145 页）对近溪此说，顾宪成和刘念台分别有针对性的批评，参见《小心斋札记》卷一；《刘子全书》卷十九《论罗近溪先生语录二则示秦履思・己卯》。

④ 《小心斋札记》卷十三，第 328 页。

然”成为一种思想话语，在明代中晚期蔚为成风则是事实。顾宪成将“不思不勉”说风行天下归因于白沙学，这是因为白沙有“以自然为宗”的思想口号，早已成为晚明时代人所皆知的事实。顾宪成同时又表明了自己的态度：“不思不勉是现成话，须要求其来历与其下落处。”并对“安排造作”与“思勉学虑”作了区别，认为前者不可有，而后者不可无。①

刘念台也注意到明道《识仁篇》的“不须防检”说在明代流弊很大：

> 若泥“不须防检穷索”，则“诚敬”之存当在何处？未免滋高明之惑。子静专言此意，固有本哉。②

这是说，明道的“不须防检”说显然与儒家的“诚敬”工夫严重背离，而且对象山思想也发生了显著影响。

其实，在顾、刘之前，罗念庵就已经注意到“自然”在明代思想史上是由来有自的，他指出：

> 白沙先生有见于是也，其言曰：“学以自然为宗”，言希天也。阳明先生曰“致良知”，良知者自然之知也，无二言也。③

这是说陈、王两家皆重“自然”，当为确论。只是他提到的“希天”，当是指白沙的“静坐中养出端倪”说，则白沙所谓“自然”，指向的是静坐涵养工夫，而阳明的“良知者自然之知”便与白沙学全然不同，指向的是良知实践。不过，在某种意义上可以说，良知自知乃是阳明良知学的精义所在。阳明说：

---

① 《小心斋札记》卷十五，第364页。

② 《刘子全书》卷十《学言·上》，叶5上下。

③ 《念庵集》卷十《天命说》，叶6上。

> 知是心之本体，心自然会知，见父自然知孝，见兄自然知弟，见孺子入井，自然知恻隐。此便是良知，不假外求。若良知之发，更无私意障碍。即所谓“充其恻隐之心，而仁不可胜用矣。”（《孟子·尽心下》）①

这里所说的“自然”，既有“自然而然”之意，同时又有“当然”之意，阐述的是良知自知原理。在阳明的良知理论中，良知“自然知弟”“自然知孝”“自然知恻隐”，故良知之知必然是一种“自然”之知，意即良知在意识过程中能觉察自身，良知的这种自我觉察能力乃是良知本体及致良知工夫的本然表现。究极言之，本体是现成的，同时工夫也是现成的，这就意味着本体与工夫都是自然的。换言之，良知“自然”的前提是，本心或本性是先天具足的——即良知是现成的。

不过阳明也指出在工夫问题上，既有“自然”工夫又有“勉然”工夫，他说：“何思何虑，正是工夫。在圣人分上，便是自然的；在学者分上，便是勉然的。”②似乎并没有单方面地强调自然工夫。③但是，如果相信良知是现成的、工夫是见在的，“满街都是圣人”“无圣无凡”“圣凡平等”等④，则所谓“圣人分上”的自然工夫亦可适用于所有人，这个推论应当是合乎

---

① 《传习录》上，第8条。

② 《传习录》中，第145条。

③ 《传习录》上，第39条。

④ 龙溪指出：“善与人同，是圣凡皆是平等。如今才说作圣，便觉与人异。若看圣人愚夫愚妇稍有不同，即非圣人之学矣。”（引自《念庵集》卷五《冬游记》，叶10上下）这是一种绝对的“圣凡平等”论。须指出，“圣凡平等”在晚明实是流行之说，比如刘念台亦强调：“良知即太极，无圣无凡。”“须知良知无圣凡。”（《刘子全书》卷十九《答履思·六·壬申》，叶11上、叶12上）

阳明学的理论逻辑的。反过来说，假设“自然工夫”只有圣人可做，则此工夫便无任何普遍意义。因此，对于阳明的上述说法还须换一个角度看。其实，阳明的真意在于表明，“何思何虑”等自然工夫，对于已至圣人境界者，固然不在话下，然而就现实看，对一般人而言（如“学者”），在“勉然”层面上落实致良知工夫也必不可少。归结而言，自然工夫与勉然工夫只有次第之别而无本质之异，两者均属致良知工夫，毋庸置疑。

但是，若从具体工夫的层面看，如果一味强调“自然”，甚至无须思虑安排，那么是否会引向“率性自然”或“放纵自然”的危险境地？则是不得不认真思考的。湛甘泉弟子洪垣（号觉山，1507—1593）虽亦继承白沙“自然”之学，但他对王门泰州学倡言“自然”就有严厉批评，认为“只任自然”并不可取：

> ……若谓只任自然便谓之道，恐终涉于百姓日用不知。区区为此说者，非谓“率”非自然也，慎独精一，不容意见之为自然者，自然之至也。①

应当承认，“率性自然”说与孟子性善说有理论上的关联，因为人性之善乃是本来如是的状态，而不需要依赖任何外力。在这个意义上，可以说人性是“自然”的，因此依照人性之善而付诸行动，也应当是合乎“自然”的。例如恻隐之心，爱敬之念等，既然是人之本心的发动，就必然为善。然而，湛若水（号甘泉，1466—1560）则提出了一个很尖锐的观点，来批判阳明后学流行的现成良知说：

> 良知事亦不可不理会。观小儿无不知爱亲敬兄，固是

① 《明儒学案》卷三十九《觉山论学书·答颜均》，第940页。

> 常理。然亦有时喜怒哀乐不得其正时，恃爱打詈其父母，紾兄之臂而夺之食，岂可全倚靠他见成的？……孟子为此不过提出人之初心一点真切处，欲人即此涵养扩充之耳。故下文曰："达之天下"。学问思辨笃行，皆是涵养扩充功夫。今说致良知，以为是是非非，人人皆有，知其是则极力行之，知其非则极力去之，而途中童子皆能，岂不害道？子等慎之！①

的确，以孩提爱敬之情来证明人性本善这一孟子性说以来，到了阳明学的现成良知说那里，终于显示出一个理论上需要解决的重大问题。即为何孩提有时亦会"打骂父母"？"甚至又有爱己之亲而杀人之亲，敬己之兄而杀人之兄者""又安得为良知良能？"②当然，甘泉指出人性的这一面相，是否意在否定孟子的性善说，可能未必。但是从理论上看，甘泉此说正点出了孟子由先天赋予的角度来说性的问题所在——即无法回应现实中所存在的各种"恶"的现象之根源何在的问题。只是甘泉提出此说的目的另有所在，就是为了批判当时流行的现成良知说，他的前提是孩提的那种道德感情并不能证明人性先天至善。

阳明弟子聂豹（号双江，1486—1563）则严格区分良知与知觉，认为爱之情不能等同于良知，他指出："今夫以爱敬为良知，则将以知觉为本体。"③在双江看来，"以爱敬为良知"正是现成良知论的固有主张，其结果必将导致"以知觉为本体"的知觉主义。可见，双江已经意识到"爱敬"等情感发用

---

① 《甘泉集》卷二十三《天关语通录》，康熙二十年序刻本，叶27下—28上。

② 《甘泉集》卷二十《韶州明经馆讲章》，叶22下—23上。

③ 《双江集》卷四《送王惟中归泉州序》，明刊云丘书院藏本，叶5上。

并不是心体本身，而只是知觉现象，故不能把“爱敬之念”解释为良知本体。

要之，孟子未能对道德感情与道德理性作出严格规定，事实上，除了由情感以见性善之外，更需要从本体出发以证明人性本善。这一工作的完成要等到宋代以后，即程朱理学提出的“性即理”说，才是对人性问题的一个本体论证明。在朱子看来，孟子的性论也有局限性，他认为孟子只论性而不论气，因此未能解释清楚恶的来源问题。至于王阳明，其实在人性问题上的讨论并不多见，他提出的“无善无恶心之体”亦非人性论的论述，他更关注的是良知的现成性、当下性以及良知自然会知等本体工夫问题。及至阳明后学，由现成良知、见在本体、见在工夫等观点立场出发，出现了各种“自然工夫”“不学不虑”等观点主张，对此，聂双江担心这有可能“以不学不虑为工夫”①，甚至导致诸如“直下承当”“当下即是”“一了百当”之类的直觉主义泛滥成灾，产生诸如忽视学问思辨、扩充涵养等工夫实践的弊病。的确，从“不学不虑”到“当下即是”，这在阳明学那里，具体表现为工夫与本体的关系问题②，

① 《双江集》卷四《送王惟中归泉州序》，明刊云丘书院藏本，叶 5 上。按，王龙溪则以为“何思何虑”正是工夫，其曰：“《大传》天下何思何虑，曰殊途，曰百虑。未尝无感，未尝无思虑也。然却同归一致，正是感上归寂之功。何思何虑，犹云思虑而未尝有所思虑也。何思何虑正是工夫，非以效言也。”（引自《双江集》卷十一《答王龙溪》，叶 47 下）

② 黄宗羲指出：“‘平旦之气，其好恶与人相近也者几希’。此即喜怒哀乐未发之体，未尝不与圣人同，却是靠他不得。盖未经锻炼，一逢事物，便霍然而散。……平旦之气，乃是暂来之客，终须避去。明道之‘猎心’，阳明之‘隔瘧’，或远或近，难免发露，故必须工夫，才还本体。此念庵所以恶现成良知也。”（《黄宗羲全集》第 1 册，《孟子师说》卷六，浙江古籍出版社，1985 年，第 138—139 页）

而在宋代理学那里，尤其是自朱陆之辩以来，具体表现为“尊德性”与“道问学”的关系问题。实际上，即便是主张“尊德性”，其中也存在着“合下便是”与“存养修为”的关系问题。朱子曾经这样批判象山学，从中可以看到，“当下”主义其实早在象山那里就已存在端倪：

> 陆子静说良知良能、四端等处，且成片举似经语，不可谓不是。但说人便能如此，不假修为存养，此却不得。①
>
> 问：“陆象山道：当下便是。”曰：“看圣贤教人，曾有此等语无？圣人教人皆从平实地上做去。……孟子虽云‘人皆可以为尧舜’，亦须是‘服尧之服，诵尧之言，行尧之行’，方得。……（圣人）又岂曾说个当下便是底语？大抵今之为学者有二病，一种只当下便是底，一种便是如公平日所习底。却是这中间一条路，不曾有人行得。”②

这段话值得重视。其云“（圣人）又岂曾说个当下便是底语？”令人想起我们在本文开头所看到的“见成圣人”说以及阳明后学中出现的各种当下论、见在论。在朱子看来，象山学无疑是在主张“见成圣人”。只是朱子的批评还没有清楚地点明陆学主张“当下便是”的理论原因。朱子在另外一个场合，则非常明确地指出了陆学的理论缺陷就在于过分强调“本心”的绝对性，而忽视了人性“恶”的问题③；过分相信本心自然，而忽视了在变化气质方面的努力。朱子指出：

---

① 《朱子语类》卷一二四，第2970页。

② 同上书，第2980页。

③ 安田二郎在《阳明学の性格》一文中曾指出，阳明的理气同一说的一大局限性，就是未能解释“恶”这一现实问题（安田二郎：《中国近世思想》，弘文堂，1948年，第201页）。

> 陆子静之学，看他千般万般病，只在不知有气禀之杂，把许多粗恶底气都把做心之妙理，合当恁地自然做将去。……看他意，只说儒者绝断得许多利欲，便是千了百当，一向任意做出都不妨。不知初自受得这气禀不好，今才任意发出许多不好底，也只都做好商量了。只道这是胸中流出自然天理，不知气有不好底夹杂在里，一齐衮将去，道害事不害事？看子静书，只见他许多粗暴底意思可畏，其徒都是这样，才说得几句，便无大无小、无父无兄，只我胸中流出底是天理，全不著得些工夫。看来这错处，只在不知有气禀之性。①

朱子的象山批判是否成立，这是另外一个层面的问题，这里不必深论。须指出的是，阳明并没有无视“恶”的问题。在阳明看来，心之本体是至善的，本体上才有“过当些子”即是恶，并不是心体上先有一善，而后又有一恶来与之相对，故善恶（现象层次上的“善恶”）只是“一物”。② 此说承袭的是程明道的善为性，恶亦不得不为性，以及“善恶皆天理”等观点。与朱子严分义理与气质来解释善恶各自的根源所在这一观点不同，阳明则把善恶问题归结到“心”这一点上，与物无关。③ 至善是心之本体；心体之发，本无不善；或动于欲，而后有恶；有恶之起，良知便自知，“故学问之要曰致良知”。④

---

① 《朱子语类》卷一二四，第 2977 页。按，参见《朱子文集》卷五十六《答郑子上》第十四书；《朱子文集》卷五十四《答项平甫》第五书等。

② 《传习录》上，第 101 条。

③ 邹东廓指出：“物无善恶，善恶存乎人。”（《东廓集》卷八《书广法文会题名》，叶 39 上）欧阳南野亦云：“心有不善，事无不善。”（《南野集》卷三《答曾思极》第一书，叶 24 上）

④ 王阳明：《稽山承语》第 25 条，朱德之辑，日本东北大学图书馆狩野文库藏手抄本。

因为本体至善，本来具足，故而致良知工夫不是在本体上去作人为的“加减”；因为良知自能知，故而只要“顺其天则自然，就是功夫”。[①] 所谓“顺其天则自然”，也就是阳明主张的工夫“日减”说，意即唯求“日减”而不能于本体上加一毫“意必固我”之念。此即所谓的“减得一分人欲，便是复得一分天理”[②]，亦即良知心学的“简易”之学。所以，阳明所关注的并不在于用义理之性与气禀之性的两分法来解释人心善恶，而是对心体存在的“当下即是”式的直接把握。阳明二传弟子王时槐（号塘南，1522—1605）将阳明学的这一特征归结为“悟性以御气者也”，以别于“养气以契性”的“白沙之学”[③]，是很贴切的。

四　从良知自然到即用求体

由上可见，从陆象山的“当下论”到王阳明的“现成论”，确有一脉相通之处。究其思想原因，可以说是因为两者在思想上都强调了“本心自然”。既然心之本体是“自然”的，那么，心的作用也应当是“自然”的。前者正是朱子批判象山时所说的“只道这是胸中流出自然天理”，指的是本体论意义上的“自然”；后者也正是朱子批判象山时所说的“合当恁地自然做将去”，指的是工夫论意义上的“自然”。于是我们可以看到，“自然”竟有两重含义：可以同时指向本体与工夫。无疑地，在朱子，他对这种“自然论”采取的是一概否认的态度，既不

① 《传习录》下，第 270 条。

② 《传习录》上，第 99 条。

③ 《友庆堂合稿》卷四《三益轩会语（甲申）》，《四库全书存目丛书》集部第 114 册收光绪三十三年重刻本，第 262 页。

承认人心当中存在什么“自然天理”，也不认可“自然做将去”的所谓工夫之自然；然而在阳明心学，却主张良知自然论，不论是本体还是工夫，都是“自然”的，可用两个术语来加以表达：“自然本体”和“自然功夫”。

值得注意的是，阳明好友湛若水（号甘泉，1466—1560）对阳明学自有一定程度的了解，同时他在晚年对阳明后学也不无批评，而他在与弟子的一段对话中，便提到了两个概念“自然本体”和“自然工夫”：

> 先生（按即甘泉）语一友云：“汝所言知甚宏远，却是一肚人参暴然发作，不是汝原知上来。夫曰：‘以自然功夫合自然本体。’是矣。然今之所谓良知者，谓本体也，而乃遂以良知直达为浑沦自得之学，而以体认自然功夫为求之于外，并古人知行精一、博约迁就而并置之，斯亦浅之乎为言矣。于吾性情气质有何得益？”①

其中所说的“以自然功夫合自然本体”，出自何者，虽然没有点名道姓，但是不难推测，盖指阳明心学之流的主张。因为此所谓“自然”，事实上就是现实成就之意，就是说，良知本体是不必经过后天的人为意识参与的，而是天赋于人的一种良知自己意识到自己、良知自己成就自己的“自然”能力。无疑地，这种良知“自然”性，与在上面我们所探讨的良知现成论是有关联的。换言之，从良知本体是现成的这一理论前提出发，必然导致工夫也是现成的这一结论。至于“现成”何以转化出“自然”？事实上，当“现成”涵指不犯手做工夫而当下成就之时，即已蕴含“自然”这层意思。当然，从甘泉以上的

① 《甘泉集》卷二十三《天关语通录》，叶 79 上。

言论中可以看出，甘泉对于当时讲良知者，只讲自然本体而忽视自然工夫是相当不满的。

但是，甘泉所说的“自然功夫”，乃是他自己所强调的“随处体认”和“勿忘勿助”之工夫，与阳明的良知自然论并不相同。例如，甘泉弟子郭应奎在解释“勿忘勿助”之际，指出孟子所讲的“勿忘勿助”之本义，“真是自然本体，自然功夫”，对此，甘泉以断然肯定的口吻指出：“此说最是。”① 我们透过甘泉的批评性表述，可以发现他揭示出当时存在着一种将自然本体与自然功夫割裂开来的思想现象，这才是我们所要关注的问题。实际上，围绕“现成良知”与“见在工夫”的问题，在阳明后学的内部也发生了各种意见的分歧，比较集中地表现为良知现成说与归寂说的思想争论。

以上在讲到现成良知问题时，指出现成良知一说意在强调良知的先天性和显在性。同时必须指出的是，良知的先天性与显在性是不可分割、密切相关的。只强调良知的先天性，则良知仅是抽象化的观念存在，停留于寂然未分的世界之中，由此便有可能抹杀良知的生命力——一种生生不已、周流六虚的生命力。阳明后学中的归寂派的学说就有这一思想倾向。反之，如果只强调良知的显在性，没有先天性作为其自身的制约——即良知本体对行为的主导和制约，则有可能任由发用而动，不免堕入一种媚世逐物的俗态之中，甚至导致“认欲为理”的严重结果。在归寂派的思想人物看来，阳明后学中的现成派所推崇的良知自然论就有这一倾向。

例如，上面提到的史玉池对现成良知的批评就非常典型，

① 《甘泉集》卷十一《问疑续录》，叶 11 下。

他指出“人心有见成的良知”，这是从良知先天性这一角度出发，对现成良知所作的肯定，然而当他断言“天下无见成的圣人”时，这就是对现成良知说所具有的危险性发出的警告，他认为现成良知说极有可能引出这样一种狂妄的想法：以为既然良知为人人同具而与圣人一般无异，因此由良知现成就可推出圣人也是现成的这类可怪之论。可见，史玉池（亦含刘念台）已经意识到现成良知说具有两个方面的特性，并力图对此作出严格的区别。而对现成良知说持否定态度的聂双江和罗念庵，主张回归寂然之本体、静养无欲之心体，尽管对阳明后学中的种种流弊不无严厉批判，但不得不说对阳明心学的现成良知说缺乏根本的了解。

在双江看来，良知先天性无非是指一种寂然状态，故又可称为“寂体”，而且认定良知之本质特征就在于“虚寂”两字。因此，对良知的寂然状态（“寂然不动”）和显现状态（“感而遂通”）就有必要严加区分。在显现状态的世界之中，善恶发生混杂、真假已经难辨，于此下手做工夫，不但困难重重，且不免逐外遗内，反而坠入阳明所斥的朱子学之类的“义外”之学；如果以为良知是现成自然的，又是“明觉自然”的，具有本然之觉，自然之知的能力，于是，物来自格，善恶自辨，如此则是以知觉等同于良知——即将良知看作现实发用中的知善知恶的觉察能力，这就不免流于“知觉主义”，其流弊终将导致“恣情玩意”“认贼作子”。双江甚至断言：

> 今人以知觉为良知者，真是以学术杀天下。①

基于此，在工夫论问题上，双江竭力主张“致虚守寂”“立体

① 《双江集》卷十一《答董明建》，叶61上。

达用”[①]，以为必须将现实发用中的人心意识收拾起来，使之回归本来应有的静寂状态，并且通过预养静体、体验未发等工夫，由此“便自能感而遂通，便自能物来顺应”。不得不说，这种主张不免导向“主静主义”。

那么，良知自然会知，见父自然知孝，良知自知[②]等阳明所说的良知自然性，双江也会表示反对吗？事实上，双江也能认同良知具有一种自知能力，他对于阳明所说的“便自能”[③]也有充分的关注，但是他对“便自能”的理解，却与阳明所说的“自知自能”之意实有不同。关于这一点，对双江思想十分了解的欧阳南野已有清楚的观察，他尖锐地批评双江所说的“便自能”，其实是一种割裂本体与工夫而只讲求工夫效果的一种“效验之义”。南野说：

> 来教云：“……‘便自能’三字，先师提省人免得临事揣摩，赚入义袭科臼。”诚然诚然。“便自能”之说，其义有二。如曰：视能明，便自能察五色；听能聪，便自能别五声。体用之义也。先师所谓“未发在已发之中，而未尝别有未发者存。无前后内外，而浑然一体者也。”[④]如曰：“能食便自能饱，能饮便自能醉。”是执事所主功夫效验之义。盖微有先后之差而异乎体用一源者矣。……盖即喜怒哀乐而求其未发之中，念念必有事焉，而莫非行其所无事。时时见在，刻刻完满，非有未发以前未临事底一段

① 《双江集》卷十一《答王龙溪（即致知议略）》。
② 分别见《传习录》上，第8条；《传习录》下，第320条。
③ 引自《传习录》上，第72条；《传习录》中，第155条。
④ 《传习录》中，第157条。

境界、一种功夫。[①]

从中可见，“便自能”有体用义与效验义的区别，从体用的角度看，有体“便自能”展现为用，从工夫的角度看，如同“能食便自能饱，能饮便自能醉”一般，“便自能”则成了工夫之后的一种效验现象。

南野则站在“时时刻刻”“见在完满”这一现成良知的立场上[②]，否定在未发之前有所谓的“境界”“工夫”之分——实即本体与工夫的割裂。也就是说，作为本体的现成良知“便自能”展现自身而落实为工夫。换言之，自然本体与自然工夫必然是一到俱到、一显俱显。良知既是即刻当下的自然存在，同时也是即刻当下的自然呈现，更无前后内外之分、体用先后之别。这正是欧阳南野通过对聂双江所谓“便自能”的批评所欲表达的观点立场。

要之，对归寂派的那种将良知意识收摄于“未发之中”的主张，引起了王门诸子的众口非议。个中详情实难一言以尽之，归结起来，主要有两点，一是在本体上主张“寂感不分”，一是在工夫上主张“因用求体”。然而，仅说“寂感不分”，尚未点中归寂说的要害，因为双江也不是不知道“寂感一体”这一简单的易学道理。问题是，若欲对寂感一体的良知本体去作把握的时候，是站在寂体的立场上，还是站在感应的立场上，

① 《南野集》卷四《寄聂双江》第三书，叶13下—14下。

② 关于南野对“现成良知”说持何态度的问题，楠木正继认为南野持批判态度（《宋明时代儒学思想の研究》第四章，第463页）；中纯夫则以南野言及“见成良知”一语仅见一处（《南野集》卷九《答董兆时问（癸巳）》）为由，认为南野对现成良知说未必持否定态度（《良知修证派について》，载《富山大学教养部纪要》第22卷，1989年）。笔者认为南野对现成良知说是基本认同的，只是与龙溪的表述又有所不同。此不具述。

这里就有一个工夫如何落实的问题。关于这一问题，南野援引了阳明的“因用求体”说，对双江的归寂工夫说展开批评：

> 师《答汪石潭书》谓：“君子之学，因用以求其体。”谓：“非别有寂然不动，静而存养之时。”谓：“且于动上加功，勿使间断。动无不和，即静无不中。而所谓寂然不动之体，当自知之。”①此可见致中功夫不离乎喜怒哀乐，而所谓中立和出者，体用一原，非若标本源委，有彼此之可言也。②

对此，双江有所反驳，这里不再深究。重要的是，南野非常敏锐地注意到“因用求体”实是阳明学在工夫论问题上的一个重要主张。的确，从良知见在的立场出发，工夫必落实为“见在工夫”，即必须从“见在”（及“用”）出发，才能把握良知本体。显然，其中反映了阳明学对体用问题的基本看法，故有必要回过头来，对阳明的良知体用论略作考察。

我们知道，程子有“理”为“无对”之说，朱子有“道是泛言”的命题，强调的都是“理”或“道”是唯一绝对的超越存在这层意思。阳明亦说“道不可言”，阳明的良知概念，基本也是一个超越的绝对存在。因此，若从本体的角度看，阳明主张“良知本无知”③，意谓从本来意义上讲，良知本体并不是

① 阳明语均见《王阳明全集》卷四《答汪石潭内翰（辛未）》，第147页。

② 《南野集》卷五《答聂双江》第二书，叶37下。对此，聂双江反驳道：“今不求易于太极，而求生生以为心；不求神于藏密，而求知来以为体。是皆即用以为体，由是而有‘心无定体’之说。谓心不在内也，百体皆心也，万感皆心也。亦尝以是说而求之，譬之追风逐电，瞬息万变，茫然无所措手，徒以乱吾之衷也。”（《双江集》卷八《答欧阳南野》第三书，叶20下）

③ 《传习录》下，第282条。

意识层面或知觉层面的存在，显然这是阳明对良知所作的本质规定。相对于宋代理学而言，在阳明心学当中，常用“无”这一中国哲学所特有的概念来表述形上存在的本质。“良知之虚，便是天之太虚；良知之无，便是太虚之无形”①，正是强调了良知存在的虚无特性。故阳明又说：“知来本无知，觉来本无觉”②，表述的也是良知存在的本质特性——无知无觉，当然这绝不是认识论意义上的不可知论，而是说良知原来就是超越知觉意识之上的存在。所谓“心之本体原无一物”③，亦同此意。更重要的是，良知本体既是“无知无觉”，同时又具有“无不知”“无不觉”的特性；良知既有“虚灵”（“本无知”）的一面，同时又有“明觉”（“无不知”）的一面。在阳明看来，这才是“本然之良知”④的整体特征。因此，对“良知本无知”这一命题还必须下一转语：“无知无不知”⑤，这是非常重要的。良知若没有这一自我转换的能力，良知理论就无法自圆其说。

须指出，“本无知”与“无不知”的关系问题，实质上乃是一个深层的哲学问题。为此，阳明的说明可谓煞费苦心，例如他曾经以“镜”与“照”之关系为喻来试图圆说。而且他也意识到这类比喻性措辞，当然源自禅宗六祖慧能，阳明借用过

① 《传习录》下，第269条。

② 同上书，第213条。

③ 《传习录》上，第119条。按，袭用了《坛经》之语。

④ 《传习录》中，第137条。

⑤ 《传习录》下，第282条。按，注家有以为“无知无不知”之说源自僧肇《般若无知论》。也许还可以追溯到老庄。但笔者以为阳明此说或与禅宗更有渊源，此不具述。这里只说一句：阳明对禅宗或佛教智慧的汲取与运用，绝不意味阳明学变成了“阳儒阴佛”之类的怪物；相反，恰恰说明阳明心学在精神上具有向所有传统的开放性。

来，把“镜”喻作心体或良知。[①] 他指出，一方面，镜本无照，故镜体本身“略无纤翳”“本自净明”；另一方面，镜无不照，故能“物来自见”“妍媸自形”。显然这是借助镜之体用来讲良知体用。重要的是，体用之间既不能混同而又能互相转换，此即阳明所谓：明镜之照而又照而无滞；物来自见而又物来不留。这是说，镜之本体无照无不照，而这正与良知本体无知无不知之意完全一致。关于这层义理，阳明甚至认为，也可以用《金刚经》的“无所住而生其心”一句来加以说明：

明镜之应物，妍自妍，媸自媸，一照而皆真，即是生其心处；妍者妍，媸者媸，一过而不留，即是无所住处。[②]

按照阳明的理解，所谓“生其心”者，正是指良知本体的常知常觉（或“常觉常照”[③]）；“无所住”者，正是指良知本体的无知无觉。心之本体既是“常觉常照”的，故而“不怕物来不能照”“惟患此心之未能明”。[④] 朱子以来的“近世格物之说”，一味“以镜照物”，在“照上用功”，却不知镜体尚有昏在，“何能照”？故而重要的是在“磨上用功”。[⑤] 这也就是阳明强调“良知本无知”而又“无知无不知”的根本意图之所在，而其思辨方式接受了禅学的智慧，也是不容否认的。不过，须指出的是，阳明的良知体用论除了借用禅宗智慧之外，其实也有理学的思想资源。因为，“无知无不知”与“无极而太极”的命题在思维结构（非指内在含义）上是相通的，可以

① “圣人之心如明镜”（《传习录》上，第21条）。
② 以上见《传习录》中，第167条。
③ 《传习录》中，第171条。
④ 《传习录》上，第21条。
⑤ 同上书，第62条。按，此条为徐爱语，颇能反映阳明之意。

说同样都是表述了形上存在的本质特征。

“良知本无知”这层阳明良知教义，发展到阳明后学那里，竟然衍生一种“良知本虚”的观点，而且非常流行。特别是龙溪和双江，更是强调了良知“虚无”的一面，甚至断言“虚寂”是千圣之密藏、圣学之宗旨。龙溪说：

> 虚寂者，心之本体。良知知是知非，原只无是无非。无即虚寂之谓也……即体即用，无知而无不知，合内外之道也。①

南野也说：

> 良知本虚，致知即是致虚。真实而无一毫邪妄者，本虚之体也。②

这是本体论意义上的“虚无”论，不同于宇宙生成论意义上的“有无”论。阳明所说的“道不可见”，讲的也是这层“虚无”义而非“有无”论。③所谓“虚寂”，当然这涉及《易》学问题，或许还可以借用禅家的赵州“无”字公案，此不必赘述。只是如果承认作为本体之心的本质可用“无”字来描述，那么《大学》强调的“正心”工夫又从何谈起？故有一点须加以说明：阳明之“无”并不是存在论上的否定概念，正如“无极”一词绝不是对“理”之存在的否定一样；也好比禅师赵州说“狗子无佛性”，并不是对“佛性遍在”这一大乘佛教的基本教义所作的单纯否定一样。

---

① 《龙溪会语》卷三《别见台曾子漫语》，万历四年查铎后序刊本，叶 19 下。

② 《南野集》卷五《答贺龙冈》，叶 44 上。

③ 参见《王阳明全集》卷七《见斋说》。按，刘念台套用张载“有无之辩，诸子之陋”之说，批评阳明此处所论“有无”，乃是未脱“诸子之陋”（《刘子全书》卷十二《学言·下》，叶 11 上），这不免是过度诠释了。

理解了阳明对良知本体的这种定义，在此还要探讨一下阳明对“正心”“诚意”等《大学》条目的解释。因为这显然与上述“见在工夫”论的问题有关。众所周知，阳明认为“《大学》之要，诚意而已矣”①。阳明的基本思路是：心之本体是至善的，不存在恶的问题，所以在心体上无法用功；心体一旦发动，就不能无善，就不能无恶，故于此处才能用功，此便是诚意；意既诚，“则其本体如何有不正的？故欲正其心在诚意，功夫到诚意始有着落处”②。

但是，问题到此并没有结束，还有一个如何“诚意”的问题。阳明认为这就需要“致知”（即致良知），知一念善便“去好善”，知一念恶便“去恶恶”，故致知工夫又最终落在“为善去恶”上；而“为善去恶”也就是格物，故致知又最终落在格物上。由此可见，正心、诚意、致知、格物，在阳明那里，“本是一贯”，相互关联、不可分割。然而，并不是不可以分而言之，其中亦有层次区别，诚意以下是具体工夫，格物致知乃属“诚意之事”，而正心不属工夫，实是通过诚意等工夫所达到的境界，所以说“正心是未发边，心正则中”③，也就是指达到了“未发之中”的境界。“正心只是诚意工夫里面，体当自家心体，常要鉴空衡平，这便是未发之中。”④说的也是这个意思。

再就致知与格物的关系来看，两者亦有区别，所谓“知”，乃本体之“知”，即良知本体；致知虽是诚意之本，“然非即其

---

① 《王阳明全集》卷七《大学古本序（戊寅）》，第 242 页。

② 以上参见《传习录》下，第 317 条。

③ 《传习录》上，第 88 条。

④ 同上书，第 119 条。

事而格之，则亦无以致其知”，致知必须通过格物来实现。[①]因为良知是心之本体，所以致知又是一个属于“心悟”[②]层次上的问题，而格物才是“实功”。龙溪提出的“致知是虚，格物是实”八个字，颇能概括阳明此意。若以“虚实”或“有无”来形容“体用”，则可说“体”为虚、为无；“用”为实、为有。

关于体用问题，阳明又有一个重要观点：

> 目无体，以万物之色为体。耳无体，以万物之声为体。鼻无体，以万物之臭为体。口无体，以万物之味为体。心无体，以天地万物感应之是非为体。[③]

心体实是“无体”，须由天地万物之感应来呈现其“体”，意谓即用显体，体不离用。显然，这是阳明学的一个非常重要的观点，与上述“良知本无知”“无知无不知”的理论构造是相应的。“心无体”就是指“本无知”；以感应为体，就是说“无不知”。由此，工夫不在体上用，因为心之本体本无工夫可做，而只能在感应上去做，因为体由用显。这与上述的心体上无法“正心”，只能在发用上作诚意工夫的阳明思想是完全一致的。基于此，阳明就必然得出一个重要结论：“即用求体。”

其实，在阳明学的致良知思想体系中，“即用求体”说可谓非常重要。惜乎今人似乎对于此说未有足够的重视，故不妨在此再花费一些笔墨，略作进一步的梳理。阳明曾经与其弟子黄以方围绕《中庸》“致中和”的问题展开过一场对话，黄以方问：“如何不致中，却来和上用功？”阳明答曰：“子思

---

① 参见《王阳明全集》卷七《大学古本序（戊寅）》，第 243 页。

② 同上。

③ 《传习录》下，第 277 条。

说发与未发，正要在发时用功。”[1]也就是说，“中”是未发之体，“和”是已发之用，本体上无法用功，故只能就发用处“致和”，通过“致和”便能达到“致中”的目的。这一主张与“即用求体”说相合。

然而，刘念台却对阳明的“即用求体”说大不以为然，他严厉批评道：

> ……故文成本之曰：“《大学》之道，诚意而已矣。”极是！乃他日解格致，则有“意在乎事亲”等语，是亦以念为意也。至未起念以前一段工夫，坐之正心位下，故曰：“无善无恶者心之体，有善有恶者意之动。”夫正心而既先诚意矣，今欲求无善无恶之体，而必先之于有善有恶之意而诚之，是即用以求体也。即用求体，将必欲诚其意者，先修其身，欲修其身者，先齐其家，又先之治国平天下，种种都该倒说也。此亦文成意中事。……至以之解《中庸》亦曰：“致中无工夫，工夫专在致和上。”夫文成之学，以致良知为宗，而不言致中，专以念头起灭处，求知善知恶之实地，无乃粗视良知乎？[2]

透过念台的批评，可以反过来帮助我们深入了解阳明“即用求体”说的义理含义。很显然，念台的批评有一个立足点，即他对“意”的独特理解，正是由于对“意”的不同诠释，引发了念台晚年对阳明的批判。事实上，按照阳明的说法，所谓“即用求体”，正是主张在善恶已动、真妄既萌、一念转动之际，落实诚意之功，以求复心之本体，此即所谓“一念自反，

① 《传习录拾遗》，第24条。

② 《刘子全集》卷十一《学言·中》，叶16上。

即得本心”，是矣。然而念台却斥之为“倒说”，也就是说必须反过来，在念头起灭转动之前，便须下手做诚意之功。这其实就是念台所特有的诚意说，自然不必与阳明的诚意说相合，由此也就必然导致分歧。

不仅如此，念台甚至指出阳明的“即用以求体”“致和以致中”等与南宋龟山一派“静坐体验天理”的主张是互相“矛盾”的：

> ……故其答门人有“即用求体”之说，又有“致和乃以致中”之说，又何其与龟山门下相传一派，显相矛盾乎？①

不得不说，念台的这个批评未免有隔靴搔痒之感。众所周知，念台哲学的独特之处在于主张“心之所存是意”，反对朱子（亦含阳明）的“心之所发便是意”这一对“意”的定义，提出了“意为心之主宰”的命题，并以这一主张为理论基础提出了独特的慎独之说，欲对诚意与正心、存养与省察、求中与求和作出统一的把握。但是，念台所强调的这种统一，其最终归趋不是在“即用”上，而是在“即体”上，也就是说，不是在“已发”（“心之所发”）上，而是在“未发”（“心之所存”）上，这就未免使其思想具有一种主静之倾向。

其实在念台之前，阳明“即用求体”说也受到东林党人的极大关注，顾宪成与史玉池有一段对话表明了这一点：

> 玉池问：“念庵先生谓‘知善知恶之知，随发随泯，当于其未发求之’。何如？”曰：“阳明之于良知，有专言之者，‘无知无不知’，是也。有偏言之者，‘知善知恶’

① 《刘子全书》卷十九《答韩参夫（庚辰）》，叶41下。

> 是也。阳明生平之所最吃紧只是良知二字，安得遗未发而言？只缘就《大学》提宗，并举心意知物，自不得不以心为本体。既以心为本体，自不得不以无善无恶属心；既以无善无恶属心，自不得不以知善知恶属良知。参互观之，原是明白，念庵恐人执用而忘体，因特为拈出未发。近日，王塘南先生又恐人离用而求体，因曰：'知善知恶乃彻上彻下语，不须头上安头。'① 此于良知并有发明，而于阳明全提之指，却似均之契悟未尽也。"②

顾宪成的这段论述表明他对阳明心学的良知说是有一定程度之理解的。他认为阳明是体用"全提"，而阳明后学如罗念庵和王塘南的观点则不免落入或"执用忘体"或"离用求体"，都偏离了"阳明全提之旨"。他指出阳明言"良知"有"专言"角度也有"偏言"角度，专言之，则是"无知无不知"，偏言之，则是"知善知恶"。按照我们的理解，所谓专言之，则是就本体而言，所谓偏言之，则是就发用而言。应当说，顾宪成指出这一点并没有错。这也从一个方面反映出阳明的良知体用论及其"即用求体"说，竟在晚明引起了来自不同方面的各种反响。不过，顾宪成并不能深切理解阳明的"无知无不知"实与"良知本无知""良知本来无一物"以及"无善无恶心之体"等命题具有重要的理论关联，而当顾宪成集中火力对龙溪为首

---

① 塘南语见《友庆堂合稿》卷四《三益轩会语（甲申）》。其实，龙溪弟子查毅斋亦曾指出："归寂"之说"又未免头上安头矣。"（《阐道集》卷五《易有太极》，万历三十七年序刻本，叶6下）按，塘南师刘两峰，被列为王门"归寂派"，他对朱子的"逐物遗内"以及阳明的"执内遗外"，均有不满。

② 《小心斋札记》卷十八，第418—419页。

的“无善无恶”说进行猛烈抨击之际，表明其对良知本体论意义上的“良知本无知”“无知无不知”这套义理的意义是缺乏了解的。

五　余论：批判与反思

“心无体”“良知本无知”“心之本体本无一物”乃至“无善无恶心之体”，诸如此类的命题都有可能导致一个结论：“虚无”——即本体论意义上的“良知本虚”说。明末清初的众多学者之所以在指斥阳明心学谈空说玄之时，把炮火集中在“虚无”这一点上，其根本原因也许正在于此。但是，在阳明后学中，至少有两派的主要人物同样肯定了良知本体原是虚无这一思想，一是现成派的王龙溪，一是归寂派的聂双江（还包括修证派的钱绪山和欧阳南野）。但是值得深思的是，由此引发出来的工夫论主张却完全相反、如同水火，一是主张工夫现成，即用求体；一是主张立体达用，收摄豫养。前者表现为一种行动主义，后者表现为一种主静主义；前者通过对本体是“无”这一肯定性命题，导向了对现象的“有”的积极肯定，而后者通过本体是“无”这一肯定，却转向了对现象的“有”的消极否定。有趣的是，对良知现成说持反对态度的，从聂双江、罗念庵到高攀龙（号景逸，1562—1626）、刘念台在工夫论上，却都有一种主静主义之倾向，这在明代思想的发展过程当中是一个值得注意的现象。①

① 清儒陆陇其（字稼书，1630—1692）指出“阳明之病，在认心为性；高、顾之病，在恶动求静”，尤对高攀龙“静坐说”极为不满。反映出清代朱子学者对晚明的阳明学与反阳明学的两股思想势力均有不满。参见唐鉴：《清学案小识》卷一，《四部备要》本。

此外，值得一提的是泰州学派。自王心斋提出“百姓日用即道”的主张以来，泰州后学的思想展开自有独特之处，但在笔者看来，其思想倾向属于良知现成派之系统，则无可疑。至少可以说，与“默坐澄心”的为学倾向大相径庭。例如泰州后学罗近溪也十分注重现成良知说，在工夫论上也极力主张“当下即是”，他认为孟子在论述“天性”与“形色”这两个问题时，其“口气”似于“形色稍重”，故近溪突出强调了一个观点：“形色所以为天性也”“于此形色方能实践”。① 近溪弟子杨复所则归纳出“从应感处观心”的结论，可谓深得其师之旨意，耿天台对此说赞赏备至，称之为“千圣复起不能易者”。同样，天台的思想论敌李卓吾基于“学须从有入无”的立场，对复所的这个观点也深表赞同。② 可以看出，由泰州学派对现成良知的共识，进而发展出罗近溪的“于此形色方能实践”以及杨复所的“从应感处观心”说，自有其内在思想理路的必然性，而且这一重“实践”、重“感应”、重“发用”的观念表述，也与阳明的“即用求体”说是一脉相通的。

那么，“心无体”，必须通过感应发用来呈现其体的这一思想，是否还会引发这样一些言论：性善须通过“情善”才能得以展现；义理之性须通过气质之性才能得以把握；道心须通过人心才能得以体现；天理须通过人欲才能发现，等等。实际上，在刘念台的两大弟子黄宗羲与陈确（字乾初，1604—1677）之间，就曾围绕这些问题展开过讨论。陈确主张：性无不善，但须通过“扩充”才能得以展现，人心本无所谓天

① 以上参见《明道录》卷三，第 122—123 页。

② 《天台集》卷三《与周柳塘》第 17 书，第 349 页。

理，天理须从人欲中见，由此得出的结论是："人欲恰好处即天理""无人欲亦无天理之可言矣"。宗羲对此则批评道："夫性善之为，合下如此，到底如是。扩充尽才而非有所增也，即不加扩充尽才而非有所灭也。不为尧存，不为桀亡。"先师念台说过"道心即人心之本心，义理之性即气质之本性"，① 老兄（指陈确）之说与先师无异，然以之言气质，言人心可矣，言人欲则不可，因为天理人欲"正是相反"，彼长此消，势不两立。最终，黄宗羲对陈确之说下的结论是：

> 必从人欲恰好处求天理，则终身扰扰，不出世情，所见为天理者，恐是人欲之改头换面耳。……老兄之一切从事为立脚者，反是佛家作用见性之旨也。②

不难看出，宗羲所说的"合下如此"也就是良知现成说的"当下即是"，而宗羲对"立脚事为"之主张所下的结论——"作用见性"，亦可适用于指责"即用求体"之说。历来认为陈确思想的一个主要特征在于他的"人欲肯定论"，其对理学持批判态度，他反对宋儒的谈性命之学，反对谈论本体，对阳明的知行合一说虽有认同，但对阳明的良知学说不

① 两语分别见《刘子全书》卷十《学言·上》及卷十一《学言·中》。念台之意在于强调义理之性，反对分义理、气质来言性，故其对"气质之性"概念颇有微词。

② 以上参见《南雷文案》卷二《与陈乾初论学书（丙辰）》，四部丛刊本，第34—35页。按，宗羲此书是针对陈确《性解》(《陈确集·别集》卷四）一文而发，陈确答书见《陈确集·文集》卷四《与黄太冲书（丁巳）》（中华书局，1979年，第147页），其云"是非一听天下之公。"意不欲与宗羲多争口舌。其实，宗羲对陈确思想的看法也有多次变化，从其多次改写《陈乾初先生墓志铭》一事便可窥一斑。关于这一问题，详见钱穆：《中国近三百年学术史》第2章"黄梨洲"，商务印书馆，1997年。

无批评。[1]总之，我们可以从以上陈确的主张当中，联想到阳明学的某些东西，但是我们也并不认为陈确与阳明学在思想上属于同一类型。顺便指出两点：一是陈确与其师不同，反对静坐，尤其不能认同的是念台在《人谱》中所引用的朱子“半日静坐”说[2]；一是他的反理学态度以及“人欲恰好处即天理”等说，与后来清儒反理学也有相通之处，此不具述。

与陈确有所不同，黄宗羲恪守念台师说，他从思想史的角度对阳明学及其后学的思想展开进行概括总结的同时，欲将念台思想置于整个明代学术思想的最高峰。宗羲的看法是否切合明代思想发展的历史事实及其内在理路，自当别论，不过他的观察很值得重视，其曰：

> ……故欲全阳明宗旨，非先师之言“意”，不可。如以阳明之四句定阳明之宗旨，则反失之矣。然先师此言固不专为阳明而发也。……《中庸》言致中和，考亭以存养为致中，省察为致和，虽中和兼致，而未免分动静为两截，至工夫有二用。其后王龙溪从日用伦物之感应，以致其明察；欧阳南野以感应变化为良知，则是致和而不致中；聂双江、罗念庵之归寂守静，则是致中而不致和。诸儒之言，无不曰“前后内外，浑然一体”，然或摄感以归寂，或缘寂以起感，终是有所偏倚。则以“意者心之所发”(按，是为朱子及阳明之观点)一言为祟。致中者以意为不足凭，而越过乎意；致和者，以动为意之本然，而

① 《陈确集·别集》卷十六《大学辨》三。
② 《陈确集·文集》卷五《与刘伯绳书》。

> 遂乎意；中和兼致者，有前乎意之工夫，有后乎意之工夫，而意拦截其间，使早知“意为心之所存”（按，是为念台之观点），则操功只有一意破除拦截，方可言前后内外浑然一体也。①

按照黄宗羲的上述说法，从哲学上看，自朱子开始，及至阳明学发展到阳明后学，所有问题之症结就在于没有解决“意”的问题，阳明后学中的龙溪、南野、双江、念庵等互相之间争议不断的思想根源也同样是没有认清“意”字。意思是说，从朱子到阳明及至后学，都秉持一个旧观念“意者心之所发”，由此“一言为祟”，故而引发无数错误。直到刘念台提出“意为心之所存”的命题，才彻底扭转了思想方向上的错误，为明代思想发展画上了一个句号。也就是说，念台的以“意”为本体的诚意之学才是解决宋明儒学尤其是阳明后学以来所有问题的最终方案。宗羲的这个论断是否成立，必将涉及对念台思想的判断，这里就无法深究了。

以上，围绕“现成良知”说，结合阳明学及其后学当中所存在的种种理论问题作了一个简单的概观。最后，对“现成良知”问题作一简单总结。由上可见，“现成良知”在阳明心学理论体系中实是一个非常重要的哲学概念。究而言之，强调良知是“现成”的，无非是欲证明良知本体的先天性及其普遍性。在这一意义上，可以说“现成良知”之说与孟学以来的本性至善之旨相合，同时也是阳明的良知学说的必然归趋。“世间那有现成良知”之说，固不论其用意在于批判王门当中有一种“享用现成”的弊病，但在龙溪看来，念庵的这一观点本身

① 《南雷文案》卷二《答董吴仲论学书（丁未）》，第30页。

未免是对人性至善的怀疑，由此便会引起这样的反问：良知不是“现成”的，难道是“做成”的（如耿天台、刘元卿）？回答当然是否定的。正如顾宪成所指出的：“此个道理稍知学者，类能言之。”（见上引）但是反过来说，如果主张“现成的”都是良知，难道恣情人欲等也都是良知？对此的回答，也当然是否定的。顾宪成指出：

> 盖世人皆言“当下即是”，际明（按即史玉池）却言“惟是乃为当下”。此一转语直从顶门下针，有起死回生之功。①

因此，顾宪成与史玉池（亦含刘念台）一方面承认良知的“现成”性，另一方面也竭力否认“现成”圣人之说。“良知是现成的”，但不等于说“现成的都是良知”，这是他们反对阳明后学宣扬良知现成、本性自然、当下即是等思想主张的一个共同点。

必须指出，儒学的成圣追求，在阳明学及其后学那里，有了一种新的表现：“人人心中有仲尼”“见满街人皆是圣人”。也就是说，“成圣”对于每个人来说，已经不再是望不可及。此处所谓的“仲尼”“圣人”并非具体的人称代名词，而是泛指内在于人的良知本性。正如阳明所言“心之良知是谓圣”②，便充分表明了这一点，故对阳明而言，良知不仅实现了本体化，而且已经内在化。“现成良知”说的提倡，正是在这种思想脉络中得以形成的。诚然，面向民众宣扬“良知现成”，确实具有相当的煽动力，足可“醒人耳目”。然而，正如顾宪成

---

① 《当下绎》。

② 《王阳明全集》卷八《书魏师孟卷》，第 280 页。

所指出的那样，孟子所说的“人皆可以为尧舜”，重在一“为”字，略去“为”字不讲，在人与尧舜之间，直接画上等号，则不免陷入“猖狂无忌惮”。故顾宪成对罗念庵怀疑“现成良知”在表示深切的同情和理解之同时（“此诚先生苦心语”），也深感这一怀疑必指向儒学的性善信仰，因此在顾看来：“究竟不如说个世间无现成圣人较稳当，免得惹人吹求。”[①] 不难看出，否认“现成圣人”这一直接现实性，从而在实践上强调成圣工夫的重要性，无疑是出于对阳明后学空谈本体而忽略工夫这一思想倾向的批判和反省。

但是也应看到，如果说强调良知本性人人具足、当下即是，便会导致破坏人心、冲破传统，以至对日常的社会人伦秩序构成危害，这种结论就未免显得过于仓促（东林党人对“无善无恶”说之批判便有这种倾向）。对于某种思想的体系构造缺乏深入的了解以及整体性的把握，便斥之为“阳儒阴释”或直接斥之为“异端邪说”，这是近世以来儒学思想界（尤以晚明为甚）的一种“陋习”。反过来说，因为被所谓正统的儒家学者斥之为“异端”，故而就可以“反其道而行之”，进而断定这种所谓的“异端”思想必具有反儒学或反传统的解放精神，这样的推论也同样是颇为可疑的。

[补记]《现成良知》在《中国学术》(商务印书馆，2000年10月）发表后，日本学者荒木见悟教授来函

① 以上见《当下绎·本体功夫》。按，由“现成良知”引出“现成圣人”并对此展开批判，似是源自念庵，如念庵就有“千古未有开手圣人”之说（《念庵集》卷三《与谢维世》，叶78上）。

指出：“现成良知”中的“现成”一词除了含有“先天性”“显在性”这两层含义以外，还具有“现在机能性”或“现成创造性”之义。因为所谓“心学”，究极而言，是一种具有“创造性”之性格的思想，正是由于赋予了“心”以一种“自由创造能力”，所以受到了来自“修证派”以及其他儒家学者的批评。“心的自由操作不能没有节度”，这正是王龙溪的批评者们的一个基本立场。我相信上述见解乃是荒木先生经过长年累月的心学研究之后所获得的一个洞见。毫无疑问，对阳明心学而言，心体良知的“机能性”和“创造性”，应当是“现成良知”理论的题中应有之义。谨此铭感，以示谢意！（2002 年 11 月）

第一章　无善无恶

——阳明学“四句教”诠释小史

> 无善无恶是心之体，有善有恶是意之动，知善知恶是良知，为善去恶是格物。[①]

> 心体既是无善无恶，意亦是无善无恶，知亦是无善无恶，物亦是无善无恶。[②]

以上所列两条语录，便是阳明心学史上非常著名的“四句教”与“四无说”。前者是王阳明的“四句教”，后者是其弟子王畿的“四无说”。两者除第一句的意思基本相同以外，龙溪的后三句则是以第一句为据，对“四句教”所作的进一步推论。无疑地，其中第一句至关重要，关键词显然就是“无善无恶”四字。不待说，四句教是阳明最晚年的思想，也是阳明自持的最终教义、根本宗旨（又称“四句宗旨”），而四无说及其与四句教之间所发生的理论紧张则显示出这样一层思想意义：

---

① 《传习录》下，第315条。

② 《王阳明全集》卷三十五《阳明年谱》嘉靖六年九月条，上海古籍出版社，1992年，第1306页。

即意味着阳明学向阳明后学发生转向，揭开了“后阳明时代”的阳明心学思想发展的序幕。

根据历史的记载，四句教及四无说的发生经过是：嘉靖六年（1527）九月，阳明与其两大弟子王龙溪和钱德洪在余姚阳明故居的“天泉桥”上发生了一场思想论辩；王、钱两人对阳明“四句教”的理解发生了严重分歧，龙溪根据“无善无恶心之体”而推论出“四无说”，钱绪山则坚持师门四句教为一字不可更易的“定本”，其理由是，若执定在“本体”上立论而将“意之动”之后的“工夫”都归于“无”的话，那么必将导致一切工夫都“不消说矣”的严重后果；针对钱、王两人的意见分歧，阳明作了一番评定之后，最终表示四句教才是他的最终“宗旨”。这就是晚明思想史上著名的“天泉证道”。

那么，龙溪“四无说”的依据何在呢？龙溪认为，阳明四句教只是“权法”而非“定本”，当有进一步在理论上进行推衍和发展的余地，若就“无善无恶心之体”这一本体角度立论，则其心体之发动必然呈现为“无善无恶的意”，由此，心体之下的“意”“知”“物”等层面的种种工夫也必然呈现为“无善无恶”。显然，在这场辩论当中，凸显出“本体”与“工夫”、“心体”与“善恶”等理论紧张的问题。对此，阳明的回应略显几层转折，这里不宜细说，一言以蔽之，不论是龙溪力主的从本体上“悟入”，还是绪山力主的就工夫上“复那本体”，阳明坚定认为，只有四句教才是接通“中人上下”的“彻上彻下”的普遍教法，并再三告诫钱、王两人“以后再不可更此四句宗旨”。[1]

这场“天泉证道”在王门当中掀起了轩然大波，并在晚明思想界产生了极为深远的影响，被梁启超（1873—1929）称为“王门一大公案”，他指出：

> 此是王门一大公案，所谓四有句四无句之教也。后此王学流派纷争，皆导源于此。[2]

梁的这一判断基本无误。的确，“天泉证道”在阳明后学以及晚明时代引发的思想效应非常广泛，引发了王门的“纷争”也是事实，但是，王门各派的分化是否都“导源于此”，则须对阳明后学做一整体把握之后才能断定。根据目前所掌握的史料来看，将王门分化归因于四句教与四无说之争特别是“无善无恶”问题之争，可能有简单化之虞。

事实上，在王门各大弟子之间，围绕“无善无恶心之体”的问题，并没有产生根本上的思想分歧，他们的分歧在于本体与工夫的关系如何衡定等问题上。例如，在“无善无恶”问题上，聂双江和罗念庵或采取认同的态度，或采取默认的态度；

---

① 《王阳明全集》卷三十五《阳明年谱》嘉靖六年九月条，第1307页。关于“四句教”，主要有三种文本记录：《传习录》下第315条、《阳明年谱》以及《龙溪集》卷一《天泉证道纪》。三种记录微有差异，阳明坚称四句教为最后“宗旨”，仅见于《传习录》和《阳明年谱》而不见于《天泉证道纪》。另据朱得之《稽山承语》第25条所录：“师曰：‘无善无恶者心也，有善有恶者意也，知善知恶者良知也，为善去恶者格物也。’”这份记录与上述三部传世文献无异。据《稽山承语》第40条载：“于丁亥将归，请师别言相赠。”可知，《承语》成于丁亥前。据此，在“天泉证道”之前，其实阳明已经提出“四句教”，故“无善无恶”并非“天泉证道”时偶发之语。

② 梁启超：《节本明儒学案》，《饮冰室丛著》第六种，商务印书馆，1916年，第148页。

钱绪山、陈明水则与龙溪却有诸多一致的见解；阳明门下的元老级人物邹东廓也并没有表现出特别反对的态度[1]；另一位重要人物欧阳南野同样也没有对此表示反对意见。[2]

然而，到了晚明清初的时代，人们在回顾晚明思潮之际，往往痛斥心学末流崇尚玄虚，尤其对“无善无恶”论的批判几乎是众口一词、异常严厉，甚至以为明亡之因就在于王学“清谈”。[3]例如，著名的东林党人顾宪成便断然判定：“无善无恶”论直可谓是“以学术杀天下万世”。[4]另一位东林党人冯从吾（号少墟，1557—1627）的批评也很具代表性，他认为阳明学在理论上有得有失，而“其得失正不相妨”，意谓其“失”尤在其“得”之上，尤其是“无善无恶”说，不仅颠覆了孟子性善说，更是坠入告子、佛教的窠臼之中，他说：

> 失处一在以“无善无恶”为心之体，翻孟子性善之案，堕告子无善无不善、佛氏无净无垢之病，令佞佛者至今借为口实。[5]

这判定在他的时代即 16 世纪末 17 世纪初，无善无恶说仍有相当恶劣的影响，甚至令不少“佞佛”者“至今借为口实”。

① 通常以为《东廓集》卷二《青原赠处》将“无善无恶心之体”改写为“至善无恶者心”，这表明其对“无善无恶”是持反对态度的，然而通观《东廓集》，仅有《青原赠处》言及“四句教”，从其文脉看，东廓只是引述而没有表明自己的见解，故可推断东廓并非有意“改写”而只是“误写”而已。

② 分别参见《双江集》卷十《答戴伯常（即幽居答述）》、《念庵集》卷四《与钱绪山论年谱》、《明水集》卷一《答聂双江》《答罗念庵》、《南野集》卷一《寄王鲤塘》以及本书第二章《钱绪山论》。

③ 如顾炎武在《日知录》卷二十“朱子晚年定论”条，提出了“讲学祸国论”，将晚明心学思潮与魏晋玄谈相提并论。

④ 《小心斋札记》卷十八，台湾广文书局 1975 年影印本，第 422 页。

⑤ 《少墟集》卷十五《答张居白大行》，四库全书珍本五集，叶 54 下—55 上。

但是另一方面，也有人对“天泉证道”深表赞赏：

> 会至天泉传道，几于打破砂锅矣。壮哉文成（按即王阳明）之能翻案也。①

这是晚明“异端”人物李贽的友人潘曾纮的说词。尽管潘曾纮与冯少墟一样，都以“翻案”一词来评估“天泉证道”，然而，一者以贬，一者以褒，两者的态度可谓泾渭分明、判然两极。这两种观点孰是孰非，姑且不论，“无善无恶”论在晚明时代之所以引发如此截然不同的评价，个中原因令人深思。②

一　王阳明之立论

1.“性不可说”与“性无定体”

说起“无善无恶”，马上令人联想起告子的“无善无不善”说。例如上引冯少墟的一段话已经点明王阳明的“无善无恶”论，其实质便是告子的“无善无不善”说。关于告子，朱子的批评很具代表性：

> 惟告子“无善无不善”之说，最无状。他就此无善无恶之名，浑然无所分别，虽为恶为罪，总不妨也。与今世之不择善恶而颠倒是非称为本性者，何以异哉？③

意谓告子的“无善无不善”说最荒唐，其以“无善无恶”之

① 潘曾纮：《题李温陵纪》，《李温陵外纪》卷首，台湾伟文图书出版社，1977年，第27页。

② 关于阳明学的无善无恶论，学界已有不少专题论文发表。这里仅举两篇日语论文：荒木见悟：《性善说と无善无恶》（《阳明学の位相》，研文出版，1992年），吉田公平：《性善说と无善无恶说》，《陆象山と王阳明》，研文出版，1990年。

③ 《朱子语类》卷五十九，第1380页。

名，混淆了善恶，其后果是，即便“为恶为罪”也无大碍，这与当今之世将那些“不择善恶”而“颠倒是非”等行为称之为合乎“本性”的做法，简直没有什么本质区别。饶有兴味的是，在顾宪成的眼里，自“天泉证道”以降，“无善无恶”论在晚明时代所造成的各种所谓“弊端”，正与上述朱子的批评相仿佛，在社会上已经产生了难以挽回的恶劣影响。顾宪成指出：

> 谓无善无恶……是故一则可以抬高地步，为谈玄说妙者树标榜；一则可以放松地步，恣情肆欲者决堤防。宜乎君子小人咸乐其便，而相与靡然趋之也。①

可见，顾的口吻竟然与朱子如出一辙，都以为时代的思想危机、道德混乱都可以归咎于“无善无恶”说。

然而，阳明提出“无善无恶心之体”，其用意决不是想回归告子，也不是重提先秦时代的“性善”与“性恶”的问题。应当说，“无善无恶”论乃是阳明心学在理论上的一个必然归趣，这一命题所要讨论的不是人性论问题，而是有关于良知心体的本体论问题，而在儒学的理论框架内，心体问题又必然与性体问题有关。

当然，人性善恶问题始终是儒学的一大课题，宋明儒学也不例外。孟子以“孺子入井”为喻，提出恻隐、是非等良心“四端”说，用以批驳告子“无善无不善”的性说，具有重大的理论意义，因为性善必由本心而显，故就心论善，实质上也就是论性。依孟子的思路，见孺子入井而援之以手，反映的是一种内在于人心的善之感情（道德感情），即恻隐之心，由此

① 《小心斋札记》卷四，第84—85页。

心之发动必可反证人性之善。然而从概念层次上看，“性”与“情”毕竟不同，用宋儒的观念来说：性是本体，情属发用；性无不善，而情则有善有恶。显而易见，心善虽能呈现性善，而心之情则不能直接证明性善。换言之，仅从情感发动的角度看，情善并不能成为人性皆善的普遍依据。故孟子又有“本心”这一重要概念，试图以此作为性善论述的重要理据。他指出仁义礼智等道德法则，恻隐是非等道德情感皆“根于心”，而此“本心”即是“良心”，乃是人生之时即被赋予的，是不学而能不虑而知的，因而良心即是良知良能。见孺子入井而生“怵惕恻隐之心”，也就是人之良知良能的呈现。由此便可得出本心即善的结论，故由心善必可呈现性善，反过来说，性善即可由心善得以证明。

但是，“本心”概念并未受到程朱理学的重视，因为在程朱理学看来，任何在人心意识之上或之外另立一个所谓的“心之本体”都是不能成立的，而在陆王心学（尤其是阳明学）的理论系统中，“本心”概念被提升至本体的地位，得到了理论上的极大发挥。程朱认为，“人心”既是一种意识，又有情感一面，容易受到厚薄精粗不同的气质之影响或干扰，故而不免有趋于人欲的危险性。从概念层面上看，朱子赞同邵雍“心者，性之郛廓”①这项概念定义，认为心的价值全有赖于

① 按，原为邵雍语，朱子对此赞不绝口，直称：“皆秦汉以下人道不到。”（《朱子语类》卷六十，第1430页）“邵尧夫亦云：‘性者，道之形体；心者，性之郛廓；身者，心之区宇；物者，身之舟车。’语极有理。”（同上书，第1423页）而在心性问题上，朱子的观点则是：“心是虚底物，性是里面穰肚馅草。”（同上书，第1426页）“性者，吾心之实理。”（同上书，第1422页）可谓是经典之论。要之，在朱子，“心”的地位是从属性的、次要的。

"性"，而"心"之本身并不是一个价值的概念。而在朱子看来，尽管孟子未能最终阐明"性之本体是如何"，但是孟子从情（性之发用处）的层面来证明"性之本善必矣"，则是值得肯定的。朱子指出：

> 性不可说，情却可说。所以告子问性，孟子却答他情。盖谓情可为善，则性无有不善，所谓"四端"者，皆情也。
>
> （孟子）亦不曾说得性之本体是如何。
>
> 孟子说性善，是就用处发明人性之善。
>
> 盖性无形影，惟情可见。观其发处既善，则知其性之本善必矣。①

意思是说，性为本体，情为发用，性无形影，唯情可见，故欲明其体，唯有就其发处（情）去"发明人性之善"，然后才能推知人性本善。这是朱子对孟子性善说的基本理解。

但是在其语意之间，不难看出朱子对孟子未能最终证明"性之本体"是有所不满的。特别是在如何解释"恶"的问题上，朱子对孟子性说所存在的局限性则表示了不满：

> "论性不论气不备，论气不论性不明。"孟子终是未备，所以不能杜绝荀、扬之口。②

如所周知，这里的第一句"论性不论气不备"盖指孟子，而后一句"论气不论性不明"则是指告子。这两句话原是二程所下的判断③，朱子承之，并批评孟子性说"终是未备"，意谓孟子

---

① 《朱子语类》卷五十九，第 1380 页；卷五十九，第 1376 页；卷九十七，第 2488 页；卷六，第 108 页。

② 《朱子语类》卷五十九，第 1388 页。

③ 参见《程氏遗书》卷六，《二程集》，第 81 页。

论性的局限性在于其未能认识到人性中有“气质之性”这一层面。

可见，要论证人性先天本善，有必要在继承孟子的基础上，又要有所超越，亦即需要有一种新的理论构造。这种新的理论构造之完成，则有待于二程特别是宋代理学的集大成者朱子。朱子一方面肯定了“孟子说性，乃是于发处见其善”①的理论意义，此“发处”即指情感的发动，承认由情见性的重要性；与此同时，朱子运用程子“性即理”这一命题，意图从本体论角度来论证人性必善，换言之，即将性提升至本体的高度，进而对人性必善提出证明。由此可以说，“性即理”这一命题的出现标志着先秦以来各种人性学说在理论形态上的一次终结。②

然而，所谓“理”正同“性之本体”一样，是一种抽象化、观念化的形上存在，其本身并无形象，亦非经验对象，故而不能以言语致诘，也正由此，故朱子有“道是泛言”③之说。所谓“泛言”，不是指向某个具体的存在对象，如“形而上者谓之道”便可称为“泛言”，因为形而上者的“道”超越了所有一切的存在对象。朱子还指出“理”或“太极”是“无方所”“无形象”④的，与此观念相关，故在“无极而太极”的问题上，虽然“无极”一词源自老子，但是与象山以此为由而反

① 《朱子语类》卷五十七，第1352页。

② 当然这并不意味着理论上的最后完结。其实，阳明的“心即理”“至善者心之本体”等命题也未尝不是对性善学说的肯定，只是阳明的角度是心本体论。

③ 《朱子语类》卷一〇〇，第2549页。

④ 《朱子文集》卷三十六《答陆子静》第5书，第2280页。

对使用“无极”的观点不同，朱子则强调“无极”是一个不可或缺的重要概念，若抽去“无极”则“太极”作为一种“理”的本体存在便会沦于具体的“一物”——即具体的可感可知的形下之物。也就是说，“无极”是为了描述“太极”作为本体的无声无臭、无形无象的特性而使用的一种措辞，同时也是为了说明“太极”是形上存在而不同于具体事物的现象存在。①重要的是，在朱子学的思想体系当中，太极首先是理和性，其次太极作为本体，与性之本体一样，本身是浑然的、不可说的、无定形的，他说：

> 性是太极浑然之体，本不可以名字言。
>
> 不容说处即性之本体。
>
> 性无定形，不可言。
>
> 性是个糊涂不分明底物事。②

诸如此类的说法，在朱子的文字中不一而足。这些表述无非是为了说明性之本体的绝对性，同时也表明人们无法用语言去规定它定义它。当然朱子的本意并不在于讨论语言表现的非本质性问题，而是为了阐明“性”或“理”乃是超越了语言意识层次的本体概念。

---

① 明儒管东溟则认为，与程朱的主敬思想系统不同，继承了周濂溪所强调的“无”的思想的当是王阳明（《惕若斋集》卷三《濯旧稿引（甲午）》，万历二十四年管东溟自叙本，叶18上）。这个说法耐人寻味。在我看来，“无极而太极”这一思维模式，确与阳明学的“无善而至善”的观点相契。晚明儒者刘念台便用“无善而至善”（《刘子全书》卷一《人谱・太极图说》，叶2上）来诠释“无善无恶”（详见后述）。

② 《朱子文集》卷五十八《答陈器之》第二书，第4189页；同上书卷四十六《答黄商伯》第四书，第3170页；《朱子语类》卷五十九，第1380页；同上书卷五十七，第1352页。

必须指出，虽然朱子认为性之本体具有“不可言”“不容说”的特性，但是这并不表明朱子放弃了性善论而由此引出性无善恶的结论。相反，朱子对湖湘学派的代表人物胡宏（号五峰，1102—1161）提出的“性无善恶”说作了严厉的批判，他针对胡五峰的观点：“性也者，天地鬼神之奥也。善不足以言之，况恶乎哉！”[①]一针见血地指出：“即性无善恶之意。”[②]换言之，朱子认为胡五峰是在主张无善无恶论。事实上，五峰此说乃是基于性本体论这一角度而提出的观点，他说：

> 形而在上者谓之形，形而在下者谓之物。性有大体，人尽之矣。一人之性，万物备之矣。论其体，则浑沦乎天地，博浃于万物，虽圣人，无得而名焉。论其生，则散而万殊，善恶吉凶百行俱载，不可掩遏。论至于是，则知物有定性，而性无定体矣。[③]

首先五峰认为，“性”具有两个不同的层面：“其体”与“其生”——即本体与作用、形而上与形而下。若就其本体而言，性是“浑沦乎天地，博浃于万物”的普遍存在，即便是圣人也不能“名”之，意谓圣人也未能明确定义人性是善还是恶；若就其作用的层面来看，则“散而万殊”，善恶吉凶得以呈现。由此他得出的结论是：“物有定性而性无定体。”在这里，五峰并没有明确提出“性无善恶”的说法，他只是强调形而上之性“不足以言之”，也就是说难以用善恶概念对性之本体作出具体的规定性描述。特别是他的“性无定体”说，与无善无恶论在

---

① 引自《朱子文集》卷七十三《胡子知言疑义》，第5418页。

② 《朱子文集》卷七十三《胡子知言疑义》，第5415页。另参见同上书第5413、5420页。

③ 《胡宏集·释疑孟·辨》，中华书局，1987年，第319页。

理论致思的方向上是一致的。

同时也须看到，所谓“不足以言之”，乃是一种否定性表述，与朱子再三强调的性“不可言”“不容说”之类的表述方法并无本质差别，讲的都是这样一层意思：“性”是抽象的形上存在，相对意义上的“善恶”概念不足以“名之”，这便是胡五峰提出“性无定体”的确切含义。只是朱子不能接受五峰此说，因为在朱子看来，二程“性即理”乃是“颠扑不灭”的真理，而“理”是完美无缺的，也是人性所固有的，故从本体的意义上说，人性必然是善的。即在朱子看来，本体固然“不可言”“不容说”，但是“性即理”乃是一种形上学的设定，而“理”本体作为终极实在必然是先天地存在于人性中的“定体”或“定理”。

必须指出，事实上，阳明“无善无恶”论的一个重要理据便是“性无定体”，他明确指出：“性无定体，论亦无定体。”① 在阳明看来，就本体言，性体并无一定的形象属性。由此出发，便有可能把各种“性说”相对化，从而得出在人性善恶的问题上“论亦无定体”② 之类的结论。对于这种观点，坚

① 《传习录》下，第 308 条。但是阳明与五峰在思想上具有何种渊源以及阳明是否读过《知言疑义》等问题，学界尚无结论，详见下述。按，阳明弟子陈明水另有“心无定体”说，用以反对聂双江、罗念庵的“心有定体”说。阳明弟子魏良政则由“理无定在”推论出“孝无定在”（《江右名贤录》卷下，万历二十序刻本，叶 48 下）的结论。此外，欧阳南野以及唐荆川亦被卷入“心有定体”还是“心无定体”的争论当中（参见《南野集》卷五《答聂双江》第一书，《荆川集》卷六《与聂双江司马》）。阳明后学的这些思想争议，实际上反映的是阳明学与朱子学在思想上的一个重大分歧：“天下之物皆有定理”（朱子）与“物理不外吾心”（阳明）之间的思想对立。参见本书第三章“聂双江论”。

② 《传习录》下，第 308 条。

持“性即理”这一思想立场的朱子是难以认同的，其在《胡子知言疑义》中明确指出：“谓性所固有，则性之本善也，明矣。”① 意谓“善”就是“性”的固有属性，而且这是不证自明的。然而朱子却断言五峰论性“即性无善恶之意”“胡氏之病，在于说性无善恶”②。显然，在朱子的判断当中，必另有思想原因。

总之，朱子学本体论有一个重要面相，即他认为从本体立论，则性之本体犹如太极，是一种形上存在，正因为是形而上的，犹如太极一般，故它必然具有“无形无象”之特征，同样，作为本体之性亦然。可见，朱子从本体论出发，对于语言概念的有限性是有充分自觉的，所以朱子才会说：“性是太极浑然之体，本不可以名字言。”所强调的便是这层意思。但是，这一观点并不意味着朱子主张性之本体毫无内容可言；相反，在朱子看来，人性中自有“天理”存在，构成性之本质内容便是纯粹至善的，因而绝不能说性是无善无恶的。另一方面，当胡五峰提出“性无定体”这一结论时，其目的未必是在否定人性本善这一儒家传统的人性论观点，正如后来王阳明“无善无恶”说也并非是对性善说的单纯否定一样。当然，心学意义上的“无善无恶”论，则有待王阳明的出现才得以完善。有一点是可以确定的：“性不可说”或“性无定体”都是本体论的论述而非人性论的论述。

2. 无善无恶论的提出

值得注意的是，与朱子“性无定形，不可言”之类的说法

① 《朱子文集》卷七十三，第 5420 页。
② 《朱子语类》卷一〇一，第 2591 页。另参第 2590 页。

相似，阳明也一再强调：

> 义理无定在，无穷尽。
>
> 道无方体，不可执着。
>
> 道心本是无声无臭。
>
> 道不可言也，强为之言而益晦；道无可见也，妄为之见而益远。①

这是从本体论的角度，对“道”这一本体存在的特征所作的表述。不难发现，与以上我们所看到的朱子之说如出一辙。也许可以说，自周敦颐提出“无极而太极”，经朱子的一番重新诠释，进而用“有无”或“体用”这对颇具中国哲学特色的概念来描述本体性特征，构成了宋明理学的一个重要特质。

当然与程朱理学不同，“心即理”乃是阳明学的最高命题。“心”被提升至“本体”的地位，从本体出发，阳明断言：

> 心之本体原无一物。
>
> 无知无不知，本体原是如此。
>
> 无善无不善，性原是如此。②

意谓就“本体”而言，心体、性体或良知本体都具有“无”的重要特征，强调的是本体存在的先天性、绝对性，甚至是“善”也不足以对此作出规定，这与上述“道心本是无声无臭”之意是相通的。

表面看来，“无善无不善”与告子之说并无差异，实际上，其思想内涵已有根本之不同。可以从两个方面来看：首

---

① 《传习录》上，第22条；《传习录》上，第66条；卷下，第250条；《王阳明全集》卷七《见斋说》，第262页。

② 《传习录》上，第119条；《传习录》下，第282条；《传习录》下，第273条。

先，阳明认为就性之本体而言，可以说性之本体原是“无善无不善”的，在此意义上可以说，告子之说“亦无大差”，只是告子“执定”一个“无善无不善”之性在内，有善有恶之性在外，将性分作内外看了，这是阳明所不能认同的；其次，阳明认为良知本体具有“无知”而又“无不知”的特征，良知本体既是“无知”的，同时又必须是“无不知”的，也就是说心体或良知必然地具有先天的道德感知能力，而这一重要观点正是告子所欠缺的。阳明指出：

> 告子病源，从性无善无不善上见来。性无善无不善，虽如此说，亦无大差。但告子执定看了，便有个无善无不善的性在内。有善有恶，又在物感上看，便有个物在外，却做两边看了，便会差。无善无不善，性原是如此。悟得及时，只此一句便尽了，更无有内外之间。告子见一个性在内，见一个物在外。便见他于性有未透彻处。①

从本体论的角度来看，性之本体是难以用语言作明确表述的，这一点在朱子和阳明那里有着同样的认识。但是由此推论出性之本体亦无须用善恶概念去作规定，这则是阳明所特有的观点。基于这一观点，阳明对于历史上所出现过的各种人性论，作了这样的概括总结：

> 问：“古人论性，各有异同。何者乃为定论？”先生曰：“性无定体，论亦无定论。有自本体上说者，有自发用上说者；有自源头上说者，有自流弊处说者。总而言之，只是这个性，但所见有浅深尔。若执定一边，便不是了。性之本体，原是无善无恶的，发用上也原是可

① 《传习录》下，第273条。

> 以为善，可以为不善的。其流弊也原是一定善、一定恶的。……孟子说性，直从源头上说来，亦是说个大概如此。荀子性恶之说，是从流弊上说来，也未可尽说他不是，只是见得未精耳。众人则失了心之本体。”问：“孟子从源头上说性，要人用功在源头上明彻。荀子从流弊说性，功夫只在末流上救正，便费力了。”先生曰：“然。”①

显然，此处的“性无定体”原是五峰的说法。② 但是由“性无定体”推出“论亦无定论”，则是阳明独到的见解。当然阳明的本意并不在于否定性善，而是指出不能执定性善一说，而一概否定“从流弊上说来”的荀子的性恶说。因为，就“性之本体”而言，阳明认为“原是无善无恶的”，故孟子的性善说亦只是说了个“大概如此”而已，固有进一步推论之余地。然而事实上，他的结论已经包含在上述命题的前提之中，即“性之本体，原是无善无恶的”，这才是阳明所认定的究极之论。

因为心体是形上存在，故它原是无声无臭、本无一物、超越善恶的绝对存在，所以相对意义上的善恶概念不足以规范心体。由此可见，阳明晚年在“天泉证道”之际提出的“无善无恶心之体”，绝不是偶发之语，而是其内在的基本理路之

---

① 《传习录》下，第 308 条。

② 参见上节。按，阳明与五峰有何思想渊源，尚难断言。《传习录》中未见五峰之名。五峰之著《知言》，自元代以来，流传稀少。据 1490 年将其重刻的程敏政所言，此书未见藏于京师“秘阁”，他搜寻此书竟达三十余年（参见《胡宏集》附录二《明程敏政胡子知言跋》）。然而，阳明曾经言及程敏政的《道一编》，且对此书颇为推重，由此对敏政重刻《知言》一书抑或有所了解。

必然。

3. 阳明心学与无善无恶论

程颢（号明道，1032—1085）有两句名言：

> 天下善恶皆天理。①
>
> 善固性也，然恶亦不可不谓之性也。②

一见之下，这两句话与传统的性善论大相径庭。因为“天理”是具足圆满的，故在道德上必然是纯粹至善的，从伦理学的角度看，天之“理”表现为人之“性”，故“性”也必然是先天善的，这其实是程朱学的一种常识。

因此，如果说恶也是一种“天理”或者说恶也是一种“性”，那么显然违反了我们对理或性的基本认识，所以明道的这两句话不仅在朱子门下③，而且在阳明门下也引起了纷纷议论。例如阳明弟子黄以方便有一段记录：

> 问：“先生尝谓‘善恶只是一物’。④善恶两端，如冰炭相反，如何谓只一物？”先生曰：“至善者心之本体⑤，本体上才过当些子，便是恶了。不是有一个善，却又有

---

① 《程氏遗书》卷二上，《二程集》，第14页，另参见《程氏粹言》卷一《论道篇》，《二程集》，第1182页。

② 《程氏遗书》卷一，《二程集》，第10页。

③ 《朱子语类》卷九十七，第2487、2488页；卷九十八，第2517页等。明初朱子学者胡居仁（号敬斋，1434—1484）对程明道这两句话颇有异议，参见《居业录》卷一，京都中文出版社刊和刻近世汉籍丛刊本，第47、112页；卷二，第170页；卷四，第358页等。

④ 陈荣捷注此条云：“参见第101条。”（《王阳明〈传习录〉详注集评》，第305页）按，查《传习录》上，第101条并无此语，今姑存疑。

⑤ 这类说法在阳明文字中屡见不鲜，参见《传习录》上第2条、第91条，《传习录》下第317条。

> 一个恶来相对也。[1]故善恶只是一物。”直（按即黄以方）因闻先生之说，则知程子所谓“善固性也，恶亦不可不谓之性。”又曰“善恶皆天理。谓之恶者本非恶，但于本性上过与不及之间耳。”其说皆无可疑。[2]

显然，从理论形式上看，“至善者心之本体”与“四句教”中的“无善无恶心之体”，是两个完全背反的命题。然在阳明学那里，“至善”与“无善无恶”并不是单纯的对立关系。阳明认为，“至善”乃是心体的本质状态，故就心之本体而言，并不是先有一善后有一恶来彼此相对，在此意义上，可以说心体是至善的；而所谓“至善”，实是超越了善恶对待的绝对善，在此意义上，又可以说心之本体原无善恶。反过来说，正是由于“善恶只是一物”，因此善恶不足以成为心体的名义。重要的是，尽管心体至善，但如果于心体上去执定一个善，便已落入意识层次——即落入“意之动”的层次，一旦分别意识因对象而发动，随之便会产生有善有恶的问题。关于这一问题，我们不妨来看一下阳明在《传习录》卷上“侃问去花间草”一章中[3]所作的一段深入阐发。

---

① 如程明道说：“人生气禀，理有善恶，然不是性中元有此两物相对而生也。……故不是善与恶在性中为两物相对，各自出来。”（《程氏遗书》卷一，《二程集》，第10—11页）

② 《传习录》下，第228条。

③ 此章即《传习录》上，第101条，以下凡引此条，不再出注。按，该章所述涉及无善无恶与诚意工夫的关系问题。其中有“无善无恶者理之静，有善有恶者气之动”之说，刘念台据此认为阳明所述“与天泉证道之说迥异”（《明儒学案》卷十《姚江学案·阳明传信录》，第207页），黄宗羲则据此断言：“就先生‘去草’之言证之，则知天泉之言，未必出自阳明也。”（同上书卷三十《薛中离传》，第658页）然而，刘、黄之疑缺乏史实根据，可置勿论。

该章大意是：阳明弟子薛侃（号中离，1486—1546）以“去花间草”为例，这样问道：天地间为何善难培养、恶难消去？阳明答道：如此看善恶，乃是从身上起念，花草之间何尝有善恶之分？你欲观花，则以花为善，欲去草则以草为恶，欲用草时则又以草为善；此等善恶分别意识，都是出自尔心之好恶一念，与花草本身无关。阳明的意思是说，善恶系于人之一念而与客观外界无关。薛中离进一步追问道：如此说来岂不可以得出“无善无恶”的结论？针对于此，阳明提出了重要观点：

> 无善无恶者理之静，有善有恶者气之动。不动于气，即无善无恶，是谓至善。

这是从理气关系的角度来解释善恶问题。阳明进而指出：圣人之无善无恶，只是“无有作好，无有作恶”（《尚书·洪范》）、“一循于理”“不着意思”，如着了意思，则“心体便有贻累”，便是气之动；善恶与物无关，惟与人之心态有关（“只在汝心”），循理是善，动气则是恶；“无善无恶”“在心如此，在物亦然”。善恶只是出于心之一念，而与心之本体或外界现象无关；如果心中觉得草之生长有所妨碍，理亦宜去，那么即便去之亦无妨。总之，善恶是一种意识活动的结果，属于意念活动之现象，而所谓“善恶只是一物”便是说善恶就是在意识活动过程中的“一物”，所以更“须汝心自体当”。

归结而言，阳明所强调的无非是这样几层意思：（1）善恶之分别源自人心之一念（意），理（心）之本然状态并无善恶可言；（2）善恶不在物，判断善恶的标准也与客观外界（花草之类）无关；（3）心念之动，则未免有着，故而必须诚意；（4）无有作好，无有作恶，一循于理，此即“诚意”工夫，“诚意只是循天理，虽是循天理，亦着不得一分意”，此“方是心之本体”。这也就是“无善无恶”是谓“至善”的圣人境界。

总之，阳明认为是否应当“去草”，本来与人心的善恶问题无关，重要的不是去花草之间追究善恶问题，而应当反省自己的心态意念。如果不扪心自问，只于外物上去寻找道德行为的根据，这就未免“舍心逐物”，便是“将格物之学错看了”。如此一来，便会在为学方向上发生根本性的错误。由此可见，无善无恶论之提出，在阳明那里决不是单纯地指向人性论问题的讨论，而是与阳明心学的整个理论构造密切相关。换言之，无善无恶论无非是基于心学的思想立场而得出的一个结论。

从薛中离所录“去花间草”到阳明“四句教”的提出，其间经历了十余年的岁月。① 在此期间，阳明提出了致良知学说，标志着阳明思想的最终形成，而四句教则是阳明晚年的重要观点。不过，在提出四句教之次年，阳明便卒于军旅途中，故而未能对此作出更为深入详尽的阐发。对无善无恶说从理论上作出进一步的阐发，则要有待于王龙溪和钱绪山。②

二　王龙溪之诠释

1.“良知本虚”与“无是无非”

关于阳明与龙溪的思想传承，王宗沐（号敬所，1523—1592）曾经指出：

---

① 薛中离本《传习录》(即今本《传习录》上卷）刊于正德十三年，距天泉证道恰好十年。

② 关于钱绪山的无善无恶论，参见本书第二章“钱绪山论”。

> 龙溪先生在门高第，独因无善无恶之旨悟入，深参密悟，结发以至白首，从事于此学而无二事。①

这段记述表明，阳明晚年的“无善无恶之旨”对龙溪一生有着至关重要的思想影响。龙溪经“深参密悟”，创发己见，直至晚年一直坚持己说而没有任何动摇。这里虽未提“四无说”，但显然是指向龙溪的“四无说”。

事实上，在嘉靖四十三年（1564）和万历二年（1574），龙溪曾分别与弟子张元忭（号阳和，1538—1588）及耿定向等围绕无善无恶问题展开了反复讨论。② 对龙溪来说，若要坚持“四无说”，就必须先回答“无善”何以又是“至善”，既说“无善无恶心之体”何以又说“至善者心之本体”。例如，对阳明学持严厉批评立场的黄佐（号泰泉，1490—1566）便尖锐指出：

> “无善无恶者理之静，有善有恶者气之动。不动于气，即无善无恶，是谓至善”。③ 此又畔孟子性善之说矣。既曰“无善”，安得又曰“至善”？是自相矛盾也。④

显然，黄泰泉读到了《传习录》上卷第101条“侃问去花间草”章，他注意到其中“无善无恶是谓至善”的说法存在严

---

① 《敬所王先生全集》卷六《寿龙溪王先生序》，万历元年张位序刻本，叶3下。

② 参见《龙溪会语》卷三《东游问答》、卷六《书同心册后语》。按，《东游问答》亦见《龙溪集》卷四，然前者第9条有关“天泉证道”的内容，却不见于后者，而与《龙溪集》卷一《天泉证道纪》在内容上几乎全同。据我推测，前者应当是后者之蓝本。

③ 按，语见《传习录》上，第101条。

④ 《明儒学案》卷五十一《黄泰泉论学书·与徐养斋》，第1200页。

重的“自相矛盾”：即“无善”与“至善”是完全背道而驰的说法，两者无法自圆其说。更重要者，“无善无恶”显然有悖于孟子性善之旨，言外之意，即有悖于儒学正宗。的确，黄泰泉的这个批评是尖锐的，也很有代表性。可以说，晚明思想界围绕“无善无恶”说所引发的种种争论，其问题的焦点正在于此——即如何破解“无善”与“至善”之间的所谓“自相矛盾”。

如上所述，无善无恶论的一个理论依据是：心之本体是形上存在，故有“虚无”特征，无法用语言名相来规范它，因此也就无法用相对义的善恶概念来规定心之本体。但对龙溪而言，他为证成“四无说”，首先就须回答心体存在何以是“虚无”这一问题，即“无善”一说何以成立的问题，故有必要先来了解一下龙溪有关“虚无”问题的论述。例如龙溪就常用“虚寂”一词来反复强调良知“本虚”、性体“虚寂”等观点：

> 虚寂者，道之原。
>
> 寂之一字，千古圣学之宗。
>
> 虚寂原是性体。
>
> 良知本虚本寂。①

龙溪在此将“寂”提到了“千古圣学之宗”的高度，非常引人关注。应当指出，龙溪的这些观点与《易》学有渊源关系。《易·系辞传上》云：“寂然不动，感而遂通天下之故。”

① 《龙溪集》卷十三《阳明先生年谱序》，第948页；《龙溪集》卷六《致知议辨》，第451页；同上书，第476页（另参见第454、472页）；《龙溪集》卷十七《渐庵说》，第1351页（另参见卷八《艮止精一之旨》）。

其中涉及寂感的问题，原本属于宇宙论的问题领域。然自宋代以来，一般以为“寂”指道之体，“感”指道之用。由此看来，龙溪所谓“虚寂者，道之原”，似乎并没有什么独特之处。例如阳明就曾指出：

> 良知之虚，便是天之太虚；良知之无，便是太虚之无形。①

这是说，因良知本体具有既“虚”且“无”之特质，故其存在既不同于一事一物，同时又能在万事万物之中“发用流行”。应当说，龙溪所言“良知本虚本寂”的观点便是自阳明“良知之虚”的观点继承而来。不过，龙溪的以下说法，则显然是对阳明师说的一种理论发挥了：

> 心之良知是为圣。② 知是知非，而实无是无非。知是知非者，应用之迹；无是无非者，良知之体也。③
>
> 良知知是知非而实无是无非。知是知非者，心之神明；无是无非者，退藏之密也。④

其中出现的“无是无非”的说法值得关注。我们知道，阳明虽有“良知本无知”“无知无不知”⑤ 等主张，但是从根本上说，良知不仅是道德是非的判断力，甚至就是道德是非的准则本身。故在阳明文献当中，我们常见的良知即“知是知非”，

---

① 《传习录》下，第 269 条。

② 语见《王阳明全集》卷八《书魏师孟卷》，第 280 页。

③ 《龙溪集》卷八《艮止精一之旨》，第 590 页。

④ 《龙溪集》卷十七《藏密轩说》，第 1343 页。另参见卷十六《别曾见台漫语摘略》。

⑤ 《传习录》下，第 282 条。

而从来没有发现阳明说过良知“无是无非”这一观点。因为在阳明，良知的基本含义有二：（1）良知是心之本体；（2）良知是是非准则。例如：

> 良知者心之本体。
>
> 是非之心，知也，人皆有之。
>
> 夫良知者即所谓是非之心，人皆有之，不待学而有，不待虑而得者也。
>
> 良知只是个是非之心，是非只是个好恶，只好恶就尽了是非，只是非就尽了万事万变。
>
> 是非两字是个大规矩。①

要之，良知首先是善恶是非的判断原则，而良知本身又具有指导、监督以及评价任何道德行为的作用。其中，“是非”两字构成了良知概念的核心内容，而用“是非”两字来理解“良知”，并未超出孟子对良知的基本定义。

但是，既然良知是心之本体，而无善无恶又是“心之体”，那么是否可以这样推论：良知本体就是无善无恶的？若此，则是否还可以进一步推论说：良知本体也是无是无非的？这一推论的前提是很显然的：因为无善无恶与无是无非，在内涵所指上并无本质差异。龙溪就是根据这一前提，提出了“良知知是知非而实无是无非”②这一命题。在我们看来，这一命题其实也可作为“无善无恶心之体”的一种诠释，而且是具有典型意义的诠释。就管见所及（并非完全统计），这一命题

---

① 《传习录》中，第152条；《王阳明全集》卷八《书朱守谐卷（甲申）》，第276页；《传习录》下，第288条；《传习录》中，第152条；《传习录》下，第288条。

② 《龙溪集》卷十七《藏密轩说》，第1343页。

在龙溪文集中至少出现过七次。[1]相比之下，龙溪的四无说却仅出现在有关天泉证道的记录当中，仅有两处。[2]故有学者甚至推断，不是四无说而是“无是无非”说更能反映龙溪思想的本质特征[3]。这是一个值得重视的论断。从历史上看，四无说固然是龙溪思想的重要特征之一，然而无是无非说更为龙溪所反复强调，这一点是确定无疑的。于是，我们就可以追问：无是无非说的意旨何在？该命题与无善无恶说又如何印证？

我们注意到龙溪在《书先师过钓台遗墨》一文中提及天泉证道之后发生的严滩问答，转述了阳明的一句话：“良知知是知非，其实无是无非。”[4]但是，遍查《王阳明全集》，却无其他旁证可证明“无是无非”是阳明的主张，故难以确认龙溪转述的确切性。较为谨慎的看法是，此乃龙溪以自己的“成见”

---

① 除上引一处以外，另外六处分别是：“良知知是知非，原只无是无非。”（《龙溪会语》卷三《别见台曾子漫语》，万历四年查铎序刻本，叶19下）“心之良知是为圣，知是知非而实无是无非。知是知非者，应用之迹；无是无非者，良知之体也。”（《龙溪集》卷八《艮止精一之旨》，第590页）“夫良知知是知非，而实无是无非。”（《龙溪集》卷十七《太极亭记》，第1306页）“良知知是知非而实无是无非。”（《龙溪集》卷十七《惺台说》，第1357页）“良知知是知非而实无是无非，知是非者，不坏分别之相，无是非者，无心之应也。”（《龙溪集》卷十四《从心篇寿平泉陆公》，第1901页）还有一处出现在《半洲刘公墓表》，因下文将有详细引述，故此处从略。

② 即《龙溪集》卷二十《绪山钱君行状》、《龙溪会语》卷三《东游问答》。而《天泉证道纪》则是龙溪门人的追记，基本上取材于上述两文。

③ 参见中纯夫：《王畿の四无说について》，载《富山大学人文学部纪要》第25号，1996年9月。

④ 《龙溪集》卷十六，第1275页。

而作出的“追忆”[1]，换言之，在龙溪的回忆中已经融入了“诠释”的因素。另一条资料也是回忆性文字，却颇为重要，是龙溪为同门刘敬夫（号半洲，生卒不详）所作的《墓表》，龙溪回忆他与刘半洲的一次论学经过，将“良知知是知非”推论至“良知无是无非”，而且称这是“师门密旨”，意谓阳明虽未明说，但却是阳明必然得出的结论，他说：

> 先师家居，四方从者云集，公（按，即刘半洲）往浙二三年，听讲之暇，夜坐小楼，证悟所闻。予（按，即龙溪）相与聚处，有交修之助焉。公叹曰：“‘良知即是独知时’，此师门宗旨。”予曰：“独知无有不良。良知者，善知也。……”公颔之曰：“良知知是知非。”予激之曰：“良知无是无非。”未达。余曰：“是非者，善恶之几，分别之端。知是知非，所谓规矩也。忘规矩而得其巧，虽有分别，而不起分别之想，所谓悟也。其机原于一念之微，此性命之根，无为之灵体，师门密旨也。”[2]

这段记述出于何年，难以确定，根据上文的记述脉络，可以肯定发生在天泉证道之前，则可无疑。

如果相信上述记录是可靠的，那么可以说，龙溪早年就对“无是无非”已有领悟。根据龙溪自述，他有一个基本观点：是非善恶是一种分节化的意识现象，即“分别之想”，又称“分别相”，而不是良知本体之本身；良知固然具有“知是知非”的道德判断力，然而就其本体的存在形式言，良知必然是无“分别相”的，故是“无是无非”的；“知是知非”是良

---

① 按，“追忆”一词为龙溪原话。另，该文有“五十年相从之迹”云云，当可推知该文作于万历五年（1577 年）。

② 《龙溪集》卷二十《半洲刘公墓表》，第 1654—1655 页。

知作用于现象的一种表现形式，而“无是无非”才是良知在本体层面上的本来特征。进言之，可以这样概括：无是无非是指良知本体对是非善恶的超越形式，但并不是良知本体的内涵规定。如果套用阳明的话来说，“无是无非”相当于“良知本无知”“无知无不知”①“知来本无知，觉来本无觉”②中的“无知”或“无觉”这两个概念的含义。由此看来，说“无是无非”是阳明之“密旨”，不是完全没有理由的。龙溪晚年也根据阳明“良知本无知”的观念，坚持认为“是非”是一种“分别相”。而良知本体本无“分别相”，故“无是无非”就是要求排除“分别之意”，只有这样，才是“真是真非”，他说：

> 是非亦是分别相。良知本无知，不起分别之意，方是真是真非。③

不过，“良知本无知”而又“无知无不知”，其间有一重要转语不可忽视；同样，“良知知是知非而实无是无非”也须下一转语：“良知无是无非而又知是知非。”对此，龙溪当然是有自觉意识的，而他一再强调“知是知非而实无是无非”（或

---

① 《传习录》下，第282条。

② 同上书，第213条。

③ 《龙溪集》卷七《龙南山居会语》，第544页。按，龙溪此说是回应邓定宇“知是知非者，良知自然之用，亦是权法，执以是非为知，失其本矣”（同上书，第543—544页）之说。关于王与邓的这场讨论，另参《定宇先生全集》卷三《秋游记》、《不二斋文选》卷四《秋游记》。耿天台注意到这两篇游记，对龙溪的观点有严厉批评：“时龙溪所论，已失本宗。”（《天台集》卷五《答吴伯恒》第二书，第598页）后来也引起了刘念台的关注，他对定宇此说，既表示“余甚韪其言”，同时又指出：“然必知是知非而后见此知不是荡而无归，则致知之功庶有下手处？……定宇恐人在用处求落后，著不着力也，可为互相发明。”（《刘子全书》卷十二《学言·下》，叶13上）

"知善知恶而实无善无恶"）这一观点，其目的就在于破除人们的"分别之想""分别之意""分别之心"①，回归到本无分别相的先天心体。在龙溪看来，当今之世，良知师说，人孰不闻，良知知是知非之义，人孰不知，但是若对良知"原只无是无非"这一根本义和超越义缺乏了解，那么必将良知视为一种意识活动的分节对象，这就不免坠入"执着"于是非善恶的"分别景象"，而永远无法真正实现致良知。

至此可见，"良知知是知非而实无是无非"完全可以与"无善无恶心之体"相互印证。须指出的是，用无是无非来印证无善无恶，这是龙溪对阳明良知说的创造性诠释。尽管按龙溪的说法，这是阳明思想中的题中应有之义（"密旨"），但未尝不可以理解为这是龙溪对阳明的一种诠释。

2."虚寂微密"与"有无相即"

不难想象，认为"无善"与"至善"是"自相矛盾"的这一观点乃是基于这样一种认识："无善"之"无"只是一种单纯的直接否定，意味着什么都没有。对此，龙溪不会毫无认识，但在他看来，若从本体论立场出发，良知本体具有虚无特征，也是不可否认的，正如阳明所说"心之本体原无一物"②。要之，正是因其虚无，故能包含万有，例如阳明强调指出：

> 日月风雷，山川民物，凡有貌象形色，皆在太虚无形

① 《龙溪集》卷十四《从心篇寿平泉陆公》，第1090页。

② 《传习录》上，第119条。按，"心之本体原无一物"说，在晚明思想界非常流行。如邓豁渠："心体本来无一物。"(《南询录》，东京内阁文库藏万历二十七年何继高后跋本，叶6上）刘念台亦云："人心本无一物，只为着些子私意，便弄巧成拙。"(《刘子全书》卷九《秦履思问致知之说》，叶14上）当与阳明之意相同。

中发用流行。……天地万物，俱在我良知的发用流行中。[①]

这是说，含具万有只是本体的显在状态，而非本体的本然面目，本体的本质仍然是虚无，故在本体上不可着一物。阳明又说："圣人只是还他良知的本色，更不着些子意在。"[②]强调的也是这层意思。上述三层意思可以说是阳明良知学的基本观点。归结而言，则可这样表述：良知本体具有"有无相印""体用一原"的基本特征。

我们知道，"有无"历来是老子道家的核心关怀，老子所谓"有生于无"，开启了中国哲学史上有关"有无"问题的讨论。对于道家的有无论，宋代理学家几乎一致反对。[③]朱子曾对老子与周濂溪的有无说进行了严格区别：

> 熹详老氏之言有无，以有无为二。周子之言有无，以有无为一，正如南北水火之相反。[④]

这是基于濂溪"无极而太极"而作出的判断，认为儒家与道家之论"有无"的一个根本区别就在于：道家"以有无为二"，而儒家则"以有无为一"。

那么，阳明对有无问题持有何见解呢？阳明在天泉证道之际曾说：

> 有只是你自有。**良知本体原来无有**，**本体只是太虚**。

---

① 《传习录》下，第269条。

② 同上书，第269条。按，日本江户时代的阳明学者佐藤一斋（1772—1859）评此条曰："文成说虚无，即濂溪之意也。"（《传习录栏外书》卷下，启新书院版，叶17下）认为有别于佛老的虚无之旨。

③ 参见《张子全书》卷三《正蒙·大易篇》，《胡宏集·知言·阴阳》，《朱子语类》卷九十八，第2531页等。

④ 《朱子文集》卷三十六《答陆子静》第六书，第2286页。

> 太虚之中，日月星辰、风雨露雷、阴霾饐气，何物不有？而又何一物得为太虚之障？人心本体，亦复如是。太虚无形，一过而化，亦何费纤毫气力？德洪功夫须要如此，便是合得本体功夫。①

这里所阐发的可谓是阳明良知学的基本观点。在这里阳明不用“虚无”而用“太虚”这一概念，来说明良知本体“原来无有”的本质特征。②可以说，这是本体论意义上的有无论，而不同于生成论意义上的有无论。

阳明认为，良知本体“原来无有”而又“何物不有”；“何物不有”而又“何一物得为太虚之障”；良知“发用流行”而又“一过而化”。基于此，落实到工夫论层面，就须做到在良知本体上不着“纤毫气力”，这叫做“还他良知本色”或“循良知”③，亦即所谓的“合得本体”之工夫。④

---

① 《王阳明全集》卷三十五《阳明年谱》嘉靖六年九月条，第 1306 页。按，此段记录不见于《传习录》下第 315 条及龙溪的《天泉证道纪》。

② “太虚无形”语出张载（《张子全书》卷二《正蒙·太和篇》第一）。

③ 《传习录》中，第 165 条。其中阳明又有“循着良知”“循此良知”“学循良知”等说法。按，此“循”与“致”字的“推致”之意有所不同，而有“率”之意，如郑玄注《中庸》“率性之谓道”曰：“率，循也。”故“循着良知”又有“率性”之意。

④ 按，在阳明学的思想系统中，常出现“本体工夫”一词。在一般场合下，其意是指：合得本体方是工夫。如：“功夫不离本体，本体原无内外。……如今正要讲明功夫不要有内外，乃是本体功夫。”（《传习录》下，第 204 条）所谓“工夫不离本体”，意谓必须即良知本体去做致良知工夫，此即所谓即本体之工夫。又如：“合着本体的，是工夫。做得功夫的，方识本体。”（《稽山承语》第 20 条）欧阳南野指出：“不用功夫，即是不循本体；功夫不合本体，即不是本体功夫。”（《南野集》卷五《答聂双江》，叶 28 上下）这个说法是对“本体工夫”论的一个恰当注脚。

沿着上述阳明的思路，现在来看一下龙溪对“有无”（包括“寂感”“虚实”）等问题的阐释：

> 夫人心与物无对，无方体、无穷极，难于名状。
>
> 良知者，无所思为，自然之明觉。即寂而感行焉，寂非内也；即感而寂存焉，感非外也。动而未形，有无之间，几之微也。动而未形，发而未尝发也。有无之间，不可以致诘。
>
> 天地间惟万物，万物成象于天地之间，而无一物能为之碍者，虚故也。……目惟虚故万色备焉，耳惟虚故万声备焉，心惟虚故万象备焉。①

要之，龙溪强调的是这样一种观点：心体是绝对存在，具有寂感有无一体相即的特征。动而未形、唯虚故备；寂而感、感而寂；无而有、有而无。在龙溪看来，这便是良知本体的本质特征：有无相即、寂感一体。

然而，谈“无”说“虚”，易被人指责为沦为佛老。当然，龙溪（亦含阳明）对佛老所持的是批判立场，但又有较为宽容的态度。阳明的三教观在此不赘，而龙溪对佛老的某些观点可谓毫不忌讳，他甚至认为佛老所说“虚寂微密”，原是吾儒密藏，针对世儒以为佛道擅长于形上的心性之辨而吾儒却未免囿于形下的人伦之教的观点，龙溪批评道：这实在是一种可哀的俗儒之见。进而龙溪甚至提出了良知“乃是范围三教之宗”的命题，认为“良知”不仅贯穿三教更是在三教之上的普遍真

① 《龙溪集》卷九《答季彭山龙镜书》，第657页；《龙溪集》卷六《致知议略》，第446页；《龙溪集》卷十七《虚谷说》，第1344页。另参见《传习录》下，第227条。

理。他说：

> 友人问："佛氏虽不免有偏，然论心性甚精妙，乃是形而上一截理。吾人叙正人伦，未免连形而下发挥。然心性之学，沉埋既久，一时难为超脱，借路悟入，未必非此学之助。"先生（按指龙溪）曰："此说似是而实非，本无上下两截之分。吾儒未尝不说虚、不说寂、不说微、不说密。此是千圣相传之秘藏。从此悟入，乃是范围三教之宗。自圣学不明，后儒反将千圣精义让与佛氏，才涉空虚，便以为异学，不肯承当。不知佛氏所说，本是吾儒大路，反欲借路而入，亦可哀也。"①

龙溪基于阳明"良知本体原无一物"这一基本观点，进而得出良知本体本虚本寂的结论，并且断言"虚寂微密"乃是"千圣相传之秘藏""范围三教之宗"②，显然，这是龙溪对阳明思想的独到解释和理论发挥。

总之，龙溪认为有无寂感乃是一体相即之关系，是良知本体的本来状态。这种以"虚无"为本质特征的良知存在，又与"万有"世界相即不离，"无"而不排斥"有"，"寂"由"感"才能"流行"，"无"由"有"才能展现自身。因此，离"有"而执"无"，才会堕入佛老"沉空守寂""槁木死灰"③之窠臼，

---

① 《龙溪集》卷一《三山丽泽录》，第 133 页。

② 按，所谓"虚寂微密"，在龙溪那里实是特指良知的本质特征，故龙溪多次反复强调"良知，范围三教之宗"的观点，可参见以下文献：《龙溪集》卷一《三山丽泽录》、卷四《东游会语》、卷七《南游会语》、卷九《与李中溪》、卷九《与潘笠江》、卷十五《易测授张叔学》、卷十六《书陈中阁卷》、卷十七《三教堂记》，《龙溪会语》卷三《别见台曾子漫语》等。

③ 《传习录》中，第 169 条、第 162 条；《龙溪集》卷六《致知议略》。

而与吾儒“生生不息”之旨不相容。[①] 在他看来，本体原是“虚寂微密”的，因而心体本身不受善恶是非等外在规范或分别意识所左右，正是在此意义上，可以说良知知是知非而实无是无非。

3.“无善而至善”与“无极而太极”

那么，“无善无恶”何以得出“无善而至善”的结论呢？按照朱子的解释，所谓“至善”是指事理当然之极[②]，同样，阳明也把“至善”理解为“天理之极”[③]。然而，与朱子不同的是，阳明认为“至善只在吾心”[④]。可以说，这是心学意义上的“至善”论。阳明指出：

> 郑朝朔问：“至善亦须有从事物上求者。”先生曰：“至善只是此心纯乎天理之极便是，更于事物上怎生求？……若只是那些仪节求得是当，便谓至善，即如今扮戏子扮得许多温凊奉养的仪节是当，亦可谓之至善矣。”[⑤]

至善虽是天理之极，但是理不外于吾心；心外无理，故至善只在吾心。在阳明看来，人的行为是否合乎于“仪节”之类的既成伦理规则，不能也无法到外在的“仪节”上去追问，而应当扪心自问，以此来端正内心的道德动机、明辨一念之是非善恶。用儒学术语来说，这就是辨“心术”。其实早在象山那里，就已强调了辨“心术”的重要性[⑥]，而阳明的那句名

---

① 《传习录》中，第162条。

② 《大学章句》首章。

③ 《传习录》上，第4条。

④ 同上书，第85条。

⑤ 同上书，第4条。

⑥ 参见《陆九渊集》卷三十五《语录》，第433页。

言“破山中贼易，破心中贼难”[①]，讲的也是辨“心术”的重要性。[②]

问题是，为何一方面说至善只在吾心、至善是心之本体；另一方面又说无善无恶是心之本体？关于这一点，阳明有一个解释：

> 问：“先生尝云：‘心无善恶者也。’如何解‘止至善’？又谓是心之本体？”先生曰：“心之本体未发时，何尝见有善恶？但言心之本体原是善的。”[③]

这是从未发已发这一角度所作的解释。心体未发之时，善恶尚未呈现，也就无所谓善恶。换言之，处于未发状态之心体纯粹

---

① 《王阳明全集》卷四《与杨仕德薛尚谦（丁丑）》，第168页。

② 按，重视辨正“心术”实是儒家伦理学的一个重要特征。程子指出：“论心术，无如孟子。”（《程氏遗书》卷二上，《二程集》第27页）湛甘泉说：“大凡先论心术，然后可讲学术。心术不好的人，难讲学术。讲得是，亦虚言无用。”（《甘泉集》卷二十三《天关语通录》，叶26上）有趣的是，顾宪成曾对何心隐有如下评价，认为若其心术正，则亦为有用之才：“何心隐辈坐在利欲胜漆盆中，所以能鼓动得人，只缘他一种聪明，亦是有不可到处。耿司农（按指耿天台）择家童四人，每人授二百金，令其生殖。内有一人，尝从心隐问仙，因而请计，心隐授以六字，曰：‘一分买，一分卖。’又益四字，曰：‘顿买零卖。’其人尊用之，起家至数万。试思心隐两言，岂不至平易、至巧妙？以此处天下事，可迎刃而解。假令正其心术，固是一有用才也。”（《小心斋札记》卷十四，第344—345页）邹东廓认为阳明心学的一大特征就在于重视辨正心术，当为至论，其曰：“今有孺子入井，二人救之。其一人怵惕恻隐，惟救子之为忧；一人虽救之，出于纳交要誉而然。自夫形迹事功而较之，则其救孺子无以异也，自其心术之微，则判若天渊矣。先师良知之教，正欲学者用力于心术之微，充其精明真纯，去智与私，以立大本。”（《东廓集》卷八《书胡生卷》，叶13上）

③ 《阳明先生遗言录》卷下，第16条，日本东北大学图书馆狩野文库藏手抄本。

无杂，故可以说是无善无恶。

对阳明所说的这层意思，龙溪有较为深切的把握，认为对于相对义的善恶与绝对义的至善必须严加区分，他说：

> 性无不善，故知无不良。善与恶，相对待之义。无善无恶是谓至善。至善者，心之本体也。
>
> 先师“无善无恶”之旨，善与恶对，性本无善，善亦不可得而名。无善无恶是为至善，非虑其滞于一偏，而混言之也。……世之言性者，纷纷不同。性无善无不善，似指本体而言；性可以为善为不善，似指作用而言；有性善有性不善，似指流末而言。斯三者，各因其所指而立言，不为无所见。……先师“性无善恶”之说，正所以破诸子之执见，而归于大同，不得已之苦心也。①

在龙溪看来，超越了相对的善恶，便是真正意义上的至善。其中出现的“无对”或“对待”这类概念，早在宋儒那里已广受关注，例如张九成（1092—1159）就从“性之本体”的立场出发，提出性善之“善”非与“恶”对这一重要观点：

> 其善论性者，莫如孟子。夫孟子之所论性善者，乃指性之本体而言，非与恶对立之善也。②

---

① 《龙溪集》卷五《云门问答》，第 426 页；《龙溪集》卷三《答中淮吴子问》，第 280—281 页。

② 《孟子传》卷二十六。按，“善不与恶对”之说最早似是出自宋僧常总。顾宪成指出：“浮屠常总与杨龟山先生论性情，谓‘性善之善，不与恶对。’似矣。只不知有何善可与恶对？又不知舍吾性而外，更有何善也？此处须再下个注脚。”（《证性篇》卷三《罪言上》，《顾端文公遗书》，康熙年间曾孙贞观集成刻本，叶 8 上）按，常总与杨龟山语，参见《杨龟山集》卷十三。

也就是说，性之本体非与恶对，故而性是纯粹至善的。应当说，这与阳明和龙溪的无善无恶论，在思辨方法上是一致的。

值得注意的是，在“无对之善”这一问题上，朱子既有批评也有认同，他说：

> 熹窃谓，天理固无对，然既有人欲，即天理便不得不与人欲为消长；善亦本无对，然既有恶，即善便不得不与恶为盛衰。①

尽管朱子的问题意识最终还是落在了现象层面，故而突出了人欲以及恶的问题在现实状态中的重要性，但是至少可以说，就义理而言，“天理无对”或“善本无对”这两个概念本身则是朱子所认同的，如其所云：

> 善只是自然纯粹之理，今人多以善与恶对说，便不是。②

可见，“善本无对”也是朱子的一个重要观点。其实，万物莫不有对，唯理无对，这是自二程以来的一个共识。只是朱子不同意使用“无对之善”来论性，原因在于这种论证方式，有可能掩盖人性现实恶的问题。关于这一点，本章开头已有叙述，在此不赘。

由上可见，对于阳明的无善无恶说，龙溪有较精辟而深入的分析和阐发，明确指出至善不是相对义的善，而是绝对义的至善，故可说无善无恶。换言之，也就变成了这样的命题：“无善而至善”。不难看出，在理论构造上（非指内涵所指），“无善而至善”与“无极而太极”具有相似性。当然，“无善而

---

① 《朱子文集》卷四十二《答胡广仲》第三书，第2800页。

② 《朱子语类》卷一〇三，第2606页。

至善”并不是阳明或龙溪直接所用的说法[1]，而是后人的一种归纳，例如对“四句教”以及“四无说”均有不满的刘念台就使用了这个说法（详后）。但是根据上述阳明及龙溪的有关“无善无恶”的诠释，完全有理由说：“无善无恶心之体”与“至善者心之本体”是可以互相诠释的，其实质就是“无善而至善”。

现在我们就来看一下刘念台的一个解释，他以周濂溪“无极而太极”说来解释“无善而至善”，可谓颇得个中三昧：

> 无善而至善，心之体也，即周子所谓“太极”，“太极本无极也”。[2]

也就是说，无善与至善在理论上并不存在矛盾，正如“太极本无极”一样，同样可以说“至善本无善”。在此意义上，可以说“至善”即“无善之善”。[3]

然须指出，刘念台竭力反对用“无善无恶”来定义“心之

---

① 从濂溪到阳明，关于“无极而太极”，除了朱子以外，很少受到重视。二程文献中甚至没有出现“太极”一语（陈荣捷《朱子新探索》所收《太极果非重要乎》，台湾学生书局，1988年，第219页），象山以“无极”为老子语而斥之，阳明亦罕言“太极”，《传习录》（卷中，第157条）中仅有一处（陈荣捷：《朱学论集》，台湾学生书局，1982年，第367页）。《阳明文录》则有一处引用“无极而太极”（《王阳明全集》卷七《象山文集序·庚辰》，第245页）。但据龙溪所说，阳明亦极赞“无极而太极”为濂溪“洞见道体”语，龙溪说：“象山、晦庵往复辨难，莫详于论无极数书。某尝以质于先师，先师曰：‘无极而太极，是周子洞见道体，力扶世教，斩截汉儒与佛氏二学断案。所谓发千圣不传之绝学。朱陆皆未之悉也。’”（《龙溪会语》卷五《南游会纪》，叶18上下）楠本正继在《宋明时代儒学思想の研究》（广池学园出版部，1962年）指出，阳明与濂溪在思想上存在渊源关系（第459页注），此说值得参考。

② 《刘子全书》卷一《人谱·太极图说》，叶2上。

③ 同上书，叶3上。

体”或“性之体”，这是众所周知的，但是念台并没有从义理上反对“无善”说之本身，这一点也应当引起注意，如念台指出：

> 无知之知，不虑而知；无能之能，不学而能，是之谓无善之善。

后之言《大学》者曰：“无善无恶心之体。”盖云善本不与恶对耳。然无对之善，即是至善。有善可止，便非无善。其所云心体，是人生而静以上之体，此处“不容说”(按程明道语)，说有说无皆不得。《大学》言“止至善”，是工夫边事，非专言心体也。①

又如念台友人陈龙正（号几亭，？—1634）亦以濂溪“无极而太极”来解释“无善无恶”论，值得参考，他说：

> 贻訾者独在“无善无恶”。然先生（按指阳明）实有所见，而云“盖曰善本无善也。”犹元公（按即濂溪）曰“太极本无极也。”欲人不倚善也，岂令人不为善哉？承无极者，以体贴天理，以主敬，故百世而弥光。承无善者，以玩光景，轻行谊，资文过，则不再传而裂尔。因其徒之失真，使后人致憾于提宗之未慎，先生之灵，其恫已夫！②

顺便指出，阳明再传弟子王塘南就曾明确指出：

> 性善而曰无善，即太极本无极之旨。③

① 《刘子全书》卷一《人谱·太极图说》，叶3上；《刘子全书》卷三十八《大学古记约义·至善》，叶6上。

② 《阳明先生要书》卷首，陈龙正“序”。引自台湾《中央图书馆善本序跋集录》集部三，台湾“中央图书馆”，1994年，第17页。

③ 《友庆堂合稿》卷四《潜思札记》，《四库全书存目丛书》集部第114册收光绪三十三年重刻本，第267页。

换种说法也一样：

> 无善而曰至善，即无极而太极之旨。

须指出的是，用“无极而太极”或“太极本无极”之说来印证无善而至善，这在无善无恶论的解释史上，也许王塘南是第一人。尽管几乎在同时，耿天台已有相似的解释，他说：

> （无善）在《大学》命之曰“至善”，在《中庸》命之曰“未发之中”，周子《图》之曰“无极”，……立言虽殊，总之明此。①

其中也提到“无极”，但是并未明确指出“无善而至善”与“无极而太极”在思辨结构上的相似性，这就与王塘南的说法略有不同。

最后，有必要再回到龙溪。龙溪曾把“无善无恶”问题提到“合内外之学”的高度，他指出：

> 我心性是个无善恶的，外边一切轻重长短，自有一定之义，随物付之而已。犹彼白彼长，而我长之白之。从其白于外，非有长于我也。孟子却是以我长之白之为义，义由中出，如轻重长短，由我权度而知。合内外之学也。②

意思是说：心性主体不存在相对的善恶概念，而外在世界则自有一定的法则（“一定之义”），诸如轻重长短之法则，皆随物而有之，作为主体存在的心性本体自会对此作出认知判断（“长之白之”），但是这种外在的法则并不能左右主体存在之本身（“非有长于我也”）；孟子（龙溪所理解的孟子）以为主体判断的标准就是外在的客观法则（具有普遍意义的“义”），而

---

① 《天台集》卷八《遇聂赘言》，第890页。

② 引自《双江集》卷十一《答王龙溪》，叶48下—49上。

这种普遍意义上的法则依赖于主体之存在（“义由中出”），故外界的法则规律（诸如轻重长短），才能由主体的认知判断（“由我权度”）而被我所知。因此，客观世界与主体世界具有不可分割的联系，此即所谓的“合内外之学”。

总之，龙溪所欲强调的无非是这样一点：心性本体原是一种毫无规定性的存在，但是一切外在的善恶是非之判断标准无不有赖于心性本体；换言之，正因为心性本体是无善无恶的，故而它能够成为知善知恶、知是知非的判断标准。良知固然“知是知非”；但还必须对此下一转语：良知“无是无非”。龙溪之所以坚持“无善无恶”说，其因在此。

三　王、杨之对立

在阳明后学当中，有两个人物对无善无恶论作出了截然不同的解释。一是王时槐（号塘南，1522—1605），他的解释是：“无善无恶盖言性也”；一是杨东明（号晋庵，1548—1624），他的解释是：“无善无恶盖指心体而言。”就字面看，两说完全背道而驰。问题是：王、杨各自的思路是怎样的？这两个对立命题的思想根源又是什么？

1. 无善无恶盖言性也

这是王塘南对无善无恶论提出的一个新解释：

> 阳明先生言“无善无恶心之体”，盖言性也。①

如所周知，阳明讲无善无恶，明明指的是心之体，而塘南则改以“性”字，认为无善无恶是对性而言的，显然这是对阳明无善无恶说的一个修正。那么，原因何在？这就涉及塘南对

① 《友庆堂合稿》卷四《潜思札记》，第 266 页。

“心性”问题的基本看法。

心与性或心体与性体，在宋明哲学中是一对重要概念，对塘南来说亦不能外。就心体和性体的本质而言，塘南首先认定它们都有虚寂之基本特征，举例来说，他有如下种种说法：

> 性体本寂。①
>
> 性本无欲。②
>
> 性不容言。③
>
> 性无善恶。④
>
> 心体本寂。⑤
>
> 心体本虚。⑥
>
> 性无边际，心亦无边际。⑦

这些都是他对心体和性体所作的界定。显而易见，在塘南的想法当中，心体和性体都属于本体概念。表面看来，两者似无根本区别，其实不然。对塘南而言，性体是绝对本体，而心体概念却有层次分别。

当塘南说“心体本虚”或“心体本寂”之时，此心体指的是本体论层面上的概念。然而另一方面，塘南又有“性体心用”说，将心与性视作“体用”关系。就此而言，两者的内涵所指便完全不同。乍见之下，“性体心用”与“心体本寂”，两种说法互相矛盾，前者之“心”是指作用层面，后者之“心”

---

① 《友庆堂合稿》卷二《答唐凝庵（乙巳）》，第 218 页。
② 《友庆堂合稿》卷四《三益轩会语（甲申）》，第 251 页。
③ 同上书，第 249 页。
④ 《友庆堂合稿》卷一《答郭青螺方伯（甲午）》，第 182 页。
⑤ 《友庆堂合稿》卷二《答丰城太尹陆仰峰（乙巳）》，第 219 页。
⑥ 《友庆堂合稿》卷二《答胡季昌（乙巳）》，第 218 页。
⑦ 《友庆堂合稿》卷一《答郭青螺方伯（甲午）》，第 182 页。

是指本体层面。既然说“性体心用”，就不能说“心体本寂”。这确是一个需要解答的问题。但是答案意外简单。塘南采用的是朱子式的思考方法，此即说，塘南是用“道心”和“人心”这对范畴来理解“心体”这一概念的。他明确指出：“道心，性也。……人心，情也。”① 显然，这是重复朱子学的老调，即用道心人心这对概念来分别界定“性”和“情”，并无新意。

其实，在心体问题上，塘南有一个基本看法，即作为认知能力的心体，它本身不是一种实体存在，却具有“无限量”“无边际”之特征，正是在此意义上可以说“心体本虚”或“心体本寂”。也就是说，虚寂只不过是对心体的功能性描述，而不是对心体的本质规定。与此相反，性体则是一种实体存在，是万古灭的终极存在。他说“盈宇宙一性也”②，讲的便是这层意思。若从性情的角度看，塘南认为“道心”是性，“人心”是情；“道心”是体，“人心是用”。其结论便是“性体心用”。③ 基于这一立场，所以塘南对于宋儒的“心为性之郛廓”（邵雍）、“心统性情”（张载）等观点并不赞成，他斥之为“心大性小之说”④，而塘南则要把这种心性关系颠倒过来，提出了“性大心小”的著名命题。要之，塘南对心的理解，可以用四个字来概括：“有体有用”。至于心性关系，则可这样表述：“性无为而心有觉。”⑤ 所以归根结底，知觉是心的基本义。

---

① 《友庆堂合稿》卷四《三益轩会语》，第 249 页。

② 《友庆堂合稿》卷一《答郭青螺方伯（甲午）》、卷一《答钱启新邑侯八条（戊子）》、卷四《病笔（甲辰仲冬）》等。

③ 《友庆堂合稿》卷四《三益轩会语》、卷一《答郭青螺方伯（甲午）》等。

④ 《友庆堂合稿》卷一《答郭青螺方伯（甲午）》，第 182 页。

⑤ 《友庆堂合稿》卷一《答钱启新邑侯六首（丁亥）》，第 169 页。

由此我们也就不难理解，塘南为何要说无善无恶是指性体而不是指心体的思想原因了。原因就在于塘南坚持“性体心用”这一观点。也就是说，性是本体，而心则有体有用；性无知无觉，而心则有知有觉，所以无善无恶可以界定性体，却不可界定心体。在塘南看来，性是无善无恶的，而心则是有善有恶的；性是“无可名状”[①]的，而心则有“情识思虑”[②]。结论就是“性大心小”。

然而，上述塘南有关心性的看法固然有其独到之处，但是否与阳明的观点相契，却是不无疑问的。事实上，在阳明那里，如同道心与人心不应视作对立关系一样，心体与性体也不能对立起来。在阳明学的“心即理”这一标志性命题之下，可以说心体即性体，两者具有同质性而更无分别。因为阳明心学的一个基本特质就在于提升心体的存在地位，故“心即理”与“心即性”一样，在阳明那里完全是可以同时成立的命题。对阳明而言，不仅说“无善无恶是心之体”可以成立，同时也可这样表述：

> 性之本体原是无善无恶的。
>
> 无善无不善，性原是如此。[③]

可见，对阳明而言，心体或性体在本体意义上，都可说“无善无恶”。

当然，王塘南对心体与性体非要作出上述分别，其用意显然另有所在。他担心的是阳明后学当中所存在的那种过分夸大

---

① 《友庆堂合稿》卷二《答谢居敬五条（戊戌）》，第 149 页。

② 《友庆堂合稿》卷四《三益轩会语》，第 250 页。

③ 《传习录》下，第 308 条，第 273 条。

心体作用的偏激倾向，有可能导致种种思想流弊，尤其是王龙溪的四无说，甚至有可能导致“杀人”的后果，他指出：

> 心意知物皆无善无恶，此语殊未稳。学者以虚见为实悟，又依凭此语如服鸩毒，未有不杀人者。海内有号为超悟者，而竟以破戒不韪之名于天下，正以中此毒而然也。[①]

这里用“鸩毒”“杀人”等词来批评龙溪“四无说”，不可谓不严厉。可见，他对“无善无恶”一词本身的用法，是很敏感的，是不能不加区别而胡乱使用的。

不过也须看到，塘南对阳明之所以强调无善无恶说的良苦用心，倒是有一个较为确切的把握。他认为，自从朱子学相传以来，

> 为学者往往守定一个天理在方寸之间，以为功夫虽亦可为天地间贤人君子，但于圣门无声无臭之旨不相契，则圣脉几绝。故阳明先生忧之，特揭“无善无恶”，亦苦心之言也。[②]

其中所谓的“守定一个天理在方寸间”，指的即是我们在上面所提到的朱子学的那种“定理观”。按照钱绪山的看法，阳明提倡无善无恶说，正是针对“定理观”之流行而深感忧虑的结果。应当看到，此处塘南之说正与绪山所见相合，而无善无恶说所要揭示的正是这样一个道理：心之本体具有“无定着”“无定在”之本质特征，因此不可“守定一个天理在方寸间”。塘南认为“无声无臭之旨”正在于此，他这样来理解阳

---

① 《友庆堂合稿》卷四《三益轩会语》，第 258 页。按，“杀人”一词亦为顾宪成等人用以批评无善无恶说，详见后述。

② 《友庆堂合稿》卷二《答吴安节公二首（癸卯）》，第 211 页。

明之“苦心”，应当说是不无道理的。

2. 无善无恶盖指心体而言

与上述王塘南的观点相反，属于北方王门的杨晋庵则认为：

> 文成所云无善无恶者，正指感动之善而言，然不言性之体，而言心之体者。①

按照王阳明“无善无恶心之体”的说法，杨晋庵此说似乎只是重复了阳明的原话，好像是说了些什么，又好像是等于没说，然而晋庵之所以得出这一结论，却自有一套义理进路。

首先，对晋庵而言，性体与心体是有分别的。按他的说法，性体犹如“主人翁”，是“无声无臭中之物”。② 也就是说，性体是本体存在，是“浑沦之体”，其本质特征就是“未发之中”。与此不同，心体则是一种实存层面上的现象存在，有感有用，属于已发。就心性关系而言，性是心之体，心是性之用；性是心之合，心是性之分；心中有性，性存于心；心动以显性，性静以藏心。要之，无性则心无从生，无心则性无由见，两者是“一而二,二而一者”的关系，用他的话来说，就是“不可截然分而为二，亦不可混然合而为一”。③ 意谓心性本来合一，这是就心体的本然状态而言的。但是若从心体的现实状态来看，具有流动变化之特征的心体，未免有气禀人欲之杂，在将这些因素完全克去之前，不能“漫然”而言心性合一。再就心性的特征而言，性主静，心主动；心有出入，性无

---

① 《明儒学案》卷二十九《晋庵论性臆言》，第653页。按，下出此篇，不再另注。

② 《山居功课》卷四《学问要义》。万历四十年序刻本。

③ 以上参见《山居功课》卷五《孟子上》及《孟子下》。

存亡；浑然而无为者性，惺然而有觉者心。[1]可见，在晋庵那里，心性的区别是十分明显的。大致说来，心属于认知范畴或心智范畴，它是一种感性活动；而性则是纯粹至善的本体；心有知觉运动，性则纯然至善。归结而言，可以用八个字来概括："性静心动""性体心用"。

其次，晋庵认为，善字有两种含义，一为"本善之善"，一为"感动之善"。所谓"本善之善"，亦即"至善"，是性体所固有者。而这种至善之性体，却又"无一善"，是"善之所以出也"。与此不同，随着意之感动，或发为"善念"或著为"善事"，这便是所谓的"感动之善"。这种感动之善，"有感则生，无感则无"。而这个"无"却又是"至善之本体"，在此本体之中，"若有一善，则为一善所障，而失其湛空之体矣"。依此思路再往下推一步，所谓"无"，只能是指"至善"，而不能是指"无善"。

由上可见，晋庵的心性论，与阳明心学有所不同，倒是比较接近于朱子学。其论"心"，实与阳明的"心即理"之"心"，在内涵所指上是有所不同的，而与朱子的"心统性情"之"心"却较为接近。[2]其论"性"，同样也与阳明的"心即性"之"性"有所不同，而与朱子用"未发之中"来规定性体的观点基本一致。可以看出，晋庵突出了性体的绝对至上性，而对心体则有种种限制性的规定，所谓"学一尽性而能事毕矣"[3]，便充分反映了这一点。

---

① 以上参见《山居功课》卷五《孟子上》、卷六《论学篇》、卷八《蒋先生序》。

② 参见《山居功课》卷五《大学》，其中对朱子的"心统性情"说的评论，反映出晋庵将"心"视作一种实存性的认知范畴来理解的。

③ 《山居功课》卷七《柬蒋兰》。

现在的问题是，晋庵从其心性论出发，如何推论出无善无恶只可言心而不可言性这一结论。可以从两个方面来看，一方面，性体属静，至善是其固有属性，它不会随感而发生变化，因此性体是至善而无恶的；而心体属动，它有感有动，表现在现象层面上，便会有善有恶或无善无恶，但是这样说还需要有一前提，亦即所谓“无善”是指“感动之善”的隐然不见而不是指“本然之善”的消失。正是在此意义上，可以说无善无恶只可言心而不可言性。如果将晋庵的这一观点与其心性论作一合观，便会发现晋庵思想的一个基本思路是：未发之性与已发之心是彼此相对的存在，性体是至善之本体，而心体则是善念善事之所从生的根源，当一念未起之时，心体呈现为无善（念）或无恶（念）的状态。由此推论，结论便是：无善无恶盖指心体而言。

但是另一方面，晋庵认为，“无一善而乃时之所从出”者，正是性体的本来特征，故说：

> 无乃适得至善之本体，若有一善，则为一善所障。

这表明“无”亦是性体的重要表象之一。因此，虽然“无善”两字不是性体之本质内涵，但是，于本善之性不可“着一善”，不着一善，便是“无善”。既然本体之善是“至善”，那么也就“无善”可指，“所着之善”是为“有善”，只不过是指善念善事而已；本体虽是至善之根源，然而本体却无此“有善”，有善便非至善。①

要之，晋庵所理解的“无善”，是指于本体上不可执于“一善”。也就是说，无善是就体验层面而言，而非指实存层面

① 以上参见《山居功课》卷五《孟子下》。

而言（用晋庵的话来说，即“非谓性中一无所有也”，详下），重要的是，须在体验过程中达到无善，因此，无善实是一种境界。这是晋庵关于无善无恶问题的又一重要见解。就此而言，晋庵对阳明之本意确有领会。至此，我们就不难理解晋庵所说的如下结论：

> 王阳明先生云：“无善无恶心之体。”史玉池作《性善说》辟之，余乃遗玉池书曰：“某往亦有是疑，近乃会得无善无恶之说，盖指心体而言，非谓性中一无所有也。夫人心寂然不动之时，一念未起，固无所谓恶，亦何所谓善哉！夫子曰：‘吾有知乎哉？无知也。’夫知且无矣，何处觅善恶？譬如鉴本至明，而未临于照，有何妍媸？故其原文曰：‘无善无恶者心之体。’非言性之体也。……”①

总之，在晋庵看来，对无善无恶说可以作两方面的理解：第一，从实存层面上看，善与恶是心体的一种现象存在，无善

① 《明儒学案》卷二十九《晋庵论性臆说》，第652页。按，黄宗羲对此有一句评论，值得重视：“此真得阳明之肯綮。”（《明儒学案》卷二十九《杨晋庵小传》，第650页）宗羲此说与乃师刘念台的见解有所不同，按照念台的观点，如果将心体说成是无善无恶的，便在根本上已有错误，故念台每每为阳明回护，诚有以也，关于这一点上文已有述及。不过，黄宗羲也有自己的理由，该理由显然受到了杨晋庵的影响，但是却出现在《明儒学案》卷三十六《周海门小传》当中，姑引如下：“阳明言‘无善无恶心之体’，原与性无善无不善之意不同。性以理言，理无不善，安得云无善？心以气言，气之动有善有不善，而当其藏体于寂之时，独知湛然而已，亦安得谓之有善有恶乎？且阳明之必为是言者，因后世格物穷理之学，有先乎善者而立也（按，钱绪山已有此说，参见本书第3章）”（第854页）。按，其云“心以气言”，盖晋庵亦有此论（参见《山居功课》卷五《中庸》等）。此外，晋庵在“理气”问题上对宋儒之见表示了不满，并提出了“气质即义理”等一些独到见解，在此不赘。

（念）无恶（念）是指心体的“寂然不动”“一念未起”之时的状态。然而第二，此一状态并不是性体的本来状态，就性体而言，只能从体认的层面上，承认“无善”的必要性。重要的是，此一“无善”绝非是对性体的本质规定，而是指通过体认之实践工夫所能指向的“无善”之境界。

最后必须指出两点：第一，杨晋庵的上述结论与王塘南正相反，但是就其思路而言，两者又有相同之处，亦即两者都要求对心体与性体作出严格的区分。应当承认，这一致思方向与王阳明的确不尽一致，但是，这并不意味着唯阳明为是，而晋庵的观点就毫无是处。在阳明那里，心理合一与心性合一具有同等的理论意义，心体与性体的同质性似乎是不言自明的前提预设，而不需要作出严格的分疏，在此意义上可以说，无善无恶既可以是指心体，也可以是指性体，这一点大概是不容置疑的。[①] 然而这种分疏在理论上并非没有必要，相反，正是由于阳明缺乏这一分疏，所以导致在阳明后学中不断出现各种不同的解释。更有甚者，将具有灵明妙用的经验之心与先验的道德本心直接同一，由此心体的作用被无限夸大，从而不再受到任何伦理规范的制约。万历年后，以东林党人为代表的一些儒家学者，之所以对阳明后学的种种严厉批评主要集中在无善无恶论这一点上，其因之一在此。事实上，从心性论的义理结构来看，在宣扬“心性合一”之前，对心性的内在含义进行分疏和界定是有必要的。在此前提之下，人们才能正确区分这种“合

① 在此不妨参看一下管东溟的见解：“性是善恶之统宗处。……阳明先生云：无善无恶心之体。心之体即是性，循其无善无恶之本体，是谓至善。”（《惕若斋集》卷一《奉复天台耿先生笔示排异学书·甲申·五》，叶 13 上）至于东溟对无善无恶说的评论，详见后述。

一”是合乎义理的“浑然合一”还是无原则的“漫然合一”。只是这种必要性到了杨晋庵（亦含王塘南）那里，才得以显示出来，这或许就是所谓的历史必然性。

第二，尽管杨晋庵等人对阳明的无善无恶论作出了较为深刻的反思和批评，但是也须承认，阳明学的无善无恶论自有其理论意义。要而言之，无善无恶论的提出，其目的在于突出强调心体的“无执着”“无定在”的本质特征，一切外在的“有”（包括伦理规范、是非标准等），都必须通过心灵主体的裁判，才能彰显其价值和意义，而这一“彰显”之过程，实际上也就是心体自身的“有无”转化这一过程[①]，同时也是道德人格的提升过程。从根本上说，阳明讲无善无恶，并不是指向人性论意义上的善恶问题，它既是一种境界论[②]，也是一种本体论的论述。不得不说，晋庵的思路似乎仍然局限在人性论视域之中，甚至是局限在朱子学的视域之中。他把无善无恶论，理解为是在着重探讨心性与善恶的关系问题，这样一来，便又滋生出许多新的歧义。

---

① 顾宪成非常敏锐地注意到了这一点，他用“离有而无”“即有而无”八个字来概括“无善无恶”之旨意，不过语意中充满讥讽：“所谓无善无恶，离有而无邪，即有而无邪。离有而无，于善且薄薄而不屑矣，何等超卓！即有而无，于恶且任之而不碍矣，何等脱洒！是故，一则抬高地步，为谈玄说妙者树标榜；一则可以放松地步，为恣情肆欲者决堤防。宜乎，君子小人皆乐其便，而相与靡然趋之也。”（《小心斋札记》卷四，第84—85页）按，“即有”是否意味着“于恶”，“有”是否含指人性恶的现象层面，当有深说。不过，心学理论过于强调本心自然，对于人性恶之现象未免有所忽略，这倒是事实。至于顾宪成等人批评无善无恶是基于何种思路，下文将会述及。

② 关于这一点，陈来:《有无之境——王阳明哲学的精神》第八章“有与无”论之甚详，可以参看。

当然，晋庵对心性问题的分疏，自有其独特的思想意义，特别是他的“心动以显性”（即“心以显性”之意）说，或与胡五峰的“心以著性”或刘念台的“性体即在心体中看出”的观点同样具有重要的理论意义，应当加以正面的积极评估。在此顺便介绍一下管东溟的观点，他从文本出发，认为阳明讲无善无恶是指心体而言，而不是就性体而言，同时他也认为，心体与性体是“二而一”“一而二”的关系。这两点与上述杨晋庵的观点正相吻合。然而，与塘南和晋庵有所不同的是，管东溟明确提出了“心体即是性体”的观点①，则显然比塘南和晋庵又进了一步。可见，对心体与性体这一问题的思考，在晚明时代已然成为共同话题。及至刘念台，更是喜欢大谈特谈心体性体合一论，此当别论。

四 顾、管之争

在晚明思想界，顾宪成与管志道（号东溟，1535—1607）围绕无善无恶问题发生了一场具有一定理论深度的论战，值得关注。这场争论所涉及的问题非常广泛，涉及无善无恶论的各种理论问题，从思想史的角度看，可以说顾、管之争标志着无善无恶论解释史的终结。②

记录这场论战的文献资料主要集中在管东溟的《问辨牍》

---

① 参见《续问辨牍》卷四《答张仪部文石丈书》，《四库全书存目丛书》子部第88册所收，第150页；《续问辨牍》卷三《续答顾泾阳丈书并质疑续编一十八款》，第96页。

② 当然，这并不是说有关无善无恶问题的讨论就此销声匿迹，例如刘念台就有进一步的深入分析。不过究极而言，念台通过批评“无善无恶”论，旨在阐发自己的诚意之学。

和《续问辨牍》当中。即《问辨牍》卷之利集《答顾选部泾阳丈书暨求正牍质疑二十二款》(顾泾阳来书及质疑全录)以及《续问辨牍》卷三《续答顾泾阳丈书并质疑续编一十八款》(顾泾阳来书全录。按，以下凡引此两书，只注页码)。关于此次争论的缘起，管东溟有一个简单的叙述：

> 只缘耿先生(按，即耿天台)作《大学赘言》，提阳明心意知物四语以为纲领，命弁数言以流之。而留都论学诸高贤则方大閙于此，兄(按，指顾宪成)又以《质疑》一编(按，指《问辨牍》卷之利集所收“二十二款”)发之。①

这里有两点须注意：一是东溟师耿定向作《大学赘言》(即《天台集》卷七《学象》)，管东溟叙之(见《师门求正牍》卷上)，其中涉及有关阳明四句教的问题；一是所谓“留都论学诸高贤则方大閙于此”云云，则是指万历二十年(1592)左右在南京发生的许孚远(号敬庵，1535—1604)与周汝登(号海门，1547—1629)的一场争论。②万历二十六年(据《问辨牍》卷首所录东溟自序)，顾宪成由此触发，以管东溟《师门求正牍》为质疑对象，撰成《质疑》一书，向管东溟发难。次年，顾、管之间又有不断的往来书信继续讨论，这些信件收在《续问辨牍》中。

顺便指出，顾宪成对无善无恶问题撰文进行批评，始见于他的《还经录》(万历二十五年)，而他对无善无恶问题的总结则见于他的《证性篇》(万历二十八年)，其中间隔的两年时

---

①《续问辨牍》卷三，第112页。

② 详参周海门:《东越证学录》卷一《南都会语》。

间，正是他与管东溟之间发生的这场争论。无疑地，这场争论的挑起者是顾宪成，而对阳明后学如王龙溪、王心斋等（特别是泰州后学）并无好感的管东溟则是作为“无善无恶”论的辩护者出场“迎战”。下面，我们先从顾宪成说起。

1. 惑世诬民之最也

一般说来，东林党人顾宪成（亦含高攀龙）对阳明学的良知说并非全无了解，但是对阳明的“四句教”尤其是阳明后学中的所谓“无善无恶”论则深恶痛绝，这几乎是众所周知的事实。顾宪成更是用“惑世诬民之最也”这一说法，来为无善无恶论作最终定性[①]，而高攀龙（号景逸，1562—1626）非常赞赏顾宪成对无善无恶论的批判，称其“真是擒贼擒王”的手段。[②]

在顾宪成看来，无善无恶说的流弊可用两个字来概括：一是“空”字，一是“混”字，而其后果则将是“以学术杀天下万世”，他说：

> 见以为心之本体原是无善无恶的，合下便成一个空；见以为无善无恶只是心之不著于有也，究竟且成一个混。空则一切解脱、无复挂碍，高明者入而悦之，于是将有如所云：“以仁义为桎梏，以礼法为土苴，以日用为缘尘，以操持为把捉，以随事省察为逐境，以讼悔迁改为轮回，以下学上达为落阶级，以砥节砺行、独立不惧为意气用事者矣。”混则一切含糊、无复拣择，圆融者便而趋之，于是将有如所云：“以任情为率性，以随俗袭非为中庸，以

① 语见《高子遗书》卷八上《答顾泾阳先生论格物》，四库全书本，叶4上。

② 原文为：“今日邪说横流，根株只此四字（按，指无善无恶）。先生（按，指顾宪成）捉着病源，真是擒贼擒王也。”（《高子遗书》卷八上《答泾阳论佛儒善字不同》，叶12上）

> 阉然媚世为万物一体，以枉寻直尺为舍其身济天下，以委曲迁就为无可无不可，以猖狂无忌为不好名，以临难苟免为圣人无死地，以顽钝无耻为不动心者矣。”由前之说，何善非恶？由后之说，何恶非善？是故欲就而诘之，彼其所占之地步甚高，上之可以附君子之大道，欲置而不问，彼其所握之机缄甚活；下之可以投小人之私心，即孔孟复作，其亦奈之何哉！此之谓以学术杀天下万世。①

这段文字可谓一气呵成，历数无善无恶说可能导致的种种严重弊病，指出其后果将是十分严重的：人伦败坏、道德沦丧。不过须指出的是，以上所列的种种社会病态，是“预见性”的？还是“现实性”的？也就是说，无善无恶论已经导致了上述的行为病态？还是将来有可能产生这些弊病？

如果说无善无恶论“可能”导致种种弊病，这只是一种理论上的“预见”或“假设”而已，那么对此问题可以有不同的观点，故亦不必深究。但是如果说无善无恶论已经实际上使得人们的道德观念乃至社会伦常变得每况愈下，甚至已经到了无可奈何的严重地步，那么就有必要追问：这是“事实”还是“虚构”？从根本上说，理论建构不等同于“事实世界”，两者未必具有内在必然性。某种学说的提出，乃是理论思维运作的结果，自有其自身的思维逻辑，也有其思想上的独立性。思想对现实的影响总是有条件的，是需要通过某种“工具”（譬如意识形态化的思想制度）作为中介才能得以逐步发生的。反观顾宪成的上述批判，不得不说，带有很大程度上的“虚构性”或“主观性”，讲的未必是事实。然而这种批评方式其实在儒学思

---

①《小心斋札记》卷十八，第421—422页。

想界（尤以宋明为甚）却很常见，并非顾宪成一人之创见。①

按照顾宪成的上述分析，“空”是指对人性善恶的抹杀；“混”是指对善恶分别的混淆。前者是从理论上对性善论这一传统信念的公然挑战；后者则是在现实问题上混淆善恶，是对恶的公然助长和恣意纵容。因此，在他看来，无善无恶说的实质就是放任恶行②，以至“为恣情肆欲者决堤防”③，也就是说，善恶不分乃至发生颠倒。他甚至将批判矛头直接对准阳明，指出：

> 阳明将这善压倒，与恶平等看，其流毒乃更甚于言性恶者。④

这是说，阳明“无善无恶心之体”的思想危害更有甚于“性恶论”的主张者。应当说，顾宪成的这一批评非常严厉，他是从主张性善论还是主张性恶论这一角度，来批评阳明的无善无恶论之实质在于主张性恶论，于是，也就意味着阳明从根本上背离了儒家性善论的正统。更重要的是，这种主张无疑是对“恶”的宽容。的确，在宋明时代，人们对象山心学或阳明

---

① 例如陆象山曾说：“以学术杀天下。”这句话至少在王阳明、聂双江、王塘南那里被重复引用。事实上，这类批评虽然是虚构的，但是一旦这种批评形成某种社会舆论，其后果则是十分可怕的。李卓吾晚年在京狱中“自杀”，何尝不是在社会舆论的逼迫之下的“被杀”，其直接罪名就是“惑世诬民”（《万历神宗实录》卷三六九载万历帝语），与顾宪成指责“无善无恶”论为“惑世诬民之最也”的说法非常巧合。饶有兴味的是，李卓吾不幸被顾宪成所言中，因为他恰恰是无善无恶论的忠实信奉者。顺便指出，耿天台也曾使用“惑世诬民”四字来指责“四无说”（《天台集》卷八《遇聂赘言》，第899页）。

② 用顾宪成的话来说，就是“于恶且任之而不碍”（《小心斋札记》卷四，第85页）。

③ 《小心斋札记》卷四，第85页。

④ 《顾端文公遗书·还经录》。

心学就一直存在这样一种看法，认为心学理论由于过分强调本心至善的绝对性，从而未免忽视了人性“恶”的根源问题；由于突出了本心自然的层面，从而忽视了在变化气质方面的努力。[①] 但是这类看法似是而非。事实上，“无善无恶心之体”并不是讨论人性论意义上的善恶问题，故恶的问题自然不在其论域当中，因此我们并不能由此得出结论，以为阳明是在主张性恶论。

2. 合善恶而双遣

接下来的两个问题是：无善无恶与“去恶”的关系问题以及“不着意于善”是否能解释无善无恶的问题。

首先，顾宪成认为，善与恶是对立存在，去恶之行为并不能等同于为善之行为，否则的话，去恶的意志就会削弱，善恶之分也会变得模糊不清。这一点已由上面提到的顾宪成之说可以明确。在他看来，对恶的问题的轻视，正是无善无恶论不可避免的结果。然而管东溟则根据“性是善恶综宗之处”的观点，认为所谓去恶，无非是去恶业，而不是断恶性，不论是为善还是去恶，都无法改变根源之性的本质，若从根源之性的角度看，本来是无所谓善也无所谓恶的，只是由于人们容易被恶性所惑，因此需要通过去恶，才能达到无善无恶之境地。对此，顾宪成诘问道：

> 性是一，既以此为善之至，又何以此为善恶之综宗？

这是说，性容不得恶，性只可言善，而不可言恶，以为性乃善恶“综宗”并存，这是根本不能成立的。于是，又回到了老问题——即性善与性恶的问题上。

---

① 关于这一问题，请参见序章“现成良知”。

对此，东溟的回答是，孟子性善之论是“经文”，阳明无善无恶之论则是其“义疏”，意谓无善无恶是对性善的义理疏解而不是背离，他进而强调指出：

> 善恶既皆性之所统，何以独舍恶而趋善？……善恶原无二性也，恶性可转而为善性，但转其习，不转其性也。①

这是坚持“善恶原无二性”的观点，以为恶性与善性是可以互相转换的，但所转者不是性之本身而是“习”。显然，这与顾宪成的性只可言善而不可言恶的观点全然不同，这就表明顾、管两人的立足点已有偏差，可以预料，这场争论最终只能是分道扬镳。

然须注意的是，顾宪成坚持认为，“为善”固然重要，但同时也应该积极地“去恶”，不能简单地以为只要为善，就等于去恶。否则的话，就有可能放松良心对“恶”的监督。应当说这一观点具有积极的意义。一般而言，为善是一种利他行为，是伦理学的基本要求，但是去恶也同样重要，因此行善与去恶具有同样的重要性而不可偏废。不过若从伦理学的角度看，不能为善的后果只是对他人或社会不能尽到应尽的责任和义务，然而倘若容忍“恶”的存在而不做“去恶”的努力，则从根本上违反了人不能说谎或不能做坏事这一基本伦理要求。这就涉及如何理解人性恶乃至社会恶的问题。

应当说，在对无善无恶论所作的各种解释当中，的确可以看到有一种倾向，亦即对“去恶”问题的轻视，例如周海门便指出阳明讲无善无恶的旨意在于：

> 不以善为善，而以无善为善；不以去恶为究竟，而以

① 以上参见《问辨牍》卷之利集，第729页。

无恶证本来。①

前一句且不论，后一句则大有问题，如果说不去恶便可达致无恶，那么势必导致对社会现实中各种丑恶现象的漠视。而如何直面人性之恶，乃是伦理学的基本要求，这与儒家性善论并不矛盾，相反，为善与去恶应该是并行不悖的。故在顾宪成看来，将善与恶作“平等”看待的无善无恶说，是完全不能接受的。②

---

① 《东越证学录》卷一《南都会语》，第 104 页。

② 事实上，晚明时代出现的以“功过格”为实践方式的劝善运动，便十分强调“行善积德”的重要性而不免忽略了“去恶”实践。因为按照“功过格”等劝善书的理论，认为通过记录日常行为的善恶，可以行善来抵消“恶业”，这种理论经过龙溪弟子袁了凡以及周海门等人的积极提倡，在当时社会正迅速地蔓延开来。这种理论想让人相信，善行的积累才是重要的，而善行可以用定量分析的方法来取代恶行。如此一来，不仅人性恶的问题被漠视，而且各种社会恶的现象，也变得与己无关。在这样一种伦理模式之下，也就避免不了“伪善”现象乃至道德“商品化”现象的出现。例如袁了凡以“立命说”为理论依据而建立的“功过格”思想体系，欲使人相信通过善行的不断积累，可以为自己带来现世的利益，甚至可以改变自己的命运。在这套“理论”里面，显然存在着一个非常重大的谬论：善与恶不再是神圣与凡俗的分水岭；恶也不再成为人们道德心理上的负担，而可以通过善恶折算来打消“恶”的影响。然而饶有兴味的是，对心学末流批判甚力的管东溟还有高攀龙都以不同方式对“报应”理论寄予了关注。明末刘念台则非常敏感地意识到这一问题的严重性，故他提出一个解决方案，将“功过格”改为“记过格”，主张只记过而不记功（《刘子全书遗编》卷十五《人谱杂记》末附董瑞生《附识》），理由是：如果“善恶并书，但准多少以为销折”，必将导致“过终无改”，最终“落在功利一路”（《刘子全书》卷十九《答履思九》，叶 13 下），甚至还有可能“率天下而归于嗜利邀福之所为”（同上书《答思履十》，叶 4 上）。按照我们的理解，念台所欲强调的是，人类应正视自己的过失，并且必须为此承担道德责任。关于明清之际民间宗教思想的研究，可参见日本学者酒井忠夫：《中国善书の研究》，弘文堂，1960 年；美国学者包筠雅（Cynthia J.Brokaw）：《功过格——明清社会的道德秩序》（杜正贞等译），浙江人民出版社，1999 年。

其次，顾宪成针对历来用“无意于善”来解释无善无恶说的观点提出了尖锐批评。其实这个说法在有关无善无恶论的解释史上经常出现，比如上面提到的杨晋庵，此外还有周海门，他曾提出一个经典解释：

> 无善者，无执善之心，善则非虚。①

其中的关键词是“无执”两字。若寻根溯源，其实早在阳明那里就有“圣人无善无恶，只是无有作好，无有作恶”②之说，意思也就是不可“有执”，即便“作好”，也应做到“无执”。如阳明又说：

> 心之本体原无一物，一向着意去好善恶恶，便又多了这分意思，便不是廓然大公。《书》所谓“无有作好作恶”，方是本体。③

这句话与上引《传习录》上第101条所述以及天泉证道之际阳明所说的“良知本体原来无有”④正可互相诠释。

再如，周海门所引用的陆象山的一句名言所强调的也是不可执着于善的意思，哪怕是“行善”：

> 恶能害心，善亦能害心。⑤

由此看来，在工夫论上，如何做到“无执”，乃是心学思想所关注的一个核心问题，按心学主张，在工夫上容不得人为的执着意识，亦即所谓“非有安排”“不容拟议”或“不思不

---

① 《东越证学录》卷七《立命文序》，第568页。
② 《传习录》上，第101条。
③ 同上书，第119条。
④ 《阳明年谱》嘉靖六年丁亥条。
⑤ 《东越证学录》卷一《南都会语》，第102页。

虑”等说。[①] 顾宪成对这类说法非常反感，他尖锐地指出：

> 白沙先生以自然为宗，近世学者皆宗之，而不思不勉之说盈天下矣。[②]

要之，“无执”是指通向无善之境界的手段工夫。换言之，这里所说的“无善”，是境界说而非本体论的论述。这层意思在无善无恶论当中也非常重要，不可忽视。例如周海门在与许敬庵的争辩过程中，也强调这一观点：

> 无善无恶即为善去恶而无迹，而为善去恶悟无善无恶而始真。[③]

所谓“无迹”，也就是指那种“无滞无住”“无情无己”的精神境界。管东溟对这层意思也有认同：

> 其实性中着不得一善字，见性之时，虽性字亦着不得。只是一个光光净净、无极之真而已。[④]

所谓“无极之真”，用东溟的另一个术语来说，亦即“无极境界”，意即“无善境界”。这是东溟思想中的一个重要概念。

但是顾宪成恰恰对所谓“无执”的说法非常反感，他认为如果按照上述观点的“逻辑”来推论，那么就必得出这样的结论：“无恶”即指“不着意于恶”。表面看，这句话似可成立，但是换一个角度看，就显得荒谬不伦：不管恶是否存在，只要

---

① 顺便一提，这三句用语，王龙溪和周海门等都非常喜欢使用。“非有安排”语出程明道，见《程氏遗书》卷十一（《二程集》，第 121 页），“不容拟议”是从禅语“拟议即乖”而来，“不思不虑”则是源自《周易》“何思何虑”。

② 《小心斋札记》卷十三，第 328 页。

③ 《东越证学录》卷一《南都会语》，第 91 页。

④ 《问辨牍》卷之利集，第 738 页。

“不着意于恶”，恶就不存在。如此，就显示出问题的严重性：恶的现象也可通过“无执”而得到消解。这在顾宪成看来，其结果必将导致“顽钝无耻之习，牢不可破”。[①] 顾之所以力斥无善无恶说，其因之一在此。在他看来，如果用“无执”来解释无善无恶，那将导致非常可怕的后果：

> 混善恶而一途。
> 合善恶而双遣。[②]

由此，是非善恶的道德标准也就无从谈起。应当承认，顾宪成从“去恶”的角度，指斥“无执”为不可取，是有一定道理的。因为“去恶”是不能通过“无执”来达到的，因此如何在为善的同时，也要努力做到去恶，乃是为人的首要任务，若以排除后天人为意识的“无执”为由，从而主张善恶“双遣”，这是不能成立的。

针对顾宪成的这一批评，管东溟并没有能做出强有力的反驳，他承认当今之世“与时沉浮，节义扫地”之风到处可见，然而另一方面，他又指出：

> 此际此风，岂但提阳明无善无恶四字救不得，即提孟子性善二字亦救不得。……愚只愿与二三豪杰阇然自修，见性见到彻处，修行修到密处，言可以俟百世之圣人，而世之救与不救，曰有命。如是而已矣。[③]

---

① 《问辨牍》卷之利集，第 733 页。

② 同上书，第 733 页。按，刘念台对王龙溪也有类似指责，称龙溪四无说之主旨是“有无不立，善恶双泯”(《明儒学案 · 师说》，第 8 页)。并指出，这个说法无非是佛氏宗门之见，如果吾儒“而言无善恶，适为济恶之津梁耳”(同上)。可见，刘与顾从“恶”这一层面着眼，对无善无恶论实施批判，其思路基本是一致的。

③ 同上书，第 734 页。

至此可见，管东溟在如何扭转世风的问题上，显得有点悲观。他认为面对日益颓败之社会风气，阳明的无善无恶论或者孟子的性善说都已束手无策。东溟想说的是，不论是“无善无恶”还是“人性至善”都救不了世，这是因为拯救世界乃是政治问题，最终取决于“道权”而非取决于个人的某种理论，更为关键的是“道权又不在我”。[①]因此，我们能做的只是“阇然自修”，至于“世之救与不救”则唯有“听天由命”(“有命”)。

顺便指出，其实在东溟思想中有一种强烈的淑世精神以及“卫道”精神。根据高攀龙对他的评价，东溟在“道理上”拈出一个周元公（即周濂溪），在“时势上”拈出一个高皇帝（即朱元璋），拿来“和合”己说，又在理论上提出一套“群龙无首”之说，欲以“暗夺素王道统”。[②]语气虽刻薄，讲的应是事实。

3. 无可说即是说也

接着上述“道权又不在我”的话题，管东溟指出阳明的无善无恶论尽管“意圆而语滞”，但是却与程明道的“善恶皆天理”可以相通，对此，我们只可“意会”而不可“言求”。他说：

> ……无善无恶谓之至善，此言可与“善恶皆天理”[③]之说相参，皆可以意会而不可以言求者也。[④]

针对东溟此说，荒木见悟指出，这是一种“折衷两可”论，既是东溟最终未能折服宪成的原因，也是两人的互相质疑得以不

---

① 《问辨牍》卷之利集，第 734 页。

② 《高子遗书》卷八上《答泾阳论管东溟》，叶 9 下。

③ 按，是为程明道语，见《程氏遗书》卷二上（《二程集》，第 14 页）。亦见《程氏粹言》卷一《论道篇》(《二程集》，第 1182 页）。程明道还说过一句同样有名的话，也引起后世议论纷纷：“善固性也，然恶亦不可不谓之性也。”(《程氏遗书》卷一，《二程集》，第 10 页）

④ 《问辨牍》卷之利集，第 741 页。

断延续的根源所在。[①] 这一论断诚是。但令人注目的是“可以意会而不可以言求”这个说法，对此，有必要再作进一步的探讨。

我们来看顾宪成的一个回应，他指出王阳明“以仁义为性，亦云无善无恶，循名揆实，得无爽欤！”[②] 其意是说，按照“循名揆实”的方法推论，既云性善又云无善无恶，必导致名实睽离、互相矛盾。顾的根本疑问是：

以仁义为无善无恶，将以何者为善欤？[③]

意谓若抽去了“仁义”，何以名性之“实”？对此追问，管的回答大致有两层意思：一、真一之心体也就是浑然之性体，由此，阳明之言心体无善无恶，正与孟子之言性体至善相通无碍；二、阳明之言心体是抽象地说，是就“人生而静以上”说，此亦与孟子言性善是从“人生而静以上”说者相通，都是指向“性之原”的问题（即性体问题）。第一层意思暂且不论，重要的是第二层意思。按照我们的理解，东溟的意思是说，我们现在讨论的是本体论问题，而不是名实问题；进言之，名实问题“可以言求”，而本体论问题则“只可意会”。

重要的是，对于“只可意会”的问题，我们只能采取“不可致诘”（即“不可言说”）的态度。所谓“不可致诘”，原是对“希”“夷”“微”之特征的“道”所表明的一种哲学态度[④]，也是一种思维向度。用冯友兰的话来说，这也就是中国人所擅长的一种对哲学问题的思考方式：“负的方法”，亦即否定的、直观的、非

---

① 荒木见悟：《明末宗教思想研究——管东溟と生涯その思想》，创文社，1979 年，第 204 页。

② 《续问辨牍》卷三《续答顾泾阳丈书并质疑续编一十八款》，第 101 页。

③ 同上。

④ 《老子》第 14 章。

分析的思维方法。用熊十力和牟宗三的话来说，也就是与“表诠”方法不同的“遮诠”方法。按照管东溟的理解，程明道的“人生而静以上不容说”是这一方法的最为典型的表述。①

然而管东溟对“不容说”又有一重要的转语，他指出：

> 无可说即是说也。②

这是东溟“道破天机”的一个重要观点。在东溟看来：

> 说到人生而静以上，便是继之者善，是性之原而非性也。说及人生而静以后，便是感于物而动，是性之欲而非性也。③

这里出现“性之原”与“性之欲”两个说法，值得关注。所谓“性之原”，即本体层面的问题，其实质也就是“人生而静以上一段公案”④，究极而言，它属于“不容说”的领域；然而阳明和孟子却都“说”了，无善无恶或性体至善，其实都是一种“说”，尽管两者所指都属于“人生而静以上”的“性之原”的问题。因此，“无可说即是说也”。换言之，当你说“无可说”，实际上已经是“说”了，已经是一种哲学的表态。反过来看，正是因为阳明和孟子都“说”了“无可说”者，所以，“此其所以费分疏也”。⑤

的确，自从阳明提出无善无恶说以来，不知令后世学者费

---

① 在管东溟与顾宪成论无善无恶问题的共达四十款的往来论辩当中，对“人生而静以上不容说”一语，东溟有大量引述，此不具引。“人生而静以上”亦即形而上的问题，“不容说”亦即“只可意会”的问题，这两点构成了东溟思想中一个重要问题意识。

② 《续问辨牍》卷二《续答邹大夫南皋书》，第 82 页。

③ 《问辨牍》卷之利集，第 738 页。

④ 《续问辨牍》卷三，第 95 页。

⑤ 《问辨牍》卷之利集，第 738 页。

了多少分疏。事实上，自程明道一语道破“人生而静以上不容说，才说性，便已不是性”以来，亦何尝不是如此！其中涉及本体可不可说的问题。按东溟的理解，对明道此语，可以有两种解释，一是朱子的解释：

> 朱子曰：“不容说”者，未有性之可言；“不是性”者，已不能无气质之杂矣。

前一句“未有性之可言”之“性”是指本然之性，后一句“不能无气质之杂”则是指气质之性。朱子的意思是说，就本然之性的角度看，我们是“不容说”的，而一旦“说”了，便已落在气质之性的层面。东溟以为“此是正解，阳明亦宗其说”。①至于阳明是否“宗”朱子此说，这里暂置勿论。

此外，东溟还提出了另有一解：

> 更有一解曰：人生而静，天之性也，此以上更不容说，说到以上，便是命不是性。孟子以继善言性，此乃推深一步说也。愚旧盖主此说，今玩“才说性”三字，还从朱说为稳。然二说原不相悖。②

这是说，“不容说”者是指“天之性也”，这个说法是东溟以前所持的观点，然后归根结底，东溟认为还是应当以上述朱子的解释为稳妥。可见，东溟非常清楚地意识到“不容说”所指向的是性之本体的领域。

事实上，正如上面第一节已提到的那样，在性之本体的问题上，朱子也曾明确表示“不可说”。在朱子看来，“性之本体”是超越了语言层次的形上存在，对此，朱子使用“浑然”“糊

① 《续问辨牍》卷三，第95页。
② 同上。

涂”“无定形”“不分明”等措辞来加以形容描述，若穷极本原，则性之本体是“不容说”“不可言”的。凡是可以说者，只能是“人生以后”“堕在形气”之中的性。① 管东溟说“朱说为稳”，可见在本体问题上，他对“不可说”是深表认同的。

不过，东溟又说“阳明亦宗其说”，乍见之下，不知其意何在。阳明没有说过“性不可说”，他总是说，性之本体原本是无所谓善也无所谓恶的。② 然而，“推深一步说”的话则不难发现，“性不可说”这一朱子式的表态，与“无善无恶”这一阳明式的表态，在本质上却又是一致的，因为当朱子说“不可说”，其实已经内含着这样一层意思：任何语言概念例如善恶等都无法对性之本体作出有效的名义规定。同样，当阳明说“无善无恶”，其意亦在表示性之本体（或心之本体）是无法用善恶概念来规定的。在这个意义上，阳明可以认同朱子，此即东溟判断“阳明亦宗其说”的理由所在。当然，无论是朱子还是阳明，当他们说了“不可说”，实质上正是所谓“无可说即是说也”——即毕竟是一种“说”。有趣的是，对朱子说“不可说”，后人并没有太多的关注，而对阳明所说的无善无恶，却不知引发了多少指责与批判。

按王龙溪的记载，当时阳明针对龙溪的四无说，感叹道这是“说破”了“天机”：

---

① 比如朱子又说：“言才谓之性，便是人生以后，此理已堕在形气之中，不全是性之本体矣。……才是说性，便已涉乎有生而兼乎气质，不得为性之本体也。”（《朱子语类》卷九十五，第 2430 页）这段话显然是针对程明道“人生而静以上不容说”而讲的。既然“人生以后”之性已不是性之本体了，已不免“兼乎气质”，那么进而言之，“人生而静以上”的本体世界，也就是“不可言”“无可说”的。

② 参见《传习录》下，第 273 条、第 308 条等。

> 汝中(按指龙溪)所见,我久欲发。……此是传心密藏,颜子、明道所不敢言者。今既已说破,亦是天机该发泄时,岂容复密![1]

这个记载或许有几分龙溪的诠释色彩,是否是阳明原话,我们已经无法查证。但是按照阳明的思路,我们相信这应当忠实于阳明思想的一种转述,如同龙溪所言“阳明良知正指见在而言”一般,虽非阳明原话,但却是符合阳明良知说之本义的。

东溟以为阳明是“说”了“无可说”者,若用阳明这里的说法,也就是“说破”。进而言之,所谓“说破”也就是“无可说即是说也”。无论是管东溟的“无可说”还是王阳明的“说破”(抑或朱子的“不可说”),意涵所指必是终极存在的问题,即阳明所谓的“密藏”“天机”,其实也就是良知本体的问题。对于阳明的这套说法,或可借用冯友兰的一个说法有助于我们的了解,冯友兰曾经就“形上学”问题,提出一个著名的观点:

> 形上学的正底方法,从讲形上学讲起,到结尾亦承认形上学可以说是不能讲。形上学的负底方法,从形上学不能讲讲起,到结尾也讲了一点形上学。[2]

意谓形上学有两种讲法,一是正底方法,一是负底方法;重要的是,即便是正底方法,讲到底也须承认形上学是“不能讲”的,而负底方法,却能从“不能讲”处讲了一些形上学。依此,则我们也可以说,王阳明讲无善无恶,是从“不能讲讲

① 《龙溪集》卷一《天泉证道纪》。

② 冯友兰:《新理学在哲学中之地位及其方法》,载《三松堂学术文集》,第531—532页。

起”，是“说”了“无可说”者，到最终也还是讲了一点“形上学”。

五　余论：本体工夫合一论

以上主要从阳明学的良知本体论这一角度，对无善无恶论作了初步的考察。然而，致良知工夫也是阳明学的一个重要方面。应当说，无善无恶论与本体工夫这一问题密切相关，而在阳明的“四句教”当中，其实已经涉及本体与工夫的关系问题。

在天泉证道之际，王龙溪和钱绪山在本体与工夫问题上各有偏重，对此，阳明指出：

> 汝中须用德洪工夫，德洪须透汝中本体。二君相取为益，吾学更无遗念矣。①

表面看来，这是一种折衷之词，实际上，阳明强调的是必须对本体与工夫作出统一把握。在天泉证道之后，阳明与龙溪又有“严滩问答”，两者借用佛教的“实相幻相”之说，就心之本体问题展开了一问一答式的讨论。据绪山自称，当时绪山虽在一旁倾听，却未能明了斯义，数年之后，终于明白阳明当时所说乃是“本体工夫合一”之意。② 由此亦可看出：绪山在天泉证道之时，之所以认为“无善无恶”与“为善去恶”难以两全，原因就在于他对“本体工夫合一”之义尚未有深切体悟之故。③

① 《王阳明全集》卷三十五《阳明年谱》嘉靖六年九月条，第 1306 页。

② 以上参见《传习录》下，第 337 条。

③ 参见本书第二章“钱绪山论”。

另一方面，龙溪的“四无说”亦不能无弊。若从本体论而言，心之本体原无任何规定性，不能预设有什么一定不变之理的存在，在此意义上可以说“无善无恶”，也可以说“良知本虚”，然而本体必然发用，一旦落到“意之动”的层面，就必然会遇到恶的问题。若按龙溪“四无说”的主张，用“无”字来贯穿“心意知物”的所有层面，从而有可能将工夫论问题也归之于“无”，表面看，这是将本体与工夫贯穿起来，实际上，却是将工夫消解于本体的无形之中，这就是阳明为何告诫龙溪之说有可能令人“只去悬空想个本体”①的缘由之所在。阳明所担忧的是：如果用“无”字来贯穿“心意知物”，其结果只能导致本体与工夫的剥离而不是两者的合一，因为本体论的前提设定（如“无善无恶”）并不意味着在逻辑上便可消解各种工夫论的现实问题（如“为善去恶”）。

再者，若按龙溪在先天心体上“立根”，由良知本“虚”、本“无”来贯通意、知、物等所有层面，无异于将本来无一物的良知存在直接等同于现实，这种直接等同却有可能导致对人心所处的各种纷繁复杂的现实状态的漠视——即导致对现实缺乏批判精神，以至于得出存在的就是合理（不是黑格尔意义上的凡是存在都有其存在之理，而是指默认现状的态度）的荒唐结论。

事实上，“即本体便是工夫”与“即工夫便是本体”这两句对王门诸子来说可谓耳熟能详的命题，讲的便是本体与工夫的关系问题。前一句强调的是：工夫并非是毫无目的之工夫而应当是在良知本体的“主宰”下的工夫；后一句的意思是说：

---

①《传习录》下，第315条。

良知本体必须在致良知工夫的过程之中得以展现。可见，两者所强调的侧重点虽有不同，但其最终的落脚点则是工夫而不是本体，因为本体毕竟在工夫中才能彰显其意义和价值，也就是儒家的终极关怀必落实在“有”而不是“无”的根本缘由之所在。从这一角度看，“四无说”显然与就工夫说本体这一理路不同，未免提撕本体过重，突出了本体具有超历史、超现实的先验品格（用龙溪良知说的所谓“现成性”“先天性”），却未免忽略了本体的展开过程这一现实向度。因而对龙溪而言，由本体来贯穿工夫，故工夫也必然呈现为“无”，这就叫作：

> 无工夫中之真工夫。
>
> 无修证中真修证。
>
> 不犯做手本领工夫。①

讲的都是同样的意思。难怪龙溪的诤友罗念庵一针见血地指出，龙溪所谓的工夫“却无工夫可用，故谓之‘以良知致良知’”②。其实，这的确是龙溪的说法：“以良知致良知”，对此，念庵评曰：“龙溪此言，乃其一生超悟处。”③ 当非虚言。

要之，“无”不仅是本体同时又是工夫的出发点。在执着于“无”这一点上，龙溪可谓非常坚定。但是龙溪之所以在工夫论上也强调“无”，其用意却不在于反工夫或将工夫虚无化，而在于强调工夫须从“先天心体上立根基”，排除一切“着意”的干扰，更容不得丝毫的“意识情尘”“见解意思”“差别景象”“虚见思为”“绳墨念虑”等，他认为这一切都足以导致

① 《龙溪集》卷六《存斋徐子问答》，第 489 页；《龙溪集》卷十《答吴悟斋》第一书，第 744 页；《龙溪集》卷六《致知议辨》，第 455 页。

② 《念庵集》卷三《与双江公》，叶 79 上。

③ 引自万历本《念庵集》卷十二《甲寅夏游记》，叶 45 上。

“牵扰”“昏弊”“玩忽”“疏脱”等病。[①]因此，重要的是，必须使自己的心体保持“一念”“无念”“屡空”这一“先天心体”的本然状态，做到在心体上“无些子虚假”“不以意识掺和其间”[②]，而且必须将一切“凡情窠臼”“意见途辙”“彻底扫荡，彻底超脱”[③]。只有这样才能回复到“本来无一物”的心体本然状态。这就是龙溪在工夫论问题上为何要强调“无”的真实意图之所在。

但不容否认的是，若按龙溪的这套讲法推演下去，便有可能导致谈本体而略工夫之思想倾向，因为心体之本然与现实的展开——即良知的本然性与现实性，两者之间存在的对立紧张不可能通过“无”来加以消解或者统一，而必须在“有”的层面上直接面对，才有可能最终实现本体工夫的合一。在这个意义上，对于龙溪弟子张阳和提出的“本体本无可说，凡可说者皆功夫也”[④]这一著名命题应当给予积极的肯定，因为这是阳明后学在理路上的一次重要转换。显然，这一命题旨在强调工夫实践在心学理论中的首出地位，但并不意味对本体的拒斥或悬置。因为“本体本无可说”，正是阳明至龙溪的一贯说法。不过对于张阳和而言，他认为也正由此，所以“可说者”唯有工夫。

及至明末，刘念台在本体工夫问题上的观点却与张阳和的命题颇为相似，他指出：

> ……其所云心体，是人生而静以上之体，此处不容说，说有说无皆不得。《大学》言“止至善”，是工夫边事，

① 《龙溪集》卷四《过丰城问答》、卷四《留都会纪》。

② 《龙溪集》卷一《三山丽泽录》、卷四《过丰城问答》。

③ 《龙溪集》卷九《答季彭山龙镜书》，第667页。

④ 《不二斋文选》卷三《寄罗近溪》，万历三十一年序刻本，叶5下。

> 非专言心体也。①

又说：

> 学者只有工夫可说，其本体处直是著不得一语。才著一语，便是工夫边事。然言工夫，本体便在其中矣。②

这表明，在本体问题上，对于“说有说无”者，念台都表示反对，他认为一旦“说”，就必然落在“工夫”上。但是这个说法并不意味拒斥本体，相反，本体就在所“说”的工夫中。黄宗羲更是注意到张阳和的这一命题（不过黄宗羲犯了一个“张冠李戴”的错误，把针对杨复所的这句话，说成是针对王龙溪，此且不赘），提出了“心无本体，工夫所至，即是本体”（《明儒学案原序》）的著名观点。

不过，今人对刘念台和黄宗羲的上述观点似有过度诠释之嫌，以为他们的说法都意味着对本体问题的根本消解或悬置，是对本质先于存在的那种本质论的否定。然而事实上，刘念台（包括张阳和）的说法只是表明由工夫证本体这一思路而已，并不表明对本体问题的拒斥。例如就在上引刘念台的那段话之后便有这样的表示：

> 就良知言本体，则本体绝无虚无，就良知言工夫，则工夫绝无枝叶。③

张阳和在上述那句话之后也接着指出：“识得本体方可用功夫。”可见，“本体本无可说”表明的是宋明理学中特有的一种思维向度，而并不意味着本体问题的消解或悬置；同时，

---

① 《刘子全书》卷三十八《大学古记约义》，叶 6 上。
② 《刘子全书》卷十九《答履思二》，叶 7 下。
③ 同上书，叶 8 上。

“心无本体”表明的是本体问题须由现实工夫才能展现。可以说，这才是刘念台在本体工夫问题上的思想宗旨。

至于黄宗羲的那句话，其中有一不为论者所注目的史实，有必要略赘几句。其实，宗羲为《明儒学案》共撰有两篇序文，《原序》之作乃是宗羲口授，由其子百家代笔而成，宗羲后又亲自修改，撰成《明儒学案序》，两文均作于康熙癸酉，并同为贾氏刻本所收。两相比较，其间文字颇有出入，《原序》中的“心无本体”一句不见于后来改写的《明儒学案序》。宗羲为何要删去此句，固然不宜妄加揣测，但至少可以说“心无本体”说并不是宗羲思想的核心观点。因为黄宗羲如果对阳明提出的“心无体，以天地万物感应之是非为体”的基本观点有所认同的话，则大可不必删去“心无本体，工夫所至，即是本体”这句话。

总之，龙溪与绪山的意见对立反映的是这样一个问题：亦即如何从理论和现实这两个角度去理解和把握“无善无恶”与“为善去恶”的关系问题。“无善无恶”固是良知本体的本质特征、是心体的本然状态，然而“为善去恶”才是对人的道德实践的现实要求。不能因为“心之体”是无善无恶的，从而无视在“意之动”的层面上所展现的“有善有恶”的现实问题。无论是主张良知“至善”，还是主张良知本来“无善无恶”，对于生活在现实社会中的人来说，如何在日常生活中为善去恶，这才是不可回避的实践问题。单纯而言，这一问题似乎仅仅是属于个人的道德问题，但是大而言之，这是关系到整个社会人伦秩序的社会道德问题。对此类问题非常敏感的东林党人便对无善无恶论展开了极其严厉的批判，顾宪成指出：

> 本体工夫原来合一。夫既无善无恶矣，且得为善去恶乎？夫既为善去恶矣，且得无善无恶乎？然则本体工夫，

> 一乎二乎？将无自相矛盾耶？是故无善无恶之说伸，则为善去恶之说必屈；为善去恶之说屈，则其以亲养序别信为土苴，以学问思辨行为桎梏，一切藐而不事者必伸。虽圣人复起，亦无如之何矣，尚可得为救正耶？①

在顾看来，“无善无恶”与“为善去恶”是自相矛盾的，一说伸则一说必屈，犹如水火不相容。这一批判是否点中了四句教或四无说在理论上的要害，自当别论。至少可以说，这一批判反映出当时所存在的一种时代危机感。以顾宪成和高攀龙为代表的东林党人大多以为，当时所存在的种种社会危机，究其思想根源就在于“无善无恶”论。

然而，同样对心学末流持有严厉批评态度的管东溟却在理论上坚持认为无善无恶说是合理的，也许在他看来，无善无恶理论原本就不是什么实践原则，而只是一种“取法乎上”的理论假设而已。问题是，不允许理论与实践发生脱节现象，这是儒学思想界的一个传统之“成见”。这一“成见”含有这样的意味：任何抽象思辨所达至的理论建树都必须用来指导实践，否则就是没有价值和意义的空论。这一观念在顾宪成（未必是顾宪成一人）的身上有典型的表现。②

---

① 《顾端文公遗书·东林会约》，叶6上下。

② 在耿天台的身上也可以看到这一点，参见本书第八章。还有一个例子，比如朱子对程明道的“仁者浑然与物同体”的“同体”说，一方面称赞“这般说话极好”，另一方面却又指出“只是说得太广，学者难入”（《朱子语类》卷六十，第1437页）。意思很明显，理论上说得通，但作为实践方法却行不通。（参见《朱子文集》卷六十七《仁说》，第4953页）表面看，朱子与顾宪成之所指各有不同，但是不难发现两者的思路却有一致性：理论与实践必须紧密结合。究其原因，或可一言以蔽之：是否具有道德意义以及现实意义，是儒家学者评判一切理论的最终依据。

最后我们可以得出以下几点初步结论：1. 无善无恶论所讨论的并不是人性本质是善还是恶这一伦理学的基本问题，这一问题在阳明看来是不容说的；2. 是非善恶是道德判断活动中的基本内容，但并不是道德判断的原则本身；3. 良知是道德判断的原则，也是人的道德本性的本质规定；4. 良知作为是非善恶的判断原则，其本身又具有超越是非善恶的道德本体之形式；5. 这一超越是非善恶的本体存在形式可以用“无”这个字来加以表述，“无”的根本义就是超越或“无待”；6. “无”是形上本体的本质特征或存在形式，但并不是良知本体的本质内容或本质规定；7. 对这一本质特征或存在形式的“无”的强调和揭示，实际上也就是讲了一点道德形上学；8. “无”所指向的是“性之原”——本体论领域的问题，同时也是一种境界说（无待境界或无极境界）①；9. 将无善无恶论视作道德虚无主义，从根本上说，这是一种“另外的理解”，而不是“正解”；10. 但是，“不执着于善”并不能取代如何去恶的实践问题，否则便有可能导致漠视或容忍社会恶（不仅是人性恶）的存在，对无善无恶论的这一批判应当说是有效的、合法的。

① 牟宗三亦已指出：良知之“无”也就是指“实践对治所至之化境”。（牟宗三：《从陆象山到刘蕺山》，台湾学生书局，1979 年，第 280 页）

第二章 钱绪山论

钱绪山（1496—1574）讳德洪，字洪甫，号绪山，浙江余姚人。他入阳明之门比龙溪稍早[①]，与龙溪一起被同门称为阳明门下的“教授师”。[②]阳明在世时，在阳明门下当中已有“江有何、黄，浙有钱、王”[③]之说，盖指江西的何廷仁（号善山，1483—1551）、黄弘纲（号洛村，1492—1561）与浙江的钱绪山、王龙溪。可见，钱、王二人在阳明门下名望颇高。

在阳明后学的学派划分上，通常认为，与王龙溪属王门“现成派”不同，钱绪山则被归入王门“修证派”，尽管这种学派划分过于清楚，反而多与史实不符，因为在许多关键问题上（如“现成良知”或“无善无恶”），王门各派之间的观点虽有差异，但未必水火不容、互不认同。关于阳明后学的学派划分

---

① 绪山入门阳明在1521年，约早于龙溪二年。参见《阳明年谱》正德十六年九月条，《斯斋吕先生文集》卷十二《绪山钱公墓志铭》，万历二年尹台序刻本。

② 《龙溪集》卷二十《绪山行状》、《斯斋吕先生文集》卷十二《绪山钱公墓志铭》、《明儒学案》卷十一《钱绪山传》。

③ 《念庵集》卷十五《何善山墓志铭》，叶4上下。按，这是念庵于1528年耳闻的传说。另见《林东莆先生全集》卷四《与王心斋》、《明儒学案》卷十九《何善山传》。

问题，早在20世纪70年代，日本学者冈田武彦提出的“三派说”几成主流观点，即现成派（左派）、修证派（正统派）、归寂派（右派）。① 不过80年代后，中纯夫则对“王门三派”说提出质疑。我基本赞同中氏的观点，认为此类学派划分只是一种方便法门，划分得过于截然清楚则反而有失史实，故在具体考察时有必要注意他们的思想交错、冲突或会流等复杂现象。②

只是在阳明后学当中，钱、王两人的思想性格的确有所不同，黄宗羲曾经有一个形象的比喻，可谓刻画得入木三分。他称龙溪的思想特征是“悬崖撒手”，与此相对，绪山的思想特征则是“把缆放船”。③ 所谓“悬崖撒手”原是禅语④，其意无非是指要将学问看做是一种生命，必须大彻大悟。⑤ 与此形成对照的是所谓的“把缆放船”，反映的是一种谨小慎微或严守

① 冈田武彦：《王阳明と明末儒学》第三章“王门三派”。明德出版社，1970年。

② 中纯夫：《良知修证派について——王门三派说への疑问》，载《富山大学教养纪要》（人文·社会科学篇）第22卷1号，1989年。

③《明儒学案》卷十一《钱绪山传》，第226页。

④ 如《无关门》第三十二则《外道问佛·颂》云：“不涉阶梯，悬崖撒手。”龙溪引述此语，见《龙溪集》卷四《过丰城问答》。

⑤ 朱子也曾注意到禅宗的这类话头，指出：“他（按指禅学）又爱说一般最险绝底话，如引取人到千仞之崖边，猛推一推下去。”（《朱子语类》卷一二六，第3029页）值得注意的是，在阳明后学中，“悬崖撒手”常见引用，如《念庵集》卷三《与谢维世》（据称，此语出自《庄子·山木》，然语意不尽同）、《双江集》卷八《答王龙溪》第二书（引念庵说）等，罗、聂两人均对此提出了批评。《定宇集》卷一《语录》、《澹园集》卷十三《答万纯初》的引用，则对此语有肯定之评价。刘念台亦用“悬崖撒手”语来评判孟子和高攀龙，见《刘子全书遗编》卷六《游禹穴记事》、《刘子全书》卷一《人谱·讼过法》。

既有规范的性格。[①] 然而正如黄宗羲所判断的那样，绪山的这种思想性格必会导致“虽无大得亦无大失”[②] 的结果。

根据龙溪有关天泉证道的记载，当时阳明就曾对钱、王两人的资质做过评判：“德洪资性沉毅，汝中资性明朗。”[③] 所以在学问进路上，德洪是由工夫合本体，而龙溪则是“即本体便是工夫”。不过，在同门薛中离的眼里，钱、王两人在吸引同门的教法上各有千秋：“绪山善吸引人，龙溪善省悟人。”[④] 而龙溪则在绪山逝世后所撰的《绪山行状》中对他们两人的思想异同有较冷静的观察：

> 窃念吾人所志虽同，资性稍异。各有所得力处，亦各有受病处。予尝谓：“君所造大概已坚悬凝定，中间形迹未尽脱化，未可全道功行未修，或者彻底透露处尚有可商量在。”君谓：“彻底未尽透露，此正向来功行之未修耳。功行若修，更无可商量矣。”[⑤]

及至明末，对龙溪颇为不满的刘念台则自然偏袒绪山，他说：“学者欲求端于阳明子之教者，必自先生（按指绪山）始。”[⑥] 这个评价是相当高的，这几乎是将绪山置于王门之

---

① “把缆放船”的反义词是“解缆放船”。罗近溪曾说：“汝若果然有大襟期，有大气力，又有大大识见，就此安心乐意而居天下之广居，明目张胆而行天下之达道。工夫难得凑泊，即以不屑凑泊为工夫；胸次茫无畔岸，便以不依畔岸为胸次。解缆放船、顺风张棹，则巨浸汪洋、纵横任我，岂不一大快事也哉！”（《明道录》卷六《会语》，京都中文出版社刊和刻近世汉籍丛刊本，第 232 页）

② 《明儒学案》卷十一，第 226 页。

③ 《龙溪集》卷一《天泉证道纪》，第 99 页。

④ 《中离先生全集》卷三《研几录》下，民国四年刻本，叶 7 下。

⑤ 《龙溪集》卷二十，第 662—663 页。

⑥ 《刘子全书》卷二十一《钱绪山要语序》，叶 5 下。

首了。

至此可见，在阳明后学当中，钱、王两人常被用来比较，且被视为类型不同的思想人物。对于这种过分突出两人思想差异的传统看法，楠本正继（1896—1963）曾经表示怀疑，他认为："绪山思想的根本倾向未必与双江一致，而与龙溪背道而驰。"① 他提醒我们注意，钱、王之间的观点分歧，其实并不比聂（豹）、王之间的分歧要大，事实可能正相反，钱、王之间的思想倾向更为接近。他的这一见解很值得参考，正如后文将要阐明的，其实正是在"无善无恶"这一重大问题上，绪山经历了一番思想历练之后，渐与龙溪立场趋于一致，而且还表现出他自己独到的见解。

的确，把钱、王视作思想对立人物的看法，起因于"天泉证道"。质言之，龙溪以为"四句教"只是一种"权法"，故有推论的余地，相反，绪山则以为"四句教"乃是师说"定本"，故"一毫不可更易"。两者在"四句教"问题上的意见对立，就给后人造成一种印象：绪山思想近于保守而龙溪思想未免激进。甚至有一种说法把绪山的观点称之为"四有说"，以别于龙溪的"四无说"。然而严密而言，称之为"四有"并不妥当。因为就各种记录来看，只有龙溪《天泉证道纪》出现过"四有"一词，从其文脉来看，所谓"四有"不过是为了与"四无"相对应的一种措辞而已，并不具有实质性意义。因为事实上，对于"四句教"首句——"无善无恶心之体"，绪山并没有表示出异议，相反他也明确承认："心体是天命之性，原是

① 楠本正继：《宋明时代儒学思想の研究》，第477—478页。

无善无恶的。”[①] 因此，钱、王的意见分歧不在第一句而在后三句。因此，与其称绪山之说为“四有说”，倒不如称之为“一无三有说”，来得准确。

须指出的是：如果说因绪山反对“四无说”，故其主张必是“四有说”，这就会严重误导我们对绪山思想的理解。另一方面，如果仅从龙溪的角度去观察绪山，而忽略对绪山思想本身的深入探讨，也会导致对绪山思想的误判。就结论言，在本体问题上，其实绪山亦能对“无善无恶心之体”有深切的理解，甚至与龙溪的观点有诸多共通之处。[②]

关于绪山文献，需交代几句。绪山著有：《绪山会语》二十五卷（《明史·艺文志》著录“二十四卷”）、《绪山先生续训》[③]、《钱绪山要语》一编以及《绪山语录》一卷[④] 等。不过，上述这些文献均已失传。所幸的是，日本学者吉田公平从《王门宗旨》等资料当中，收集并整理了不少绪山逸文。[⑤] 另外，叶树望《王阳明后学——钱德洪》一文也介绍了若干绪山逸文。[⑥] 此外，《慈湖遗书》（四明丛书本）附录收有绪山《慈湖书院记》一文，也是一篇重要逸文。

---

① 《传习录》下，第 315 条。

② 上引中纯夫论文《良知修证派について——王门三派说への疑问》对绪山与龙溪的思想一致性有颇具新意的考察。

③ 由绪山弟子徐用检（号鲁源，1528—1611）编集，参见沈懋学：《郊居遗稿》卷八《答徐鲁源》，万历三十三年序刻本。

④ 据清乾隆年间所修《余姚志》卷三十五《经籍》。

⑤ 收入《阳明学大系》第五卷《阳明门下》上，明德出版社，1972 年。

⑥ 载《阳明学》第 5 号（二松学舍大学阳明学研究所，1993 年）“钱德洪特集”。

一　天泉证道

要谈绪山思想，不得不从“天泉证道”说起。

众所周知，阳明对朱子思想的质疑是从“格物”问题开始的。是从“即物穷理”做起，然后依次向诚意正心展开，还是从“诚意”工夫做起，自然打通上下所有工夫，这是阳明与朱子在工夫论问题上的根本分歧。然而，阳明显然也意识到，工夫问题的解决最终有赖于本体论的确立，就“诚意”而言，由于“知是意之体”，而意识的指向必是“物”，所以，诚意工夫之所以可能的依据就在于心之本体的“良知”，而工夫指向必落实在“随时就事上”。这就是阳明晚年提出的“随时就事上致其良知”以及“致吾心之良知于事事物物”①的致良知学说。由此，阳明以为在良知心体的引领之下，自然可以贯通“格物致知诚意正心”等一套工夫。

在“天泉证道”之际，阳明与其弟子所讨论的其实就是《大学》的“心意知物”四个概念如何定位的问题。根据阳明“四句教”的设定，心意知物分别是无善无恶、有善有恶、知善知恶、为善去恶。这就将《大学》工夫问题严格置于道德实践领域，以为由此便可从根本上扭转“遗内逐外”“舍心求理”这一朱子学工夫论的错误方向。

但是，如果心之本体是“无善无恶”的话，那么在逻辑上是否就可这样推论：因为意、知、物与心体是不可分割的，所以既然心体是“无善无恶”的，故心体之发动的“意”、心之本体的“知”以及意之所在的“物”也必然是“无善无恶”

① 《传习录》中，第187条，第135条。

的。这就是龙溪提出“四无说”的基本思路。显而易见，这是主张在先天心体上“立根”，由“一念自反”出发，由此工夫的展开就必然呈现为“无善无恶”，这套理论又叫作“即本体便是工夫”或“一悟本体，即是工夫”。① 对此，绪山觉得这个推理“逻辑”是不成立的，他的质疑是：

> 心体是天命之性，原是无善无恶的。但人有习心，意念上见有善恶在。格致诚正修，此正是复那性体功夫。若原无善恶，功夫亦不消说矣。②

须注意的是，绪山首先非常明确地表明：从“心体”角度看，它是“天命之性”，因此可以说它“原是无善无恶的”。这就表明绪山对“四句教”首句“无善无恶心之体”是基本认同的，而没有任何反对意见。但是，从现实层面看，人心不免受到各种习染的影响，在意念上便表现为“有善有恶”，因此，就必须落实“格致诚正修”等一套工夫；反之，如果断定在“意知物”的层面上也不存在善恶的话，那么所有的工夫都将被取消。这在绪山看来，显然是有悖儒学基本立场的，故断不能接受。

阳明对绪山与龙溪的意见分歧所作的裁决是：吾学原有这两种教法，龙溪说适合于“利根之人”，绪山适合于“中下根”之人。阳明指出：

> 利根之人，直从本源上悟入。人心本体原是明莹无滞的，原是个未发之中。利根之人，一悟本体，即是功夫。人己内外，一齐俱透了。

① 参见《龙溪集》卷一《天泉证道纪》；《传习录》下，第315条。
② 《传习录》下，第315条。

这是说，“从本源上悟入”（按，指龙溪说）乃是接“利根之人”的教法：“其次不免有习心在，本体受蔽。故且教在意念上实落为善去恶。功夫熟后，渣滓去得尽时，本体亦明尽了。”这是接“中下根”之人的教法（按，指绪山说）。最后，阳明对龙溪发出忠告：

> 利根之人，世亦难遇。本体功夫，一悟尽透，此颜子、明道所不敢承当，岂可轻易望人？人有习心，不教他在良知上实用为善去恶功夫，只去悬空想个本体，一切事为，俱不着实，不过养成一个虚寂。此个病痛不是小小，不可不早说破。①

表面看来，阳明对两者的意见作了调停折衷，对龙溪也有忠告，但是实际上，由阳明的“一悟本体”“本体功夫，一悟尽透”之类的表述来看，强调本体与工夫的合一，乃是阳明的一个重要立场。② 按阳明的说法，“体即良知之体，用即良知之

---

① 以上见《传习录》下，第315条。按，阳明的这段忠告不见龙溪《天泉证道纪》。龙溪的记录是“汝中所见，我久欲发，恐人信不及，徒增躐等之病，故含蓄到今。此是传心秘藏，颜子、明道所不敢言者。今既已说破，亦是天机该发泄时。岂容复秘？”（《龙溪集》卷一，第98页）对此，山下龙二认为《传习录》所记明显偏向于绪山而不利于龙溪（《阳明学の研究》下《展开篇》第二章，现代情报社，1971年，第33页）。

② 如：“功夫不离本体，本体原无内外。只为后来做功夫的分了内外，失其本体了。如今正要讲明功夫不要有内外，乃是本体功夫。”（《传习录》下，第204条）“合着本体，方是工夫；做得工夫，方是本体。又曰：做得工夫，方见本体。又曰：做工夫的，便是本体。”（《稽山承语》，第20条）按，在王门当中，本体工夫合一论实是一种非常流行的观点，参见《东廓集》卷六《答马生达世瞻》、《复高仰之诸友》、《再答双江》、《简郭平川》，《南野集》卷一《答周陆田》、卷五《答聂双江》等。

用”[1]，不可能在良知之外另有什么“体用”。因此，本体工夫必然是良知的本体工夫，不是在良知再外另有什么本体工夫。可见，离本体而言工夫或离工夫而言本体，均与阳明学的根本旨趣不合。

至此我们可以了解到，天泉证道所涉及的一个根本问题其实是本体工夫如何贯通的问题。而在天泉证道之后，钱、王两人送师出征广西，行至严滩（按在浙江省桐庐县西），师弟之间借佛教的“实相幻相”说，主要讨论了心体虚寂有无的问题，史称“严滩问答”。而其核心问题则依然是本体工夫问题。根据绪山的记录：“洪于是时尚未了达。数年用功，始信本体功夫合一。”[2]也就是说，天泉证道之时，他之所以未能解开心中疑团，主要原因在于他未能领悟“本体工夫合一”这层道理。

然而，龙溪有关“严滩问答”的记录则与绪山所录大相径庭，他以阳明为第一人称，通过阳明的口吻揭示了两大要点：（1）“我（按指阳明）拈出良知两字，是是非非自有天则，乃千圣秘藏。虽昏蔽之极，一念自反，即得本心，可以立跻圣

---

① 《传习录》中，第 155 条。

② 《传习录》下，第 337 条。按，《王阳明全集》所收现行本《传习录》下卷通常认为是绪山所编。但是，绪山此语作为附记采入《传习录》之中，这从《传习录》本是记录阳明师说的性质来看，并不合法。事实上，该条记录源自阳明弟子曾才汉（号双溪，生卒不详）编《阳明先生遗言录》下卷第 22 条。两相比较，文字略有出入，然《传习录》于此条末又有以下一句，也是曾本所没有的：“但先生（按指阳明）是时因问偶谈。若吾儒指点人处，不必借此立言耳。”这显然是绪山的附记。关于曾才汉，参见拙文：《王阳明逸文论考——就京都大学所藏王阳明著作而谈》，载《学人》第 1 辑，江苏文艺出版社，1991 年，第 438—440 页。

地”；（2）“然中间尚有机窍，良知知是知非，其实无是无非。无者万有之基，冥权密运，与天同游。”① 其中，“一念自反，即得本心”以及“良知知是知非而实无是无非”这两个说法，显然是龙溪对阳明的诠释结论，而非阳明的原话，换言之，这是龙溪思想的自我表述，是其对阳明思想的理论发挥，其中所蕴含的丰富义理，由于涉及对龙溪思想的全盘考察，这里就不宜展开讨论了。

现在我们来看阳明在“严滩问答”中提出的四句话（不妨称为“严滩四句”）：

> 有心俱是实，无心俱是幻。无心俱是实，有心俱是幻。

表面看来，前一句（有＝实，无＝幻）是正说，后一句（无＝实，有＝幻）是反说，然而细按其意，不难发现阳明的真意在于后一句。有就是有（实），无就是无（幻），这有点像同义反复，说的既是常识，但又好比是说了等于没说。重要的是要认识到：心体良知实是有无相即、虚实一体的存在，用阳明的话来表述，无即是有（实），有即是无（幻）。② 对此，龙溪的解释是：

> “有心俱是实，无心俱是幻”，是本体上说功夫。“无心俱是实，有心俱是幻”，是功夫上说本体。

① 《龙溪集》卷十六《书先师过钓台遗墨》，第1275页。按，同文稍前有“丁亥过钓台手笔也。末记‘从行进士王汝中’，即予贱字。五十年相从之迹，恍如昨梦。”可知《遗墨》盖指阳明《复过钓台》（《王阳明全集》卷二十）诗，该诗末署：“嘉靖丁亥九月廿二日书。时从行进士钱德洪、王汝中、建德尹杨思臣及元材，凡四人。”

② 类似的说法，又可参见阳明对良知本体的本质表述：“知来本无知，觉来本无觉”（《传习录》下，第213条）；“无知无不知。”（《传习录》下，第282条）

对龙溪此说，阳明表示了首肯。① 回过来再来看几天之前的“天泉证道”，其时阳明即已指出：于“无”（无善无恶）处“立根基”，是谓“即本体便是工夫”；由“有”（有善有恶）处下工夫，最终“从有以归于无，复还本体”②。从中亦可看出，在阳明的工夫论构想当中，存在两种方案：“即本体”与“即工夫”。也就是“即本体”便是功夫与“即功夫”以求复本体。途辙虽有不同，然殊途而同归：本体与工夫的合一。

不过，理论上或许可以这样说，只是现实的问题是，考虑到人的资质各有不同，是由“无善无恶”处下工夫，还是由“有善有恶”处下工夫③。这里就有一个选择的问题。关于这一问题，龙溪在别处曾经指出：“圣人无欲”，故圣人能做到“即本体便是工夫”，贤人以下不能无欲，故“须时时做寡欲工夫，以求复其本体”，两者之间自有“浅深难易”之不同，而不能一概而论。④ 可见，龙溪也承认这样一点：圣人且不说，贤人以下若要做到本体工夫之合一，实际上也并非易事。

必须指出，尽管在本体工夫合一的问题上，龙溪与绪山有不同的见解，然而在心之本体原是“无善无恶”的这一问题上，两者之间并无根本的意见分歧。只不过绪山更为重视以“有善有恶”为前提的“为善去恶”之工夫，这表现出绪山重

---

① 《传习录》下，第337条。按，龙溪对阳明的有无一体说，有较深的理解，其云：“即用即体，无知无不知，合内外之道也。”（《龙溪集》卷三《别见台曾子漫语》）

② 《龙溪集》卷一《天泉证道纪》，第97—98页。

③ 按，用龙溪《天泉证道纪》的说法来说，前者是顿悟之学，后者是渐修之学。

④ 《龙溪集》卷九《与赵尚莘》第二书，第697页。

工夫的思想特性。不过，我们从绪山对龙溪思想的评价当中，可以发现两者在思想上既有不同的一面，又有互相推许、彼此唱和的一面。绪山说：

> 龙溪之见，伶俐直截，泥工夫于生灭者，闻其言自当省发。但渠（按指龙溪）于见上觉有着处，开口论说，千转百折不出己意，便觉于人言尚有漏落耳。①

其中对龙溪虽有赞扬，但从这段话的总体看来，绪山在思想史上与龙溪的隔阂仍然存在。对绪山的这番表述，龙溪也曾注意到，并且指出："观此，君（按指绪山）于予言，大段已无逆于心。"与此同时，龙溪对绪山的委婉批评也表示虚心接受："着见之教，敢不自勉。夫子（按指阳明）'互相取益'之言，庶几不至辜负耳。"②

此外，绪山还有一段对龙溪思想的重要评价，表明了两者在思想上的接近：

> 龙溪学日平实，每于毁誉纷冗中，益见奋惕。弟向与意见不同，虽承先师遗命，相取为益，终与入处异路，未见能浑接一体。归来，屡经多故，不肖始能纯信本心，龙溪亦于事上肯自磨涤，自此正相当。能不出露头面，以道

---

① 《明儒学案》卷十一《钱绪山论学书·与季彭山》，第234页。按，书中有"执事（按指季彭山）之著，多在过思"一句。所"著"者，系指彭山撰于1537年的《龙惕书》，参见《季彭山先生文集》卷一。据此，上述绪山的龙溪评价当在1530年代末。

② 《龙溪集》卷二十《绪山行状》，第1513页。按，其中"互相取益"盖指阳明在天泉证道时，勉励龙溪和绪山两人"相取为用"（《传习录》下，第315条）。另据龙溪所引，绪山书中又有"是龙溪于吾党学问头脑，大有功力也"（《龙溪集》卷二十，第1512页）一句，然此句不见于《明儒学案》所收的绪山原文之中。

> 自任，而毁誉之言，亦从此入。旧习未化，时出时入，容或有之，然其大头放倒如群情所疑，非真信此心千古不二，其谁与辨之？①

其谓"先师遗命，相取为益"，无疑是指天泉证道之时，阳明对龙溪和绪山所留下的最后"遗训"。但是，正如绪山所承认的，长期以来，由于所用工夫之着重点不同（"入处异路"），故与龙溪所见未能相合。"归来"以后，绪山自己能纯信本心，又发现龙溪亦能在事为上肯下工夫，自此以往就可以担当起先师遗下的未尽事业了。不难发现，在这段记述的背后隐藏着这样一层意思：在此之前，绪山并未能完全做到"纯信本心"，而龙溪也未能完全做到"于事上肯自磨涤"。讲的显然是两者在天泉证道之后的一段时期的思想情况。

绪山的上述表示，约发生在天泉证道之后的15年。其中所说的"归来"，系指1543年绪山获释一事。②其实，绪山在1541年至1543年之间，曾被捕入狱。在此期间，绪山在思想上发生了一场"豁然若省"的体悟。据《绪山行状》载，绪山在狱中弃绝生死之念，日与赵白楼（生卒不详）谈《易》，与杨爵（号斛山，1493—1549）辨"无善无恶"之旨，于"读书谈道"乐而不倦。③后来，绪山回顾道：

> 洪昔幸侍，未尽请益。继遭罪难，颇觉有所省悟。……洪赋质鲁钝，向来习陋未除，误认意见为本体。意见习累，相为起灭，虽百倍惩克，而于此体，终隔程

① 《明儒学案》卷十一《钱绪山论学书·与张浮峰》，第235—236页。

② 参见《龙溪集》卷二十《绪山行状》。

③ 《龙溪集》卷二十《绪山行状》，第1509页。

> 途，无有洒然了彻之期。担阁岁月，浑不自知。上天为我悯念，设此危机，示我生死真境。始于此体，豁然若有脱悟。乃知真性本来自足，不涉安排。征之于事，始觉无处可罣，始觉有才可竭。昭昭哲训，不我诬也。①

绪山自陈：他早先于本体问题浑然不知，以致“误认意见为本体”；然而入狱一事却是“上天”特意为我“设此危机”，使我在“生死真境”中得以磨炼；最终，“豁然若有脱悟”，悟出了“真性本来自足，不涉安排”。这段表述令人联想起阳明龙场悟道的内容——“圣人之道，吾性自足”，比较之下，两者确有一些相似之处，因为绪山此悟显然亦属良知本性之悟。

其实，绪山曾在狱中寄书龙溪，告之以自己的思想体验，与以上绪山自陈也有相似的地方，可以一并参看：

> ……亲蹈生死真境，身世尽空，独留一念荧魂。耿耿中夜，豁然若省，乃知上天为我设此法象，示我以本来真性，不容丝发挂带。平时一种姑容因循之念，常自以为不足害道，由今观之，一尘可以蒙目，一指可以障天，诚可惧也。噫！古人处动忍而获增益，吾不知增益者何物，减削则已尽矣。②

对于绪山的这一思想变化，龙溪也曾吐露了由衷的喜悦：“绪山兄已回，见在感应，尽见确实，亦切切以从前意见为戒。

① 《王门宗旨》卷十《与赵大洲书》。引自《阳明学大系》第五卷《阳明门下》上，第 412 页。

② 《明儒学案》卷十一《钱绪山论学书·狱中寄龙溪》，第 234 页。按，绪山获释后，曾以狱中所悟为内容著有《困学录》，今佚。

乃知忧患困穷，有益于人也。”[①] 那么，绪山思想究竟发生了什么变化呢？

二　无善无恶

绪山在获释以后，曾寄书给杨斛山，其中主要谈了“无善无恶”的问题。这封书信颇长，为便于后面的讨论，且分段编号，撮其要点如下：

> （1）人之心体一也。指名曰“善”可也，曰“至善无恶”亦可也，曰“无善无恶”亦可也。曰“善”、曰“至善”，人皆信而无疑。又为“无善无恶”者何也？至善之体，恶固非其所有，善亦不得而有也。
>
> （2）至善之体虚灵也。犹目之明、耳之聪也。虚灵之体，不可先有乎善。犹明之不可先有乎色、聪之不可先有乎声也。目无一色，故能尽万物之色；耳无一声，故能尽万物之声。心无一善，故能尽天下万事之善。
>
> （3）今之论“至善”者，乃索之于事事物物之中，先求其所谓“定理”者，以为应事宰物之则。是虚灵之内，先有乎善也。虚灵之内，先有乎善，是耳未听而先有乎声，目未视而先有乎色。塞其聪明之用，而窒其虚灵之体，非至善之谓矣。今人乍见孺子入井，皆有怵惕恻隐之心，怵惕恻隐是谓善矣。然未见孺子之前，先加讲求之功，预有此善以为之则邪？抑虚灵触发，其机自不容已邪？目患不能明，不患有色不能辩；耳患不能聪，不患有

① 《龙溪集》卷九《答赵尚莘》第四书，第699页。

声不能闻；心患不能虚，不患有感不能应。虚则灵，灵则因应无方，万感万应，万应俱寂，是无应非善，而实未尝有乎善也。其感也无常形，其应也无定迹，来无所迎，去无所将（《庄子·知北游》），不识不知，一顺帝则者，虚灵之极也。赤子匍匐将入井，自圣人与涂人并而视之，其所谓怵惕恻隐者，圣人不能加，而涂人未尝减也。但涂人拟议于乍见之后，已滑入于纳交要誉之私矣。然则乍见之发，岂非生于不识不知之中。而滑入之私，岂非蔽于拟议之后邪。然则涂人之学圣人也，果忧怵惕恻隐之不足邪？抑去其蔽，以还其乍见之初心也？……心能尽天下之善，而不可先存乎一善之迹。太虚之中，日月星辰、风雨露雷、曀霾细缊，何物不有？而未尝一物为太虚之有。故曰一阖一辟谓之变，往来不穷谓之通。……此心不可先有乎一善。是至善之极，虽谓之“无善”亦可也。

（4）故先师曰：“无善无恶者心之体。”是对后世格物穷理之学为先乎善者立言也。特因时设法，不得已之辞耳。然至善本体，本来如是。固亦未尝有所私意撰说其间也。①

综观上文，不得不说，绪山关于“无善无恶”的看法与阳明、龙溪的见解有许多相似点，同时又有一些独到见解。

在第1段，“至善之体，恶固非其所有，善亦不得而有也”的观点，显然与龙溪以下的说法如出一辙：

① 以上《王门宗旨》卷十《复杨斛山书》。引自《阳明学大系》卷五《阳明门下》上，第411—412页。按，《明儒学案》亦录此书，但有大量删节。

> 先师无善无恶之旨，善与恶对，性本无恶，善亦不可得而名。无善无恶，是为至善。[①]

正如上面已指出的那样，对“四句教”及“四无说”的首句“无善无恶者心之体”，绪山和龙溪并无根本的意见分歧。关于心之本体的这种“无”之特性，也是绪山所认同的。对以上第1段所述，我们可以作这样的梳理：善恶是一相对的概念，至善是一绝对的纯粹概念；在本体论层面上，性是至善的，不存在恶；既然不存在恶，那么与恶相对的善也是不存在的，因此可以说性（性之本体）是无善无恶的；无善无恶超越了相对意义上的善与恶，因此“无善无恶是为至善”。应当承认，绪山的这一论证方法，与龙溪对“无善无恶”的诠释（参见本书第一章《无善无恶》）基本相同。

在第2段，绪山以目明耳聪为例，阐述了关于“虚灵本体”的见解，以为如同目无一色故能尽万物之色一样，心无一善故能尽天下之善。绪山的这一说法，实际上承袭的是阳明的一个重要观点，即有关“心无体”这一思想内容。[②] 为避重复，我们将在下面的第四节当中再来详细讨论这一问题。

与第2段所述相关，第3段乃是整篇文章的核心。绪山用了近千字的篇幅，主要阐述了两个重要的观点：（1）不可先求所谓“定理”；（2）心之本体不可“先有乎一善”。其中所说“今之论‘至善’者”，盖指后世朱子学的墨守者；其中

① 《龙溪集》卷三《答中淮吴子问》，第280页。

② 《传习录》下，第277条。龙溪亦有类似之说（《龙溪集》卷六《致知议辨》、卷十六《别曾见台漫语摘略》等）。

所说“先求其所谓‘定理’者”①，则是针对朱子学的“定理观”而发。众所周知，朱子有一重要观点，认为“事事皆有至善处”②，其中存在着一定不变之“定理”，这一观点实是朱子“即物穷理”说的理论前提。对此提出异议，则是阳明学在理论上的一个出发点。阳明早年的大弟子徐爱曾察觉到阳明的格物说与“事事物物皆有定理”这一朱子学的观点不相契合，对此疑问，阳明断然指出：“于事事物物上求至善，却是义外也。”③也就是说，基于“事事物物皆有定理”的观点，而“于事事物物上求至善”，这是求义于外的“义外”之学。阳明在《答顾东桥书》中也明确指出：

> 朱子所谓格物云者，在“即物而穷其理”也。即物穷理，是就事事物物上求其所谓“定理”者也。是以吾心而求理于事事物物之中，析心与理而为二矣。④

---

① 绪山在“定理”之前，加上“所谓”二字，意谓“定理”一词别有所指。阳明在《答顾东桥书》中也有同样的用法（参见《传习录》中，第135条）。其实，“定理”乃是朱子学的一个重要术语。如：“物象皆有定理”（《朱子语类》卷七十五，第1920页），“事事物物皆有定理”（《大学或问》，第15页）。对“定理”说阳明有所批判，其在晚年之著《大学问》中指出：“后之人惟其不知至善之在吾心，而用其私智以揣摸测度于其外，以为事事物物各有定理也，是以昧其是非之则，支离决裂，人欲肆而天理亡，明德、亲民之学遂大乱于天下。”（《王阳明全集》卷二十六，第969页；参见《王阳明全集》卷二《博约说》）龙溪曾明确指出朱子学与阳明学的根本区别在于对“定理”观的认同与否：“文公云：‘天下之物皆有定理。’先师则曰：‘物理不外于吾心’‘心即理也。’两家之说内外较然，不可得而强同也。”（《龙溪会语》卷二《答吴悟斋掌科书》，叶30下）

② 《朱子语类》卷十四，第270页。

③ 《传习录》上，第2条。

④ 《传习录》中，第135条。

可见，阳明从“心即理”的思想立场出发，对朱子学的“定理观”作了否定。必须指出，阳明在这里讲的并不是“心”（主体存在）之外是否存在客观“定理”这一存在论的问题，而是强调了这样一个观点：脱离了“心”之主体则“理”的存在失去了其存在的意义。在阳明看来，如果预先设定一个外在的一定不变之“理”，并于外事外物上去追求这个“所谓‘定理’”，则有可能将心体存在置于第二义，甚且有可能使“吾心”迷失方向。如果说“心即理”是阳明学的一大原则的话，那么可以说，对“定理”观的拒斥乃是这一思想原则的必然延伸。

理解了阳明学的这一基本立场，再来看绪山的“此心不可先有一善”的主张，就不难发现其理论依据正是“心即理”。由此对于绪山的“是至善之极，虽谓之‘无善’亦可也”的结论，也就不难理解了。不过还须看到，绪山与阳明所强调的侧重点稍有不同。阳明为了打破即物穷理之“旧说”①，从而强调“心即理”。而绪山则强调：心体虽是至善，但不可于心体上“执着”一善，就像不可于外物上“执着”一个“定理”一样。为了说明这一点，绪山又以“孺子入井”为例：见孺子入井，而人人皆欲救之，这是“怵惕恻隐之心”，但在“救之”之前，若有先求一个为善之心，便是不善。因为，“救”这一道德行为必须是发自吾心“自不容已”的内在冲动。是谓“抑虚灵触发，其机自不容已邪”。所谓“虚灵”盖指心体，心体一旦“触发”，则万感万应欲罢不能，依此而行则无不善；但又不可着一善于虚灵之心体；虚灵本体原是“不识不知”的，任其虚

① 在阳明那里，“旧说”一词特指朱子之学，参见《传习录》下，第201条。

灵本体之“触发”，则行为无不中则（伦理准则）。是谓“一顺帝则者，虚灵之极也”。其结论是：“心能尽天下之善，而不可先存乎一善之迹。”由此可见，绪山对阳明心学的理解达到了一定的深度。同时也可看出，其对“无善无恶”问题的诠释也有与龙溪不尽相同的独到之处（非指与龙溪相对立）。

第4段是一个总结：“无善无恶者心之体”“是对后世格物穷理之学为先乎善者立言也。”也就是说，“无善无恶”说之提出，乃是阳明为了反对以“定理”（“先乎善者”）说为理论前提的格物穷理之学。换言之，对于无善无恶论，必须从阳明学的这一思想立场出发，去加以理解。应当承认，这一结论深得阳明之意。①

以上绪山所论集中在“无善无恶心之体”一句，而并没有涉及“四句教”的整体理论。与上述观点基本相同，绪山还有不少的说法，现撮其要者，略示几条如下（重要之处，略加旁注）：

> 去恶必穷其根，为善不居其有（按，即“未尝有乎善也”之意），格物之则也（按，是释“为善去恶是格物”）。然非究极本体，止于至善之学也（按，其意“为善去恶”非至论也）。善恶之机，纵其生灭，相寻于无穷，是藏其根而恶其萌蘖之生，浊其源而辨其末流之清也（按，意谓若此则终无超脱之期）。是以知善知恶为知之极（按，是释“知善知恶为良知”），而不知良知之体本无善恶也（按，是释“无善无恶心之体”）。有为有去之为功，而不

① 据吴时来《斛山杨先生传》（《国朝献征录》卷六十五），杨斛山卒于1549年，故上述绪山思想之形成当在该年之前。

知究极本体，施功于无为乃真功也（按，意谓“为善去恶”非真功也）。正念无念，正念之念，本体常寂，才涉私邪，憧憧纷扰矣。①

告子言“性无善无不善”，与孟子言“性善”亦不甚远。告子只先见定一个性体，原来不动，有动处只在物感上，彼长我长，彼白我白，随手应去，不失其宜便了，于吾性体，澹然无所关涉。②

以上两段话颇为重要，足以证明绪山对阳明的“四句教”已有较深刻的理解。其中提到“正念无念”的问题③，值得关注，因为这其实也是龙溪的“以无念为宗”的观点，由此表明绪山的立场正与龙溪趋近。根据《王门宗旨》的记录，绪山对“无念”问题，有详细论述且有正面肯定：

问：“何谓正念？”曰：“无念。”问：“何谓无念？”曰：“正念之念。本体常寂，才涉私邪，憧憧纷扰矣。”曰：“亦有正念而发不当时，如何？”曰：“念不当时，皆起于意必之私，即是私意。”④

他用“正念之念”来解释“无念”，并在“本体常寂”的意义上，肯定“无念”，都清楚地表明其对“无”的问题已有深入的理解。正是基于这样的理解，所以绪山也能用“天则

① 《明儒学案》卷十一《绪山会语》，第229页。

② 同上书，第227页。按，以上是承阳明之说，参见《传习录》下，第272条、第273条。

③ “无念”，语见六祖慧能，其曰：“我此法门，从上已来，先立无念为宗。……无念者，于念而不念。”（《坛经》）按，阳明对“无念”说则持反对态度，参见《传习录》上第120条及卷下第202条。

④ 《王门宗旨》卷十《绪山语录》。引自《阳明学大系》卷五《阳明门下》上，第428页。

自显”来解释“不学不虑”、用“无善可有”来解释“本来至善”，他说：

> （良知）不学不虑而天则自显；彻内彻外而内外无间。本来至善，故无善可有；本来无恶，故无恶可除（按，即“无为乃真功”之意）。此造化之真机，圣德之正位也。于此一得，达之家国天下而无不同。质之前圣后圣而无不合。范围天地，终始万物。一致知而天下之能事毕矣。[①]

绪山不说“无善而至善”，而是反过来说：因为至善故无善。说法虽不同，其意却与心体无善无恶之说无异。[②]须注意的是，良知是“范围天地”这一说法与龙溪的良知“乃是范围三教之宗”[③]之说已趋于完全一致。稍有不同的是措辞方式，说“范围三教”未免给人以一种狂妄之感[④]，说“范围天地”则比较平稳。但是，心之本体本来至善，故不能加一善；心之本体本来无恶，故无须除一恶。绪山此说几乎与龙溪思想趋于一致了。他说“为善去恶”并非终极本体之“真功”，强调“施功于无为乃真功也”，这也令人联想起龙溪的“无工夫中真工夫”“不犯做手本领工夫”[⑤]之类的观点。因为良知本体是“见在具足”的，所以致良知工夫必须是“不犯做手”，这固然是龙溪的逻辑，然而绪山说“施功于无为”，也未尝不可

① 《王门宗旨》卷十《绪山语录》。引自《阳明学大系》卷五《阳明门下》上，第427页。

② 参见本书第一章所引刘念台的观点：“无善而至善”“至善本无善。”

③ 参见《龙溪集》卷一《三山丽泽录》等。

④ 比如双江对龙溪此说便有严厉批评，参见《双江集》卷十一《答王龙溪（即致知议略）》。

⑤ 《龙溪集》卷六《与存斋徐子问答》，第489页；《龙溪集》卷六《致知议辨》，第455页。

以解读成“不犯做手”。

那么，“施功于无为”是否意味对工夫的消极否定，其实并不然。绪山之意在于强调：心体具有“虚灵”特征，在心体上无法致力用功，也不可着意施为；心体之发而为“意”，是非善恶一时顿现，于此之际则可致力施为，故工夫只在诚意上做。这是符合阳明的工夫只求日减而不必在本体上做加减工夫这一根本旨趣的。绪山以下之言表明，他对阳明的这一旨意也有深刻的领会：

> 盖心无体，心之上不可以言功也。感应起物而好恶形焉，于是乎有精察克治之功。
>
> 道体自然，无容强索，今欲矜持操执以求必得，则本体之上无容有加，加此一念，病于助矣。[1]

显然这正是阳明所强调的心体上无工夫可做、工夫只能落实在诚意上做这一重要观点。绪山对此的理解[2]，我们将在结语中再来讨论。

三　思想历程

如上所述，绪山对“无善无恶”论有深刻的理解，同时我们也看到“天泉证道”之后，绪山思想发生了重要变化。以往，我们对绪山思想缺乏全面的把握，倾向于这样一种“成见”：以为绪山与龙溪完全是思想上的对立人物，其因之一就在于我们对绪山的思想历程缺乏必要的了解。

---

① 《明儒学案》卷十一《绪山会语》，第232、231页。

② 阳明说，见《传习录》下第317条。绪山则说：“昔者吾师之立教也，揭诚意为《大学》之要，指致知格物为诚意之功，门弟子闻言之下，皆得入门用力之地。”（《明儒学案》卷十一《绪山会语》，第232页）

关于绪山思想的发展轨迹，罗念庵为我们提供了一段重要资料。这段资料在某种意义上可以说是对绪山思想的一个总评。下面将其全文分段编号录出：

（1）绪山在阳明先生之门，号称笃实，而能用其力者。自余十六、七年来，凡六、七见，而绪山之学，亦且数变。

（2）其始也，有见于“为善去恶”者，以为致良知也。

（3）已而曰：“未矣。良知者，无善无恶者也。吾安得执以为有而为之。”而又去之。

（4）后十年，会于京师。曰：“吾恶夫言之者淆也（按，指言“无善无恶”者）。无善而无恶者，见也，非良知也。吾惟即吾所知，以为善者而行之，以为恶者而去之，此吾所能为者也。其不出于此者，非吾所能为，亦非吾之所当闻也。”

（5）今年相见于青原。则曰：“向吾之言，犹二也，非一也。盖先生（按，指阳明）尝有言矣，曰：‘至善者心之本体，动而后有不善也。’吾不能必其无不善，吾无动焉而已。彼所谓意者动也，非是之谓动也。吾所谓动，动于动焉者也。吾惟无动，则在我者常一。在我者常一，则吾之力易易矣。”①

首先对文中涉及的年代问题略作考证。

第1段所说“自余十六、七年来”，按通常的读法，可以

① 《明儒学案》卷十八《念庵论学书·赠钱绪山》，第418—419页。按，通行本《念庵集》不见此书。

理解为是念庵自十六七岁时即与绪山相识①；还有一种读法，可以理解为是念庵自与绪山相识十六七年以来。笔者以为当以后一种读法为妥。②

第2段指出绪山执定“为善去恶”，当是指“天泉证道”之时的绪山思想。第4段所说的“后十年，会于京师”，可以确定是指1540年。③由此推算，可知第3段所说的绪山思想是在1530年左右。此时，绪山对“无善无恶”论已有所悟。但是，到了1540年左右，绪山对“无善无恶”论的弊端则开始有所警觉。第5段所述似在1546年，其中“吾惟无动”之说，曾招致黄宗羲的严厉批评。④须注意的是，所谓“吾惟无

---

① 吉田公平即作此解。参见《阳明学大系》卷五《阳明门下》上《钱绪山解说》，第23页。

② 按念庵生年（1504）推算，十六七岁当是1521年或1522年。据念庵《何善山墓志铭》载，念庵自称于1528年赴京途中，始与阳明弟子何善山、黄洛村相识，前此，似与阳明弟子并无交往。由此看来，“自十六、七年来”非指年龄，而是指到“今年相见于青原”（第五段）中的“今年”为止的一段时期。问题是所云“今年”，未明指何年。第4段中又云“后十年，会于京师”，“后十年”者，可以确定是在1540年（参见下注）。故十年之前当是1530年。据此推算，“今年相见于青原”的“今年”，则是在1546年或1547年。从现有资料看，1547年绪山未赴江西，1546年绪山曾赴江西参加青原讲会（参见《王阳明全集》卷三十七附录《答论年谱书》第八书，第1376页）。

③ 据胡庐山《念庵罗先生行状》，1539年冬，念庵得补“宫僚”，次年初念庵抵京，是冬，即因疏忤旨，夺职为民（《念庵集》卷二十四，叶7下）。又，据《绪山行状》（《龙溪集》卷二十）及《绪山墓志铭》（《斯斋集》卷十二），此时绪山在京任刑部郎中，直至1541年9月被逮为止。念庵云“会于京师”，当不晚于1540年冬。由此来逆推“后十年”，可知第三段所说的是指1530年左右的绪山思想。

④ 其曰：“按先生之无动，即慈湖之不起意也。”（《明儒学案》卷十一《钱绪山传》，第226页）

动”，倒是与念庵的主静思想颇相似[①]，但是念庵对绪山重视在已发上做工夫的思想是有所不满的（详见下节）。

围绕“无善无恶”与“为善去恶”的关系问题，正如上述，绪山在思想上是有一个变化过程的。但是，绪山对于阳明后学中存在的高谈阔论“无善无恶”这一思想现象亦有警觉，这也是事实。在1532年之后这一较早的时期，绪山针对王门中所出现的“高论异说”等现象，曾有如下的批评（约与上引第4段所说的绪山思想相当，但年代不同）：

> 师没后，吾党之教日多岐矣。洪居吴时（按，指1532年至1534年），见吾党喜为高论，立异说，以为亲得师传，而不本其言之有自。不得已，因其所举而指示立言之端。[②]

这里所说的“高论异说”，没有具体所指，绪山在《大学问跋》中，对阳明没后的王门现状表示了忧虑，而且有具体所指，可与上文合观。其云：

> 师既没，音容日远，吾党各以己见立说。学者稍见本体，即好为径超顿悟之说，无复有省身克己之功，谓“一见本体，超圣可以跂足”，视师门“诚意格物”“为善去恶”之旨，皆相鄙以为第二义，简略事为，言行无顾，甚者荡灭礼教，犹自以为得圣门之最上乘。噫，亦已过矣！

---

① 上引绪山《复杨斛山书》一书的末尾，绪山讲到“静”，其结论是：“故静之一言，实千古圣学之渊微，然非精凝湛寂，自得于神领独悟之中者，未易以言说穷也。”（《阳明学大系》卷五《阳明门下》上，第412页）可见，绪山对“静”字虽没有完全排斥，但也没有着意强调“主静”。

② 《王阳明全集》卷三十七《答论年谱书》第十书，第1378—1379页。

自便径约，而不知已沦入佛氏寂灭之教，莫之觉也。①

可见，绪山对王门后学的批评集中在“学者稍见本体，即好为径超顿悟之说”这一点上，措词很严厉。可以看出，在阳明逝后不久的王门当中，就已出现了高谈本体、简略事为，以至有“荡灭礼教”等思想现象。在绪山看来，导致这些弊端的思想原因，便是“无善无恶”论。尽管从本体论出发，绪山对“无善无恶”论是有所认同的，但是并不等于说绪山在工夫论问题上赞同这样的观点：将“诚意格物”“为善去恶”视为师门“第二义”。正是在这一点上，绪山与龙溪的思想倾向表现出很大的差异。

以上，围绕“无善无恶”等问题，对绪山思想的前后变化作了大致的考察，下面，我们将通过考察念庵对绪山的批判以及绪山的反批判，以使我们对绪山思想有一个更深的了解。

四　但依良知运用

1539 年，念庵曾与龙溪讨论过如何“破除私欲”的问题。② 到了 1548 年，绪山、龙溪与念庵相晤于江西之时，念庵又旧话重提，对此绪山批评道：

> 此件工夫零碎，但依良知运用，安事破除！③

龙溪在旁为念庵打了一个圆场：

---

① 《王阳明全集》卷二十六《大学问跋》，第 973 页。按，与此相似的言论不暇枚举，参见同上书卷二十六《续刻文录序》、卷三十六《阳明先生年谱序》、名古屋蓬左文库藏天真书院本《阳明年谱》正德五年十二月条附“绪山按语”、佐藤一斋《传习录栏外书》所收《续刻传习录序》等。

② 参见《念庵集》卷五《冬游记》。

③ 《念庵集》卷五《夏游记》，叶 21 上。

不然！此倒巢搜贼之法也，勿谓尽无益也。①

一般说来，所谓“良知运用”，无非是指致良知工夫。对于信奉阳明学的人来说，对此当无异议。问题是“但依良知”的“依”字②，意谓只要依靠良知运用，便可“一了百了”。所以绪山又说“安事破除”之一喝！然而，所谓“破除私欲”，可以说乃是属于“去人欲，存天理”之类的工夫论问题，同时也是宋明儒学（包括朱子和阳明）所关注的一个根本课题。对此，如果只是说一句“但依良知”“安事破除”的话，不难想象未免言之过激。龙溪正是觉察到了这一点，故他承认“破除私欲”不可谓“尽无益”。

有趣的是，数日之后，龙溪对揪住如何破除私欲这一问题而不放的念庵，终于忍不住说道：

念庵每欲破除私欲，但又似在破除上，寻一道理，拈一物放一物，终非了手。须更勉之！③

这里虽然没有绪山所说的“零碎”一词，但是所谓的“拈一物放一物”，毕竟是一种“零碎”而非“了手”之工夫。在这个意义上，可以说龙溪的这一忠告又与上述的绪山之说趋于一致。

---

① 《念庵集》卷五《夏游记》，叶 21 上。

② “依良知”之说在王门当中似很流行。孙蒙泉曰：“‘致良知’三字，师传口诀，及门者类言‘依本体’便是。”（《燕诒录》卷二《忆言》中，叶 10 下）念庵对此说有特别的反感，其曰：“今却尽以知觉发用处为良知，至又易‘致’字为‘依’字。则是只有发用，无生聚矣。”（《念庵集》卷三《与尹道舆》，叶 32 下）关于“依良知”之说，详见本书第五章“欧阳南野论”第二节。

③ 《念庵集》卷五《夏游记》，叶 22 下。

在此似有必要对上述的绪山之说的真实意图，再作一番推敲，也就是说，绪山之意是否在于主张无须破除私欲？笔者以为，其实不然。其实，与“破除私欲”等工夫相比，在绪山看来，致良知工夫才是更为重要而又根本的方法。换言之，绪山并不是主张可以不要“破除私欲”，而是说这类工夫已经内含于致良知工夫之中，如果不用力于致良知，而只是关心于私欲如何破除，则未免不得要领，最终难以保证不坠于“拈一物放一物”（亦即“零碎”）之类的窠臼之中。可以说，这才是绪山对念庵所欲表明的真实意图。

的确，自 1539 年算起，匆匆已有 9 年之岁月，而念庵却仍然把住如何“破除私欲”而不放。对于念庵的这一问题意识，在绪山看来，问题不小，未免与致良知这一阳明学的根本宗旨有所脱节。绪山的说法虽未免有些极端，但是一声大喝：“安事破除！”也确有令人猛醒的效果。不过，黄宗羲并不这样看，他对绪山在这里的表现，极为不满：

> 绪山之言，与前《冬游记》王道思所云，同一法门。①

所谓“王道思所云”，内容如下：

> 王道思曰：“念头断去不得，止是一任他过，便要如何斩除？恐更多事。此吾小歇脚法也。”②

对王道思此说，黄宗羲下了这样的按语：“此宗门放荡之

① 《明儒学案》卷十八《念庵杂著·戊申夏游记》，第 413 页。是为黄宗羲按语。

② 《明儒学案》卷十八《念庵杂著·己亥冬游记》，第 412 页。亦为黄宗羲按语。按，王道思即王慎中，字道思，号遵岩。《念庵集》卷五《冬游记》中“王道思”作“遵岩”。

语。后来罗近溪辈多习之，以为解缚之秘法。”[①] 王道思及罗近溪可置之勿论，“宗门放荡”云云乃是指斥佛教的一种常套语。从其语意来看，这一非难也可照样适用于绪山。从中亦可看出绪山在黄宗羲的印象当中也并不完全可以用“把缆放船”一语而概之（详见第五节“结语”）。

现在再来看一下《夏游记》所记录的绪山的另一重要观点：

> 而绪山乃曰：“知无体，以人情事物之感应为体。无人情事物之感应则无知也。”[②]

所谓“知无体”，非指知体（良知本体）不存在，而是意指脱离了感应世界则无所谓知体之存在。此即本体作用浑然一体（“体用一原”）之意。其实，绪山此说乃是针对双江的归寂说而发，念庵在执笔《夏游记》之时，正是对归寂说最为心服的一段时期，故两者围绕归寂说展开了议论。念庵对绪山此说的反驳，容待后述，先来了解一下绪山对归寂说的看法。

“归寂说”主张为学必须立足于虚寂本体（未发）之上，去作“静养”工夫。双江的说法是：“体立而用自生。”[③] 他认为只要在未发上“立体”，“体”之“用”就会“自生”。前者

---

① 《明儒学案》卷十八《念庵杂著·己亥冬游记》，第 412 页。亦为黄宗羲按语。按，对于以上黄宗羲的两段按语，中华书局排印本《明儒学案》未作按语之处理，故有被误解为念庵语之可能，当做换行空格之处理。朱鸿林：《〈明儒学案〉点校释误》（台湾“中央研究院”历史语言研究所，1991 年，第 124 页）指出了这一点。

② 《念庵集》卷五，叶 31 下。

③ 《双江集》卷八《答欧阳南野》第三书，叶 12 上。按，“体立而自生”乃是归寂说的重要观点，频见于《双江集》中，参见本书第三章“聂双江论”。

是致知，后者是格物，而前者是根本之工夫，后者本无工夫可做。对此，绪山批评道：

> 先师曰："无善无恶心之体。"双江即谓："良知本无善恶，未发寂然之体也。养此则物自格矣。今随其感物之际，而后加格物之功，是迷其体以索用，浊其源以澄流，工夫已落第二义。"（按，以下为绪山反驳）论则善矣，殊不知未发寂然之体，未尝离家国天下之感，而别有一物在其中也。即家国天下之感之中，而未发寂然者在焉耳。此格物为致知之实功，通寂感体用而无间，尽性之学也。①

绪山坚持的观点是：未发寂然之体与家国天下之感应不能分为两截。故他又说：

> 心无体，以知为体。无知即无心也。知无体，以感应之是非为体。无是非即无知也。②

这个观点尤为重要，这是强调"知体"与"感应"的自他一体性的关系，即"体用一原"的观点。绪山之所以对归寂说表示出不能苟同的态度，这与其强调须在已发上致知这一思想立场有关。如他说：

> 致知格物工夫，只须于事上识取，本心乃见。心事非二，内外两忘，非离却事物又有学问可言也。③

> 吾心本与民物同体，此是位育之根。除却应酬更无本体；失却本体便非应酬。④

这些说法无非就是主张不是在寂然未发，而是必须在伦物感应

---

① 《明儒学案》卷十一《绪山论学书·复周罗山》，第 236 页。
② 《明儒学案》卷十一《绪山会语》，第 232 页。
③ 《明儒学案》卷十一《绪山论学书·答傅少岩》，第 234 页。
④ 《明儒学案》卷十一《绪山论学书·复龙溪》，第 234 页。

之上去致良知。脱离了人伦事物，也就无从把握良知本体。这是绪山的观点，其实也正是阳明学的基本立场。

然而，对于绪山的“知无体”“心无体”之说，罗念庵却提出了重大的异议：

> 将谓物有本末者，亦有别解欤？人情事物感应之于知，犹色之于视，声之于听也。谓视不离色，固有视于无形者，是犹有未尽矣。而曰“色即为视之体，无色则无视也”，可乎？谓听不离声，固有听于无声者，是犹有未尽矣。而曰“声即为听之体，无声则无听也”，可乎？……或曰：“绪山所言，其诸先生（按，指阳明）万物一体之义矣乎？”曰（念庵）：“先生‘拔本塞源’之论，盖亦有为言之也。……今夫手足之为一体，此感彼应，不言而喻者。有号于人曰‘吾之手以足为体，吾之足以手为体’。闻者有不以为异乎哉？一身之中，手足头目，犹有尊卑，扶伤持危，急缓不爽。而谓吾与人物浑然无别，则执言之过也。”①

“知”与“体”，“体”不离“感”，以“感”为“体”（非等同关系，而是指互为前提之关系），对于绪山这一见解，念庵以色—声（目或耳的作用＝感应）与视—听（目或耳的本体＝知体）的关系为例，提出了反论。感应与知体的关系，正如色与视的关系那样，如果知体的存在是以感应的存在为其存在前提的话，这就等于说色的存在是以视的存在为其存在前提的。如果说感应不存在则知体也不存在的话，也等于说色不存在则视也不存在。在念庵看来，色是客观现象，视是主体感

① 《念庵集》卷五《夏游记》，叶 31 下—33 上。

知，两者应当是互相独立存在的。因此，说“色即为视之体，无色则无视”，是有违常识的。同样，若说感应即是知体，色即是视，这在念庵看来，也是非常识的说法。显然这里的议论涉及了整个阳明心学的核心问题。我们可以阳明的“指岩中花”以及“万物一体”论为例，来作进一步的探讨。

所谓“指岩中花”，是这样一段记载，有弟子手指着岩中花树向阳明问道：

> 天下无心外之物。①如此花树，在深山中自开自落，于我心亦何相关？

以花与心的关系这一简单的事实为例，来说明客体（花）是独立于主体（心）的存在，犹如上面念庵所说的色与视、声与听的关系那样，客观现象并不依赖于主体存在。对此，阳明的解答可谓简短明了：

> 你未看此花时，此花与汝心同归于寂。你来看此花时，则此花颜色一时明白起来。便知此花不在你的心外。②

显然，这里的主张与阳明“心外无物”之说无异。③其所谓“寂”是指主体与客体的未分状态。在阳明看来，作为客体存在（花）的现象（色）与作为主体存在（心）的感知（看），一旦处于互相发生作用之时，花的存在便在心中得以显现（寂→感）。在相反的情况下，则花与心同时归于静寂（感→寂）。无论是寂趋于感，还是感趋于寂，心与花或同时归于“寂”，或同时趋于感（“明白起来”）。也就是说，心与物原是

---

① 《传习录》上，第6条。

② 《传习录》下，第275条。

③ 如阳明说：“心外无物，心外无事，心外无理，心外无义，心外无善。”（《王阳明全集》卷四《答王纯甫》第二书，第156页）

彼此相即之关系。应当指出，阳明在这里不是企图论证主体之外是否存在客观外物之类的存在论问题，也不是从存在论的意义上来论证外界客体是否客观存在，阳明所欲强调的是：离开了主体存在（心），客观存在（理）对人来说，是没有意义的。也就是说花的自开自落（理）的存在意义，必须通过主体感知（心）才能得以显现，换言之，也就是“物的存在意义源自于心”。从“指岩中花”这一比喻式的阐述当中，可以看到阳明对心物关系问题的根本看法。

我们知道，阳明对心物关系问题曾有这样的表述：“心之所发便是意”“意之所在便是物”[①]，如果把“看花”这一意识行为（看）喻为“意”，把“花”喻为“物”，那么也可以说，“看之所在便是花”。如此一来，“看花”行为之本身似无深意，但“花”之存在展现在“看花”行为的过程当中，这便是阳明所说的心物一体之原理。

此外，阳明的心物一体观又表现为万物一体论或良知与客体的一体性原理，他说：“天地无人的良知，亦不可为天地矣。盖天地万物，与人原是一体。”[②]讲的便是这层意思。从主客自他的一体性原理出发，阳明构筑了他的“万物一体”论，这与“指岩中花”中的旨意实有相通之处。有弟子问“人心与物同体”之意，阳明对此的回答是：

> 你只在感应之几上看！岂但禽兽草木，虽天地也与我同体的，鬼神也与我同体的。……我的灵明，便是天地鬼神的主宰。天没有我的灵明，谁去仰他高？地没有我的

① 《传习录》上，第6条。

② 《传习录》下，第274条。

> 灵明，谁去俯他深？鬼神没有我的灵明，谁去辩他吉凶灾祥？天地鬼神万物离却我的灵明，便没有天地鬼神万物了。我的灵明离却天地鬼神万物，亦没有我的灵明。如此便是一气流通的。如何与他间隔得？①

对这段话的解释，人云亦云，莫衷一是。在我看来，“一气流通”乃是“万物一体”的一个理论基础，反映的既是一种宇宙观，同时也与阳明的良知理论中的主客一体、体用一源的观点密切相关。②

话再说回来，有人向念庵发问道：“知无体”这一绪山的观点是否就是阳明的“万物一体之义”，这一提问触及到“知无体”这一观点的本质。发问者指的是阳明的这样一段话：

> 目无体，以万物之色为体。耳无体，以万物之声为体。……心无体，以天地万物感应之是非为体。③

针对这一提问，念庵指出：“而谓吾与人物浑然无别，则执言之过也。”这显然不仅仅是针对绪山而发，也是对阳明的“万物一体”论的批判。

然而，在《夏游记》的前半部分念庵又有这样的记录：当

---

① 《传习录》下，第 336 条。

② 关于阳明学的“万物一体”论，岛田虔次在《中国近世の主观唯心论について——万物一体の仁の思想》(京都《东方学报》第 28 册，1958 年）有详尽论述，值得参阅。

③ 《传习录》下，第 277 条。按，关于阳明的“心无体”说，王塘南有如下批评：“《传习续录》言：‘心无体，以人情事物之感应为体。’此语未善。夫事者心之影也，心固无声臭，而事则心之变化，岂有实体也。如水与波然。谓水无体，以波为体，其可乎？为此语者，盖欲破执心之失，而不知复起执事之病。”(《友庆堂合稿》卷四《三益轩会语・甲申》，第 261 页）

时龙溪与念庵辩心与物“不得析离”的问题，两者辩论了两天之后，念庵“有省”道：

> 始觉其说（按，指龙溪观点）本之《西铭》。《西铭》本之孔门之仁，自孟子没，未有能究其用者，因之有省。①

毋庸赘言，宋明儒学的万物一体论，在儒学史上相当重要，其文本来源除了程明道《识仁篇》之外，张横渠《西铭》亦是其重要来源之一。在此，念庵也不得不承认龙溪的心物一体论本诸《西铭》。不过，念庵所谓的“有省”，并不是通过体验之后所产生的结果，似乎只是被龙溪一时折服的现象而已。故在同文稍后，关于绪山之论是否就是“万物一体之义”的质问，念庵却表示了反对，认为这是无差别地混同自他物我（“吾与人物浑然无别”），不免是“执言之过”，这就表明他对阳明的“万物一体”论仍然未能放弃某种疑虑。②

五 结 语

程明道有“仁者，浑然与物同体”之说，程门谢上蔡则以“知觉”释仁，朱子对这种“同体”说以及“知觉”说有过这样的批评：

> 抑泛言“同体”者，使人含胡昏缓，而无警切之功，其弊或至于认物为己者有之矣。专言“知觉”者，使人张皇迫躁，而无沛潜之味，其弊或至于认欲为理者有之矣。一忘一助，二者盖胥失之。而“知觉”之云者，于圣门

① 《念庵集》卷五《夏游记》，叶 20 上。按，龙溪对《西铭》的赞赏，参见《龙溪集》卷十三《王瑶湖文集序》。

② 按，念庵最终对万物一体论有所领悟，是在撰写《夏游记》若干年以后（正确地说，是在 1555 年）。参见本书第四章“罗念庵论”。

> 所示“乐山”(《论语·雍也》)、“能守”(《论语·卫灵公》)之气象，尤不相似。[①]

所谓“知觉”说，因其有佛教色彩，故而受到朱子的批判，这固然是不难预料的，然而朱子为何对于“泛言‘同体’者”也提出了严厉的告诫，其因在于朱子认为如果片面强调“万物同体”，就有可能混淆“仁”之体用，无视未发与已发之区别。

上述念庵对“万物一体”论的疑虑可以说就是源自朱子以上的观点。念庵对龙溪和绪山所主张的在已发上做工夫的观点所作的批评，也可看到这一点：

> ……而惟任其所已发，谓“离已发无所谓中也”。遂以见在之知，为事物之则，而不察理欲之混淆。谓“离常感无所谓寂也”。遂以外交之物，为知觉之体，而不知物我之倒置。理欲混淆，故多认欲以为理；物我倒置，故常牵己以逐物。[②]

不难发现，“物我混淆”“认欲为理”之说，与上引朱子的说法如出一辙。其中所云“离已发”“离常感”，实是针对绪山而发[③]；其中“见在”一词则是针对龙溪的现成良知说而发。

通常以为，与“现成派”人物王龙溪不同，钱绪山属于“修证派”。但是事实上，绪山也曾使用过“见在心体”这一概念，同时也强调了致良知工夫的“见在性”，如：

---

① 《朱子文集》卷六十七《仁说》，第4953页。

② 《念庵集》卷五《夏游记》，叶34下—35上。按，此段引自《答郭平川》（原文见《念庵集》卷三），非夏游之时，对龙溪和绪山直接所说者。然念庵将夏游之后所作之书信特意并入《夏游记》中，或可看出念庵自视此段言论正是与龙溪及绪山的思想分歧之所在。

③ 参见《明儒学案》卷十一《绪山论学书·答聂双江》《复何吉阳》等。

格物之学，实良知见在功夫。①

致知之功，只从见在心体上取证，心体自能无欲。②

然而在念庵看来，离已发无法求未发的这种观点，其理论根据正在于“见在良知”说。黄宗羲承念庵此说，针对“离已发求未发，必不可得”③这一绪山的观点，下了这样的评语：

是两先生（按，指龙溪和绪山）之良知，俱以见在知觉而言，于圣贤凝聚处，尽与扫除。在师门之旨，不能无毫厘之差。④

按，宗羲此说显然出自念庵对绪山的这一评语：

执事（按，指钱绪山）只欲主张良知常发，便于圣贤几多凝聚处，尽与扫除解脱。夫心固常发，亦常不发，二者可倒一边立说否？至谓“未发之中，竟从何处觅？”则立言亦太易矣。⑤

姑且不论“良知常发”或“见在良知”是否等同于“见在知觉”，问题是，为何强调在已发上去做工夫，便会产生“物我倒置”“理欲混淆”之类的弊病？

一般而言，在宋明理学的概念当中，心体或未发被认为是属于静的世界，相反，事物或已发则被认为是属于动的世界。站在“心即理”这一立场上来看，心与理属于同一层次的概念，

---

① 《明儒学案》卷十一《绪山论学书·与陈两湖》，第236页。

② 《王门宗旨》卷十《绪山语录》。引自《阳明学大系》卷五《阳明门下》上，第428页。

③ 参见《明儒学案》卷十一《绪山论学书·复何吉阳》。

④ 《明儒学案》卷十一《钱绪山传》，第226页。

⑤ 《明儒学案》卷十八《念庵论学书·与钱绪山》，第405页。按，此书未见通行本《念庵集》。又，对于念庵、双江与绪山、龙溪的思想争辩，黄宗羲明显偏袒前者。

故道心与人心的区别并不重要。但是，无视在已发世界中所存在的人欲之危险，而一味强调未发与已发的一体性，认为静寂的未发世界须以已发的感应世界作为其存在前提，如此则有可能将理之世界（本体）与欲之世界（作用）无差别地混同起来，则有可能倒置自他物我的主导关系。这一点正是念庵所忧虑的。

同时，念庵认为在已发上做工夫的理论依据乃是良知本体无时无刻不在“发用流行”这一现成良知说，若以现成良知作为一切行为以及事物的准则，而不以物我及理欲的甄别努力作为优先课题，其结果则将导致“认欲为理”。这一点也是念庵所深感忧虑的。[①] 不过，念庵也承认“见在”一词原是阳明提出的概念，只是在念庵看来，王门之末流却以“见在”一语，作为猖狂自恣之借口，这就未免与阳明之本意相去甚远。念庵指出：

> 良知两字，乃阳明先生一生经验而后得之。……当时，迁就初学，令易入，不免指见在发用以为左券。至于自得，固未可以草草谬承。而因仍其说者，类借口实，使人猖狂自恣，则失之又远。[②]

总之，念庵的种种忧虑自有他自己的思想原由，其对绪山思想的指责也并非无的放矢。但是也应看到，绪山之所以重视已发工夫，也绝非是“草草谬承”阳明师说的结果。据绪山所说，在阳明逝世后的王门当中出现了种种奇谈怪论：有以为善恶之几倏忽变化，难以把捉，与其刻苦去做为善去恶之工夫，不若就良知本体以求顿悟，这才是所谓的根本工夫；也有以为

---

① 参见《念庵集》卷三《与尹道舆》。

② 《明儒学案》卷十八《念庵论学书·寄张须野》，第405页。按，此书未见通行本《念庵集》。按，罗念庵对“从其知之所发，以为心体”之类的观点亦有类似的批判，参见《念庵集》卷五《夏游记》。

格物工夫终于未免牵己逐物，意念既发则虽欲克制，已然转折烦难，故工夫不能在格物上，而必须在致知上做，甚至断言“格物无工夫”（按，聂双江语），主张“必先归寂而物自化”，只有在未发上用静养寂体，这才是根本工夫。[①]绪山指出，若“执体以求寂”，则有失吾儒圣学的活泼自在之特性，亦有背于先师的“平易切实”之旨。[②]绪山正是力图纠正以上两种偏见，故而强调在已发上做诚意工夫的重要性：

> 盖心无体，心之上不可以言功也。“感应起物而好恶形焉”（《礼记·乐记》），于是乎有精察克治之功。诚意之功极，则体自寂而应自顺。初学以至成德，彻始彻终，无二功也。[③]

意谓“心无体”故于心体上无法用功，物感而善恶形焉，于此之际方可用诚意之功，此乃是彻头彻尾的终极工夫。可见，绪山的思想旨趣既与重视悟说的龙溪不同[④]，又与主张归

---

① 以上参见《明儒学案》卷十一《绪山会语》，第232页。

② 《明儒学案》卷十一《绪山会语》，第232页。

③ 同上。

④ 围绕悟与修的关系问题，绪山与龙溪的意见分歧，在天泉证道之后亦终未趋于一致。如：“予（按，即龙溪）尝谓：‘君（按，指绪山）所造大概以坚悬凝定。中间形迹未尽脱化，未可全道功行未修，或者彻底透露处，尚有可商量在。’君谓：‘彻底未尽透露，此正向来功行之未修耳。功行若修，更无可商量矣。先师云：“眼前利根之人不易得。”学者未肯实用克己功夫，未免在意见上转。遂谓本体可以径造而得，乃于随时实用功处，往往疏略而不精，流入于禅寂而不自觉。甚者恣行无忌，犹自信以为本体自然，此吾党立言之过，不可以不察也。’予谓：‘君指点学者之病，大概了了，未可执以为定见。……吾人所学，贵在得悟。若悟门不开，无以征学。一切修行，只益虚妄耳。此非言思所能及，姑默识之，以俟日后之证可也。’”（《龙溪集》卷二十《绪山行状》，第1511—1512页）按，“悟门不开，无以征学”是龙溪的重要主张（《龙溪集》卷十六《留别霓川漫语摘略》）。

于静寂之体以求未发之中的归寂说难以契合，主张于伦物感应之处作诚意之功，这才是绪山在工夫问题上的基本立场。当然也应看到，绪山思想既有接近龙溪的一面，也有接近念庵的一面（特别是在批判心学末流诸种流弊方面），与此同时又有与两者都有所不同的独到之处。

要而言之，绪山思想的总体特征在于重视致良知工夫这一点上，这是毋庸置疑的。正如念庵所认同的那样："绪山在阳明先生之门，号称笃实能用其力者。"不过，与此评价不同，陶望龄（号石篑，1562—1609）倒是觉得绪山思想未必"阔略"，读其文字令人有"直截痛快"之感：

> 人知龙溪先生妙得师传，而于绪山语殊阔略，不知其直截痛快乃至于是。把卷踊跃，不觉为之涉笔。①

① 《歇庵集》卷十五《与余山阴舜仲》第十书，东京内阁文库藏万历三十八年刻本，叶 42 上下。

第三章　聂双江论

聂豹（1487—1563）字文蔚，号双江，江西吉安永丰（今江西省吉安县）人。明正德十二年（1517）进士，官至兵部尚书。生前虽与阳明见过一面，但并未入于阳明门下。阳明逝世后若干年，由钱绪山、王龙溪两人作为证人，始拜称弟子。① 据《明史》卷二〇二《聂豹本传》载，双江“著《困辨录》，于王守仁说颇有异同”。

关于双江思想的主要特征，欧阳南野的私淑弟子尹台有一简要的说明：“夫先生（按指双江）之学，以归寂为宗，以致虚守静为入德不易之极。”② 指出双江之学“归寂”为宗旨，以“致虚守静”为工夫之极则。其实，“致虚守静”源自《老子》第十六章“致虚极，守静笃”一语，对此，双江自己也并不讳言。③ 而“归”字亦大致相当于老子“归根曰静”之“归”，即

---

① 《王阳明全集》卷三十五《阳明年谱》三。

② 《双江集》卷首，尹台“序”。引自《中央图书馆善本序跋集录》集部三，台湾“中央图书馆”，1994 年，第 199 页。

③ 《双江集》卷八《答东廓邹司成》第一书、卷十四《困辨录·辨中》等。按，黄宗羲对双江思想之特征，归纳为“归寂守静”四字（《南雷文案》卷二《答董吴仲论学书（丁未）》，第 30 页）。

归藏之意，而“寂”即虚寂之意。[1]可见，谈虚说寂原本应当是道家的本领。佛教亦有“归寂”一词，意同“圆寂”，此外还有“寂灭”一词，则是“涅槃”一词之意释。但是尹台认为，双江讲“寂”的思想资源来自《易传》而非佛教：

> 夫先生之言寂，本《易》大传之“无思为”，其以生生之易，出之为感应之神，岂若释氏之灭有求寂？[2]

姑且不论“归寂”一说的始祖是谁，问题是，在双江思想的体系当中，归寂究竟具有怎样的思想内涵？这是我们将要考察的主题，同时也将涉及“归寂”主张的思想背景等问题。

本文所用《双江聂先生文集》（以下简称《双江集》）十四卷本，卷十四为《困辨录》，日本内阁文库藏明刊云丘书院藏版，该本无序跋，由聂静编辑、吴凤瑞校刻。又，台湾“中央图书馆”藏明隆庆六年尹台序刊本，十四卷8册，为嘉靖甲子（1564）永丰知县吴凤瑞原刊。该本与内阁文库所藏为同一系统。另据佐藤仁《聂双江解题》（《阳明学大系》卷五《阳明门下》上），《双江集》又有清代刊本，亦题云丘书院藏版。以上两本笔者均未见。

一　虚灵知觉

历来认为，阳明之后的王门诸子围绕良知学说，众说纷纭。阳明弟子胡瀚（号今山，1381—1452）列举了四种良知说，“归寂”说即是其中之一，并指出其说“似又偏向无处立

---

① 王龙溪释：“虚寂原是性体，归是归藏之义。”（《龙溪集》卷六《致知议辨》，第476页）

② 《双江集》卷首，尹台“序”，引自《中央图书馆善本序跋集录》集部三，第200页。

脚矣”。[1] 王龙溪则列举了六种良知说，分别为：归寂、修证、已发、现成、体用、终始。[2] “归寂”说名列第一。双江对王门良知说作了简洁的两种划分：

> 今之讲良知之学者，其说有二。一曰：“良知者，知觉而已，除却知觉别无良知。学者因其知之所及而致之，则知致矣，是谓无寂感，无内外，而浑然一体者也。”一曰：“良知者，虚灵之寂体，感于物而后有知，知其发也。致知者惟归寂以通感，执体以应用，是谓知远之近，知风之自，知微之显，而知无不良也。”夫二说之不相入，若柄凿然。主前说者，则以后说为禅定，为偏内；主后说者，又以前说为义袭，为逐物。听者惑焉，而莫知所取衷。[3]

前者“良知者，知觉而已”的主张，这是双江的独特归纳。参照龙溪的六分法，双江所归纳的这个观点究竟是指其中的哪一种，颇不易断定，大致可以包括对双江“归寂”说都持批评立场的“修证”和“现成”两派，只是不同意“归寂”主张，并不等于他们都主张“知觉”说，可见，双江的这番归纳非常特别，此且不论；后者“良知者，虚灵之寂体”的主张，与前者的主张正相反，此即双江自己所主张的“归寂”说。双江认为，“归寂”说与“知觉”说，两者犹如水火，各不相容，他将两者对置之用意显然在于强调“归寂”为正而“知觉”为误，他甚至认为当时王门中大为流行“知觉”说，并断言“今

① 《明儒学案》卷十五《胡瀚传》，第230页。

② 《龙溪集》卷一《抚州拟岘台会语》，第163页。冈田武彦认为其中的主流是三派：归寂、修证、现成。参见其著《王阳明と明末の儒学》，第103—159页。

③ 《双江集》卷四《赠王学正之宿迁序》，叶24下—25上。

人以知觉为良知者，真是以学术杀天下”。[①] 故有必要先对所谓的“知觉”说作一考察。

从宋明理学史的角度看，众所周知，程门谢上蔡以“觉”训“仁”，提出了“仁是识痛痒”“儒之仁，佛之觉”[②] 以及“心有知觉谓之仁”[③] 等说，此即非常著名的“知觉”说。这个说法与程明道的“痿痹为不仁”说有渊源关系，“痿痹”即医学所说的“麻痹不仁”，其反义则是知觉为仁。程伊川已经注意到当时有以知觉训仁的观点，他明确指出：“觉不可以训仁。”这里的“觉”，盖指感官知觉。但是，上蔡所言知觉并不一定是指感官意义上的知觉，主要是指仁体的感通能力。不过在朱子看来，上蔡所言“知觉”与孟子所说的“先知先觉”已有根本不同，应当就是指“知寒暖饱饥之类”[④] 的感官知觉，故不能用来规定属于“理”范畴的“仁”概念。反之，若以“知觉”言仁，“便相似说禅”[⑤]，便不免走上禅家“饥食困眠”“作用见性”一路去[⑥]，亦即陷入一种本能主义。因此，朱子甚至断言宋代以来儒学流入禅学的罪魁祸首当属上蔡，他说：“今学问流而为禅，上蔡为之首。”[⑦]

---

① 《双江集》卷十一《答董明建》，叶 61 上。

② 《上蔡语录》卷中，第 43 页。

③ 《宋元学案》卷四十二《五峰学案・五峰家学・广仲问答》及《伯逢问答》。

④ 《朱子文集》卷三十二《答张钦夫・又论仁说》，第 2032 页。

⑤ 《朱子语类》卷六，第 118 页。

⑥ 《朱子文集》卷七十四《玉山讲义》。

⑦ 《朱子语类》卷五，第 93 页。按，“流而为禅”者，意指由上蔡经张九成至陆象山。另据朱子自述，早年时他也曾熟读《上蔡语录》(《朱子语类》卷一一五、卷一二〇等），后又有《上蔡谢先生祠记》(《朱子文集》卷八十）之作，对上蔡有不少赞赏之词。

当然，朱子也深知在先秦时代，孟子就曾说过“先知觉后知，先觉觉后觉”的话，儒家并不避讳“知觉”问题，但是朱子要为“知觉”二字重新贞定其含义，他指出：“理与气合，便能知觉。”“所知觉者是理，理不离知觉，知觉不离理。”①可见，朱子认为“知觉”是“理”与“气”相合的一种作用，属于心的认知范畴。他还引用伊川的“知是知此事，觉是觉此理”的观点，进而将孟子与上蔡所言“知觉”进行了严格区分：

> 盖孟子之言知觉，谓知此事，觉此理，乃学之至而知之尽也。上蔡之言知觉，谓识痛痒，能酬酢者，乃心之用而知之端也。二者亦不同矣。然其大体皆智之事也。②

可见，知觉是指心的作用，大体上属于“智”的范畴。而朱子所反对的是，将“知觉”直接等同于“理”，如禅宗的那样“运水搬柴，无非妙道”之论，以为“道”即知觉活动本身，则是朱子绝不能认同的。

然而，知觉除了涵指人与动物的感官能力以外，另有一层重要含义，即意识能力，这是人心所具备的特殊能力。在儒学传统中，心指知觉，即道德知觉，应当是主要含义。对此，朱子当然有清楚的认知。所以，他在注《中庸》和《大学》的“心”及“明德”之概念时，就明确指出：“心之虚灵知觉，一而已”，“明德者，人之得乎天，而虚灵不昧，以具众理而应万事者也。”③其中的“虚灵不昧”一词，是对知觉意识的一种特

---

① 《朱子语类》卷五，第 85 页。

② 《朱子文集》卷四十二《答胡广仲》第五书，第 2809 页。按，对朱子的这个说法，罗整庵表示了不满，参见《困知记续》卷上，第 212 页。

③ 《朱子文集》卷七十六《中庸章句序》，第 5599 页；《大学章句》第一章。

征描述，值得注意。“虚灵”盖指人心意识具有灵妙作用而绝非一物，“不昧”则指人心意识具有即物而知的认知能力。然而，据陈荣捷的考证，该词源自禅书。[①] 历来以排佛甚力、为学谨严而著称的朱子，竟然在其重要论著当中引用禅语，这令后世的传统学者颇感疑惑。不过，阳明对此倒是有正面的肯定：

> “虚灵不昧，众理具而万事出”。心外无理，心外无事。[②]

而且阳明以“虚灵明觉”来解释“良知”：“心之虚灵明觉，即所谓本然之良知也。”[③] 事实上，正是围绕“虚灵知觉”与“本然良知”的关系问题，在阳明后学当中引发了不少争议。[④]

双江对于阳明以“虚灵明觉”来定义“本然良知”，当然非常熟知，而且在原则上并无异议，只是双江反对统言“虚灵知觉”，主张必须以“体用”来分言“虚灵知觉”，他说：

> 心之虚灵知觉，均之为良知也。然虚灵言其体，知觉

---

① 如澄观《答皇太子问心要》(《景德传灯录》卷三十)、宗密《禅源诸诠集都序》等，转引自陈荣捷：《王阳明〈传习录〉详注集评》，第 70 页。按，明初禅僧一元宗本《归元直指集》卷下《学佛谤佛》云：“晦庵所用佛语，若‘虚灵不昧’(原行注：此句出自唐译《大智度论》并禅书)。……能知觉，所知觉(原行注：《楞严经》等)。”(京都中文出版社刊和刻本，叶 19 上下)

② 《传习录》上，第 32 条。

③ 《传习录》中，第 137 条。按，“明觉”一词语见明道《定性书》：“大率患在于自私而用智。自私则不能以有为为应迹，用智则不能以明觉为自然。”朱子评曰：“此一书(按，指《定性书》)，首尾只此两项。”(《朱子语类》卷九十五，第 2441 页)

④ 参见本书第五章“欧阳南野论”第二节“良知与知觉”。

言其用。体用一原，体立而用自生。致知之功，亦惟立体以达其用。而乃以知觉为良知而致之，牵己以从，逐物而转，虽极高手，只成得一个野狐外道，可痛也。①

其中，“体立而用自生”“立体以达其用”两语实是双江“归寂”主张的典型表述，后面我们还会有详细的讨论。在这里，双江首先承认“虚灵”与“知觉”都是良知的固有属性，但是“虚灵”可以指心之本体，而“知觉”则只能指心之用，如果对此不加区别，以“虚灵知觉”四字来统言良知，并以此着手致良知工夫，则必将“牵己逐物”而茫无所归。双江尽管在原则上承认良知本体不可分言“虚灵知觉”，但就工夫而言，两者又不能混而言之。

然而问题是，如果本体可以脱离“知觉”而存在，或将“知觉”视作“已发”，将“良知”视作“未发”，这就未免割裂“体用”。围绕这一问题，南野与双江有多次论辩。南野指出：

夫知觉，一而已。常虚常灵，不动于欲，欲动而知觉始失其虚灵者。虚灵有时失，而知觉未尝无，似不可混而一。然未有无知觉之虚灵，而不虚不灵，亦足以言觉。故不可歧而二。然此皆为后儒有此四字而为之分疏云耳（按，指朱子注）。若求其实，而质以古圣之说，则知之一字，足矣，不必言虚与灵，而虚灵在其中。虚之一字，足矣，不必言灵言知，而灵与知在其中。②

① 《双江集》卷八《答松江吴节推》，叶59下—60上。

② 《南野集》卷四《寄聂双江》第三书，叶14下—15下。另参见《南野集》卷五《答聂双江》。

南野认为“知觉”是“发”是“用”，故不能等同于“良知”，但良知本体亦不离“知觉”，更不可分作“未发已发”。这与阳明反对用“未发已发”来界说良知本体的思想是一致的。如阳明所言：

良知无分于寂然感通也。

未发在已发之中，而已发之中，未尝别有未发者在。已发在未发之中，而未发之中，未尝别有已发者存。①

一般说来，“知觉”含有感性知觉之意，如知痛知痒之类，在阳明那里则主要指道德认知能力，如：

心不是一块血肉，凡知觉处便是心。

所谓汝心，却是那能视听言动的。这个便是性，便是天理。②

“视听言动”只是一种单纯的知觉运动，而“能视听言动”者则是良知良能。阳明所言“心自然会知”③也是道德意义上的“知觉”，即道德知觉。可见，阳明良知说并不只讲“虚灵”，同时必须强调“知觉”。换言之，正因为良知本体是“虚灵”的，故而良知又能具备“无所不知”的“知觉”功能。总之，知觉固然不能涵盖良知，但是良知也不能脱离知觉。

然而，双江认为“虚灵”是良知之体、“知觉”是良知之用，就其本体言，可说“虚灵”；就其作用言，可说“知觉”。双江由此引申出两个结论：“立体以达其用”；“体立而用自

① 《传习录》中，第 157 条。

② 《传习录》下，第 322 条；《传习录》上，第 122 条。

③ 《传习录》上，第 8 条。

生。”[1]这就不免将体用关系视作“立”与“生”或“立”与“达”的从属派生关系，进而导致割裂体用，不得不说双江对“虚灵知觉”的理解与阳明已有不同。

但须看到，双江之所以竭力反对“知觉”说，其用意与朱子有相似之处，是为了反对“作用见性”说。根据他的观察，在王门后学当中已然有一种误以良知作用的知觉为良知本体本身的倾向，其流之弊必将猖狂自恣，他指出：

> 今夫以爱敬为良知，则将以知觉为本体，以知觉为本体，则将以不学不虑为工夫。其流之弊：浅陋者，恣情玩意；拘迫者，病已而稿苗；入高虚者，遗弃简旷，以耘为无益而舍之。是三人者，猖狂荒谬，其受病不同，而失之于外，一也。[2]

双江指出上述三种“猖狂荒谬”之病，其症结都在于“以知觉为本体”。

其次，双江的用意还在于反对当时流行的“现成良知”说。在双江看来，所谓“现成”或“见在”，无非是指良知的“已发作用”而不是良知的“寂然本体”。他说：

> 窃疑其以灵昭发见为良知，则今之知觉为良知者，实

---

① 按，据双江称，“体立而用自生”为阳明语，并有多次引用，参见《双江集》卷四《赠王学正之宿迁序》、卷五《复古书院记》、卷八《答欧阳南野》第三书、卷九《答邹西渠》第一书、卷十一《答王龙溪》等。然而查《传习录》并无此语。似是据《传习录》上第45条而作的敷衍，原文为“盖体用一源。有是体，即有是用。有未发之中，即有发而皆中节之和”。阳明强调的是“体用一源”，而并没有将体用视作“立与生”的发用关系。这与双江的理解有所不同。

② 《双江集》卷四《送王惟中归泉州序》，叶5上。

> 本于此。①

其云“以灵昭发见为良知”显然是针对“现成良知”而言，在双江看来，“以知觉为良知”的思想根源正是“现成良知”说。

双江坚持认为“良知者，虚灵之寂体”，“虚灵”是良知的本质特征，如果强调良知“知觉”的一面，认为良知是“现成”的，其结果则会使人只知“享用”而不知“静养”。他又说：

> 今人不知养良知，但知用良知，故以见在为具足，无怪也，半路修行，卒成鬼仙。②

这里的说法已很显然，乃是针对龙溪而发。双江还不无讽刺地对龙溪说道：

> 尊兄（按，指龙溪）高明过人，自来论学只从混沌初生、无所污坏者而言，而以见在为具足，不犯做手为妙悟。以此自娱可也，恐非中人以下所能及也。③

至此可见，在阳明后学当中，双江与龙溪的思想对立是非常突出的。不过，换一种角度看，可以说双江思想也正是通过与龙溪等人的论学争辩而不断得到深化。

总之，反对“知觉”说，是双江“归寂”思想的一个出发点。但是，阳明的良知概念虽然不等同于“知觉”而又不离于“知觉”，如果抽去“知觉”只谈“虚灵”，则未免“沉空”，沦于“虚寂”之弊。问题是，出于反对以“知觉”为“良知”的

---

① 《双江集》卷九《答陈明水》第二书，叶22上。

② 《双江集》卷十《答戴伯常（即幽居答述）》，叶52上。

③ 《双江集》卷十一《答王龙溪（即致知议辨）》，叶3上。此外，他在给罗念庵的信中，则痛斥“龙溪之学”“误尽天下学者”（《双江集》卷九《寄罗念庵》第十五书，叶14上）。

“现成”说的立场，何以导致“归寂主静”的结论？这就与双江对良知本体的理解有关。

二　良知本寂

已如上述，双江对良知的基本定义是：“良知者，虚灵之寂体。”不妨归结为“良知本寂”说，而双江“归寂”说的理论依据正是“良知本寂”说。在双江的思想体系中，“寂”可谓是最为重要的核心概念，略举其说如下：

> 寂者天之德，未发之中，先天之学也。
>
> 盖寂者，性命之源，神应之枢，原无一物，而无物不备；一无所知，而无所不知。譬之鉴空衡平，而妍媸轻重，若其中之所素具者，可类而推也。
>
> 寂是未发之中，君子时中，言无时而不寂也。无时不寂，则万象森然，而天下之能事毕矣。尚何感有不通，而遗弃事物之疑哉？①

可见，双江强调了“虚寂”是事物存在的根本形式（非指根本原因）。在他看来，“寂”字实是阳明师说“第一义”。他甚至断言“尧舜相传以来，惟有此义”，其曰：

> 承不鄙谬有取于“寂体”之说，谓是为师门第一义。窃谓“虚寂”乃《大易》提出感应之体以示人，使学者知所从事。盖尧舜相传以来，只有此义。即此义而精之，则天下之用备于我矣。尚何以思虑为哉？②

---

① 《双江集》卷十一《答王龙溪》，叶 52 下；《双江集》卷八《答唐荆川》第一书，叶 54 下；《双江集》卷九《答邹西渠》第一书，叶 29 下。

② 《双江集》卷八《寄王龙溪》第二书，叶 47 上下。

从中不难发现，“寂体”一词实是双江思想的一个重要概念，在《双江集》中频繁出现。

顾名思义，所谓“寂体”是指“寂然本体”。双江认为，“寂”是有儒家经典依据的，即《易传》“寂然不动”，而“良知本寂”说则可追溯至阳明。他引阳明之言，曰：“良知是未发之中，寂然大公之本体。”① 在上一节，我们已经看到阳明用“虚灵明觉”来界说良知，而“虚灵”与“虚寂”在概念层次上又有相通之处。因此，双江以“寂体”来界说良知本体，不能说是完全违背了阳明学的旨意，如阳明亦曾明确表示：“良知之虚，便是天之太虚；良知之无，便是太虚之无形。”② 但是，这种本体论的说法，并不意味着阳明主张在工夫论上应当立定“寂体”——用双江的话来说，即“归寂”，然后等其发用“自生”。恰恰相反，正如我们在《序章》中所看到的，阳明竭力主张的是“即用求体”或“因用求体”，因为“心无体，以天下万物感应之是非为体”③，所以本体上无法用功，必就良知的发用流行处才可着力。正是在这一关节点上，双江与阳明显示出根本的差异。

值得注意的是，双江在工夫论方面虽与龙溪可谓处处对立，然而在“良知本寂”这一问题上，两者却达成基本一致。④ 实际上，就“良知本虚”这一本体论立场而言，龙溪对

---

① 《双江集》卷八《寄王龙溪》第二书，叶 47 上下。阳明语见《传习录》中，第 155 条。

② 《传习录》下，第 269 条。

③ 同上书，第 277 条。

④ 其因之一，在于双江与龙溪对阳明“四句教”（尤其是“无善无恶”说）抱有共识。关于这一问题，可以参见第四节“善恶属气”。

双江来说，并非论敌而是“盟友”。龙溪曾说：

> 虚者，道之源也。目惟虚，故能受天下之色；耳惟虚，故能受天下之声；心惟虚，故能受天下之善。
>
> 虚寂者，心之本体。良知知是知非，原只无是无非。无即虚寂之谓也。①

类似说法，于《龙溪集》中随处可见，不胜枚举。可以说，对“寂”字之理解，双江与龙溪并无根本意见之分歧。但是，龙溪于上文接着又说：

> 即明而虚存焉，虚则明也；即感而寂存焉，寂而感也。即知是知非，而虚寂行乎其间；即体即用，无知而无不知，合内外之道也。若曰：“本于虚寂，而后有知是知非之流行。”终成二见，二则息矣。

显然，“若曰”以下，是针对“归寂”说而发。可见，由“良知本寂”这一观点引申出来的结论，龙溪与双江则全然不同。龙溪的结论是：“即感而寂存”“即寂而感行”。由此出发，龙溪断然反对“归寂”工夫：

> 盖圣学以寂为宗，若修道之功，不专于归寂。②

在龙溪看来，从良知本体论的角度出发，“寂”或“无”固然是良知的存在形式，然而与此同时，良知本体又具有“即感而寂存”这一本质特征，此即说寂与感如同体与用一样，是

---

① 《龙溪集》卷末《大象义述》，第1715页；《龙溪会语》卷三《别见台曾子漫语》，叶19下。

② 引自《双江集》卷十一《答王龙溪》，叶44下。按，顺便指出，在阳明后学中，欧阳南野对“良知本虚”说亦持赞同态度，尽管在工夫论问题上与龙溪一样，极力反对双江的“归寂”说。参见本书第五章“欧阳南野论”。

不可割裂的整体。故就“修道之功”而言，龙溪坚持认为重要的是“即感”而非“即寂”，如果主张“归寂”，则是“二见”，意谓割裂了寂感。

总之，龙溪与双江对“良知本寂”的理解，没有根本的意见分歧。龙溪尽管反对“归寂”，但他并不认为“寂体”概念本身有误，从良知本无知这一阳明良知学的重要规定看，良知即是“寂体”，这个观点也应当是符合阳明良知学之义理的。龙溪甚至将“寂”字提到“宗”的高度，断定儒家圣学是“以寂为宗”的。显然，在这一点上，龙溪与双江是完全一致的。只是体用不可分、寂感不两立，故一旦涉及工夫论问题，龙溪由“寂感一体”出发，主张即用求体、即感求寂，而不能倒过来，然而双江却未免将寂感分开，先设定寂与感有一种先后关系，坚持认为先有寂后有感，感由寂生，寂为独存。因此表面看来，龙溪与双江的思想分歧在工夫问题上而不在本体问题上，然而究极而言，本体工夫又何尝可以分而立之、析而论之？所以，龙溪与双江在良知学的本体工夫问题上，最终还是两股道上跑的车，无法形成共识。

三　未发有时

“寂感”问题又涉及“时”这一概念问题，双江与龙溪对此的理解也有很大差异。龙溪的基本看法是：“寂体”或“未发”不能以“时”言，若以“时”分而言之，则是“寂”一时，“感”一时，寂与感便互相“不通”，若此，则“寂体”亦不成其为“寂体”矣。因此，寂感无时、无时不寂而又无时不感。要而言之，可以归结为“寂感一体”四字。在《龙溪会语》中，围绕这一问题有一段较为集中的记录。阮鹗（号卭峰，1509—1567）[①]问龙溪："诸君尝言'寂感一体'，其义何如？"龙溪答曰："寂是心之本体，非以时言。……"强调了"非以时言"四字。意思是说，寂感之关系没有时间上先后之别。换言之，所谓"寂感一体"，其立论之根据就在于"非以时言"。阮鹗接着又问："然则双江归寂之说，何如？"对此，龙溪的回答非常明确：

> 寂本无归，即感是寂，是为真寂。若有所归，寂感有时，终成二见。

指出双江"归寂"说在理论上的错误就在于认"寂感有时"。对龙溪此说，王慎中（遵岩，1509—1559）以及阮鹗等纷纷表示异议，最后，龙溪援用周濂溪的"几"这一概念，对上述回答作了一个总结性的论述：

> 千古圣贤只在几上用功。周子云："寂然者诚也，感通者神也。动而未形，有无之间者，几也。"动者，感也。未形则寂而已。有无之间，是人心真体用。当下具足，更无先后。几前求寂，便是沉空；几后求感，便是逐物。圣人则知几，贤人则庶几，学者则审几。是谓无寂无感，是谓常寂常感，是谓寂感一体。[②]

在上述问答当中，引人注目的是，"时"与"几"这两个概念的提出。龙溪反对"寂感有时""几前求寂"以及"几后

---

① 据李春芳（号石麓，1510—1584）《阮鹗墓志铭》（《国朝献征录》卷六十三），阮鹗早年尝游南野门下，刻双江《困辨录》。按，京都大学文学部藏和抄本《聂双江困辨录》卷首收有阮鹗《困辨录序》，末署："壬子（1552）春三月丙申桐城后学阮鹗谨述。"

② 以上见《龙溪会语》卷二《三山丽泽录》，叶18下—19上。按，《龙溪集》不见此条。

求感”等观点，并以此为前提，指出“当下具足，更无先后”。这一观点非常重要。从本体论的角度看，良知本体含有“寂感”两个层面，但“寂感”不可以“时”分言，换言之，在时间上两者“更无先后”。感则俱感，寂则俱寂；无时不感，无时不寂。此即所谓“无寂无感，常寂常感”。总之结论是“寂感一体”。

由此，若就工夫而言，对良知本体的把握就不能“寂前求感”或“感后求寂”，而须作整体之把握。关于这一点，阳明也有精辟论述，他从心体的角度出发，阐述了未发与已发、寂与感、动与静的关系问题，其中强调了“动静者所遇之时”以及“良知无分于寂然感通”“心之本体，固无分于动静”等观点[①]，用龙溪的话来说，就是“非以时言”。其中阳明又有“无前后内外，而浑然一体”的观点，用龙溪的话来说，就是“寂感一体”。总之，动静者时也，心之本体无分于动静，若以动静、寂感、未发已发来分言本体或工夫，均为有失。这是阳明学的一个重要观点。不难看出，“寂感一体”“非以时言”承袭的正是阳明之说。只是龙溪更强调“时”这一概念，如龙溪在论“未发之旨”时，指出：

> 此是千圣秘密藏，不以时言。在虞廷谓之道心之微，不与已发相对。[②]

必须指出，这里反复出现的“时”这一概念，与其说是指物理学意义上的“时间”概念（一种不可逆的直线连接的物理时间），还不如说是中国哲学所强调的“几”概念，如周濂溪

① 《传习录》中，第157条。
② 《龙溪会语》卷五《南游会纪》，叶38上。

所讲的“几”就是《周易》的“时”概念。①

然而在双江看来，龙溪所谓的“只在几上用功”“当下具足”等说，只不过是“俱以见成作工夫看”，他批评道：

> 今不谓诚神为学问真工夫，而以有无之间为人心真体用，不几于舍筏求岸，能免望洋之叹乎？②

另一方面，在“时”的问题上，双江的看法也没有超出“常识”，其云：“盖动静者，时也。”③“当知此《易》者，时而已。”④又说：“未发之中，太极也。未发无动静。”讲的是“理”无动静或“心”无动静这层道理。这与阳明早年所说是一致的：“动静所遇之时也。”“心不可以动静为体用，动静时也。”⑤

但是紧接上文，双江又话锋一转：

> 而主乎动静者未发也。非此则心之生道或几乎息，而何动静之有哉？⑥

一方面以为未发之体本无动静可言，另一方面又强调动静须由“未发”加以主宰。由此出发，双江反对“未发有时”之说，并曾针对力主此说的黄洛村反驳道：“岂无未发之时！”⑦可见，双江毕竟还是认为未发与已发在时间上具有先后关系。不得不承认，这与阳明所坚持的不分动静、不分未发已发的良知本体

---

① 如：《豫》彖辞：“豫之时义大矣哉”；《颐》彖辞：“颐之时大矣哉”；《革》彖辞：“革之时大矣哉”，等等。

② 《双江集》卷十一《答王龙溪》，叶5下。

③ 《双江集》卷十四《困辨录·辨中》，叶6下。

④ 《双江集》卷十一《答王龙溪》，叶42下。

⑤ 《传习录》上，第41条；卷上，第108条。

⑥ 《双江集》卷十四《困辨录·辨神》，叶65上下。

⑦ 《双江集》卷十一《答黄洛村》，叶14下—15上。

论已有偏离。

据邹东廓所述，双江提出“归寂”之后，遭到了同门的“环起而议之”[1]，其中主要的一点就是针对双江以“时”分言“寂感”“体用”，从而提出了“寂感无二时，体用无二界”的观点。[2]对此，双江反驳道：

> 前书坤复之说，遣词未莹，致有“寂感二时”之疑。夫无时不寂，无时不感者，心之体也。感惟其时，而主之以寂者，学问之功也。故谓“寂感有二时”者，非也。谓工夫无分于寂感，而不知归寂以主夫感者，又岂得为是哉？盖天下之感，皆生于寂，不寂则无以为感。
>
> ……又谓“寂感无二界，动静无二时”，此说之惑人久矣。夫寂感动静，犁然为两端，世固有感而不本于寂，动而不原于静，皆妄也。惟感生于寂，动原于静者，始可以言道心。[3]

总之，围绕“归寂”说所展开的思想争论，达到了一定的理论深度。如果按照宋代理学以来的“动静无端”“动中有静”“静中有动”，以及阳明的“前后内外，浑然一体”等观点来看，双江主张“寂感动静，犁然两段”“感生于寂，寂主乎感”，的确显得有些“违背常识”。自从阳明反对程朱的“支离”之学，倡言良知学说以来，合内外、贯动静、彻体用等观点，在某种程度上可以说已是王门当中的“流行语”。因此，

---

① 然而双江对同门之“环攻”并未表示屈服，参见《双江集》卷九《答黄洛村》第二书。

② 《东廓集》卷六《再答双江》，叶16上下。

③ 《双江集》卷八《答东廓邹司成》第一书，叶39上下；《双江集》卷九《答胡青厓》，叶16上。

双江有时也宣称：

> 仆之所以谓致虚守寂，以求未发之中者，正欲贯显微、动静、内外而一之。①

但是实际上，双江对于那些诸如“内外合一、动静一贯”等言论，深表痛恶。尤其是对于龙溪的这种思想倾向更有严厉指责，从其语气看，两人的分歧已经到了水火不容的地步了：

> 无内外、无寂感、无先后，此数语最会笼罩道理，担阁后生，当有执其咎者。
>
> 其曰（按，指龙溪）：“即寂而感在焉，即感而寂行焉。”以此论见成似也，若为学者立法，恐当更下一转语。《易》言内外，《中庸》亦言内外，今曰（按，指龙溪）“无内外”。《易》言先后，《大学》亦言先后，今曰（按，指龙溪）“无先后”。是皆以统体言工夫。如以百尺一贯论种树，而不原枝叶之硕茂，由于根本之盛大。根本之盛大由于培灌之积累。此鄙人内外先后之说也。……今曰（按，指龙溪）：“良知之前无未发，良知之外无已发。”似是混沌未判之前语。设曰：“良知之前无性，良知之外无情。”即谓良知之前与外无心，语虽玄而意则舛矣。②

在前段，双江指责龙溪要为“担搁后生”承当罪责；在后段，双江则一路追击，援引龙溪四句话，然后各个击破，最后指斥龙溪说话“虽玄”而其大旨则已“舛矣”。显然，两人的纠结在于这样一点：龙溪坚持寂感一体，双江坚持寂感两分。

向来以为阳明学的一个主要特征在于“浑一性”“整体

---

① 《双江集》卷八《答东廓邹司成》第三书，叶 43 下。

② 《双江集》卷十一《答王龙溪》，叶 29 下—30 上，叶 2 下—3 上。

性”，与朱子学重思辨分析的思想特征正成对照。表面看来，双江对阳明所强调的“体用一原”“浑然一体”之说并无非议，然而对于由此而得出的“已发未发”本无先后的结论，双江则指责为“混沌未判之前语”，而必以“未发”为本为先，“已发”为末为后，不得不说这种观点已与阳明学的旨趣有异。双江力主分言“寂感”，而反对“以统体言工夫”；力主“归寂以主感”，而反对以寂感合一“论见成”，可以说这是双江思想的主要特征之一。

四　善恶属气

在第二节中，我们已经提到双江对“四句教”并未持反对态度，这与双江在本体论上坚持“良知本寂”这一观点有关。众所周知，“四句教”在阳明学的发展过程当中是一个重要的且颇有争议的思想观点。在此有必要来谈一下双江对阳明“四句教”的看法。

查《双江集》，述及“四句教”者，共有两处。其一是引用龙溪之说，记“四句教”的第一句为“至善无恶心之体”（按，与龙溪《天泉证道纪》所记有异，但接下来将要引用的双江一段话，便记作“无善无恶”）。然而双江在回答龙溪之问时，却完全没有涉及“四句教”或“四无说”的内容，故引述从略。①

此外在另一处，双江又引述了“四句教”，并对此作了简

① 《双江集》卷十一《答王龙溪》，叶51上下。按，这一点令人费解，可能的解释是，似乎在双江看来，“四句教”并不值得作为一个问题提出来进行讨论。又，该书是针对龙溪《致知议辨》（《龙溪集》卷六）而作的答辩，但双江所引用的龙溪语，未见诸龙溪该文。

单的评价:

> 阳明先生云:“无善无恶者心之体,有善有恶者意之发,知善知恶者知之良,为善去恶者物之格。”盖恐学者堕于解悟闻见之末,故就地设法,令人合下有用力处。……①

这里所录“四句教”之首句,与《天泉证道纪》等相同。②关于“四句教”,双江在这里只是说了“就地设法”一句,并没有表示出像龙溪那样的“热心”。③但是反过来也可以说,“四句教”并没有成为双江与龙溪之间的争论话题。

事实上,不但没有成为争论的话题,如果我们看到双江以下的一段话,也许会惊讶双江之见与龙溪的“四无说”何其相似!其曰:

> 夫善与不善,皆由于动而后有,则知未动之前,即来谕“浑浑噩噩”之体也。尚何善恶之可言哉?故心也、意也、知也、物也,自其本体而言之,皆无善无恶也。感于物而动也,而后有善恶形焉。告子性无善无不善之说,生之谓性之说也,已见本体一斑……孟子性善之论,已是指性之欲而言也。④

---

① 《双江集》卷十《答戴伯常(即幽居答述)》,叶4上下。按,该书颇长,非一时之作,乃是双江入狱期间(1547年冬至1549年春)所作。又,上引《答王龙溪》一书作于1558年,详考从略。

② 按,关于“四句教”之内容,刘念台及黄宗羲颇持怀疑态度,疑是出自龙溪杜撰,然而对于双江所录,刘、黄却未言及。今据双江所录,刘、黄之疑可以释然。此不赘述。

③ 按,在《答戴伯常》书中,共有两处记录了戴伯常向双江披述己见,涉及“无善无恶”说,对此双江均表示了首肯,而未表示任何异议,见《双江集》卷十《答戴伯常(即幽居答述)》。

④ 《双江集》卷十一《答董明建》,叶56上下。

双江指出，若就本体而言，不仅是心之本体，即便是“意、知、物”也都是“无善无恶”的。据于此，双江对告子的“无善无不善”说也作了一定的肯定，并且指出孟子“性善”说是就“性之欲而言”，言外之意是说，孟子说“性善”不是就性之本体而言。① 双江之所以有这种观点，毋庸赘言，这是与双江的“良知本寂”这一本体论思想有关。双江认为，良知乃是寂然之体，性属“人生而静”以上，而善恶则是属于已发，是“动而后有”者。② 从下面的钱绪山的记录当中，也可以看到双江的这一观点：

> 先师曰：“无善无恶心之体。”双江即谓：“良知本无善恶，未发寂然之体也。养此，则物自格矣。今随其感物之际，而后加格物之功，是迷其体以索用，浊其源以澄流，工夫已落第二义。”……③

可见，双江之说实是源自阳明的“无善无恶”论。另据欧阳南野载，双江以为“知是知非者心之用也”，而“心体”则是“未发之中”，故“不可以知是知非言者也”。④ 既然“知是知非”不可以言“心之体”，那么完全可以得出与龙溪同样的结论：“知是知非而实无是无非。”事实上，双江也有类似的说法：

> 良知是人生一个真种子，本无是非可否相对而言，是

① 这与朱子之说相似，参见本书第一章。又，龙溪曾有“告子不可谓非力量”之说，参见《荆川集》卷六《答王龙溪郎中》，《四部丛刊》初编本，第113页。荆川评曰：“此吾兄有见之言也。”（同上）

② 《双江集》卷四《送李子归宁都序》。

③ 《明儒学案》卷十一《绪山论学书·复周罗山》，第236页。

④ 《南野集》卷四《寄聂双江》第一书，叶11上。

非可否相对，不但毫厘之差。①

不仅如此，双江甚至还提出了“善恶属气”这一观点：

知止者，知至善而止之。知至善而止之，正是无动无静境界，岂待虑而后察善恶乎？虑而后察善恶，则前此已是无善无恶矣，何故虑时又有善恶出来待察耶？只从一路做去，久当冰解冻释。善恶属气，止无善恶。②

这“善恶属气”之说，可谓是破天荒之论。不但如此，若以“是非可否”这一相对概念来界定良知本体，那么良知便成了“气”这一层次上的“知”。③至于《大学》所说的“止至善”，双江以为“至善”者正是“无善无恶”之意，指出：

纵令良知念念精明，亦只于发处理会得一个善恶，而去取之，其于未发之中，纯粹至善之体，更无归复之期。④

从中可以得出两个结论：其一，双江以为，于已发处下“为善去恶”工夫，将终无“归复之期”，这是“归寂”说的一个立足点；其二，双江强调，未发之中即是纯粹至善，“归寂”工夫的最终达到点即在于“求中”。就第二点而言，“善恶属气”说与“纯粹至善”说显然难于圆说。但是双江思想的最终归趋又在于第二点，而双江与同门争论不休的主要是第一点。⑤

---

① 引自《东廓集》卷六《再答双江》。

② 《双江集》卷十《答戴伯常（即幽居答述）》，叶11下—12上。

③ 如：“是非可否相对，此知之属气者。”（《东廓集》卷六《再答双江》）

④ 《双江集》卷八《答欧阳南野》第三书，叶19下。

⑤ 如双江有云：“若以虚灵本体而言之，纯粹至善，原无恶对。若于念虑事为之著，而所谓善恶者，而致吾之知，纵使知之为去之力，不知与义袭何异？”（《双江集》卷八《答东廓邹司成》第三书，叶42下）其实龙溪亦有“纯粹至善，原无恶对”之说，参见本书第一章。

历来以为，龙溪说无谈虚，其思想未免带有禅学色彩，故备受后人责难。其因正在于龙溪的“四无说”。然而由上述可见，双江说虚谈寂，比之龙溪有过之而无不及，且同样主张“无善无恶”。不过须指出，虽然在本体问题上，双江与龙溪确有不少共同话语，均以为“寂是心之本体”，但是由此引发出来的工夫主张却完全不同。双江以为，由于本体至寂至虚，故首要之务在于“养”此寂体，若于感物之后去加格物之功，则“已落第二义”，且终无“归复之期”。龙溪则以为，因其本体至寂至虚，故于本体上并无工夫可做，而必须于感应、已发上用功，此即所谓的“即用求体”（参见“序章”）。由此我们可以得出一个初步结论：双江思想偏“静”；龙溪思想偏“动”。双江对龙溪的“见在具足”（即“见成良知”）说深怀不满，实质上主要就是针对龙溪思想中所存在的这一偏“动”之倾向，在双江看来，工夫落在已发后，必导致随波逐流，只有立足寂体、豫养未发、守静待发，才是为学之根本。

五　主静思想

双江注意到在工夫问题上，动静是一个不可绕开的问题，他明确指出：“学惟主静，而自能该乎动也。”[①] 把“主静”看作是为学的唯一工夫，而且静能涵盖动。显然，这也是其“归寂”思想的一项重要内容。

众所周知，在程朱学的思想体系当中，撇开其理气论不说，就其为学方法而言，无非提出了二点，一是“居敬”；一是“穷理”。合而言之，就是“居敬穷理”。“穷理”且不论，

① 《双江集》卷九《答成井居》，叶 17 上。

关于“敬”字工夫，程子有一个定义：“主一无适”，可谓言简意赅。然而若具体而言，如何才能做到“主一无适”，这却是一个值得追问的问题。质言之，居敬的目的之一是要消除“思虑纷杂”，这与客观外界及与他人无关，纯然属于个人的精神领域或意识领域的问题。用宋明儒学的术语来说，是与“心”有莫大关联的问题。然而，正因为是个人的“心”的问题，故没有一定的模式，也没有客观的测定方法可以证实是否达到了“主一无适”，而唯有赖于实践者自己的判断。程伊川曾说：

> 学者患心虑纷乱，不能宁静，此则天下公病。学者只要立个心，此上头尽有商量。①

这是说“心虑纷乱”乃“天下公病”，对此症下的药方则是“立个心”，但他叫人于“心”上去“商量”，如何才能做到呢？因此，伊川又提出了一个“居敬”方法，以为是良药妙方。其实，所谓居敬工夫，无非就是“收敛身心”，以使“心不放逸耳”②，说得通俗一点，颇似今人所说的“精神集中”。但是，作为一种方法，必须要有具体可行的手段，比如“穷理”可以通过读书，说到“居敬”工夫，又有哪些具体手段？其答案之一竟然是“静坐”。这就涉及“敬”与“静”如何甄别而又如何着手等一系列具体的方法问题。

关于“静坐”问题，显然不是先秦儒家的传统，可以肯定的是，首次提出“主静”说的乃是宋初理学祖师周濂溪，即

---

① 《程氏遗书》卷十五，《二程集》，第147页。

② 《朱子语类》卷十二，第211页。按，三浦国雄指出儒家“居敬”乃是一种“收心之法”，并将“居敬”与佛教“止观”、道教“坐忘”作了比较考察，提出了富有启发性的观点。参见三浦国雄：《三教の身心技法》，载《朱子と气と身体》，平凡社，1997年。

《太极图说》所出现的“主静立人极”这一命题。自此以往，主静一说开始在宋明儒学中流行。举例来说，例如濂溪弟子明道便有“静后，见万物自然皆有春意”之说[①]，而在伊川门下则有“程门立雪”的故事[②]，更是脍炙人口。而力主“居敬”工夫的程伊川，也有“伊川每见人静坐，便叹其善学”[③]的历史记录，可见二程其实都不讳言静坐。对此，双江也曾一再提及。[④]

至于“程门立雪”中出现的程门高弟杨时（号龟山，1053—1135）更是明确主张：

> 学者当于喜怒哀乐未发之际，以心体之，则中之义自见。[⑤]

龟山的这个观点，史称“龟山门下相传指诀”[⑥]，又称“道南指诀”。

对于龟山相传指诀，双江甚至有天底下难得一知己的感叹，给予了极高的评价：

> 龟山为程门高弟，而其所传不过令人于静中以体夫喜怒哀乐未发之中。此是顶门上针，往圣之绝学也。[⑦]

既非二程也非朱子等大儒，而是将龟山南传指诀称为“顶门上针”“往圣绝学”，不得不令人称奇。但我们相信这是聂双江的

① 《程氏遗书》卷六，《二程集》，第 84 页。按，双江亦有引用，见《困辨录·辨易》。

② 《程氏外书》卷十二，《二程集》，第 429 页。

③ 同上书，第 432 页。

④ 《双江集》卷九《答贺龙冈》，叶 20 下。

⑤ 《宋元学案》卷二十五《龟山学案·龟山文集》，中华书局，1986 年，第 952 页。

⑥ 《朱子文集》卷四十《答何叔京》第二书，第 2648 页。

⑦ 《双江集》卷八《答唐荆川》第一书，叶 54 下—55 上。

自信之辞、由衷之言。

至于“道南指诀”的发展脉络则是：由龟山经罗从彦（号豫章，1072—1135）及至李侗（号延平，1093—1163）——即朱子之师。据传，延平问学豫章之时，两人日以静坐为工夫，以寻“未发气象”为旨趣：

> 终日相对静坐，只说文字，未尝一及杂语。先生极好静坐，愿中（按，李侗字）退居室中，亦只静坐。先生令静中看喜怒哀乐未发之谓中，未发时作何气象，不惟于进学有力，亦是养心之要。①

及至李延平，他提出了“于静中体认未发时气象”的著名主张，转化出“默坐澄心，体认天理”说②，既用澄心来替代静坐（即“默坐”），又用穷理来规范静坐，以图将静坐纳入理学轨道，对早年朱子产生了莫大影响。要之，以静坐体认天理这一为学方法成为程门至朱子的重要中间环节。

朱子对其师门的“默坐澄心”说有一个解释，他认为“默坐澄心”是方法，而其目的则在于“体认天理”，拿一个“理”字来凑上“主静”，意在打合“居敬”与“穷理”③，以便与佛道两家的静坐说区别开来。但是，不管静坐的目的如何，须是静坐久之，才能“体认”到“天下之理，无不由是（按，指“喜怒哀

---

① 《罗豫章集》卷十四附录上《事实》，第329—330页。按，相传罗豫章尝于罗浮山“静坐三年”（《罗豫章集》卷十六附录下，冯梦得：《豫章先生遗稿序》，京都中文出版社刊和刻近世汉籍丛刊本，第367页）。

② 《延平答问》，第114页。按，另参第93、114页。双江以为这是罗豫章之说，参见《双江集》卷十四《困辨录·辨诚》，叶84上。

③ 如朱子曰：“主敬、穷理虽二端，其实一本。”（《朱子语类》卷九，第150页）

乐未发之前”）而出”[①]，归根结底，“默坐澄心”是前提（手段），“体认天理”是结果（目的）。朱子当然反对为“静坐”而“静坐”，也就是说反对以手段为目的，这是朱子眼力的独到之处。

然而问题是，讲到“静”字，仍然未能避免遭到这样的批评：遗却人伦、脱略事为。对于此类批评，程朱显然都是非常敏感的。程朱之所以强调“敬”字以取代“静”字，其目的就在于回避这种批评。曾有弟子问伊川：“敬莫是静否?”对此，伊川正色道：

> 才说静，便入于释氏之说也。不用静字，只用敬字。才说着静字，便是忘也。[②]

从中可以看出，“敬”与“静”在程门中是一个敏感问题。但是，所谓“不用静字，只用敬字”，反过来看，恰恰说明“敬”与“静”难脱瓜葛，尽管程子在工夫上力主居敬，但在行为上却常有静坐举动。对此，朱子亦曾坦陈：

> 明道教人静坐，李先生（按，指延平）亦教人静坐。看来须是静坐，始能收敛。[③]

当然，这段记述出自朱子早年。及至中年以后，朱子逐渐对其师延平只说“静”不说“敬”，感到不满。[④]最终经过“中

① 参见《朱子文集》卷九十六《延平先生李公行状》。

② 《程氏遗书》卷十八，《二程集》，第189页。

③ 《延平答问后录》，京都中文出版社刊和刻近世汉籍丛刊本，第9—10页。按，这段记述又见《朱子语类》卷十二。

④ 参见周木编：《延平答问补录》（《延平答问》，第123页）。按，朱子曾问“敬”于延平，延平答“不必牵合贯穿为一说”，而教以“洒落自得”（《延平答问》，第61—62页）。由此开启了宋明理学史上围绕“居敬”（或“敬畏”）与“洒落”这对问题展开争辩的先声，及至阳明后学，在龙溪与彭山之间展开的“警惕”与“自然”之争，在某种意义上，便是“敬畏”与“洒落”这对问题的延伸。

和新悟”，从而向程子的“主敬”说回归。自此，“涵养须用敬”与“进学则在致知”成为程朱理学工夫论的标志。

现在我们的话题再回到双江。在他看来，“主静”与“主敬”虽有不同，然都不妨作为工夫加以采纳。对于那些排斥“主静为禅”“主敬为迂”的论调[①]，双江进行了反驳：

> 或问：“周子言静，而程子多言敬。有以异乎？”曰：“均之为寡欲也。周曰：‘无欲故静。’程曰：‘主一之谓敬。’‘一者无欲也。’然由敬而入者，有所持循。久则内外齐庄，自无不静。若入头便主静，惟上根者能之。盖天资明健，合下便见本体，亦甚省力。而其弊也，或至于厌弃事物，赚入别样蹊径。是在学者顾其天资力量，而慎择所由也。近时有名为讲学，而猖狂自恣，往往以主静为禅学，主敬为迂学。而跳梁呼号，坐作语默，一随其意之所便，无所顾忌，而名为自得，哀哉！”[②]

可见，双江对程朱理学的居敬工夫并不感冒，而且他从自身的立场出发，对“敬”的重要性进行了肯定，承认“敬是圣学始终之要”[③]，颇似朱子口吻。

---

① 按，在《大学》经典的诠释系统中，添入“主敬”一说，并不为陆王不取。象山便针对朱子的《大学》工夫论的一套解释，指出“‘持敬’字乃后来杜撰”(《陆九渊集》卷一《与曾宅之》，第3页)。同样，阳明也以“敬”为赘字，其云：“合之以敬而益缀，补之以传而益离。”(《王阳明全集》卷七《大学古本序·戊寅》，第243页）这显然也是针对朱子更定的“大学新本”而发。另参《传习录》上，第129条。清儒颜元更是直指宋儒“主敬”之实质就是“静坐”：“宋儒讲主敬，皆主静也。主一无适，乃静之训，非敬之训也。”(《颜氏学记》卷五，台湾广文书局刊本，第277页）

② 《双江集》卷十四《困辨录·辨中》，叶9下。

③ 《双江集》卷十四《困辨录·辨过》，叶53下。

不过，与朱子不同的是，对于被理学家的居敬工夫隐秘起来的主静工夫，双江却并不讳言，不仅如此，而且他将主静视作“上根人”之工夫来加以肯定，且看下文：

至静之时，虽无所知所觉之事，而能知能觉者自在。是即纯坤不为，无阳之象。星家有五行绝处便是胎元，亦此意。若论复卦，则宜以有所知觉者当之，盖以涉于事矣。邵子之诗曰：“冬至子之半，天心无改移。一阳初动处，万物未生时。”夫天心无改移，未发者未尝发也。一阳初动，乃平旦之好恶，太羹玄酒，淡而和也。未发气象，犹可想见。“静中养出端倪”，“冷灰中迸出火焰”，非坤之静翕归藏，役而养之，则不食之果，可复种而生哉。知复之由于坤，则知善端之萌，未有不由于静养也。程子曰：“静后见万物皆有春意。”阳明先生之诗曰：“静后始知群动妄。”①

此处所述，或有令人莫知所云之感。尤其是邵雍的“冬至子之半”“一阳初动处”一诗，素称难解。② 要之，在“一阳初生”之前，整个宇宙处在动而未动、发而未发的“至静之时”的状态，双江以为“至静”乃是宇宙万物的原初状态。及至“复”卦“一阳初生”，宇宙由“至静”导向万物复苏。如果将宇宙的这种生成过程，复制到人类现实的道德领域，则可说一切“善端之萌”也无不“由于静养”，即由人生的已发状态回归到宇宙原点的未发状态，经过一番“静翕归藏，役而养之”

① 《双江集》卷十四《困辨录・辨易》，叶18上下。

② 三浦国雄《伊川击壤集の世界》（载京都《东方学报》第47册）一文对此有精辟的解读。

的工夫，待到一旦发动，便自能生出“善端”。这就是上述双江这段话的根本旨趣之所在，也是其归寂思想的一个提纲挈领的说明。归结而言，双江把“静”字看成是贯穿于整个宇宙以及人伦社会的普遍原理（其实上述引文还涉及养生家理论，这里暂不深究）。

由上可见，双江强调周、程、李、朱的思想传承当中，存在着“主静”思想之传统，这是不可否认的事实。他对于“道南一派”（龟山—豫章—延平）表现出极大的关心，对于朱子早年从学延平及至后来提出“中和定论”这段思想演变过程，双江更有特别的关注。其在《困辨录·辨中》一文中，引用了三段所谓朱子的“悟后定论”①，最后，双江总结道：

> 以上三段是朱子语录中悟后定论。看来精一执中之学，周程授受浑只是此家法。不三四传，而此意寖微，天地之心或几乎息，而生民之命，日以蹙矣。尚何以望太平之端哉？②

首先必须指出，双江所断定的朱子“悟后定论”，若是指朱子中年的“中和之悟”亦无不可，若是指朱子的“晚年定论”则无一属实。③从其语气来看，双江断定这些都是朱子

---

① 《双江集》卷十四《困辨录·辨中》，叶 3 上—4 下。

② 同上书，叶 4 下。按，双江言及所谓朱子的“悟后定论”，有可参见《双江集》卷九《答应容庵》第一书、卷八《答欧阳南野》第二书、卷五《重修养正书院记》等。

③ 按，所引三段朱子语分别见《朱子文集》卷九十六《李延平先生行状》（朱子时年 35）、卷四十《答何叔京》第二书（作于 1166 年，朱子时年 37，参见陈来：《朱子书信编年考证》，上海人民出版社，1989 年，第 35 页）、卷六十七《已发未发说》（朱子时年 40），均非朱子晚年之作。

“晚年定论”①，然而，对上述三段文字的出典稍作考证的话，便不难发现都是朱子在40岁以前的文字，称其为“悟后定论”或“平生断案”，实与事实不符。再者，周程以来的传授，是否如双江所说的只是“精一执中之学”，也颇为可疑。双江之所以要特意提出朱子的这些文字，其目的不言自明，无非是为自己的“归寂主静”说寻找思想依据。

总之，我们发现在双江思想的形成过程中，“道南指诀”中的“主静”思想对其有深刻影响。事实上，在当时的王门后学中，已经有人觉察到这一点，即陈明水注意到双江借朱子“中和”之悟，而“以察识端倪为第二义，独取其涵养本原之说”，其实不过是“延平以来相沿之学，虽若精微，恐非孔门宗旨矣”②。后来黄宗羲也指出：“双江、念庵以归寂救之，自是延平一路上人。”③这应当是有根据的论断。

六　格物无工夫

> 致知之功，要在于意欲之不动，非以“周乎物而不过”（按，龙溪语）之为致也。镜悬于此，而物来自照，则所照者广。若执镜随物，以鉴其形，所照几何？延平此喻未为无见。④致知如磨镜，格物如镜之照。谬谓“格物无工夫”者，以此。⑤

---

① 双江又称之为“朱学平生断案”（《双江集》卷九《答应容庵》第一书，叶24下）。

② 《明水集》卷一《简潘罗江贰守》，第41页。

③ 《明儒学案》卷十九《陈明水传》，第458页。

④ 所谓“延平此喻”，未考。阳明也有此喻，且大意相同，见《传习录》上，第21、62条。

⑤ 《双江集》卷十一《答王龙溪（即致知议略）》，叶9下—10上。

这是双江关于“格物无工夫”论的一段说明。归结起来，便是一句话：唯有致知是工夫。换种说法，格物并无工夫可做。这“格物无工夫”之说，不得不令人感到奇异。

然而，罗念庵倒是对双江的“格物致知”论有一颇得要领的评判：

> 遍观《致知议略》（按，即《双江集》卷十一《答王龙溪》），大要长者（按，指双江）详辨工夫只在致知不在物；只在内不在外；只在不学不虑、自知自能，不在致此良知于事事物物；只在由仁义行，不在行仁义。斩斩截截，不少混淆。长者苦心岂好辨哉！要令此学工夫明白，不少粘带，故必如是挑剔耳。……故区区之愚，亦愿长者于致知格物诸解释处，更乞浑融，令与《论语》教人相似，即他人（按，雍正本作“龙溪”）更不得肆其口舌，而其失亦自易见。……①

问题是，双江此说是否与心学的格物致知论相契。众所周知，阳明的“致知格物”论，其要点大致有三：（1）“致知”是“致”吾心之良知；（2）良知即天理，天理是遍在的，故必须在事事物物上去致吾心之良知；（3）通过致吾心之良知，事事物物便可“皆得其理”，此便是“格物”。②此外，阳明训“格”为“正”，“格物”也就是于事事物物“正”其心而已。③“正心”即致良知，故格物与致知实为一事，而两者都离不开“事事物物”。但问题是：既然说“心即理”，为何不在

---

① 光绪本《念庵文录》卷四《与双江公》，叶26下—27下。按，雍正本《念庵集》所收该文有脱误。

② 《传习录》中，第135条。

③ 《传习录》上，第86条。

“心”上而是要在“事事物物”上去求其“理”，这是其一；其二，如果说“皆得其理”便是“格物”，则“格物”不是实践手段（工夫），而是实践之结果（效果）。不得不说，阳明对“格物致知”的解释，与朱子学的那套理路已经格格不入，其因之一也许是阳明心学与朱子学的那种向外穷理的“格物”之学在体质上就有一种拒斥反应之故。

当然，双江对朱子的格物论亦无好感，但双江的“格物致知”说并没有超越阳明学的格物解释。相反，双江将“致知”理解为“致虚守寂”，并将其视作至上的实践论命题，而将阳明心学推向了另一个极端：主静主义。具体而言，可以归纳为两点：其一，将“致知”与“格物”分作两截，认为工夫只在致知不在格物；其二，完全排除了“格物致知”与“事事物物”的关系。现在来看一下双江对“格物致知”的解释：

> 鄙以充满虚灵本体之量为致知，感而遂通天下之故为格物。
>
> 鄙以致虚守寂，充满乎虚灵之体为致知，感而遂通天下之故为格物。
>
> 致知者，充满其虚灵本体之量；格物者，感而遂通天下之故。致以复其心之体；格以达其心之用。均之谓求心也。①

以上便是双江对“格物致知”所下的定义，乍见之下，令人疑惑，纵观古今，也许是绝无仅有。故龙溪就曾表示难解：

> 若曰“格物无工夫”，则《大学》为赘词，师门为剿

---

① 《双江集》卷十一《答王龙溪》，叶26下，叶53下；《双江集》卷十《答戴伯常（即幽居答述）》，叶61下。

说。求之于心，实所未解。①

然在双江看来，所谓“致知”无非就是“致虚守寂”，这是唯一的具有实践意义的“归寂”工夫；所谓“格物”无非就是“归寂”之效应，而非实践之手段。双江的思路是：知是虚灵之本体，物是本体之作用；致知在于求复本体，而本体之复也就是格物。其结论便不说自明：“格物无工夫”。

同时，双江认为所谓致知是在虚灵本体上去致其良知，与外界的事事物物无关。故同门中有人指责双江将“物”字看得太轻，对此，双江也不否认：

> 诚是矣，物字本轻，精义入神本是致知工夫。《易》曰“精义入神，以致用也”。致用字方属格物。

此外另有一个问题是：如果说“致知”是“充满本体之量”，这“充满”一词莫非成了“致”字的代义词？对此质疑，双江亦不回避：

> 敢自诳以为同乎？却看得与“致中”“致曲”“致广大”之“致”字同。充养乎虚灵之寂体，而不以一毫意欲自蔽，是谓“精义入神”，而用在其中也。②

不仅如此，双江自己还意识到并且承认如此解释“致知”与阳明师说有所偏离：

> 今必曰“格物是致知之功”，则“能虑”亦可谓“知止”之功乎？虽先师复起，不敢奉命。③

---

① 《龙溪集》卷六《致知议辨》，第471页。

② 以上见《双江集》卷十一《答陈明水》，叶21上—22上。

③ 《双江集》卷八《寄刘两峰》，叶50上。按，另参见卷九《答张浮峰》第一书。

可见，双江非常固执。他之所以固执己见，最大的理由固然是由于他坚持自己的归寂说，此外，在双江那里还有一个现实的理由。因为在他看来，寂然不动是良知之体，“感应是良知的应迹”，因此如果说“致良知在感应上致之”，那么便会产生这样的问题：

物之感人无穷，而人之好恶无节，电光波影与物轮回，若翻车然，可复有“端拱清穆”时耶？先师不云乎：“世儒舍心逐物，将格物之学错看了。驰求于外，终日只做得个义袭而取。”① 又自与今之所论不同。②

原来，双江所担心的是由“格物”导致“逐物”，犹如“电光波影与物轮回”，最终必将坠入“义袭”之学。不过应当说，双江对“义袭而取”“舍心逐物”等现象的指责，其出发点已与阳明有所不同，而有双江自己的“苦心”，即在他看来，阳明之后的王门诸子不免误认“知识为良知”。对此，王龙溪倒是有“同情”之了解：

公（按，指双江）见吾人为格致之学者，认知识为良知，不能入微致其自然之觉。……故苦心拈出虚寂话头，以救学者之弊。固非欲求异于师门也。

然而，龙溪从原则立场出发，对于双江纠之以“格物无工夫”，最终表示不能苟同，故他接着又说：

然因此遂斩然谓“格物无工夫”，虽以不肖“随在致此良知，周乎物而不过”之说，亦以为全属人为，终日与

---

① 《传习录》上，第 101 条。

② 《双江集》卷十一《答陈明水》，叶 21 上下。

物作对，牵己而从之，恐亦不免于惩羹吹荠之过耳。①

不过，双江还会举出理由来进行反驳。理由之一，是阳明的一句话："良知是未发之中，寂然大公的本体，便自能感而遂通。"②既然良知是"未发""寂然"之本体，那么，就必须于"寂体"上去做致良知工夫。重要的是"便自能感而遂通"一句，尤其是"便自能"三字，乃是双江"格物无工夫"说的主要依据。所谓"便自能"意指"自然而然"，容不得人为做作，引申开来，便可得出无工夫可做的结论。

针对双江所热衷的"便自能"，欧阳南野作了较为明晰的分析，他指出"便自能"三字，其意有二：一是"体用之义"；一是"效验之义"。阳明之意在于前者，而双江之意在于后者。"体用之义"如耳聪之关系，"效验之义"如食饱之关系。所谓耳聪关系，耳是体、聪是用，无"耳"便不存在"聪"，无"聪"便无所谓"耳"，故两者是为"体用一源"，不可分割；食与饱，是为先后关系，先有"食"后有"饱"，前者为因，后者为果，便与"体用一源"之义不同。③应当承认，南野指责双江曲解"便自能"，说得颇中肯綮。因为双江讲"格物无工夫"，正是把"格物"理解为"致知"的"效验"，认为"工夫"与"效验"是"相随"的，犹如"一神而两化"之关

---

① 以上参见《龙溪集》卷六《致知议辨》，第 472 页。按，邹东廓也指出双江的这一主张未免"矫枉过直"(《东廓集》卷六《简复聂双江》，叶 5 上)，与龙溪之见相合。

② 《传习录》中，第 155 条。又见《传习录》上，第 72 条。双江对此极为推赏，曾多次引用，参见《双江集》卷四《赠王学正之宿迁序》、卷五《复古书院序》、卷八《答欧阳南野》第三书、卷八《答松江吴节推》、卷九《答何吉阳》、卷九《答邹西渠》第一书、卷十一《答王龙溪》等。

③ 以上参见《南野集》卷四《寄聂双江》第三书，叶 13 下—14 下。

系。[1] 诚然，工夫若无效验，则工夫不免“落空”。但是如果说，“寂然不动”便能“感而遂通”，致知之功便是格物之效，这就等于是说“知能自致”“物本自格”，更无须“致知”或“格物”，这是欧阳南野对双江“致知格物”说的又一批判。南野认为，本体、工夫、效验，这三者“诚不可混”，然而“本体是功夫样子，效验是功夫证应”，基于此，南野进而指出：

> 故不用功夫，即是不循本体；功夫不合本体，即不是本体功夫。用功不能得效，亦即是不曾用功。故用功以本体作样子，以效验作证应。而不可遂以本体效验作功夫，以本体效验作功夫，是谓知能自致也。[2]

不难看出，此处所云“以本体效验作功夫”，正道出了“格物无工夫”说的症结所在。

然而，如果把“致知”解释为“致良知”，并将“致良知”视作吾儒圣学的第一要义，那么，致知为本，格物次之。进而言之，致知为唯一至上之工夫，而格物则无工夫之可做，即便如此推论，也未可即谓之非也。换言之，从阳明的良知学出发，也并不是不能得出“格物无工夫”这一结论。双江在与同门诸友的往复论辩当中，屡引阳明师说以证己说非为不是。也就是说，“格物无工夫”正与阳明看轻“格物”注重“致知”这一思想倾向有关。尽管阳明并不想在致知与格物之间，作出二者择一式的选择，因为他更看重《大学》工夫论中“诚意”

---

① 《双江集》卷十一《答黄洛村》，叶 18 下。

② 以上参见《南野集》卷五《答聂双江》第一书，叶 28 上下。按，南野的这一批判甚为有力。对此，双江也有反驳，但只是重复了“未发之中为本体”的老调，未见有何说服力（参见《双江集》卷八《答欧阳南野》第三书）。

的重要性，试图通过“诚意”来贯穿致知与格物。[①]但是这种努力仍然未能从根本上解决“知与物”的关系问题。故在当时也有对双江此说颇具同情者，如龙溪好友王遵岩便明确表示他有取于双江“格物无工夫”的立场，他指出：

> 千古圣人之学只一“知”字尽之。《大学》修身以齐家、治国、平天下，只在致知。《中庸》诚身以悦亲、信友、获上、治民，只在明善，明善即致知也。双江云“格物无功夫”，吾有取焉。

因为千古圣学“只一‘知’字尽之”，所以工夫“只在致知”；因为工夫“只在致知”，所以“格物无工夫”，这是一个非常简单明了的推理。遵岩此说，正道出了双江的本意。针对于此，龙溪又有一番辨析：

> 此正毫厘之辩。若谓“格物有功夫”，何以曰“尽于致知”？[②]若谓“格物无功夫”，何以曰“在于格物”？物是天下国家之实事，由良知感应而始有。“致知在格物”，犹云欲致良知在天下国家实事上致之云尔。知外无物，物外无知。如离了悦亲、信友、获上、治民，更无明善用力处。[③]

其实，龙溪所述反映了他自己对阳明学的理解，其云“知外无物，物外无知”，将“知与物”解释成彼此相即的关系，其结果只能是格物被消除于致知之中（详后）。龙溪甚至对阳明的思想特征作了这样的概括：“先师一生教人吃紧处，只有

---

① 《王阳明全集》卷七《大学古本序·戊寅》。

② 按，取自朱子“格物补传”：“惟于理有未穷，故其知有不尽也。”反其意而用之，则可曰“尽于致知”。与下文所引“在于格物”四字成为对句。

③ 以上见《龙溪会语》卷二《三山丽泽录》，叶8上下。

‘在格物’三字。吾人一生学道切要处，亦只有‘在格物’三字。”① 其用“在格物”三字来概括阳明学之宗旨，这在王门当中，恐怕唯有龙溪一人。龙溪之意有取于阳明以“随时就事上”致吾心之良知来解释“格物”的立场。根据龙溪的解读，阳明此说便是将致良知落实“在格物”，换言之，唯有通过“在格物”才能实现致良知。诚然，这个解读未必不是，然而阳明所言“格物”的实质内容已经被致良知所取代，这一点却也是不容怀疑的。

龙溪还提出“良知是虚，格物是实，虚实相生，天则乃见”② 的观点，来批判双江的格物说。③ 所谓“良知是虚”，即“良知本虚”之意，这也是双江思想的一个立足点。然而龙溪着意强调的是“致知是虚”，意谓致知工夫本无下手处，这正与阳明的正心不属工夫，故须“因用求体”之说相合。下句“格物是实”，则是“格物无工夫”的反命题。要而言之，在龙溪看来，“格物”也就是“致良知”，绝不是“别有一段格之之功”。④ 若以为只有致知是工夫而“格物无工夫”，其结果便会导致“绝物”；反之，若是只知“致知在格物”，而不知格物正是致其良知，其结果便会“至于逐物”。⑤ 说来说去，颇费言词。龙溪的主旨无非就是强调“致知格物”不可析之为二。应当承认龙溪此见，与阳明学的那种“浑一性”是一致的。

---

① 《龙溪集》卷十《答吴悟斋》第二书，第 755—756 页。

② 《龙溪会语》卷一《冲元会纪》，叶 5 下。

③ 《龙溪集》卷九《答聂双江》第二书。按，冲元之会在 1549 年秋。据《东廓集》卷七《冲元录》，双江亦参列此会。

④ 《龙溪集》卷六《致知议辨》，第 452—453 页。

⑤ 《龙溪集》卷九《答聂双江》第一书，第 630 页。

然而在双江看来，这种说法未免“玄妙”过人。比如，龙溪曾引阳明“物与身心意知为一”[①]之说来指责“感上无工夫”，对此，双江一方面承认这句话是“先师苦心也”，同时也尖锐地指出：“身心意物混而为一，若不善悟，七圣皆迷。”[②]对龙溪动不动便搬弄“合一”话头，反而发出了告诫。[③]

总之，双江之所以强调“格物无工夫”，原因有二。一是因为在双江看来，“良知本寂”，“物”是良知之感应，故“感上无工夫”，工夫必须静养寂体，以使“本体之量”获得充实（“充满”），由此“便自能感而遂通”，也就达到了“格物”的效果。可见，双江此说实是“归寂”思想的必然结论。从根本上说，这一结论与阳明思想大异其趣，但是得出这一结论的思维路向又与阳明学的理论体系有关。阳明讲致良知，无非指道德实践，离开“事事物物”便不可能“致吾心之良知”。但是严密而言，阳明的“格物”已与朱子学意义上的“格物”全然不同，是指在“人事”上作道德实践。因此，阳明学意义上的“格物”实质上等同于“致知”（致良知）。可以说：“格物”被消解于“致知”之中。阳明学的这套思路与其注重人的道德问题，而对于外界事物的经验现象缺乏知识关心这一思想特征有关。龙溪讲“格物是实”，这个“格物”与“即物穷理”之意也不可同日而语。在他看来，良知既是“知”，同时又是“行”，良知本身就是“知行”本体，致良知便是“知行”工夫，换言之，格物等于致知。如此一来，便有可能将“格物”空洞化，而使“致知”

① 《传习录》下，第201条。

② 《双江集》卷十一《答王龙溪》，叶53上下。

③ 双江甚至指出龙溪之学“全属人为，浑是知识”，还自以为是，毫不反省。参见《双江集》卷九《寄罗念庵》第十一书。

绝对化，“致知”本身既是手段，同时也是目的。双江的“格物无工夫”论，在某种程度上可以说，也就是在阳明学的这条思路的延长线上所得出的一个结论而已。

其二，在双江看来，如果在感应之物上，去做致良知工夫的话，就有可能犯朱子学的那种“舍心逐物”的错误。如果基于“良知现成”这一信念，把良知视作已发，在已发上去求未发之本体，其结果便会导致“任情”“逸心”或“猖狂自恣”。这是双江提出“归寂”主张的“苦心”之所在。此外，还必须承认的是，双江从“良知本寂”这一本体论命题出发，直到“归寂主静”“格物无工夫”等工夫论主张的提出，保持了其思想上的一贯性。

但是，就其“格物无工夫”论而言，其中有一重大的理论缺陷，亦即双江所强调的这样一句话：“充满虚灵本体之量。”之所以这样说，这是因为从这句话当中，可以看出双江把“虚灵本体”视作一个可以不断充满的“实体”，于是良知就变成了一个可以“计量”的存在物，这与阳明的良知本体概念发生了根本性的偏离。双江此说的依据也许是朱子《孟子章句》中注《尽心》篇的一句话：“心者，心之神明。人有是心，莫非全体。然不穷理，则有所蔽，而无以尽乎此心之量。”其中“神明”一词，可以换称“虚灵”；“尽”字意即“充实”或“扩充”；而“心之量”三字也可以换称“本体之量”。① 由此

① 顾东桥在与阳明论学书中指出“朱子亦以虚灵知觉为此心之量”(《传习录》中，第 134 条)。这是对朱子的误解。朱子之意在于：通过穷理以使心中所具之理得到充实，而并非是指“心”中有一种“虚灵知觉”之“分量”。阳明作答时，指出东桥之意“尚有未明也”(同上)，而对“心之量”三字只字未提。

看来，双江此说的“充满虚灵本体之量”，与朱子此说在思路上颇为相似，然而具体所指实有不同。朱子之意无非是强调通过穷理，以使心中所具“众理”得到充实。然而双江之意乃在于强调心体（“寂体”）的修养实践而与穷理无关。其曰：

> ……前既“以诚为良知之实体”（按，龙溪语）[①]，实体便是主，物从事于所主，以充满其本然之量，亦是希圣正路。谓为“测度之过”（按，龙溪语），过矣。“欛柄”“端倪”[②]，白沙亦指实体之呈露者而言。必实体呈露，而后可以言“自然之良”（按，龙溪语），而后有不学不虑之成。兹不求自然之良于实体之充，则所谓良者，卒成一个野狐精，其与“自然之觉”（按，龙溪语）远矣。[③]

显然，双江把心体（良知）视为具有存在形态的“实体”[④]，以此为由，故“致知”工夫必须首先去充实其“量”，以使“实体”得到完全的展现（“呈露”），“实体呈露”，然后才可称为“自然之良”。问题的关键是，既然说必须充实其

---

① 据前后文脉，当是龙溪之语，然查《龙溪集》卷六《致知议略》及《致知议辨》，均不见。唯于同卷《格物问答原旨》中，有“夫实心之谓诚”（第478页。又参见卷八《大学首章解义》）。其实龙溪此说源自阳明：“诚是实理，只是一个良知。实理之妙用流行就是神，其萌动处就是几。诚神几曰圣人。”（《传习录》下，第281条）此处“实”字，当是真实不妄之意。

② 按，指陈白沙“欛柄在手”“静中养出端倪”两说。

③ 《双江集》卷十一《答王龙溪》，叶36上下。

④ 双江所谓的“实体”，并非意指西哲意义上的形上唯一实在。依宋明儒的脉络讲，“实体”含有两重含义：一是指最高实在，如天理，一是指实际体段，如形体。双江此处所言“实体”，意近后者，意谓良知亦有实际体段，因人而有“分量”差异。而且上述双江所言，其中又有“气”的含义，其云充养实体，虽语焉不详，实具有养气之意。这就涉及良知与气的关系问题，此不赘述。

“量”，则必须预先设定“实体”本身存在着“量”之足与不足的问题，龙溪指出这种做法未免是“测度之过”。通常以为良知本体乃是圆满自足的形上存在，绝不是一种如同一物的具体存在。如果以为在本体之内“有物以主之”，因此必待其所生，从而加以计算测量，或者通过静养使之充实完美，这便犯了一个根本性的错误（在阳明的良知学意义上）。[①] 龙溪的这一指责未可谓非也，因为如果说对良知本体可以进行“测度”，则良知本体变成了一种现象物。

在这里令人想起阳明的“精金之喻”（或称“精金喻圣”）。说到“金”，自有“分量”与“足色”之别，阳明把尧舜喻为“万镒”，又把文王孔子喻为“九千镒”，这是就“分量”而言；“分量”虽有轻重之不同，然而尧舜周孔之心“纯乎天理则同”，这是就“足色”而言。若以“足色”言之，虽“分量”相差“悬绝”，总之是“金”，则无不同。故重要的是看“足色”如何，其中是否杂有“锡铅铜铁”，使其本质发生了变异；反之，若于“分量”上斤斤计较，犹如世儒喜于知识才能上“弊精竭力”一样，纵使“分量愈增”（“知识愈广”），却使“成色愈下”（“人欲愈滋”），最终“无复有金矣”（意即“丧失本心”）。阳明想说的是，人人有“足色”之金，“故曰‘人皆可以为尧舜’，以此”，更不必“妄希分两”。[②] 这段比喻所

---

① 原文见《龙溪集》卷六《致知议辨》，第 465 页。

② 以上参见《传习录》上，第 99 条。按，有弟子对阳明喻孔子为“九千镒”，为何不是“万镒”，有所疑问。阳明答曰：“只论精一，不论多寡。只要此心纯乎天理处同，便同谓之圣。……若除去了比较分两的心，各人尽着自己力量精神，只在此心纯天理上用功，即人人自有，个个圆成。……不假外慕，无不具足。”（《传习录》上，第 107 条。参见《传习录拾遗》第 37 条，答童克刚问“精金喻圣”）。

含的思想意义对阳明心学来说非常重要。要之，阳明在这里阐明了心之本体“人人具足”“个个圆成”这一良知现成的观点。因为人心良知是现成圆满的，故而只有“精纯驳杂”（质）的问题，而无“分量轻重”（量）之别，更不能以“量”之多寡去作计较。若用阳明的这个“精金之喻”来说的话，双江的“致知”论就好比是在计较分量。如果承认心之本体如“足色”之“金”，本是“人人具足，个个圆成”的，那么，更无须讲什么“充满其量”。

七　心有定体

自双江提出归寂主张以来，当时王门诸子对双江的批判，主要集中在“动与静”“内与外”“已发与未发”“良知与知觉”“有时与无时”以及“致知与格物”等问题上，而阳明弟子陈明水则提出了“心无定体”一说，对双江的“心有定体”观提出了批评，令人注目。对此，双江却颇感意外，他反驳道：

> 近得明水一书，驳辨甚严。其谓“心无定体”一语，其于心体疑失之远矣。炯然在中，寂然不动，而万化攸基，此定体也。①

关于陈明水的“心无定体”说的具体内容，我们准备在第

① 《双江集》卷八《答欧阳南野》第二书，叶 11 上。明水语见《明水集》卷一《简罗近溪先生》。《明水集》用《四库全书存目丛书》集部第 72 册收江西省图书馆藏清手钞本。上引《简罗近溪先生》之题名当为《简罗念庵先生》之误，理由是：万历本《念庵集》卷八《答陈明水》一书中，对明水来书有四段引用，均见诸以上《简罗近溪先生》当中，且字句及各段前后次序也几乎全同。明水亦尝自述：“此与念庵最初简中语也。”

五章“陈明水论”当中再来详细讨论。要而言之，所谓“心无定体”，大致有两层含义：一是指“神无方而易无体”；一是指“感无停机”。必须指出，前者乃是宋儒以来的传统观点，是对道体存在的一种表述而已；后者实际上也是宋儒以来就已存在的一种观点，强调的是“感而遂通”而又“变动不居”这一《易》学思想。明水提出此说，旨在反对“感前求寂”或“感中求寂”。要之，明水与双江（亦含念庵）的根本分歧在于这样一点：双江以为“炯然在中，寂然不动”者即是心之“定体”；明水则从寂感关系立言，由“感无停机”推论出“心无定体”，并指出凡可以“致思着力”者，皆由“感应”，除去“感应”无可用力。表面看来，“心有定体”还是“心无定体”，这只是两个简单的正反命题，实际上，这两个命题反映了思想上的一个重大分歧。

先从“定体”说起。“体”即“本体”之意。双江说“心有定体”，意谓人心当中存在着一定不变的良知本体。按照良知是心之本体这一定义来看，双江此说并非无据。相反，“心无定体”一说，似是对心之本体的具体内容的否定。显然，明水的用意并非如此。也就是说，两者并不是对心中是否存在“良知本体”这一根本观点有所怀疑。问题的关键在于“定”字，即“体”字上是否应当冠上一个“定”字。所谓“定”，无非是一定不变之意。若从“心即理”这一理论前提出发，那么“心有定体”之说无可指责。双江还常引用阳明的“定是未发之中”的观点。[1]不过阳明所说的“定”，乃是指工夫熟后

---

① 《双江集》卷十一《答王龙溪（即致知议略）》，叶3上。又见《双江集》卷九《答成井居》。

之境界，意指心境的“宁静”状态或是指回复到心的本然状态，而并非是在本体论意义上对心体的定义，与我们将要讨论的“定”字在含义上有所不同，此且不论。实际上，说到“定体”，倒是令人想起“定理”一词。而“定理”观乃是朱子格物论的一个理论前提，打破朱子学的这种“定理”观，乃是阳明心学在思想上的一个出发点。

然而，在双江看来，“心有定体”一说并没有违背阳明的“心即理”说，因为从某种意义上可以说，“心有定体”正是强调了“心外无理”。所以，这里实际上涉及了这样一个问题：当双江强调“心有定体”之时，这个所谓的“定体”究竟何指？当明水指出“心无定体”之时，明水无须回答（或者说可以回避），但双江则不然，既然说“心有定体”，则无法回避以上的问题。当然，双江并没有说这个“定体”就是“定理”，而是说“炯然在中，寂然不动”。但是，这个回答不能令人满意。“炯然”或“寂然”、“在中”或“不动”，只不过是对某种存在状态的形容。若以此来指称“定体”，显然需要另加说明。所以还要转换一下观察的角度，实际上，在双江的整个思想语言体系当中，“炯然在中”或“寂然不动”也就是“虚灵本体”或“未发之中”的同义词，而“中”之一字，实是双江思想的又一个核心概念，姑引几段资料如下：

> 夫中之为义不明，允执之旨流而为义袭之学。……中是真正首脑，允执是工夫归结处。
>
> 盖未发之中，天地之心，生民之命，万世之太平，千圣之绝学。故执中所以为天地立心，为生民立命，为万世开太平，为往圣继绝学。圣人到位天地、育万物，也只从未发之中上养来。

万世心学之源，惟在执中一语。

中是天然自有，寂然不动的本体。……自中之为说不明，而尧舜之学不传，其来远矣。

但子思以后，无人识中字。①

由上可见，“中”字实是双江思想的一个关键词。“中”是本体，而“执中”是终极工夫。明白了这一点，我们便不难理解，“心有定体”中的“定体”一词，在双江那里，乃是特指“中”，即“未发之中”。这“中”字，实是双江所认为的一种最高的理想境界。

实际上，在宋代理学，“中”已经开始受到特别的关注。按照传统的训释，“中”字之义无非就是“无所偏倚”（当然还有“中心”等意），并非指“道体”本身，而是对“道体”的那种“无所偏倚”的理想状态的一种形容。同时，“中”之状态也并不是一定不变的，而是“随时变宜”，故“执中”亦须随时通变（“权”），“执中字不通变，与执一无异”②，讲的便是这层意思。“中”并不是一种绝对的本体存在，只是一种相对的存在状态，它随时而变，故“最难识”（按，伊川语）。伊川指出：“中无定体，惟达权，然后能执之。”③“中无定方，故不可执一。”④朱子《中庸章句》也指出“中无定体，随时而在”。因

① 《双江集》卷十四《困辨录·辨中》，叶1下，叶4下—5上；《双江集》卷十一《答王龙溪》，叶34下；《双江集》卷十一《答王龙溪》，叶34下；《双江集》卷十《答戴伯常（即幽居答述）》，叶78上；《双江集》卷九《答应容庵》第一书，叶23上。

② 《程氏遗书》卷十八，《二程集》，第213页。按，这是对《孟子·尽心》篇“子莫执中，执中为近之，执中无权，犹执一也”一句的诠释。

③ 《程氏粹言》卷一《论道编》，《二程集》，第1182页。

④ 同上书，第1178页。

为“中”只形容得道体而不是“道”之本身，故只可“存养”而不可“求中”。① 双江也曾引用过“中无定体”之说：“盖中无定体，惟权是体。权无定用，惟道是用。”然而他接着又说：“权也者，吾心天然自有之则”②，将“权”视为“天则”，如此便有可能产生这样的理解：“权”是一种绝对价值。至于双江讲到“戒慎恐惧”而后“发无不中”，反对“随事随处”去“求其所谓当然之节”③，便又回到了双江自己的“归寂”主张。由此看来，表面上双江对“中无定体”之说表示赞同，实际上，一涉及“执中之学”的问题时，双江便竭力反对“以中涉事为”，将“中”视作本体存在，与“事为”作了严格的区分。

其实，“中无定体”还含有这样一层意思：“执中”并无固定格式。阳明也曾强调“中”只是“随时变易”之义，反对“定个规矩”或“立定格式”。④ 伊川曾谓“不当于喜怒哀乐未发之前求中”，就此，曾有弟子向阳明发问：伊川此说与延平教人“看未发之前气象”有何异同？阳明分析道：

> 伊川恐人于发前讨个中，把中做一物看，如吾向所谓认气定时做中，故令只于涵养省察上用功。延平恐人未便有下手处，故令人时时刻刻求未发前气象，使人正目而视惟此，倾耳而听惟此。即是“戒慎不睹，恐惧不闻”的工夫，皆古人不得已诱人之言也。⑤

阳明认为，“把中作一物看”或“认气定时做中”，这是求

① 《程氏遗书》卷十八，答“苏季明问”。

② 参见《双江集》卷十四《困辨录·辨诚》，叶 81 上下。

③ 同上。

④ 《传习录》上，第 52 条。

⑤ 同上书，第 75 条。

“中”时所易产生的弊病，也是伊川反对“求中”的缘由所在。不过，与伊川不同的是，当阳明强调不可“定个规矩”，也不可“立定格式”之时，既是对“执中”有可能导致“执一”这一现象所发出的告诫，更为重要的是，阳明出于反对“定理”观的心学立场，对于吾心之外的所谓“规矩”“格式”，阳明便会有一种近乎“本能”的拒斥反应。阳明自己虽然未曾明言“心无定体”，但曾经明确指出“性无定体”“义理无定在”[①]，这种观点显然与朱子学的那种事有定理、理有定体[②]的思想立场存在着根本的分歧。

由上看来，“中是天然自有，寂然不动的本体”“万世心学之源，惟在执中一语”，双江的这种主张，不唯与阳明反对“立定格式”之旨不合，亦与伊川反对“求中”的观点不同。其因在于双江把“中”字本身看作了“本体”，并且是存在于心体当中之“定体”。因此“心无定体”，对双江来说，是完全不能接受的。由此，也就不难理解双江为何又有这样的断言：

> 夫所谓良知云者，盖指不学不虑而言，即未发之中是也。
>
> 致良知者，致吾心之虚，静而寂焉，以出吾之是非。而徒曰“良知良知”云者，吾不知之也。[③]

双江之所以这样说，原因之一就在于双江对阳明的“心无体，以天地万物感应之是非为体”这一重要观点未有深刻的理解。相反，在双江看来，阳明此说未免产生“即用是体”之倾

---

① 《传习录》上，第 22 条。

② 《朱子文集》卷三十九《答柯国材》。

③ 以上引自《念庵集》卷十一《双江公七十序》，叶 54 下—56 上。

向，而“心无定体”说的思想根源，正在于“即用是体”这一观点。双江指出：

> ……用生于体，故必立体以达用，归寂以通感，可也。……今不求《易》于太极，而求生生以为心；不求神于藏密，而求知来以为体。是皆即用以为体，由是而有“心无定体”之说。谓心不在内也，百体皆心也，万感皆心也。亦尝以是说而求之。譬之追风逐电，瞬息万变，茫然无所措手，徒以乱吾之衷也。①

针对双江此说，南野指出阳明的“因用以求其体”之说，“此可见致中功夫不离乎喜怒哀乐，而所谓中立和出者，体用一原，非若标本源委，有彼此之可言也。”② 应当承认，南野对阳明此说有较深的理解，而双江所说的“炯然之体”，在南野看来，只是工夫熟后之境界。③

正如上述，“心有定体”与“心无定体”，实际上反映了思想上的一个重大分歧。当陈明水提出“心无定体”之时，其用意有两个方面，一是重申阳明的“即用求体”这一思想立场；一是反对朱子学的那种“定理”观。而双江执定“心有定体”之说，主要原因有二：其一，因为双江把“未发之中”之“中”字，视作本体本身，以为通过静养，便可不断扩充这一所谓的“炯然之中”的“本体”，及至充养完备则能应事无不通，达到所谓“感而遂通天下之故”的目的。其二，乃是外在

① 《双江集》卷八《答欧阳南野》第三书，叶 20 上下。

② 《南野集》卷五《答聂双江》第二书，叶 37 下。

③ 据此，南野对双江“心有定体”说亦有批评，见《南野集》卷五《答聂双江》第一书。

因素，是对当时存在的“熏天塞地，无非欲海”“举心动念，悉是欲根”的思想现象深怀忧虑而不得不坚持“心有定体”说。[①]

八　结　语

首先，从双江思想的基本特征来看，是属阳明心学而无疑，但是在许多具体的思想主张方面，已与阳明师说发生偏离。双江提出“归寂”“致虚”“守静”等主张，其主观目的在于矫正心学末流之弊。对此，双江的同门诸友也不得不承认双江的这一“苦心”。但是从义理上看，双江之见也未免有所“偏激”。特别是“格物无工夫”说，将“致知”改换成“致中”，将“存性养心”代之以“静养未发”，这就与阳明学的于事上体验吾心良知之说相距甚远。关于这一点，双江自己也并非没有自觉。但也应看到，双江与同门诸友的思想争辩，对于深入了解阳明学所存在的各种理论问题、包括与程朱学的关系等问题，在客观上起到了推动作用。换言之，双江与同门的思想交流，在某种程度上有助于阳明学作为一种思想运动的深入展开。

其次，双江思想的最大特征乃在于“主静”。这一点，早在当时就已为双江同门所洞察，龙溪便已指出双江未免走上了“延平一路”，黄宗羲亦承此说。但是讲到“主静”，讲到于静中体验“未发之中”，这个所谓的“未发之中”，究为何物实难断言。双江喜用白沙的“静养端倪”一说，这“端倪”一词亦众说纷纭，有主道德说者，以为即是指“善端”或“仁

---

① 《荆川集》卷六《与聂双江司马》，《四部丛刊》初编本，第120—121页。

体”“良心”之类[①]，这在今人看来，还是未能解释清楚为何在静中能养出“良心”。也有以为如同“精魂”者，此为刘念台之说。[②]而“精魂”一词又具有气（主要指精气而言）之含义。如此一来，则养出“端倪”意指“养气”工夫。关于这一点，倒是甘泉弟子许敬庵明确地指出：

> 余观白沙先生戏作禅话耳。其学自静中养出端倪，所称“亥子之间”[③]“元神灏气”之说，盖近玄而不近禅。[④]

事实上，双江在与龙溪等论学过程当中，讨论到了“养息”“气定”等问题。[⑤]从中亦可窥见双江对道教养生思想也有某种程度上的关心。

最后还须指出，在整个明代思想的展开过程当中，与阳明学那种讲求“即用求体”的“动”之思想倾向不同，还存在着一股主静主义的思潮，以聂双江、罗念庵为代表的阳明后学当中的“归寂”主张更明显地有着这种思想倾向，同时在反阳明学的思想圈当中，也显然存在着这股思潮。若要追根溯源的话，当是发端于周濂溪，然而就其思想根源而言，当与宋明理学（包括朱子学和阳明学）所追求的存心养气这一为学旨趣有

---

① 龙溪云：“端即善端之端，倪即天倪之倪。人人所自有，然非静养，则不可见。”（《龙溪集》卷七《南游会纪》，第502页）又，同上书卷一《抚州拟岘台会语》指出白沙“端倪”之说即“仁体”之意。罗近溪则释以“良心”（《明道录》卷二，第59页）。按，“端倪”一词原出《庄子·大宗师》：“反复终始，不知端倪。”

② 参见《明儒学案》卷首《师说》，第5页。按，念庵又释作“意”“独”“天”（《刘子全书》卷十三《会录》，叶28下）。

③ “亥子之间”一词见《陈献章集》卷五《夜坐》诗。

④ 《敬和堂集》卷二《答沈实卿》，东京内阁文库藏万历二十二年叶向高序刻本，叶37上。

⑤ 《双江集》卷十一《答王龙溪（即致知议略）》。

关。性理哲学的建构，在程朱那里已告完成，建立本心的思想体系，也由陆王的出现，终于在思想界中争得了一席地位。“居敬”与“穷理”乃是程朱理学的根本工夫，但是白沙以后直至阳明，这种“居敬”工夫或“穷理”主义，已经失去了往日的“威信”，倒是如何“存心养气”这一孟学以来的课题，日益受到人们的关注。双江所提出的“归寂”说，实际上是在回答这一课题——即如何保持心体的本然状态的问题，但是不得不说双江的答案不能令人满意。

第四章　罗念庵论

罗念庵（1504—1564）字达夫，名洪先，号念庵，江西吉水人。念庵尝自称与聂双江“如一手足”①，并曾表示自己与双江的思想“不谋而诺”②。由此看来，后人将念庵与双江相提并论，以为同属于王门“归寂派”，是不无道理的。比较而言，后人对双江思想褒贬不一，总的来说评价并不高，而对念庵其人其学则往往有很高评价。例如黄宗羲甚至断言：

> 罗念庵之主静，此真阳明之的传也。③

当然，“主静”一说能否构成阳明“的传”的内容，这涉及对阳明学的理解立场等问题，若念庵果为阳明“的传”，则恐怕念庵的论敌王龙溪在阳明学史上的地位便岌岌可危了。事实上，晚明学者在审视念庵之际，往往将其与龙溪思想置于比较的视域来看待。例如顾宪成便说：

> 龙溪之于本体亲矣，而其语功夫也，又不如念庵之精细。如此切磋，方是以水济火，以火济水，见在各有受益

---

① 《念庵集》卷十七《祭双江公归窆文》。

② 《念庵集》卷十七《祭聂双江公入殓文》。

③ 《明儒学案》卷十一《钱绪山传》，第 226 页。

处也。[①]

这是从本体工夫的角度来分别为龙溪念庵定位，以为龙溪重本体而念庵则重工夫。如此分解虽大致不差，然而极易引起误解，以为龙溪念庵都不免将本体工夫拆成两分而各持一端，事实恐未必尽然，此且不赘。另一位东林党人于孔兼亦云：

> 先生（按，指念庵）晚年深悔良知误人，欲加培养一段工夫，而又深憾龙溪诸君之误也。当年只讲良知，不讲致知。师友相传，终无实境。慎哉！学术不可不慎也。[②]

这是指出，阳明后学中存在着“只讲良知，不讲致知”之流弊，其责任主要在龙溪身上，而挽狂澜于既倒者，则非罗念庵莫属。至于念庵思想的基本特征，高攀龙（号景逸，1562—1626）有一个简要的概括：

> 其学大要以收摄保聚为主，而及其至也，盖见夫离寂之感非真感，离感之寂非真寂[③]，已合寂感而一之。[④]

徐阶（号存斋，1503—1583）的说法也可一参：

> 其为教恒主《易》所谓“寂然不动”，周子所谓“无欲故静”者。而申告之曰：“能静寂然，然后见知体之良；能收摄保聚，然后能主静而归寂。”[⑤]

这是对念庵思想的风貌及其特征所作的一个较全面的概括。

---

① 《当下绎·过去未来》，叶 14 上。按，孙夏峰亦持相似见解，参见《夏峰集》卷十三。

② 《愿学斋续忆语·简孙淇澳太史》，东京内阁文库藏万历三十五年自题本，叶 18 上。

③ 参见万历本《念庵集》卷十二《甲寅夏游记》。详见第五节。

④ 《高子遗书》卷十《三时记》，叶 38 上。

⑤ 《念庵集》卷二十四附录《念庵罗公墓志铭》，叶 2 上下。

关于念庵的文献，须先交代一下。本文使用清雍正年间序刻本《念庵罗先生全集》二十四卷（简称《念庵集》），该本为《四库全书》所收，流行较广，是为通行本。此外，本文参考的还有：明嘉靖四十二年以及同四十三年序刊的《念庵罗先生集》十三卷本（简称嘉靖本《念庵集》）、明万历三十一年序刻的《念庵罗先生文要》六卷本（简称《念庵文要》）、明万历四十五年序刊的《石莲洞念庵罗先生集》二十五卷本（简称万历本《念庵集》），最后还有清光绪十二年序刊的《罗念庵先生文录》十八卷本（简称《念庵文录》）。通行本以外的其余四本，有不少通行本未收之文，在参考之际，随文说明。又有名古屋蓬左文库所藏隆庆年间刻本《念庵罗先生文集》（缺内集，存外、杂集）也非常重要，其中有不少通行本《念庵集》未收的文字，也随时参考。万鹿园《玩鹿亭稿》附录收入不少念庵寄给万鹿园的书信，为通行本《念庵集》所未见。

一　早期思想

关于念庵思想的形成过程，念庵弟子胡直（号庐山，1517—1585）指出“先生之学凡三变”。所谓“三变”，大意是指：15岁开始有志圣学；“既壮之后，其学一主无欲”；“力践二十余年，然后廓然大悟，沛然真得，始自信于不惑之地，所著《异端论》，盖其征也”。[①] 所谓“既壮之后”“廓然大悟”，

① 《念庵集》卷首《念庵罗先生文集序》。按，庐山以《异端论》作为念庵晚年“廓然大悟”之“征”，似有不妥。据王塘南删订本《念庵文要》载，《异端论》作于壬戌（1562）年，即念庵逝世前二年，若以为此年念庵才“廓然大悟”，便与庐山《念庵行状》所称念庵于1555年“洞然彻矣”之说未免自相矛盾。

庐山没有指明其年代及其具体内容。按照念庵自己的说法："谬意于学，自二十三岁始。"[①]"二十三岁"即指丙戌年，是年念庵从师李谷平。

此外，唐鹤征（号凝庵，1538—1619）亦持三期说，指出：早期"致力于践履"；中期"归摄于静寂"；晚期"彻悟于仁体"。[②]李卓吾和黄宗羲则完全沿袭此说。[③]不过，唐鹤征于分期年代并未明确交待。日本学者福田殖亦采三期说：以23岁至40岁为"初期"；以40岁至52岁为"中期"；以52岁至61岁为"晚期"。[④]按，40岁即指1543年，是年念庵闻双江"归寂"之说，标志着念庵开始摆脱早期所受到的龙溪思想的影响，而逐渐转向归寂主静；52岁即指1555年，是年念庵入楚山习静，次年寄书蒋道林，陈述了自己静坐久之，对于"万物一体"论有所体悟的经历；自此直至逝世，是为念庵思想的晚年时期。

此处所谓的早期思想，盖指丙戌年念庵从师李谷平以后的10年期间。其根据主要有二：一是庐山的一句话："盖先生自丁酉（1537）后，凡数悟。"其二是在下面将要引用的聂双江的一段话，双江指出了念庵"早年之学"的种种思想特征，并称"如是者十年"（详后）。两者的说法有一共同点，均以丁酉年之前作为念庵早年思想的一个界线，今姑从之。

讲到念庵的早期思想，首先令人注目的资料是《奉谷平先

---

① 《念庵集》卷四《答曾丁野》，叶30上。

② 《宪世编》卷六《罗念庵先生》，万历四十二年纯白斋刻本，叶2下。

③ 《续藏书》卷二十二《罗文恭公洪先传》、《明儒学案》卷十八《罗念庵传》。

④ 参见《阳明学大系》卷五《阳明门下》上。

生》三封书信。第一封作于中第进士之后，约在己丑（1529）年，其中提到了“良知良能”，也使用了“心体精明”“本自真切”“不容含糊”“自能料理”等概念，显然已经受到了阳明良知学说之影响。第二封所作年月不能确定，似在庚寅（1530）年前后，其曰：

> 心之本体至善也，然无善之可执。所谓善者自明白、自周遍，是知是、非知非，如此而已。不学而能，不虑而知，顺之而已。惟于此上倚着为之，便是欲，便非本体，明白亦昏，周遍亦狭，是非亦错。此非有大相悬隔，只落安排与不安排耳。……有安排者亦欲也，毕竟安排起于有己，故欲只是一原。夫子（按，指李谷平）所谓“闲邪”者，其谓是否乎？
>
> 今之学者，以本体未复必须博学以充之，然后无蔽。似周备矣，只恐捉摸想象，牵己而从之，岂虚中安止之道？岂寂然不动，感而遂通者乎？……故以是非之灵明为把柄，而不以所知之广狭为是非，但求不失生意，如草木之区别不必于同，或者以为得圣贤之正脉也。夫子以为何如？①

第1段所述的“无善可执”“不容安排”以及“是知是，非知非”等说，实是当时王门中所流行的一种观点。按照龙溪、绪山等人的理解，阳明提出“无善无恶”论，其目的之一就在于反对先求所谓的客观“定理”，强调的便是“无善可执”的重要性。第2段所云“以是非之灵明为把柄”，显然与阳明的“虚灵明觉”有关。念庵反对“博学以充之”，也与阳明批

① 以上参见《念庵集》卷二《奉谷平先生》，叶2下—3下。

判朱子格物说的语调相似。令人注目的是，念庵在这里提到了“虚中安止”，倒是与后来双江的“归寂”说有些相似。可见，当时念庵在接受阳明良知学说的同时，对于“虚止”“寂感”“动静”等问题已经开始有所意识和关注。

在第三封《奉谷平先生》①中，念庵首先引述了李谷平的“心体本虚，良知本足，闲邪本易简”的主张，并称闻及此言，“为之痛省”。但是在工夫论问题上，念庵对谷平所说，开始提出了质疑，其云：

> 师谓：“凡说工夫俱属动。”是矣，则静坐时即工夫也，此属动乎？属静乎？谓格物只在应接事物时，则静坐独不为格物乎？师谓：“念头不起，此时是静，即是本体，不消着工夫。日间此等时候亦少，若以此言静，是就心体言矣。”然则戒慎恐惧者，存乎不存乎？亦有时间断乎？②

从中可见，当时念庵与谷平之间，围绕工夫论问题所展开的论述，实际上已经涉及“静坐”这一问题。谷平的“念头不起”“不消着工夫”等主张，反映出李谷平思想具有偏静之倾向，这对后来念庵思想的形成当有一定的影响。

总之，1530年前后，念庵思想主要受到的是来自李谷平的影响。聂双江对罗念庵的早年思想作了这样的概括：

> 夫达夫岂随人看场者耶？达夫早年之学，病在于求脱化融释之太速也。夫脱化融释，原非工夫字眼，乃工夫

---

① 开首云“离师三年”。按，1530年10月，念庵曾见谷平于杭州，据此该书似是作于1533年左右。

② 《念庵集》卷二，叶4下—5上。

> 熟后景界也。而速于求之，故遂为慈湖之说所入，以见在为具足，以知觉为良知，以不起意为工夫，乐超顿而鄙坚苦，崇虚见而略实功，自谓撤手悬厓（崖），遍地黄金，而于六经四书未尝有一字当意，玩弄精魄，谓为自得，如是者十年矣。①

首先必须指出，这里所说的念庵"早年之学"的特征，诸如"以见在为具足""以知觉为良知"等，实际上乃是双江常常用来指责龙溪的一种措辞。双江之意在于指出念庵的早年思想所受到的影响（一种负面影响）主要是来自龙溪。这一说法，并非没有根据（详后）。

引人注目的是，双江指出了念庵早年颇受象山弟子杨慈湖的思想影响这一事实。其实，在1532年，念庵与龙溪同在北京论学之际，两者曾就杨慈湖的"血气有强弱，人心无强弱。思虑有断续，人心无断续"②之说进行了讨论。③上引念庵《奉谷平先生》第三书中有"亦有时间断乎"之问，亦可说明念庵当时对"人心无断续"之说颇为关注。④"思虑"和"人心"是否有"断续"，在今人看来，这是与人的意识活动有关的问题，然而在当时，这一问题实质上反映的是本体与工夫的关系问题。"人心无断续"，这是就本体论而言，也就是说，心之本体本无所谓时间上的"断续"。龙溪用"何思

---

① 《双江集》卷八《寄王龙溪》第二书，叶48上—49下。

② 《慈湖遗书》卷七《己易》。

③ 《甘泉集》卷十三《金台问答》。

④ 据《谷平集》卷三《答罗达夫（庚寅）》载，谷平曾向念庵提及杨慈湖，并对慈湖有严厉批评。其中透露出一个信息：念庵似乎对于谷平的慈湖批判有所不解。

何虑”一词来加以说明，他指出因为心之本体本无“动静”和“思虑”之可言，所以“人心无断续”。至于“思虑有断续”，涉及“念头不起”与“念头有起”的关系问题，这一问题实质上也就是关系到如何保持心体本来状态的工夫论问题。其中也隐含着这样一层意思：人之思虑（或称“意念”“念头”）最难把捉，若“念头有起”，便会丧失心体的本来状态，故有必要根绝意念（又叫做“绝意”或“不起意”）。① 关于这一问题，1533年冬，念庵在给王龙溪的信中也有涉及，其云：

> 孤近日之学无他，惟时时刻刻，直任良知，以凝然不动为本体，亦觉有可进步处。但念头时复有起，不得总成片段。夫恳恳切切，自谓于本体用功矣。然念头有起即非“本无一物”，犹为克怨伐欲不行之功，已落第二义。……②

其中“直下承当”“直任良知”“于本体用功”等说显然是受到了龙溪的影响，此且不论。念庵认为“凝然不动”乃是良知的本然状态，而“念头时复有起”则非本然状态，若于“意动”之际，去作“克怨伐欲”等实践工夫，便已“落第二义”。问题的关键在于如何才能做到“念头不起”。由此可见，双江称念庵早年之学“以‘不起意’为工夫”，并非无故。所谓“不起意”，也就是要求断绝一切纷思杂虑，以求对心体的直接把握（所谓“直下承当”）。

---

① 杨慈湖力主“不起意”，其因在此。参见拙文：《杨慈湖をめぐる阳明学の诸相》，载日本东方学会《东方学》第97辑，1999年。

② 《念庵集》卷二《与王龙溪》，叶11下—12上。

与上述的时期大致相当，念庵就良知等问题，致书南野，提出了这样一些问题：

> 昨暮，因体得良知者可遵守，而不可思议、不可执着；本虚明静定，以虚明静定求，即非良知；本变化无方，以变化无方求，即非良知。然则良知者，其犹止水乎？其犹太虚乎？其真所谓无意必固我，即其本体乎？其真静无，而动有乎？其真无动无静者乎？然今之学者，放失一路，以为习熟，才说顺其自然，已成自驰矣。如之何而后可？①

可见，其时念庵在良知问题上，仍在彷徨之中。在另一封信中，念庵则这样说道：

> 夫所谓良知者，至无而至有，无容假借，无事帮补，无可等待，自足焉者也。②

对“良知”学说似乎又有十足的自信。若将“无容假借，无事帮补，无可等待，自足焉者”与“不可思议，不可执着”等说作一合观的话，不难看出，念庵所表述的实是良知本体见在具足这一观点。据此，双江说念庵早期“以见在为具足”，说得大致不差。

总之，念庵的早期思想，虽然受到了阳明心学的影响，但对良知学说尚无确切的把握。正因为此，其思想容易受到来自各方面的影响，其中龙溪对念庵的思想影响尤为突出。同时，从念庵注重“念头不起”这一工夫实践来看，其思想已经蕴含着趋向“主静”之可能。

---

① 《念庵集》卷二《寄欧南野》，叶 3 下。

② 《念庵集》卷二《答罗岳霁》，叶 12 下—13 上。

二　主静无欲

在宋明理学史上，“主静无欲”之说是周濂溪首次提出来的。“无欲”指的是成圣目标，而“主静”则是达到“无欲”境界的工夫手段。罗念庵认为，能否达到无欲境界，关键要看主静工夫做得如何：

> 诸儒之所宗者，濂溪也。濂溪学圣，主于无欲。此何尝有支离葛藤其间者乎？夫欲之有无，独知之地，随发随觉，顾未有主静之功以察之耳。……故尝以为欲希圣，必自无欲始，求无欲必自静始。①

可见，在念庵的头脑里存在着这样一幅图式：主静→无欲→希圣。其中，主静乃是起手处、立足点。

丁未（1547）年冬，胡庐山在“北面禀学”念庵之后，他注意到当时念庵思想有这样一个思想趋向：

> 先生初不甚喜良知，亦不尽信阳明先生之学，训吾党专在主静无欲。予虽未甚契，然日承无欲之训，熟矣。②

开头两句反映的是念庵早期思想的实际情况，参之念庵的自述，可以确认这是指其在丙午（1546）之前，于“良知”尚在疑信参半之间。③

引人注目的是，念庵专以“主静无欲”之说为教，倒是颇能反映其时念庵思想的一个重要特征。不过，庐山此说主要是

---

① 《念庵集》卷三《答高白坪》，叶9上下。

② 《明儒学案》卷二十二胡庐山《困学记》，第521页。

③ 念庵在《南玄戚君行状》中曾云：“数年前，余以谈良知者，过于自信，将有荡而无归之患。间为说，质之君（按，指南玄），君不谓然也。”（隆庆本《念庵集》外集卷七）从中亦可窥见，念庵对良知说曾有疑问。按，“数年前”，当指丙午（1546），详考从略。

指丁未年前后的念庵思想，至于念庵何时开始提出“主静无欲”说，据此尚难断言。其实，约在丁酉（1537）年左右，念庵已开始逐渐趋于“主静”。我们在第三章讨论双江思想时，讲到双江于丁酉年，养病于翠微山，而念庵曾经亲赴翠微山，与双江相聚五天。归后致书双江，对其因静悟入之说，大为赞赏：

> 此悟既因静入，当以静成。不可复令因动而出，则此悟性，总成幻知，毕竟无益。……奉谒五日，密自省察，终是入山滋味与出山较别。①

可见，其时念庵在思想上已经开始受到双江的影响。不过，念庵在思想上完全接受双江的归寂说尚需一段时日。据《双江公七十序》所述，自双江提出归寂主张以后，念庵与双江“至其辨难，亦尝反覆数千言”。②总之有一点是可以肯定的：丁酉年后，念庵与双江的思想交往，对念庵来说，与其逐渐形成“主静无欲”思想有着极大的关系。

与双江会晤于翠微山之后两年，即己亥（1539）年，念庵与龙溪在相别7年之后，再度重逢于南京，两者进行了较为深入的思想切磋，念庵后撰《冬游记》一文，对此间情景作了详细记述。《冬游记》是念庵所撰三大游记之一，集中反映了念庵的早期思想。

在与龙溪重逢的第一天，龙溪向念庵问道：近来学问长进如何？念庵答曰：

> 近于静坐中稍见精神当敛束，不宜发散。一切寂然，

① 《念庵集》卷二《答聂双江公》，叶21上下。

② 《念庵集》卷十一，叶57上。

> 方有归宿。[①]

末尾一句颇与双江的“虚静而寂”说相仿佛。可见，念庵在思想上已有了双江的“阴影”，开始转向“主静”。若干天后，龙溪再问念庵“自信如何”？念庵答曰：“欲根种种未断耳。”话题转到了如何才能“断除欲根”的问题。对此，龙溪的回答斩钉截铁：“须从咽喉下刀，方是了性命。”所谓“咽喉下刀”，当然是一种比喻的说法。意谓必须首先舍得自家性命，才能了断世情俗念。世人只因“有护持在”[②]，未免瞻前顾后，终难有所成就。这是龙溪所欲表达的大致意思，念庵对此未置可否。在与龙溪暂别之后，念庵又与湛甘泉等人相逢，再次“论及断欲处”等问题。可以说，如何才能“断除欲根”，乃是萦绕念庵此时心际的一个思想课题。

其实，“存天理，去人欲”，这是贯穿整个宋明思想史的一大主题，从朱子到阳明，在这一点上可以说基本一致。“断除欲根”，归根结底也就是“去人欲”的问题。从这一角度来看，念庵的问题意识无可厚非。只是念庵在这一问题上过于执着，在龙溪看来就未免有一种“拘迫”之感。因此，在最后与龙溪分手之际，当念庵再次强调“如今只有无欲一着，不敢不勉，舍此恐更无着力处”，仍然执着于“断除欲根”而不放之时，龙溪提出了针锋相对的意见：

> 汝（按，指念庵）学不脱知见，虚知见有何益？看来总未逼真。若逼真来，轮刀上阵，措手不铁，直意直心，人人皆得见之，那得有许多遮瞒计较来。若一向如此，决

---

① 《念庵集》卷五，叶 2 上。

② 同上书，叶 3 上。

不能有成，遇有事来，决行不去。[①]

在龙溪看来，念庵口口声声要“断除欲根”，但是却未能以良知做“头脑”，故仍然未能“逼真”，尚有过多的“计较”之心，一旦“遇有事来”，则难以真正做到“无欲”。不得不承认，龙溪此说可谓“一针见血”。

必须指出的是，龙溪所云“轮刀上阵”（语出《坛经·行由品》第一），若不作理论上的具体解释和阐述，也有可能令人坠于五里雾中。比如马上就会产生这样一些问题：如果说“断除欲根”是“千古圣学宗旨”[②]，如果说“轮刀上阵”或“咽喉下刀”是指一种于良知心体上做工夫，那么良知心体既是一尘不染的“至善”本体，而力求回复心体原初状态的“断除欲根”之工夫，又有什么不可之处？再者，“心意”实是欲望的根源之所在，对此若不先做一番“收敛”“洗涤”之功，便一味强调“直意直心”，岂非本末倒置？不过，对于这些问题，念庵当时并没有作深入追究，直到后来念庵对“现成良知”说展开批判之时，这些问题才逐渐表面化，此是后话。临别之夜，龙溪与念庵又讨论了“如何是真为性命”的问题，龙溪指出“弃得性命，是为性命”。听起来有点玄妙，然而与上述龙溪的“轮刀上阵”或“咽喉下刀”等说法意思基本相同。念庵闻及此言，“有省曰：‘此一句吾领得。原来日用工夫，皆是假作’。”[③]最终，念庵还是被龙溪所折服。

纵观《冬游记》，其中至少有五处，与人论及“无欲”问

---

① 《念庵集》卷五《冬游记》，叶 12 下—13 上。

② 按，此为龙溪语，参见同上书，叶 12 下。

③ 同上书，叶 13 下。

题。从中可以感受到念庵的“主静无欲”这一思想旨趣已趋明朗，只是其立场尚未坚定。从其最终为龙溪之言而有所“省悟”等表述来看，当时的念庵仍然未能完全摆脱龙溪的影响。但是亦应看到，对于念庵所说的“原来日用工夫，皆是假作”，不能完全按照字面去理解，也就是说，不能理解为念庵对“于无欲上着力”这一主张作了自我否定。

其实，在当时的思想交往当中，忽闻某语便忽有“省悟”，乃是一种常见的说法，若据此便以为这种“省悟”标志着理论上的成熟或思想上的飞跃，则未免轻率。庐山指出念庵于丁酉后“凡数悟”，表明念庵思想至少在乙卯（1555）年之前尚有数次变动。念庵于丙辰（1556）年在给尹道舆的信中曾说：

> 从前为良知时时见在一句误却，欠却培养一段工夫。培养原属收敛翕聚。甲辰（1544）夏，因静坐十日[①]，恍恍见得，又被龙溪诸君一句转了。总为自家用功不深，内虚易摇，友朋总难与力也。[②]

由此看来，《冬游记》之后，念庵仍然未能摆脱“良知时时见在”之说的“纠缠”。约在丙午或丁未年间，念庵又在给弟子王有训的信中这样说道：

> 静坐收拾此心，此千古圣学成始成终句。但此中有辨，在静坐识得本心后，根底作用俱不作疑，即动静出入，皆有着落，分寸不迷，始为知方。然须从静中安贴得下，气机敛寂后，方有所识。不然，即属浮妄中去矣。念

---

① 按，所云“甲辰夏，因静坐十日”，据《行状》及《墓志铭》等有关资料，未见记述。或是指次年乙巳年游衡山，遇楚石僧一事。

② 《念庵集》卷三《寄尹道舆》，叶 32 上。

之有无多寡，识心后，应不作如此见解也。①

可以看出，其时念庵的主静思想已趋成熟。总起来说，大致有三点：(1)“无欲”是最终目标；(2)“静坐”乃是具体工夫；(3)通过“静坐”才能识得“本心”。反之亦同，欲识“本心”唯有通过“静中安贴”“气机敛寂”。应当注意的是，念庵指出“气机敛寂”才是获得本心的根本方法，而念头之“有无多寡”已非重要。也就是说，念庵开始把“收心”与“摄念”（亦称“管念”）区别开来，并导入了“敛寂”这一概念。② 这表明念庵已经摆脱缠绕多年的有关“思虑断续”的问题，开始转向关注如何通过静坐“识得本心”这一问题。

大致与上引《答王有训》一书的时期相同，念庵在《答王有孚》中亦强调了“识心”的重要性，其云：

> 有训来，承手书，足见留心此件“识心”一段，甚好！但觉出于揣摩。不出揣摩，即不消云外面一切工夫，工夫本无内外也。大抵能识心，即理即心，更无在外。**执着于理**，**即心即理**，**即理即迷**，**在内亦迷**。更云何外？今欲真实了此，须从自心静中寻求自家境界，是落何等，是患何病，从而问药，从而前进，始是不迷。③

所谓“识心”，无非就是“从自心静中寻求自家境界”，这

---

① 《念庵集》卷二《答王有训》，叶28上下。

② 据念庵门人万思默透漏，念庵曾有“管虚不管念”之主张（参见《龙溪集》卷十六《书见罗卷兼赠思默》，第1287页）。龙溪评曰：“摄念归虚，居常一点沉滞，犹是识阴区宇，未曾断得无明种子。”“收摄体会，终涉自爱。”（第1288、1289页）

③ 《念庵集》卷二，叶25下—26上。按，该书首云“青原一别，忽已改岁。”据《行状》及《传》，似指丙午青原大会。参见《念庵集》卷十一《答复古问》。

是念庵思想中的一个重要观点，与龟山相传的“道南指诀”或有关联（参见第三章）。但是念庵反对“揣摩”，在他看来，“揣摩”则有“执心”之弊，而与“收心”工夫相距甚远。同时，念庵也承认工夫不分内外，认为若能“静坐收心”，把握“自家境界”，则应事处物等“外面一切工夫”便自能迎刃而解，并没有将静坐工夫与外面工夫截然对立。这实际上涉及阳明后学中争论不休的“执内”与“遗外”的问题，我们稍后将有稍详的讨论。

目前的问题是，念庵为何如此强调“静坐收心”的重要性？这与当时的思想背景有关。诚然，讲到“存心”或“尽心”等修养问题时，已然不能避免如何“收心”等问题；讲到“无欲”，也同样不能避免如何才能“去欲”“绝欲”等具体而微的问题。但在念庵的场合，之所以反复强调“断除欲根”“静坐收心”，其更为直接的思想原因在于当时所流行的“现成良知”论。也就是说，是坚信“良知时时见在”，还是坚持“收敛保聚”（详见后述），这在念庵的思想历程当中，常常表现为一种思想上的冲突。

辛丑（1541）年，念庵在给友人的信中，就已指出阳明一传之后，良知之旨“渐失其真”：

> 至有以恣情纵欲附于作用变化之妙，而此□“未始离人”一语，遂为出脱私意、旁门遮饰面目话柄，其为害乃甚于未谈学者，岂不甚可惧哉？①

---

① 光绪本《念庵文录》卷四《答友人·辛丑》，叶 19 上。按，类似之言，在 1540 年代后，不断出现在念庵的书信中，如《念庵集》卷三《答刘汝周》等。

由此可见，在念庵的审视下，当时王门之中已然存在“恣情纵欲”，而且假借良知为“遮饰面目话柄”等严重弊端，而他之所以不断强调“主静无欲”，显然与阳明后学中所存在的这一思想现状有关。

三　与王龙溪的论辩

如上所述，《冬游记》是念庵早期思想的集中反映，而戊申（1548）年的《夏游记》则较为集中地反映了念庵中期思想。

首先对《夏游记》的撰写过程及其全文结构作一简单的交待。实际上，《夏游记》非一时之作，其撰写过程历时三年，执笔于己酉（1549）年春，完成于庚戌（1550）年春。① 从其内容来看，可以分三个部分：一是记录了戊申年青原大会的讲学内容；二是记录了次年的冲元大会② 的讲学内容，念庵自己因有岳父之丧事而未赴此会，所依据的是邹东廓所赠的《冲玄录》及龙溪的《冲元会纪》；三是收录了念庵写于庚戌年的《答郭平川》（见《念庵集》卷四），书中对龙溪的“现成良知”说以及圣凡平等观等展开了全面批评。在《夏游记》末尾有一条后记：“龙溪闻之，亦或以为然否？”据此，该《记》撰述之主要对象当是龙溪。从其内容来看，念庵当时已经全面接受了双江的归寂思想。③ 双江在为念庵所撰写的《刻夏游记序》中

① 《念庵文录》卷四《答同志・甲寅》云：“《游记》所书，乃庚戌春中漫笔。”（叶 7 上）

② 《龙溪会语》卷一《冲元会纪》，是会举于己酉仲秋，合凡七十余人。

③ 念庵后来回顾道：“所私大册七书（按，指双江《困辨录》），发挥道脉，移文简书，雍容不迫，出其一二，已足名家。……戊申、己酉，相信而专。……自予二人，如一手足。”（《念庵集》卷十七《祭双江公归窆文》，叶 20 上）

亦云：

> 予与念庵子丽泽二十年[①]，而论始合。今观《记》中发明大旨，要不过此。[②]

可以说，《困辨录》以及《夏游记》的完成，表明了两者在归寂思想的立场上趋于一致。

我们在第三章讨论双江思想时，已经看到“未发之中”乃是双江归寂思想的一个核心概念。《夏游记》开首，记录了龙溪关于“未发之中”的叙述，劈头一句便是：“未发之中未易言，须知未发却是何物。谓之未发，言不容发也。”念庵接着指出：

> 发于目为视矣，所以能视者，不随视而发；发于耳为听矣，所以能听者，不随听而发。此乃万古流行不息之根，未可以静时论也。[③]

讲的是未发、已发浑然一体的观点，反对以动静之时来区别未发、已发。很显然，归寂说已经成为当时主要的话题。不过，对龙溪此论，念庵没有加以直接的评述，而是重提了己亥（1539）年所讨论的“断除欲根”这一话题，他说：

> 凡去私欲，须于发根处破除始得。私欲之起，必有由来，皆缘自己原有贪好，原有计算，此处漫过，一时洁净，不过潜伏，且恐阴为之培植矣。[④]

与己亥（1539）年讨论这一问题时不同，在这里，念庵的语调

---

① 按，双江与念庵相识是在嘉靖九年（1530）。参见《念庵集》卷十一《双江公七十序》。

② 《双江集》卷三，叶 18 上。

③ 《念庵集》卷五，叶 20 下。

④ 同上书，叶 21 上。

显得更为坚定，他坚持只有从“发根处”着手，才能彻底“破除”私欲。同时，念庵也没有停留于“破除私欲”说，进而对龙溪的观点也展开了积极的反论。首先他引用了一大段龙溪的观点：

> 先师提掇良知，乃虞庭所谓道心之微，一念灵明，无内外、无寂感。吾人不昧此一念灵明，便是致知。随事随物不昧此一念灵明，便是格物。良知是虚，格物是实；虚实相生，天则乃见。盖良知原是无知而无不知，原无一物，方能类万物之情。或以良知未尽妙义，于良知上搀入无知意见，便是异学。或以良知不足以尽天下之变，必加见闻知识，补益而助发之，便是俗学。……若信得良知过时，意即是良知之流行，见即是良知之照察，彻内彻外，原无壅滞，原无帮补，所谓“丹府一粒，点铁成金”。①

据念庵称，这是龙溪“自以为第一义者”。对此，念庵引用阳明“心之本体自然昭明灵觉者也”等说，作了以下的反驳：

> 夫不睹不闻，可谓隐而未形，微而未著矣。然凡吾之发见于外者，即此未形者之所为而未始有加。是虽至隐也，而实莫见乎隐。凡吾之彰显于外者，即此未著者之所为而未始有加。是虽至微也，而实莫显乎微。君子可无戒慎恐惧哉？由是言之，谓良知之体认至虚可也，谓其体虚而形实，亦可也。今曰“良知是虚，格物是实”，岂所谓

① 《念庵集》卷五，叶26下—27上。按，龙溪原文见《龙溪会语》卷一《冲元会纪》第1及第2条，该两条未见《龙溪集》所收《冲元会纪》。

> 不睹不闻有所待而后实乎？……尝观《大学》之言至善，其功在于能止。盖以吾心之体，固有至善，而有知之后，得止为难。知而尝止，非夫良之能止其所而不获其身、不见其人，不失动静之时者，孰能与于此？①

念庵认为，显著（有形）是隐微（未形）“之所为”，意谓前者是后者之因；良知本体“固有至善”，但一旦落在现象层次（有知），再要回复“止至善”之境界则转折烦难（“得止为难”）。显然，这实际上就是归寂说的一套思路。聂双江亦论之详矣。关于隐与显、微与著的关系问题，念庵又喻之为“源头”（又称“原头本体”）与“见在”（又称“见在工夫”）的关系。在较《夏游记》略晚的《答王龙溪》一书中，念庵指出：

> 夫本体与工夫，固当合一，原头与见在，终难尽同。弟平日持原头本体之见解，遂一任知觉之流行，而于见在功夫之持行，不识渊寂之归宿，是以终身转换，卒无所成。②

若从工夫角度看，念庵认为“千古圣贤汲汲诱引，只是要人从见在寻源头”③。可见，对念庵来说，如何达到“渊寂之归宿”，才是工夫着手的根本。

必须承认，如果基于“发见于外者”，“皆此未形者之所为”的观点，对龙溪的“格物是实”之说作这样的批评：“岂所谓不睹不闻有所待而后实乎？”未免显得有些强词夺理，因为龙溪之意显然并不在于讨论已发未发的问题，讲的是唯有

---

① 《念庵集》卷五，叶 27 上下。

② 《明儒学案》卷十八《念庵论学书·答王龙溪》，第 395 页。按，此书不见通行本。

③ 万历本《念庵集》卷十二《甲寅夏游记》，叶 44 下。

通过格物才能达到致知的目的这一道理。如果说“至虚”之本体不以“形实”为存在条件，这一点尚能令龙溪首肯，但是如果否定通过“形实”才能展现“至虚”，否定于事事物物上去作格物之功，这就未免有失偏颇。因为在良知学说的理论构造当中，有这样一个重要观点：良知本体既有“寂然不动”的一面（所谓“源头”），同时又有“发用流行”的一面（所谓“见在”）。也就是说，良知既是一种形上存在，同时又是一种现象存在。“源头”与“见在”当是一而二、二而一之关系，所谓“体用一源”者，是矣。若谓两者“终难尽同”，这只能表明念庵对良知的把握尚未“逼真”，不过这也正是念庵思想的一个独到之处，从后来的思想展开来看，念庵并没有放弃这一观点。

与此有关，念庵又结合《大学》“定静安虑止”等概念，对龙溪的“虚实相生，天则乃见”之说提出了批评：

> 定静安虑者，至善也。能定能静能安能虑者，止至善也。能止而后，至善尽为己有。有诸己，而后谓之有得，则明明德之谓也。是故先之以定静安者，物之所由以格，止之始也。后之以虑者，知之所以为至，止之终也。故谓致知以求其止，可也。谓物则生之于定静，亦可也。今曰“虚实相生，天则乃见”，岂定静反由虑而相生乎？……未发之中，当因学而后致，盖必常定常静，然后可谓之中。则凡致知者，亦必即其所未泯，而益充其所未至，然后可以为诚意。固未尝以一端之善，为圣人之极则也。①

按照儒学的常识来说，“止至善”乃是至上境界。从以上

① 《念庵集》卷五《夏游记》，叶28上下。

念庵所述来看，“止”者本身既是最高境界，同时又是格物等工夫的起点；“定静”既是心体的理想状态，同时又是“物则所生”之根源；“虚实”不能是“相生”的关系，一切之“实”都从“虚”（定静）中所生。理由是“岂定静反由虑而相生乎？”显然这是聂双江的那套归寂理论。必须指出，念庵对“相生”一词有重大误解。他是从生成论的角度来理解“相生”，而事实上龙溪所说的“相生”应当理解为“相形相见”。意即互为表里、彼此相即。显然，从思想上看，“相生”与“相即”或“相形”是有区别的。因此，龙溪后来也承认“虚实相生”一说“本无深说”[①]，意谓仅是针对双江“格物无工夫”之论而发。[②]

令人注意的是念庵的这样一句话：“固未尝以一端之善，为圣人之极则也。”这令人想起第三章已有讨论的阳明“精金之喻”说，此不赘述。不过，念庵此说，其矛头所指乃是龙溪的“良知现成”说。实际上，这才是念庵与龙溪之间所存在的最为根本的思想分歧。关于这一点，念庵在《夏游记》中，还有进一步的阐述：

> ……虽然小人之见在，君子亦一时之感触云尔，自其“闲居之为不善，而至于无所不至”(《大学章句》第6章)，彼诚于中者，果安在哉？故谓良知为端绪之发见，可也。未可即谓时时能为吾心之主宰也。知此良知，思以致之，可也。不容以言语解悟，遂谓之为自得也。……已而忽曰（按，指龙溪）：“若信得良知过时，意即是良知

① 《龙溪集》卷十《答罗念庵》第一书，第713页。

② 参见本书第三章“聂双江论”第七节“格物无工夫”。

之流行，见即是良知之照察，彻内彻外，原无壅滞，原无帮补。所谓‘丹府一粒，点铁成金。’”又若恐人不知良知之妙，当下具足，而速之悟入者，何其讽未一而劝者百也。①

同时，对于这种良知现成、“当下具足”之说有可能产生的种种弊端，念庵又有尖锐批判：

以利欲之盘固，遏之犹恐弗止矣，而欲从其知之所发，以为心体；以血气之浮扬，敛之犹恐弗定也，而欲任其意之所行，以为工夫。畏难苟安者，取便于易从；见小欲速者，坚主于自信。夫注念反观，孰无少觉？因言发虑，理亦昭然，不息之真，既未尽亡，先入之言，又有可（何）据？日滋日甚，日移日远，将无有以存心为拘迫，以改过为粘缀，以取善为比拟，以尽伦为矫饰者乎？而其灭裂恣肆者，又从而诪张簧鼓之，使天下之人遂至于荡然而无归，悍然而不顾。则其陷溺之浅深，吾不知于“俗学”（按，龙溪语）何如也！②

不难看出，念庵的批判乃是基于“以利欲之盘固，遏之犹恐弗止矣”“以血气之浮扬，敛之犹恐弗定也”这一观点。强调的是“遏之”“敛之”。在念庵看来，如果以为“知之所发”或“意之所行”（本然状态→现实状态），便是“心体”、便是“工夫”，则其后果令人堪忧。后人对念庵思想评价颇高，以为念庵不愧为龙溪之“诤友”（孙夏峰语），其因之一盖在于此。甚至龙溪自己也不得不承认：

---

① 《念庵集》卷五，叶 29 下—30 上。

② 同上书，叶 30 下—31 上。

> 世之谈学者，其言曰："无事袭取之劳，而爽然以为固有；不假纤毫之力，而充然以为天成。"念庵子惧其伤于易也，倏忽变化，将至于荡无所归，故为"收摄保聚"之说以救之。①

但是也须指出，上述念庵所指出的种种弊端乃是实践中出现的问题，不能与作为心学原理的"现成良知"说本身混为一谈。如果说由于龙溪提倡"良知现成"，足以"使天下之人遂至于荡然而无归，悍然而不顾"，那么是否也同样可以说，由于念庵提倡"收摄保聚"，足以使天下之人寂然而无为，泰然而自若？显然这种假设本身毫无意义。

在《夏游记》第3部分，收录了《答郭平川》一书，其主要内容也是针对龙溪的"现成良知"说所作的批判，这里只提示两点：一是念庵指出，阳明"亦不以良知为足，而以致知为功"②，这对阳明所一再强调的良知本体当下具足这一重要观点不免有所误解。一是念庵指出，如果只讲"良知"，而略去"致"字不讲，则非"阳明公之本旨"。③念庵的这一说法，不可谓尽非。④

最后须指出，文中还对龙溪的"良知原是无知而无不知"

---

① 《龙溪集》卷八《致知难易解》，第607页。

② 《念庵集》卷五，叶34上。

③ 同上书，叶35上。

④ 唐荆川评《夏游记》曰："中间辨析精切，深有忧于近世卤莽之学，力与破除，可谓有益世教不小。然以此验兄近来所得，则尚有论在。盖犹未免落于文义意见之间，而自己真精神不尽见有洒然透露处。"（《荆川集》卷六《与罗念庵修撰》，第114页）。又，耿天台评冬夏二游记，对《冬游记》有很高评价，而对《夏游记》则有微词，参见《天台集》卷十九《读念庵先生冬夏二游记》。

以及绪山的“知无体，以人情事物之感应为体”等说进行了批驳，并对阳明的“万物一体”论提出了异议。关于这一点，在第二章中已有论述，我们在下节讲到《甲寅夏游记》时还要略作讨论。

四　收摄保聚

戊申《夏游记》完成之后，念庵曾将该文质诸王龙溪，龙溪对此有不满，相约再订斯义。四年之后的甲寅（1554），两者终于在江西重会，《甲寅夏游记》便是此际的产物。它反映的主要是念庵的晚期思想。其中主要记录的与龙溪的论学内容，与戊申《夏游记》有相承之处。首先，龙溪问及念庵撰《夏游记》的意图，念庵援用“知善知恶是良知”来展开论述，提出了与阳明、龙溪不同的见解，认为良知本体固然是“至善”之谓，然而“知善知恶”之“知”则属于已发，乃是“一时之发见焉耳”，若无未发之中作为主宰，便谓此知“常明”，恐有未妥，从而提出了独特的“收摄保聚”之说，以为此说乃是“反求根源”“充达长养”之方。念庵这样说道：

> 阳明先生苦心犯难，提出良知为传授口诀，盖合内外前后一齐包括。稍有帮补，犹有遗漏，即失当时本旨矣。往年见谈学者，皆曰“知善知恶即是良知”“依此行之即是致知”。予尝从此用力，竟无所入，盖久而后悔之。夫良知者，言乎不学不虑、自然之明觉。盖即至善之谓也。吾心之善吾知之，吾心之恶吾知之，不可谓非知也。善恶交杂，岂有为主于中者乎？中无所主而谓知本常明，恐未可也。知有未明，依此行之，而谓无乖戾于既发之后，能顺应于事物之来，恐未可也。故知善知恶之知，随出随

> 派，特一时之发见焉耳。一时之发见，未可尽指为本体，则自然之明觉，固当反求其根源。盖人生而静，未有不善，不善者动之妄也。主静以复之，道始凝而不流矣。神发为知，良知者静而明也。妄动以杂之几，始失而难复矣。故必有收摄保聚之功，以为充达长养之地，而后定静安虑由此以出。①

应承认，念庵此处所述，较之戊申《夏游记》显得更为明畅。但不容否认：将“知善知恶是为良知”解释为“随出随派”之知，这是一个误解。②良知本体若无“知善知恶”“知是知非”的道德认知能力，也就不成其为良知。按阳明的良知学说，良知既是“人生而静”以上的形上存在，同时又是“当下具足”的现实存在。也就是说，随时随处无不有良知“发用流行”。在此意义上可以说“知善知恶”之“知”确有“一时之发见”的一面。严密而言，也许应这样说：良知具有“时时发见”“处处流行”的现实性，即良知见在性。究极而言，也就是阳明所说的“天地万物俱在我良知的发用流行中”③。

不过，念庵之所以强调“知善知恶”之“知”未可指为“本体”，这是因为念庵把良知的道德认知能力误解为一般意义上的知觉能力。如同聂双江批判“以知觉为良知”一样，念庵也认为其思想根源正在于把“一时之发见”之“知”认作良知“本体”之故。然而实际上，即便是龙溪（亦含欧阳南野）并

---

① 万历本《念庵集》卷十二《甲寅夏游记》，叶36上—37上。按，通行本所收该文有严重脱误。

② 顾宪成亦以为念庵此说于阳明之旨不免“契悟未尽也”，参见《小心斋札记》卷十八。

③《传习录》下，第269条。按，讲的是良知存在的遍在性、见在性特征。

没有“良知即知觉”之类的主张。

按照龙溪的观点来看，良知在本质上不同于知觉，但是良知又不能与知觉完全割离。①如果从“静而明”（未发）、“动而妄”（已发）这一动静关系的角度出发，以此证明良知本体只有“静寂”的一面，因此只有通过“收摄保聚”之功，良知本体才能得以展现自身，这就不免陷入另一种理论上的混乱，即把工夫实践的问题与本体论层次上的问题混为一谈。正如龙溪对念庵主张“收摄保聚”所下的一个评语那样：“将以救病，非言学也。”②意谓念庵虽有“救世”“苦心”，但所开的“药方”却违背了思想原理。可以说，龙溪的这一评语点中了念庵思想的要害。因为“收摄保聚”之类的“药方”，能否救世匡正，不得不打上一个问号。

正如在上一章考察双江思想时所看到的那样，双江亦以为“知是知非者心之用”，上述念庵的观点实际上与双江此说并无根本不同。话题再回到《甲寅夏游记》上来。在念庵说出当时撰述戊申《夏游记》的用意之后③，针对龙溪所问“近日觉如

---

① 如：“良知非知觉之谓，然舍知觉无良知。”（《明儒学案》卷十八《念庵论学书·答王龙溪》，第395页）对此，念庵反驳道：“良知之无分于动静，舍知觉精神无所谓良知。今之学者，孰不知之？孰不谈之？至实有见于动静之间，而能辨知觉精神之敛散者，有几？即使归静敛实，一意内顾，尚有厌烦喜静之疑，又况随感发知，任意流动，以为吾之良知本无所分，则亦未尝有所尝失，其亦误矣！”（光绪本《念庵文录》卷四《答同志·甲寅》，叶7下—8上。按，通行本无此书）

② 引自《念庵集》卷十《良知辨》，叶11上。

③ 念庵的说明是：“凡此皆欲效忠于兄（按，指龙溪），亦为先生（按，指阳明）发所未发。”

何”，念庵又发了一大通议论，从中可以看出念庵思想较之4年之前又有某些变化。略引如下，且分4段录出：

> 当时[①]之为收摄保聚，偏矣。盖识吾心之本然者，犹未尽也。以为寂在感先，感由寂发。夫谓感由寂发，可也，然不免于执寂有处。谓寂在感先，可也，然不免于指感有时。彼此既分动静为二，此乃二氏之所深非，以为边见而害道者。我固坚信而固执之，其流之弊，必至重于为我，疏于应物，而有不自觉者。岂《大学》明明德于天下之本旨哉？
>
> 盖久而复疑之，夫心一而已，自其不出位而言，谓之寂，位有常尊，非守内之谓也；自其常通微而言，谓为感，发微而通，非逐外之谓也。寂非守内，故未可言处，以其能感故也。绝感之寂，寂非真寂矣。感非逐外，故未可言时，以其本寂故也。离寂之感，感非正感矣。此乃同出而异名，吾心之本然也。寂者一，感者不一，是故有动有静，有作有止。人知动作之为感矣，不知静与动、止与作之异者，境也。而在吾心，未尝随境异也。随境有异，是离寂之感矣。感而至于酬酢万变，不可胜穷，而皆不外乎通微。是乃所谓几也。故酬酢万变，而于寂者未尝有碍，非不碍也，吾有所主故也。苟无所主，则亦驰逐而不返矣。声臭俱泯，而于感者未尝有息，非不息也，吾无所倚故也。苟无所倚，则亦胶固而不通矣。此所谓收摄保聚之功。
>
> 君子知几之学也。学者自信于此，灼然不移，即谓之守寂可也，谓之妙感亦可也；即谓之主静可也，谓之慎动

---

① 按，指撰述《夏游记》之时，即指戊申至庚戌。

亦可也。此岂言说之可定哉？……

使于真寂端倪果能察识，随动随静，无有出入，不与世界物事成对待，不倚自己知见作主宰，不著道理名目生证解，不借言语发挥添精神，即此渐能自信。果能自信，则收摄保聚之功，自有准则。①

以上的观点，颇为重要。劈头一句："当时之为收摄保聚，偏矣。"但并非表明念庵对"收摄保聚"说本身有所怀疑，而是反省自己于寂感问题上，未免有"执寂有处""指感有时"之误。念庵一方面并未放弃"寂在感先，感由寂发"的观点，另一方面也承认"绝感之寂，寂非真寂""离寂之感，感非正感"。可见，与双江所主"未发有时"有所不同，念庵认为"指感有时"未免有误，指出"未可言时"，这倒是与龙溪在寂感问题上的观点相近，故龙溪对以上念庵所说未置可否，止曰："兄已见破到此，弟复何言！"

但是，这并不意味着念庵与龙溪在思想上已然趋于一致。其实细观全文，仍可看出念庵颇为费词地论述了"收摄保聚"的重要性。按念庵的解释，"收摄保聚"也就是要求做到"吾有所主"，并且通过把握寂感之"几"，便能收到"收摄保聚之功"。然而此处所谓的"知几"，形同虚设，按念庵之意，应该反过来说：只有通过"收摄保聚"才能做到"知几"。

第4段所云"使于真寂端倪果能察识"至"则收摄保聚之功，自有准则"的表述方法，其中也缺乏一个前提设定，若依念庵之真意，也应该反过来说：唯有通过"收摄保聚"才能"察识"端倪。表面看来，念庵似乎强调了"寂感合一""动静

---

① 万历本《念庵集》卷十二《甲寅夏游记》，叶38上—40上。

随时”，但是归根结蒂，念庵并没有放弃“主静守寂”的立场。他说只要察识“真寂端倪”，谓之主静亦可，谓之慎动亦可，确能令论敌无从质难。①其云“岂言说可以定哉”，也不能简单地斥之为无原则的折衷之词。只是在念庵看来，较之随事随物行致知工夫而言，主静收敛才是良知的“致”字之方，他说：

> 近里安顿，乃在收敛枯槁一番后，精神自不走透，然后得之。至此方可语良知之通塞。②

这段话的意思已很明确，良知在人的状态如何，端在于“收敛枯槁”的工夫之后，才能讲清楚。在另一处，念庵也明确提出“良知本静”的主张，认为主静所以致良知：

> 今之言良知者，恶闻静之一言，以为良知该动静、合内外，而今主于静焉，偏矣，何以动应？此恐执言而或未尽其意也。夫良知该动静、合内外，其统体也。吾之主静，所以致之，盖言学也。学必有所由而入，有入室而不由户者，苟入矣，虽谓良知本静亦可也，虽谓致知为慎动亦可也。③

这是说，“动静合一”乃是就良知本体而言，“主静所以致之”才是致良知之工夫。最后的结论也与上引第3段《甲寅夏游记》之说一致。据此，回过来看念庵在该《记》开首所云

---

① 这种论述方法，与阳明所谓只要“良知明白，随你去静处体悟也好，随你去事上磨练也好”（《传习录》下，第262条）的说法如出一辙。在某种意义上可以说，阳明的这些说法，确给后人弟子带来种种不同诠释的可能性。

② 《念庵集》卷三《答胡督学》，叶48下。按，书中云“两日正作《龙场祠记》”，查光绪本《念庵文录》卷四《寄王龙溪（丙辰）》，述及《龙场祠记》已撰成。可知该书当作于1556年。

③ 《念庵集》卷三《答董蓉山》，叶39上。按，嘉靖本《念庵集》卷一，题作“丙辰”。

“当时之为收摄保聚，偏矣”，已然不攻自破。不过也应看到，念庵的表述虽然有些曲折，但是同时也正表明其主静思想至此已经变得更为圆熟。

在《甲寅夏游记》末尾，还有一段重要内容，记录了王龙溪与刘狮泉就“见在良知与圣人同异”问题所展开的争论（此不具引）[①]，东廓及龙溪请念庵为之“折衷”，念庵指出：

> 狮泉早年，为见在良知便是全体所误，故从自心窾识立说。学者用功，决当如此。但分主宰流行两项，工夫却难归一。龙溪指点极是透彻，却须体狮泉受用见在之说，从摄取进步，处处绵密，始是真悟。不尔，只成玩弄。始是去两短取两长，不负今日切磋也。若愚夫愚妇与圣人同异一段，前《夏游记》(即戊申年《夏游记》)中，亦尝致疑，但不至如狮泉云云大截然耳。千古圣贤汲汲诱引，只是要人从见在寻源头，不曾别将一心换却此心。且如兄（按，指刘狮泉）言‘开天辟地、鼎立乾坤’，以为吾自创业，不享见在，固是苦心语，不成[②]悬空做得？只是时时不可无收摄保聚之功，使精神归一，常虚常定，日精日健。不可直任见在以为止足。此弟与二兄实致力处耳。[③]

念庵虽然没有不赞成狮泉的“性命兼修”之说，但在反对“享用见在”这一关键问题上，却与狮泉的立场一致，而与龙溪的观点存在根本分歧。故念庵在与龙溪告别之际，说了一段意味深长的话，直令龙溪如芒刺在背：

---

① 万历本《念庵集》卷十二，叶43下；《龙溪集》卷四《与狮泉刘子问答》。

② “不成”二字，《明儒学案》作“岂是”。

③ 万历本《念庵集》卷十二《甲寅夏游记》，叶4上下。

予曰："阳明先生之学，其为圣学无疑矣。惜也速亡，未至究竟，是门下之责也。然为门下者有二：有往来未密，煅炼未久，而许可大（太）早者至于今，或守师说以淑人，或就已见以成学，此非有负于先生，乃先生负斯人也。公等诸人，其与往来甚密，其受煅炼最久，其得证问最明，今年已过矣，犹不能究竟此学，以求先生之所未至，却非先生负诸人，乃是公等负先生矣。尚何诿哉？"于是，龙溪矍然起坐曰："惠我至矣！"①

这是说，由于阳明早逝而其说未得"究竟"——即未能全部展开，所以现在的责任就落在王门诸子的身上；然而王门中出现了两种学说的分裂现象，若不能"究竟此学"，则龙溪等人"有负先生（阳明）"多矣。言外之意分明是说，导致王门众说纷纭莫衷一是的责任全在龙溪。

至此可见，在甲寅（1554）夏，念庵与龙溪已经彻底分裂，念庵的主静立场已不可动摇。甲寅次年乙卯（1555），念庵曾入楚山静坐，"静久大觉"，则可看作念庵"吾之主静"的一次实践。那么，所谓"大觉"，究竟有何具体所指呢？按其自述，念庵在静坐三月之后，对于先贤往圣所主张的诸如："仁者浑然与物同体"（程明道）、"宇宙内事乃己分内事"（陆象山）、"为天地立心、为生民立命、为往圣继绝学、为万世开太平"（张横渠）、"以先知觉后知、以先觉觉后觉"（伊尹）、"汲汲遑遑""舍我其谁"（孔孟）等说大有所悟。归结而言，也就是对"万物一体"论最终获得了领悟。②

若回到戊申《夏游记》，我们看到念庵对阳明的"万物

---

① 万历本《念庵集》卷十二《甲寅夏游记》，叶45下—46上。

② 以上参见《念庵集》卷四《答蒋道林》。按，该书作于丙辰。

一体”论尚有异议[①]，这说明胡庐山说念庵思想至此始“洞然彻矣”[②]，当非虚言。辛亥（1551），念庵在与友人书中提及该《记》之所以对“万物一体”论置疑之由，说道：

> “拔本塞源”之论，所以破除后世之习，而大人之学实不外此。今讲学者，既于人情物理混失不睹不闻，又往往假“万物一体”之论，以营己私，反为“拔本塞源”增一障碍，是以欲别白之，但语意不莹，不能自达。……[③]

虽然念庵自认“词不达意”，但是表明他在当时对“万物一体”问题尚未完全释疑。及至后来作《答蒋道林》之时，念庵始对“万物一体”论的看法有了根本性的转变。

耐人寻味的是，导致这一思想变化的契机却是入山静坐三月（关于此次静坐，下节还将讨论）。同年丙辰，念庵曾与龙溪谈及《答蒋道林》一书，自称：

> 《答蒋道林》乃出近来鄙见，难向人开口此件，我朝惟阳明公悟得行得。[④]

① 参见本书第二章“钱绪山论”。

② 参见《念庵行状》。

③ 《念庵文录》卷四《答项瓯东（辛亥）》，叶13上。按，项瓯东欲将戊申《夏游记》付梓，念庵去书阻之。四年后甲寅，念庵自称《夏游记》之撰“尚落言诠，所谓法华转也”（《念庵文录》卷四《答同志（甲寅）》，叶7上）可见，《夏游记》并不能表明念庵思想之成熟。

④ 《念庵文录》卷四《寄王龙溪（丙辰）》，叶6下。按，通行本无此书。嘉靖本将此冠于卷一之首。又黄佐对此书有严厉批评，不妨一参：“今观其集，首《答蒋道林》书，‘不展卷三阅月，而后觉此心中虚无物，旁通无穷，如长空云气流行，大海鱼龙变化，岂非执灵明以为用者耶？’……然既曰无物，又有鱼龙，而宇宙浑成一片，此即野狐禅所谓‘圆陀陀、光烁烁’也。其与旧日《冬游记》等记，更无二致。”（《广理学备考》所收《黄太泉集·复何宾岩镗书》，叶16上）

足见，念庵颇为看重此书，且认为其中所述唯有阳明“悟得行得”，具体所指无疑就是“万物一体”论。

在本节最后，简单地提一下《松原志晤》，目的是为我们下一节的讨论提供一个引子，其中涉及静坐问题以及现成良知问题。壬戌年冬，龙溪忽访念庵于松原①，两人之间留下了不少文字记录。②据龙溪所述，至壬戌（1562）年冬为止，念庵已经闭关三年，足不出户，人或疑其偏于“枯静”，龙溪念之不已，故趋访之云云。至则日见念庵忙于乡里均平赋役之事，而无厌倦之色，夜则与龙溪“联床趺坐”，往复证学。按念庵自述，其时“虽甚纷纷，不觉身倦，一切杂念不入，亦不见动静二境”③，意谓自己已经达到了“动静合一”之境。当然，对于此类经验之谈，吾人不必照单全收，完全置信。与刘念台对该文有极高评价不同，黄宗羲对该文却颇为冷淡，在《明儒学案》中只引用了其中一句④，较之宗羲大段引用念庵三游记而言，其对《志晤》一文的低调处理显得尤为突出。宗羲当然没有言明个中缘由，但也不难想象宗羲肯定对该文中的某些内容，意有不满。我们知道，念庵在该文中，说出了“世间那有现成良知”这句名言。合观上述《甲寅夏游记》的内容，可以

---

① 按，此次访问似与校订《阳明年谱》有关，其时绪山亦同往。参见《念庵集》卷八《松原志晤》、《龙溪集》卷二十《绪山行状》。

② 念庵撰有《松原志晤》、《书王龙溪卷》（《念庵集》卷八），龙溪撰有《松原晤语》（《龙溪集》卷二）、《松原晤语寿念庵罗丈》（《龙溪集》卷十四）等。

③ 《念庵集》卷八《松原志晤》，叶38上下。按，对念庵的这段自述，刘念台评曰：“凡此皆有得于艮背之旨者，而念庵直溯濂溪，单刀直入，尤为径捷。”（《刘子全书》卷八《艮止说》，叶29上）文中引念庵之言四段，均有极高评价。

④ 即“杂念渐少，则感应处便自顺应”（《明儒学案》卷十八，第428页）。

说念庵的这一结论，反映了其思想上的必然性。但是，后人却较少注意到念庵之所以得出这一结论的前提，其实，念庵的这句话与龙溪在当时所讲的“《参同》大旨”有关。

五　世间那有现成良知

> ……次早，纵论二氏之学及《参同契》。龙溪曰：“世间那有现成先天一气，先天一气非下万死工夫，断不能生，不是现成可得。生机出于杀机，不杀不生天地真机。故水能制火，不激不灭；木能出火，不钻不然。此一部《参同》大旨也。”余应声赞曰：“兄此言极是。世间那有现成良知，良知非万死工夫，断不能生也，不是现成可得。今人误将良知作现成看，不知下致良知工夫，奔放驰逐，无有止息，茫荡一生，有何成就？谚云：‘现钱易使。’此最善譬。今人治家，亦须常有生息，方免穷蹙。若无收敛静定之功，却说自有良知善应，即恐孔孟复生，亦不敢承当也。”①

这是“世间那有现成良知”这句话的前后文。可见，引出这句话的契机乃是念庵与龙溪对道教的重要经典《周易参同契》的讨论。龙溪在这里所讲述的问题，实与炼丹术有关。“生机”与“杀机”这对概念，语出《阴符经》，是与炼丹术有关的重要术语。念庵所说的“生息”与“止息”这对概念，亦与“调息法”（参见本书第六章）有关。若就“现成先天一气”与“现成良知”这两个概念而言，在内涵上显然不同，一是属于气之范畴；一是属于伦理学概念。然而若从本体论的层面来看，良知

---

① 《念庵集》卷八《松原志晤》，叶38下—39上。

本体固然是先天存在，同样，“先天一气”亦是一种先天存在。既然“先天一气”不是“现成可得”，那么此说也同样可以适用于“先天良知”。这是一个看似不言自明的推理，但是却犯了一个不可类比的错误，因为“先天一气”与“良知”毕竟是两个完全不同的概念，不能作简单的雷同比附。龙溪之意在于阐述道教内丹思想之重视炼气工夫，而并无意图将“现成良知”与“先天一气”相提并论。可以说念庵玩了一个偷换概念的“把戏”。当然，其目的是为了批判“现成良知”说。

龙溪在《松原晤语》中指出：现成良知与圣人未尝不同，如果因为世间“虚见附和之辈”轻信良知，未肯致力，故“必以现在良知与尧舜不同，必待工夫修整而后可得，则未免于矫枉之过”。[①] 就是说，不能因为今人看得良知太浅，说得致良知太易，而并疑良知本体，亦即“吾人不能神应，不可持以病良知”[②] 之意。反过来看，如果从只有“下致良知工夫”才能把握良知这一前提出发，由此结论便是：“良知非万死工夫，断不能生也。”那么，良知便成了一种后天造化的产物，也就无所谓先天至善。[③] 这显然有悖于阳明的良知学说。

其实，念庵主张“世间无现成良知”，从根本上否定所谓的良知现成说，其目的既在于针砭龙溪之弊，又在于突出“收摄保聚”的重要性。因为在他看来，“收摄保聚”的工夫论与

---

① 《龙溪集》卷二，第 208 页。

② 引自《念庵集》卷十《良知辨》，叶 11 上。

③ 关于这一点，耿天台及其弟子刘元卿业已指出，参见序章“现成良知”。顺便指出，耿天台作《念庵传》，对《松原志晤》一文只字未提，对《甲寅夏游记》中有关批判“现成良知”的记载，也全部略去。看来，天台对念庵的晚年思想似乎不以为然。

“现成良知”的本体论只能二者取一、非此即彼。那么，何谓“收摄保聚”呢？尽管在上述行文当中，“收摄保聚”一词已频繁出现，但是对于其具体内涵，念庵并没有作具体分析，好在龙溪有一个简明的诠释，不妨一参：

> ……念庵子惧其伤于易也，倏忽变化，将至于荡无所归，故为“收摄保聚”之说，以救之。其意以为：日月之贞明，人皆仰之，至其所以生明，未有测其然者。观之于夕，群动息矣，然后真机回复而为朝；观之于晦，六阴究矣，然后真阳逆受而为朔。盖藏不密者，用不章；畜（蓄）不极者，施不著。收摄保聚，所以为复为逆，培其固有贞明之体，而达其天成之用也。[①]

“其意以为”以下一段文字是对“收摄保聚”说的解释。乍见之下，实有不知所云之感。其中出现了“真机”“六阴”“真阳”，乃至“复”“逆”等专用术语，虽然源自儒家《易》学（严格来说，应除去“真机”和“真阳”两词）[②]，讲的意思却与儒家《易》学思想似是而非，毋宁说是一种道教式的《易》学理论，而且与唐宋以后盛行起来的内丹修炼的说法十分相似，尤其是所谓的“真阳逆受”，便是唐宋之际流行的内丹术的一个重要内容。

也许，龙溪的上述理解只能表明他自己深受道教养生思想的影响，而与念庵无关。但是，在松原之会上，“纵论二氏之

① 《龙溪集》卷八《致知难易解》，第607—608页。

② 儒家十三经经文中不见“真”字，经顾炎武指出（《日知录》卷十八）、段玉裁考证（《说文解字注》卷八上）之后，已成定说。顺便指出，“真”字出现于王弼注《老子》3例、郭象注《庄子》67例。显然是道家所重视的概念。

学及《参同契》”，这是出自念庵之口的一句话，足见念庵对道教问题亦有关心。两人之间虽有意见分歧，但也并非没有一致之处。比如念庵后来在谈到与龙溪的这次会晤时，曾这样说道：“会龙溪自怀玉来，与信宿，颇相印证，不以为远，从此可以安身矣。”① 其语调较之《甲寅夏游记》要缓和得多。再说，“收摄保聚”固是针对心学末流的诸种流弊而发，其实此说既与濂溪的“无欲故静”说有相承之处（如刘念台等人便作此解），同时也含有道教养生家的思想因素。念庵曾经吐露：

> “至宝不宜轻弄”，此丹家语也。然于此件颇相类，千古圣贤只有收摄保聚法，不肯轻弄以至于死。故曰：“兢兢业业，过了一生。”②

所谓“至宝不可轻弄”，即养生家的“固本”“强身”之意，念庵将“收摄保聚”与此相提并论，足见念庵深受道教养生思想之启发，似无可疑。

这里还有一段重要的资料，可以说明念庵于晚年寄心《参同》之旨，这是念庵于己未（1559）年闭关静坐之后所披露的一段话：

> ……执事闻仆闭关（按，指静居石莲洞），若有疑于外道者，殊不然也。往年泛滥于各家，深奇老氏之玄，以为握阴阳之枢杻，可夺造化③，反复《参同》，究其指归，

---

① 《念庵集》卷四《与周洞岩》，叶22上。

② 《明儒学案》卷十八《念庵论学书·寄工龙溪》，第405页。按，此书不见通行本。

③ 此即“盗天地、夺造化”之意，语出《崔公入药镜》。元代王道渊《崔公入药镜注解》曰：“丹经云：人心与天心合，颠倒阴阳只片时。此即一呼一吸，能夺造化。”（《道藏》洞真部玉诀类）

> 而辞隐义微，旁解杂见，不能悬忆。方外庸鄙，口传尤谬，遂不复留意。二年室中默坐，将收拾散亡，专精息念，以庶几良知明莹，了数十年心愿。……夫玄学近亦有能言矣，易简且见效者。大约须绝家室、去应酬、枯槁深山，然后可成。及其成也，又须密意保养，不令涉事，才劳顿便散失，惟与木石为伍，则可。此圣贤所以不肖为，决非用世者所得兼也。①

其中“往年泛滥”云云，当然并非特指晚年而言。② 总之，念庵晚年静坐石莲洞，是为了“专精息念”，以“了数十年心愿”。其云“夫玄学近亦有能言矣”，则可表明念庵已经修炼到了一定的境界。从“收拾散亡”到“密意保养”，亦可理解为是对“收摄保聚”的一种注脚。若将此处所述与《松原志晤》作一合观，便不难理解为何念庵与龙溪一样，也对《参同契》颇感兴趣之缘由。

从以上各节所述可见，念庵生平曾有无数次的静坐实践，而且每每于静坐之后便忽有所悟，由于这类体验的“神秘”属性，故而其叙述往往语焉不详，难以窥其具体真相，但至少可以断定念庵的“收摄保聚”说与其静坐体验必有重要关联。

为说明这一点，我们再回过来考察一下乙卯年念庵入楚山静坐一事。据耿天台《念庵传》的记载，念庵当时在静坐体验之后，曾经“咏《夜坐》诗十首”，用以抒发当时的心境与感受，庐山则在《念庵行状》中，指出念庵思想最终成熟于乙卯

① 《念庵集》卷四《与凌洋山》，叶 14 上下。

② 念庵曾自述：“余少慕玄虚，厌世事，不知异于圣人也。已而悔之，则身病矣。”（《念庵集》卷十《题九边图》，叶 25 上）

年，但对《夜坐》诗却只字不提。其实，与次年所作《答蒋道林》相比较，《夜坐》诗更为直接地表现了念庵当时的体验。然而，这十首《夜坐》诗并不见于通行本《念庵集》，显然是故意的删除，在万历本《念庵集》卷五当中也只选录了其中的七首。倒是刊刻较早的嘉靖本《念庵集》以及万历三十一年序刻的《念庵文要》本，全文收录了这十首《夜坐》诗。关于这十首《夜坐》诗，这里不必一一罗列介绍。我们感兴趣的是，围绕这些《夜坐》诗，在当时竟引发了一些议论。

我们先从耿天台《里中三异传》的记载说起，根据这篇文献的记录，当时，念庵与龙溪再加上另一位方外之士方湛一[①]一起共游。起因是念庵获悉方湛一对《息心诀》颇有自得，于是两人相约“入山习静”，顺便也将王龙溪拉上，后龙溪先归，而念庵独与湛一留在道明山中，每天“短榻夜坐”，过了一段时间之后，发现湛一的修炼竟然一无所获，念庵非常后悔，云云。姑录于下：

> （方湛一）自负得“息心诀”，谓“学圣者亦须静中恍见端倪始得。”罗先生然之，约偕之入山习静。吉州诸长老咸尼，罗先生不听，遂与王先生（按，指龙溪）偕至山人里居。顷之，王先生先辞归，罗先生独留栖道明山中，短榻夜坐。踰时，念山人（按，指方湛一）无所得，愤悔至发疽，无恙乃还。既还，其夫人又殂，不及诀，以是益恨山人。[②]

天台的记述显然是有立场的，他特意指出念庵对自己的这

① 关于方湛一，详见《天台集》卷十六《里中三异传》。

② 《天台集》卷十六，第1639—1640页。

次静坐非常“愤悔”，完全是为念庵“避嫌”，意在表明念庵绝没有受异端所惑。然而关于这次事件的经过，黄宗羲对天台的记录大不以为然，以为天台不了解念庵，黄宗羲的依据就是念庵的十首《夜坐》诗：

> 今观其《夜坐》诸诗，皆得之黄陂（按，即方湛一）者，一时之所证入，固非与时所可窥见，又何至以妻子一诀，自动其心乎？可谓不知先生者矣。①

其云“《夜坐》诸诗，皆得之黄陂者”，值得注意。我相信黄宗羲是在读了《夜坐》诗后才这样断言的，故有理由相信念庵在当时的体悟正与其实践“息心”之术有关。只是个中详情，现在已难窥测，因为黄宗羲《明儒学案》的“罗念庵小传”也叙述得十分简略，他只是点到为止。

不过我们意外发现了其他一些可作旁证的史料，可以稍微深入地了解当时念庵的静坐实践的某些内涵。其实，若干年后［大致在壬戌（1562）年前后］，罗念庵与钱绪山为校核《阳明年谱》，互相之间曾有多封书信往来，这篇书信的主题当然围绕《阳明年谱》的问题。除此之外，两人也自然地谈了一些学术问题，话题是由绪山挑起的，他十分欣赏念庵的十首《夜坐》诗，不过也表示了一些疑问，于是，在两人之间发生了多次的反复讨论。这些讨论反映了念庵逝世前二三年的思想，值得重视。先来看一下绪山的说法：

> 闲中读兄《夜坐》十诗，词句清绝，造悟精深，珍味入口，令人隽永。比之宋儒感兴诸作，加一等矣。幸教幸教。然中有愿正者，与兄更详之。……“调息”“杀机”“亥

① 《明儒学案》卷十八《罗念庵传》，第390页。

> 子”[1]诸说，知兄寓言，然亦宜藏默。盖学贵精，最忌驳。道家说性命，与圣人所间毫厘耳。……兄为后学启口容声，关系匪细，立言之间，不可不慎也。[2]

在这里，绪山似乎扮演了“卫道”者的角色，对念庵进行了忠告，因为在绪山看来，念庵《夜坐》诗中讲到的所谓“调息”“杀机”[3]“亥子”等说，无一不是道家性命之说，更与吾儒圣学所差毫厘而谬以千里，因此不得不慎。无疑地，所谓“调息”等这些用语与道教内丹术有关，较诸“收摄保聚”说更富有技术性的含义。姑摘引两首如下：

> 连宵无梦只冷然，气象依稀未发前。始信古人常待旦，不缘亥子有先天。
>
> 无事闲看《调息箴》，周天卦数试从今。有时测气非窥管，每夜焚香必正襟。[4]

不难看出，抒发的是一种特殊的意境，其中出现的“亥子”“《调息箴》”（按，朱子作品）“周天卦数”“每夜焚香”等令人联想到某种特殊的修炼术。

针对上述绪山的批评，念庵有书作答，兹不烦引。书中引

① 关于以上三语，详参本书第六章“王龙溪论”。据念庵弟子万思默称，念庵曾教思默“气昼夜聚始有力”（《学易斋集》卷四《别萧兑隅序》，东京尊经阁文库藏明刻本，叶30上）。思默践之，“于是定夜坐之盟，痛自收敛”。最终未见收效，叹道：“固不知何时可譬师言也。”（同上）是乃习“亥子”之术。

② 《王阳明全集》卷三十七，钱绪山：《论年谱书》第五书，第1372—1373页。按，此书作于癸亥。

③ 查万历三十一年刊《念庵文要》卷六《夜坐》十首之中，未见“杀机”一词。

④ 万历本《念庵集》卷五《夜坐》，叶39上、叶40上。

用了陈白沙的《夜坐》诗，其中有“天根亥子”[①]之说，念庵称自己所作的《夜坐》诗实是“欲反其意”，只不过因为“词不达意”，因此引起了不必要的误会。[②]对此辩解，绪山又有进一步的追问，并再次告诫念庵“幸再详之”。[③]总之，从这些往来书信当中可以看出，念庵晚年对“天根亥子”等养生术寄予了莫大的关心。

综上所述，后人注目于“世间那有现成良知”一句，据此以为念庵对于阳明后学之弊不无纠正之功，此见虽未必尽非，然而念庵晚年寄心于静坐，并与龙溪热心讨论《参同》，这些现象也不可忽视。从念庵思想的整个历程来看，“收摄保聚”说固然是其思想上的一个归结点，然而此说本身实有某种“神秘”色彩[④]，其中有不少难以窥测的成分，当与道教的收敛内视、静坐息心等养生之术不无关联。当然，我在这里并无意指称念庵思想是“阳儒阴道”[⑤]或“道本儒用”，只是想指出这样一点：一旦讲到身心修养或者身体锻炼等问题，自与儒家的那种注重人伦的价值取向有所不同，必然引起人们对于如何正确把握身心关系等问题的深切关注，与儒家相比，养生家们在这方面作出了更多的提示。最后还必须指出的是，对于念庵晚年所表现出的这种思想倾向，应该引起我们的重视。否则的话，对念庵思想的认识及其评价便会发生偏差。

---

① 关于“天根亥子”说，参见本书第六章“王龙溪论”。

② 《王阳明全集》卷三十七，罗念庵《论年谱书》第七书。按，此书作于癸亥。

③ 同上书，钱绪山《论年谱书》第九书。

④ 据《念庵行状》称，念庵晚年静坐久之，“心每前知”。《明儒学案》亦载此事。

⑤ 按，刘念台对龙溪有类似评价，参见《明儒学案》卷十二，第248页。

六　结　语

我们在第三章为聂双江作"结语"之时，已经指出在阳明后学乃至整个晚明思想的展开过程当中，存在着一股"主静"主义的思潮。综观上述，可以得出这样一个初步的结论：念庵思想乃是这一"主静"主义思潮中的一个典型。问题是，对于这种"主静"思想，我们应当如何看待，并作出怎样的评价？

首先，如龙溪所指出的那样："收摄体会，终涉自爱。"这是立足于儒家的重视人伦经世这一思想立场得出的结论。诚然对于这类指责，念庵也时有反省（如《甲寅夏游记》），然而正如上述，念庵并没有因此而放弃"收摄保聚"之主张，恰恰相反，直至晚年，更是身体力行"收敛静定"之功，甚至"闭关三年""默默一室"。①这表明念庵一方面并非不知"儒者之学以经世为用"②的道理，若一味"静坐"则有可能导致"重于为我，疏于应物"；另一方面，他又坚持认为儒者之学"其实以无欲为本"③，而欲断除欲根，则须"归静"。④所谓"静坐"，

---

① "闭关"始于己未年，约于是年在《与泉□果斋侄》中云："余自冬至后，即屏坐一室，更不见诸宾客，亦欲收拾精神，了自家一心。即今不出户者三月余，尚未有所得。"（《念庵集》卷四，叶 14 上）其实早在丙辰年《寄尹道舆》中既已吐露："改岁欲谢绝人事，默坐以待尽。即非待尽人，亦当如待尽人之心，始有结果处。"（《念庵集》卷三，叶 51 下—52 上）

② 《念庵文录》卷九《遗玉录序》，叶 31 上。

③ 同上。

④ 《念庵集》卷八《垂虹岩说静》。按，该文记录与王敬所论"静"，作于丁巳（1557）。参见《念庵文录》卷九《前村黄节妇传》，言及敬所于丁巳岁访念庵一事。

无非是一种个人的体验，自有难以向人道者[①]；同时又是无事时工夫，人若无事，且去静坐（这是程朱以来的常套说法），遇有事来，从而应之，是谓动静两境合而为一者矣。故“默坐”一室固是“静”，动应之时亦莫非是“静定工夫”。如此看来，若以忽略人伦实践为由，来指责“静坐”，便未免缺乏理论上的说服力。所以可以从两个方面来看，第一，念庵尽管“默坐一室”，但也并非一概拒斥应事接物，遇有事来，且能“应付自如”，据称是已然达到“动静合一”之境（如《松原志晤》）[②]；第二，在念庵看来，“默默一室中，亦是了天下万物，了天下万物，亦与默默室中无加损”[③]。此即孟子所谓的“万物皆备于我”之旨，亦与“道南一派”所谓的“默坐澄心，体认天理”之意相契。关于第一点，已见上述。重要的是第二点，若以为主静为非，便须从理论上解答“静坐”之后体验到“万物一体”的内涵究为何指等问题。乙卯年念庵入山静坐三月，忽而有悟“万物一体”，这一思想转变显然与静坐有关。如果无视这种思想转变的内在契机，仅用儒家重经世之常识来指责静坐，至少不能令念庵首肯。

---

① 如念庵曾说：“静中自悟，向此自进自求，非人言可及，亦朋友所不能尽也。”（《念庵集》卷四《与王少方》，叶 34 上）

② 念庵弟子胡庐山对于《松原志晤》语及“收敛静定”，表示“稍有难色”，念庵辩解道：“予之收敛定静，非外事物酬应也。自身验之，愈收敛，愈周遍，稍不静定，即作用不切。盖自信此路，时时可用，盖实说也。”（《念庵集》卷八《书胡正甫册》，叶 20 下）

③ 《念庵集》卷三《答董生》，叶 61 上。按，于孔兼尝云：“近读《罗念庵集》，有‘默默一室中，便可了得天下万物’之句，初未甚解，既静思之，即中和位育之景象也。”（《山居稿》卷五《简薛玄石》，东京内阁文库藏万历四十一年序刻本，叶 29 上）

其次，念庵承认“良知”之在人心“固不泯矣”[①]，同时他也认为“良知”固然“无不良者”，问题是“有不良者，果孰为之”？在他看来，这是一个必须彻底追究的问题。现实社会中的芸芸众生千差万别，“人品不齐，工力不等”，若告之以“知无不良”一语，令其自信一念之良知，却将“致”字之方秘而不宣，其结果徒“增他人之纵肆也”，因此“致良知乃‘致’字是先圣吃紧为人语”。[②]此处所说，反映出念庵反对“现成良知”说的主要思想原因。但是念庵的种种怀疑也未免有这样一种可能：指向“良知”本身。绪山曾说：“吾兄（按，指念庵）初疑吾党承领本体太易，并疑吾师之教。”[③]说的大概是事实。但是有三点在此需要作一提示：其一，在心学末流固然有诸种流弊，然而这只是学者之弊，并不能成为并良知而“疑”之的理由。其二，亦须看到，念庵对心学末流之批判，在客观上有助于阳明后学在理论上的自我完善。[④]其

---

① 《念庵集》卷四《与詹毅斋》。

② 以上参见《念庵集》卷三《答王龙溪》。

③ 《王阳明全集》卷三十七钱绪山《论年谱书》第四书，第1372页。按，胡庐山亦有类似之说，参见上述。念庵自己曾说：“自阳明公破除‘即事究理’一段，学者多至率意任情以为良知，而于仔细曲尽处，略不照管。……理固在心，亦即在事，事不外心，理不外事，无二致也。近时执‘心即理’一句，于事上全不委曲，既非所以致知，却与‘在格物’一句正相反。”（《念庵集》卷三《答刘汝周》，叶72上下）“此学一二年间，初有路径，缘平日被良知两字牵扯逐外，未有归根返本安顿一处。”（《玩鹿亭稿》附录念庵《寄鹿园书》第八书，浙江图书馆藏万历年间万邦孚刻本，叶6下—7上）

④ 刘元卿指出当时王门之争，虽然“相争如虎”，但是关系到“天下万世之学术”，比之“阴否”阳明者，“又万万矣”（《山居草》卷一《柬塘南王先生》）。这一看法较为中肯。

三，念庵主张良知“非万死工夫断不能生”。而其所谓的“万死工夫”，无非是指“收敛静定”。如此一来，“静定”工夫成了良知存在的前提条件；良知“生成”于后天之工夫。如此说法便有失偏颇，连顾宪成也不得不为此苦苦辩解不已（参见序章）。

再次，必须指出，濂溪的“无欲故静”之说，为宋明儒学提示了如何实现圣人境界这一重大课题。自此以往，宋明儒者围绕“主静”等问题引起了长久不息的争论，实际上也就是要回答这一课题。[①]同时还须注意的是，“寡欲”或“无欲”之主张原本属于道德实践的问题，但是“主静”或“静坐”已经超出了伦理实践的问题范围，必然涉及一些具体入微的技术性问题，佛道乃是这方面的“专家”，宋明以来的儒家学者常把目光转向佛道，原因之一也许正在于此。不容否认的是，“收摄保聚”与养生之术难脱瓜葛，念庵自己也曾由此达到了某种境界。[②]通常以为“无欲”之说，表示的只是一种境界，而并不是工夫论之主张。但在念庵看来，所谓“欲”并非仅指好货好色之类的世俗之欲，诸如“议论、意兴、气魄、搀和”，或是“弄精魂、任意思”[③]等执着意识本身皆属“欲之萌”，都须加以“断除”。就此而言，我们不能简单地以“禁欲主义”来

---

① 念庵对濂溪赞不绝口：“周子所谓主静者，乃无极以来真脉络。”“孔门相传脉络，至周子始相续也。”（《念庵集》卷三《答门人刘鲁学》，叶42下、叶43上）。念台指出：“至罗念庵又溯濂溪‘无欲作圣’之旨，而求端于静。”（《刘子全书》卷八《艮止说》，叶28下）

② 耿天台曾披露当时有这样一个传说：“人言念庵静坐，曾见光景，遂有所得。”（《明儒学案》卷三十五《楚倥论学语》，第829页）“光景”一词，语焉不详，意指通过静坐修炼获得了某种神秘体验，似可无疑。

③ 以上参见《念庵集》卷二《答戚南玄》、卷二《与周七泉》。

界定“无欲”说，因为这里所说实际上涉及了更深层次的心理意识问题。①

念庵在晚年曾经揭示了为学三原则：（1）“收摄”，（2）“默坐”，（3）“交友”。② 除了第三条交友不论，收摄与默坐实与“致虚守寂”无异。值得注意的是，对念庵思想给予了极高评价的高攀龙和刘念台在“主静”问题上，可谓与念庵、双江“臭味相投”。念庵、双江之所以力主“收摄”与“归寂”，其主观意图在于指向王门后学中所存在的诸种流弊。而攀龙、念台之所以在“主静”问题上表现出极大的理论兴趣，其因之一在于目睹了晚明士风崇尚虚谈、日趋浮躁，故欲以“静”字工夫来力挽由此弊而激成之狂澜。当然，念庵、双江与攀龙、念台，在思想旨趣上并不完全一致，然在忧世愤俗、力救时弊这一精神上，却显示出声气相通。尽管如此，龙溪对念庵所言的“将以救病，非言学也”这一忠告，诚不可谓非矣。

① 据东廓孙邹德涵所述，东廓曾以“无欲”二字作为家训。邹聚所以为世人对濂溪的“无欲”指诀有所误解，其云：“人皆知声色货利之为欲，而不知意必固我之欲。殆有甚焉，愚不屑者溺于物，贤知者溺于见，高下不同，其为欲则一也。”（《邹聚所先生文集》卷二《无欲说》，《四库全书存目丛书》集部第157册收万历刻本，叶53上）这一见解或有助于我们理解晚明思想界所流行的“无欲”说。

② 曾同亨：《泉湖山房稿》卷二十六《待赠桐岗王先生墓志铭》，东京内阁文库藏明刻本。

第五章　陈明水论

“姚江之学，惟江右为得其传”①，这是黄宗羲对江右王门在阳明学史上的一个基本定位。虽然此说是否完全合乎王门后学的实际情况，尚有疑问，但是，江右诸子在阳明学发展史上占有重要地位，这一点却是不能否认的。

按黄宗羲的划分，陈明水被划入江右王门，这是因为他出生于江西临川。在《传习录》下卷当中，我们可以看到他的名字。②他在成为进士（1514）的次年，便在江西投入阳明门下。③据明水自述，其后至少有两次，他曾拜访过阳明，如：“正德庚辰（1520），余与东廓邹子再见阳明先生于虔，进授良

---

① 《明儒学案》卷十六《江右王门学案一》，第 333 页。按，在这段话之后，黄宗羲列举了这样一份名单：邹东廓、罗念庵、刘两峰、聂双江、王塘南、万思默。并且指出，江右王门之所以能破浙中王门中的“流弊错出”之现象，从而使得“阳明之道赖以不坠”，实有赖于以上这些人物。黄宗羲的这一思想史观很有问题，此不赘述。

② 《传习录》下卷开首 21 条即为明水所录，其中大部分的内容是陈明水于己卯（1519）、庚辰（1520）在江西“日侍”阳明时所录。

③ 罗念庵：《明水陈先生墓志铭》，载《明水陈先生文集》卷首。按，《明水集》十四卷附录一卷，江西省图书馆藏清手抄本，现收于《四库全书存目丛书》集部第 72 册。又按，念庵此文又见《念庵集》卷十五。

知之训，遁居通天岩中。”① “庚辰，往虔州再见先生。”② 另据聂双江《陈明水先生墓碑》载，嘉靖甲申（1524），明水侍阳明于越。是年，明水“与东廓秘约复见阳明先师，竟未所闻”。所谓“秘约”，似指邹东廓赴谪所广德途中，折道越中访阳明一事，此处不赘。③

那么，在王门诸子当中，陈明水的思想有何独特之处？在阳明后学的发展过程中，其思想又占有什么地位？就此，黄宗羲《明儒学案》并没有为我们提供更多的信息。现在，我们根据明水文集，可以看出他是阳明后学中的核心人物之一，其一生的学术活动主要在江右，但他的思想却曾深受浙中王门的王龙溪的影响，而与聂双江、罗念庵等人的归寂思想格格不入，互相之间还曾发生激烈的思想争辩。另一方面，他与同属江右王门的邹东廓、欧阳南野的思想亦有同有异，显示出其思想具有一定的独特性。这就表明江右王门并非铁板一块的“修正派”或“归寂派”。

有关明水思想的研究，依笔者之管见，学界至今尚无专题论文的发表。④ 究其原因，也许是因为他的文集在被《四库全书存目丛书》收入之前，几乎处于湮没无闻的状态。通过阅读

---

① 《明水集》卷七《寿大司成东廓邹公七十序（庚申）》，《四库全书存目丛书》集部第72册，第123页。

② 《传习录》下，第206条。

③ 聂双江：《陈明水先生墓碑》，《明水集》卷首；另参见《天台集》卷十四《东廓邹先生传》。

④ 包括容肇祖《明代思想史》（上海开明书店，1941年）、侯外庐等编《宋明理学史》下卷以及冈田武彦《王阳明と明末の儒学》等专题论著均未设专章讨论陈明水。

《明水陈先生文集》，从中发现有不少未被《明儒学案》所收的有关明水思想的重要资料。比如，不知何故黄宗羲有意剔除了明水的“无善无恶，与物无对”这一重要观点，以至我们对江右思想家陈明水的思想难以获得全面之了解。

不得不说，在阳明后学研究领域中，明水思想的相关研究几乎尚处在一片空白的阶段，故极有必要对明水思想的基本内涵、思想特征及其理论意义等问题作一番梳理的工作。

一　生平学履

陈明水（1494—1562）讳九川，字惟濬，号明水。1514年，及第进士之后，官政礼部，旋即疏请告归。1517年，曾一度起复，补太常博士。1519年，因疏戒武宗南巡，被杖除名。1521年，嘉靖帝即位后，起补原职。1523年，进礼部仪制员外郎。1525年，转主客郎中，因与当时的显贵人物张璁等人不和，遭到弹劾，被逮下锦衣狱。次年（1526），谪戍闽之镇海卫。实际上，这便是明水仕宦生涯的终结。

三年之后的1529年，陈明水得以解戍而归，从此闲居林下四十余年，未再复出。归田之后两年，1532年春，连遭父母兄弟四丧。服阕，赴越拜阳明先师之墓，并经理阳明家事。1546年初春，明水复又“入越省先师之墓及其家”。[①]据载，自归田以来，陈明水常与阳明弟子邹东廓、欧阳南野、聂双江、罗念庵等人聚会讲学。尤与双江、念庵反复辩难，以至双

① 《明水集》卷一《简湛甘泉先生》。

江有明水“驳辨甚严”[①]之叹。晚年患头风、重耳等疾，以至失聪。

以上就是明水一生的简要概括，从中看不到有什么特别之处，总的印象是，其一生的仕途并不顺利，在 32 岁时，便早早离开了政坛；晚年重病在身，也使他远离了王门活动的中心；不过，在其中年时期，与王门诸子的思想交往，应当引起我们的注意。

至于明水的思想历程，根据其自述，有一点引起了我们的关注：即陈明水与王龙溪的思想关系非同一般。该文虽长，不妨摘抄如下（分两段录出，必要处加上数字符号）：

> 川（按，明水自称）自服先师致知之训，中间凡三起意见，三易工夫，而莫得其宗。（1）始从念虑上，长善消恶，以为视别诸事为者要矣[②]，久之复自谓沦注支流，轮回善恶；（2）复从无善无恶处，认取本性，以为不落念虑，直悟本体矣；（3）既已复觉其空倚见悟，未化渣滓，复就中恒致廓清之功，使善恶俱化，无一毫将迎意必之翳，若见体炯然，炳于几先，千思百虑，皆从此出，即意无不诚，发无不中，才是无善无恶实功。从大本上致知，乃是知几之学。自谓此是圣门“绝四”[③]正派，应悟入先师致知宗旨矣。于《集略序》[④]中亦稍见之，深取白沙致

① 《双江集》卷八《答欧阳南野》第二书，叶 11 上。

② 此句黄宗羲改作“以视求之于事物者要矣”（《明儒学案》卷十九《陈明水传》，第 458 页）。

③ “绝四”，盖指孔子“毋意、毋必、毋固、毋我”（《论语·子罕》）。

④ 即《明水集》卷七《阳明先生集略序》。

虚所以立本之说。……

及后入越，就正龙溪[①]，（1）始觉见悟成象，怳然自失。归而求之，毕竟差谬，却将诚意看作效验，与格物分作两截，反若欲诚其意者，在先正其心，与师训圣经矛盾倒乱，应酬知解，两不凑泊。（2）始自愧心汗背，尽扫平日一种精思妙解之见，从独知几微处，严谨缉熙，工夫才得实落。于应感处，若得个真机，即迁善改过俱入精微，方见得良知体物而不可遗。格物是致知之实，日用之间都是此体充塞通贯，无有间碍。致字工夫，尽无穷尽，即无善无恶非虚也，迁善改过非粗也。（3）始信致知二字，即此立本，即此达用，即此川流，即此敦化，即此成务，即此入神，更无本末精粗内外先后之间。证之《古本序》[②]中，句句吻合，而今而后，庶几可以弗畔矣。微龙溪，吾岂特同门而异户哉，殆将从空华复结空果矣。[③]

首先必须指出，此段叙述的思想背景是，当时聂双江与王龙溪之间，展开了一场颇为激烈的思想争论，陈明水亦不得不卷入其中。从中可以看出，陈明水对双江表示了不满，对龙溪

① 关于“及后入越，就正龙溪”的年代问题，须稍作考辨。从有关记载来看，阳明去世之后，明水“入越”仅有两次：一在乙未（1535）左右；一在丙午（1546）。就结论言，“及后入越”云云当在丙午，而不可能是在乙未。据《龙溪集》卷二十《南玄戚君墓志铭》载，丙午春，明水与龙溪、念庵等人，在越曾有旬日之会，据载“一时士大夫相传以为盛事”。

② 即《王阳明全集》卷七《大学古本序》。

③ 《明水集》卷一《答聂双江》，第35—36页。按，据该书末尾所云“秋来，病体稍苏，始出别南野”，可知该书作于壬子（1552）年秋。又按，“出别”，系指南野起复（时在壬子），明水送行一事（《衡庐精舍藏稿》卷二十四《欧阳乾江先生行状》）。

却颇有回护之意。

在上述引文中，所谓“三起意见，三易工夫”，是指（1）“始从”，（2）“复从”，（3）“既已”。始从念虑上做长善消恶之功，由此不免此消彼长，最终无法摆脱“轮回善恶”之类的恶性循环。因此认识到必须“从无善无恶处认取本性”，也就是要求做到“直悟本体”。[①] 从（1）“长善消恶”到（2）“直悟本体”，再到（3）“恒致廓清”，总起来说，这一思想历程所达到的归结点乃是：“意无不诚，发无不中，才是无善无恶实功。”

但是，明水的思想历程并没有至此完结。及至入越，在“就正龙溪”之后，明水忽又“恍然自失”，感到上述种种体悟“毕竟差谬”。于是，明水在思想上又达到了一个新的境界。此即：（1）“始觉”，（2）“始自”，（3）“始信”。

归结而言，明水首先自觉到以往未免将诚意与格物分作两截，有背先师阳明之旨意；进而立志“从独知几微处，严谨缉熙”；最终，明水悟出了这样一个道理：“无善无恶”非虚也，“迁善改过”非粗也，“致知二字”便能“立本达用”。结论是：“而今而后，庶几可以弗畔矣。”这表明明水思想至此宣告最终形成。

引人注目的是，根据此段叙述的前后文脉，可以看出龙溪对明水思想的最终形成起到了决定性作用。“微龙溪”以下的一段表述，便可说明这一点。事实上，关于受龙溪思想之影响一事，明水自己尚有多次记述，亦可与上述资料合观。例如明水后来在《简沈石山佥宪》一书中这样描述他“就正龙溪”后

---

① 在《答黄致斋宗伯》一书中，明水亦曾提出“直悟本体至善”（《明水集》卷一）的观点。这正与上述引文中的（2）“复从”一段意思相近。

之所得：

> 川往时亦着缘影、堕见解者数年，及就正龙溪，始觉病障。迩来，致知之功，差得实地有进步处。只是于格物之义，稍见精微耳。①

将此与前引《答聂双江》一文略作比较的话，便可发现所谓“缘影见解”，正是指“见悟成象”之病，“就正龙溪”之后则对“致知之功”“格物之义”略能“稍见精微”，亦与“格物是致知之实”，“始信致知二字”便能“立本达用”等内容相契合。由此看来，明水自龙溪所得主要是“格物”与“致知”之关系问题的龙溪理解。我们知道，龙溪曾有“良知是虚，格物是实”②之说，意在强调“格物是致知之实功”，对此，明水亦深表赞同。③不难看出，上述明水所说的“格物是致知之实”，与龙溪这一立场是一致的。

以往，我们对江右王门的认识，受黄宗羲《明儒学案》为代表的那种明代思想史观的影响太深，大多认为阳明学之精神有赖于江右王门诸子的努力维持，本文开头所引黄宗羲的那段话，被认为是“并非溢美之词”。不过，我们从明水那里却发现情况并非完全如此。至少可以说，明水思想在许多方面与“现成派”的王龙溪倒是有不少相近之处，他甚至对被称为“江右王学正传”④的邹东廓也表露出不满，关于这一点，我们

① 《明水集》卷一，第40页。

② 语见《龙溪会语》卷一《冲元会纪》，叶5下。按，《龙溪集》卷一《冲元会纪》未见该语。罗念庵曾在《夏游记》中引及此语，并指出龙溪自以为此语是“第一义者”（《念庵集》卷五，叶27上）。

③ 《明水集》卷一《简张东沙先生》。

④ 侯外庐等主编：《宋明理学史》下卷，第284页。

将在结语中再来探讨。

当然，我们并不能由此便断定明水在思想上已与龙溪达到完全一致，但是至少可以得出以下几点初步的结论：（1）明水在思想上受到龙溪的莫大影响；（2）明水对于阳明的最终教义——“无善无恶”说，抱有基本的认同；（3）在“归寂”问题上，明水的思想立场与聂双江显得格格不入，而与龙溪的观点较为接近。接下来的问题是，陈明水本人究竟有什么值得重视的思想观点，这是以下各节需要展开论述的问题。

二　心无定体

陈明水的“心无定体”之命题，在其思想体系当中，占有重要地位。

首先必须指出，此一命题乃是针对聂双江（亦含罗念庵）的“心有定体”说而发。要了解明水的“心无定体”说，有必要先来了解一下该说提出的前因后果。在上一节所引用的《答聂双江》一书的末尾，明水还这样写道：

> 近见与诸公书，谓“明水辨驳甚严”。吾岂敢哉！览之悚然。今亦不记其云何。凡简友朋，往往无草，惟答念庵长书，有二稿存[①]，岂尝以寄吾丈耶？丈所为至骇者，在“心无定体”一言。此与念庵最初简中语也。虽为念庵观心凝神，确有方所而发。然心本如是，非以意广之也。神妙不测之物，如可以定体觅之，则颜氏仰钻，当先得之，不待夫子诱之以博文约礼而后如有所立卓尔也。夫心即神也、易也。子曰“神无方而易无体”“变动不居而出

① 按，在现存《明水集》中，只能看到一封答念庵长书，详见后述。

> 入无时”，夫子之语心者，如此。固不待旁证于六尘缘影、积聚成象，而后可以洞悟心体矣。①

可见，令双江感到“震惊”的“心无定体”之说，原是明水在给念庵的信中所说的一句话。在明水看来，心之本体原无“定体”，原是“神妙不测”，因此不可“以定体觅之”，然而念庵却“观心凝神”，这就未免有所执定。所谓“观心凝神”，主要是指念庵的“收摄保聚”说。明水认为，念庵（亦含双江）的这种为学趣向，其症结所在正是由于念庵认定心中有一种一成不变的“方所”（亦即“定体”），并且可以通过反观或收摄的方法，来把握这一“定体”。明水在另一封《答罗念庵》一书中，则使用了“认心有象”这一表述方式，与“确有方所”之意相同。这令人联想起明水在“就正龙溪”之前，对自己的思想倾向所作的反省：“见悟成象”。不论是“有象”还是“成象”，都是“着相”之弊。

现在我们再来看一下明水在《答罗念庵》一书中所作的叙述，这封书信便是上述的“答念庵长书”之一，其曰：

> ……但窃究本主（按，指念庵）因缘，犹未免认心有象。苟认心有象，即虽潜心于致虚守静、藏密入神，终不免于着相，亦即非静虚神密矣。“神无方而易无体”，有方体不可以言神、易矣。故窃效识心体之说，诚过虑精修者之错用精神，亦以年来体验若粗有得者以求证耳。来教谓：“心止有感而无寂，是川之所以识心体也。”是犹未悉鄙意。审如是，是乃畔经乱道，获罪圣门之甚者。岂独不取于吾兄哉！若鄙意则谓心本寂而恒感者也，寂在感

① 《明水集》卷一《答聂双江》，第37页。

> 中，即感之本体。若复于感中求寂，辟（譬）之骑驴觅驴，非谓无寂也。感在寂中，即寂之妙用。若复于感前求寂，辟之画蛇添足，非谓未感时也。易以寂感为神，非感则寂，不可得而见矣。凡致思用力，皆谓之感。吾兄亦以为然矣。①

在这里，明水指斥“感前求寂”“感中求寂”的主张为“画蛇添足”“骑驴觅驴”。其理论依据，便是明水强调的“心无定体”这一立场。②

所谓“心无定体”，具体而言，含有这样两层意思：一是指“无方无体”；一是指“感无停机”。前者是指心体的存在状态，与“无方无所”或“无声无臭”等意思相近，事实上，这也是为宋代理学家所认同的一个观点。后者强调的则是“感而遂通”而又“变动不居”这一《易》学原理。同时也必须指出，明水强调“感无停机”以及“凡致思用力，皆谓之感”等观点，主要是承袭了阳明的“心无体，以天下万物感应之是非为体”③的思想旨趣。

由反对“感前求寂”或“感中求寂”这一思想立场出发，明水进而指出，“收视反听”之说对于“精神浮动”者而言，

---

① 《明水集》卷一，第 32 页。

② 按，在《答聂双江》中，据明水自述“心无定体”乃是“与念庵最初简中语也”，然而查《明水集》中寄念庵之简，包括上述的《答罗念庵》一书，均无“心无定体”一语，唯见诸卷一《简罗近溪先生》。经过对照，两书在内容上有诸多重复之处。笔者怀疑《简罗近溪先生》当为《简罗念庵先生》之误。主要理由是，万历本《念庵集》卷八《答陈明水》对明水来书，有四段引用，均见诸以上《简罗近溪先生》当中，且字句以及各段的前后次序也几乎完全相同。

③ 《传习录》下，第 277 条。

固是“对病之药”，“然于大道，却恐有妨”。意思是说，“收视反听”之说虽是针对“精神浮动”之病的药方，但是却没有普遍性意义，而且从根本上说，已然违背了学术原理。因为“致虚守寂”（双江）、“收摄保聚”（念庵）之类的“药方”，能否救世匡正，是值得怀疑的。明水的这一观点与龙溪批评念庵“收摄保聚”说“将以救病，非言学也”的看法可谓如出一辙。

那么，念庵对明水之说又有何回应呢？其实，念庵的回应颇为激烈，他在《答陈明水》一书中，对上述明水的观点进行了逐条驳斥，其中最引人注目的便是针对“心无定体”说所作的批驳：

> 谓心有感而无寂，是执事（按，指明水）之识本心也。不肖验之于心，则谓心有定体，寂然不动，是也。感无停机，时动时静，是也。心体惟其寂也，故虽出思发知，不可以见闻指然，其凝聚纯一，渊默精深者，亦惟于着己近里者，能默识之，亦不容以言指也。是谓天下之至诚动应，惟其有时也。……①

在这里，念庵针对“心无定体”一说，明确地提出了“心有定体”这一反命题。

这里所谓的“定体”，在念庵那里，主要是指存在于吾心之中的那种“寂然不动”“凝聚纯一”的东西。既然心中有一定不变之“体”，因此，为学工夫的目标就在于把握这一“定体”，从而回归到“寂然不动”之状态。可以说，这是念庵“收摄保聚”说的一个理论前提。

此外，引人注意的是，“至诚动应，惟其有时也”这一主

---

① 万历本《念庵集》卷八，叶20下。

张。我们知道，邹东廓等人在批评“归寂”说之时，曾经提出过“寂感无二时，体用无二界”的观点。[①]对此，双江的反驳是：

> 感惟其时，而主之以寂者，学问之功也。故谓“寂感有二时”者，非也。[②]

由此以观念庵的“惟其有时”说，正与双江所说的“感惟其时”之意相同，强调“主之以寂”这一“归寂”主张的理论前提便是“惟其有时”或“感惟其时”。针对念庵的“惟其有时”这一观点，明水提出了批评：

> 吾兄（按，指念庵）谓“感有时而变易，而寂然者未尝变易。感有万殊，而寂然者惟一。今念已形，而寂然者未尝不存。”是矣，而犹云“感前有寂”，何耶？双江虽意在寂上用工，然寂感不分时，则寂亦感也。今吾兄则分时，与双江之意又微异矣。夫寂即未发之中、即良知、即是至善。先儒为未发二字费多少〔分〕疏，竟不明白，只为认有未发时故耳。[③]

在此，明水指出双江讲“寂上用工”，但“寂感不分时”，而念庵则“分时”，事实未必尽然。实际上，不仅是双江，包括念庵亦以为“未发有时”，因为这与念庵“惟其有时”的立场正相吻合。

必须指出，明水虽然明确反对“感前有寂”的观点，但他并没有否定“寂”字本身。他也承认“寂”是良知本体的固有

---

① 《东廓集》卷六《再答双江》，叶16上。

② 《双江集》卷八《答东廓邹司成》第一书，叶39上下。

③ 《明水集》卷一《答罗念庵》，第32页。

特征，从而提出了“心本寂”这一重要观点。就此而言，明水与双江以及龙溪、南野等人在“良知本寂”这一观念上，可谓不谋而合。① 要之，是主张“寂感分时”还是主张“寂感无时”，这是明水与双江以及念庵之间所存在的一个思想分歧点。这里就涉及“寂感”问题，围绕这一问题，明水又指出：

> 兄（按，指念庵）意谓旦昼梏亡，有感而无寂，似矣。然无寂则感无体，又孰为感者？今梏亡之人，呼之即应，诟之即怒，是孰使之然哉？若寂然者果有时而出亡，则种性当断灭，天命有时而息矣。……大抵兄意视寂即昔贤所谓如止水。信然却不知以何者为感，若以流动为感，则寂感异象，微波即荡，感皆为寂累，固不待梏之反复，而后失其湛然虚明之本体矣。若以鉴物为感，则终日鉴，固无伤于止也。止与鉴未始相离，亦不得言有止而不鉴时也。若患体之不止，故鉴之不明，亦当即鉴时定之，不当离鉴以求止也。何者？其本体恒鉴，不可得而离也。凡譬涉形象，终有未尽，然即此推之，亦或可以相发，兄当不废余言矣。②

其中，有两点需要注意：一是反对“无寂则感无体”的观点；一是提出了“本体恒鉴”的观点。如所周知，前者是归寂派的重要观点。根据这一观点，“寂”是“感”的前提条件，在时间次序上，“寂”为先而“感”为后。由此出发，重要的是如何培养“寂体”。双江说“体立则用自达”，便是基于这一观

① 关于双江、龙溪、南野等人的“良知本寂”或“良知本虚”之说，可分别参见《双江集》卷八《答王龙溪》、《龙溪会语》卷三《别见台曾子漫语》、《南野集》卷五《答贺龙冈》等。

② 《明水集》卷一《答罗念庵》，第 35 页。

点。在双江和念庵看来，如果在感应上用功，则将陷于“逐物”或流入“义袭”。

但在明水看来，这种“归寂”主张有可能使生生不息之天命“有时而息矣”。这里涉及“止”与“鉴”的关系问题。明水认为，两者“未始相离”“不当离鉴以求止也”。其理论依据是：“本体恒鉴”。所谓“本体恒鉴”，意指良知本体是“恒知恒觉”的。明水指出：

> 恒知即正，知无倚处；恒觉即正，觉无障处。无生发，无间离也。①

与此相应，明水又有“常知常觉”之说。② 正因为“恒知恒觉”“本体恒鉴”，故而良知本体不可能是“有时而息”的。因为良知本体不能“有时而息”，故而不能“离感求寂”或“感前求寂”。不难发现，明水的基本思路是：由于“本体恒鉴”，所以说“心无定体”；由于“心无定体”，所以不可执定“方所”，去寻求什么寂然不动之“定体”。

综上所述，之所以会引发出“心无定体”与“心有定体”这一截然两分的观点，其因之一在于：是主张未发有时还是主张寂感不分时；是“认心有象”还是承认“感无停机”。可以说，这是明水与念庵（包括双江）在思想上的一个根本对立。

其实，说到“定体”，令人想起“定理”一词。按照王龙溪的说法，承认还是否认“定理”观，实是阳明师说与朱子理学在思想旨趣上的一个重大差异，这个说法值得关注。他说：

> 文公云：“天下之物皆有定理。”先师则曰：“物理不

---

① 《明水集》卷一《答聂双江》，第 36 页。

② 《明水集》卷一《答乐必弘》等。

> 外吾心”“心即理也”。两家之说，内外较然，不可得而强同也。①

显然，若站在阳明心学的立场上，是不能认同朱子学的“定理”观的。因为从心学立场来看，朱子学的“物有定理”观，无疑就是变相承认“心外有理”。可见，明水坚持“心无定体”，实际上反映的乃是阳明学的这一思想立场。

当然，就明水与双江之争的性质而言，并不是心学与理学之争，而是发生在阳明心学内部的、属于心学思想的争论。也就是说，明水与双江之间所发生的争执，主要是围绕如何把握心之本体这一心学问题而得以展开的。尽管两者最终各持己见、互不相让，但是换一种角度看，可以说这种思想争辩却有助于阳明学的思想发展。

三　慎独知几

“心无定体”是明水通过与双江、念庵的思想辩论而提出的一个本体论观点，相应的，“慎独知几”则是明水的工夫论论述，当然其中也涉及良知本体及其“无善无恶”等问题。明水指出：

> 诚、神、几，一也。立诚即是存神，存神即是知几，知几即是研几，研几亦即是慎独。圣学元无二功，但慎独通乎上下，犹忠恕一贯之义也。慎独亦即是戒慎不睹、恐惧不闻，但析而言之耳。夫几微而显，正明目而视之不可得而见；倾耳而听之不可得而闻。无善无恶，与物无对，故谓之独。圣人之所兢兢业业，不显亦临者，知此而已，

① 《龙溪会语》卷二《答吴悟斋掌科书》，叶30下。

> 是故与鬼神合其吉凶。一昧此几，即善恶分而开流无垠矣。纵能力反之，亦不可与几矣。此处何等渊寂！何等精严！前此更无地步可以用工矣。①

陈明水将“立诚”“存神”“知几”“究几”与“慎独”工夫贯穿起来，强调指出“圣学元无二功”，意即由“慎独”来“通乎上下”的一整套工夫。尤当注意的是，明水对“独”与“几”这两个概念的独到理解。历来以为，“独”字之意无非就是“人所不知而己所独知”，这是朱子对“独”字的经典解释，对此，阳明亦无非议。② 只是对阳明而言，由于“知”即良知，而良知必然自知，故为“独知”，因此“独知”概念在阳明那里，就成了良知的代名词，由此“慎独”工夫也就是致良知工夫。邹东廓和欧阳南野在工夫论上，特别注重“慎独”，其因之一盖在于此。

然而，明水对“独”字的解释却有与众不同之处。他用“无善无恶，与物无对”这八个字来解释“独”字所具有的特殊含义③，很值得关注。众所周知，阳明的“无善无恶”说是对心体的一种定义，而明水的“与物无对”则源自明道《识仁篇》的一个说法，是对“道体”存在的一种界定。这两种界定具有一个共同点，即都用“无”来强调“心体”或“道体”的绝对性、至上性。明水的独特之处在于：他把两者结合起来，以揭示“独”的思想意义，旨在强调“独”的“无对”性（即绝对性），同时也是对阳明“无善无恶”说的一个新见解。明

---

① 《明水集》卷一《答罗念庵》，第 33 页。

② 参见《大学章句》第六章；《传习录》下，第 317 条。

③ 按，“无善无恶，与物无对”在《明水集》中共出现两次，而“无善无恶”一语则频繁出现。

水认为，“独”是心体的原初状态（意即“善恶未萌”），在此意义上，“独”又与“几”字（意即“动静未分”）相通。明水指出：

> 动之微，所谓几也、吉之先见者也。无善无恶，与物无对，故谓之独。故圣人之学，研几而已矣。[1]

按此说法，“独”与“几”并无根本差别，都可以用“无善无恶，与物无对”这八个字来定义描述。

如上所述，明水在“就正龙溪”之后，曾强调一个观点：“从独知几微处严谨缉熙”。而这一观点正是明水对“慎独”和“知几”所作的具体解释。由此亦可看出，明水用“无善无恶，与物无对”来界定“独”字，强调“慎独”（即“严谨缉熙”）的重要性，或与龙溪思想有关。明水认为，所谓“独知几微处”也就是“无善无恶，与物无对”这一心体的原初状态，同时又是超越善恶相对的至善境界。他说：

> ……直悟本体至善，不敢以善念为善也。若以善念为善，则恶念起时，善固灭矣。恶在其为至善天命不已者耶？《传习录》中所谓“此间不论善念恶念，一是百是，一错百错”。[2]请更细玩之，如何？[3]

不仅是“恶念”，即便是“善念”亦不能有丝毫的执着之念，应当超越善恶，这也就是“直悟本体至善”的意思。

同时，明水又指出世人对周濂溪的“几善恶”之说，有一种重大误解，以为“几善恶”乃是“以善几对恶几”，亦即

① 《明水集》卷一《答金一所》，第 41 页。
② 《传习录》上，第 120 条。
③ 《明水集》卷一《答黄致斋宗伯》，第 13 页。

把善恶之几看作是一种相对关系，其结果“遂起千里之谬”。[①] 明水强调指出，“几”或“独”绝非是相对之义，“无善无恶”也并非是对善恶概念的一般否定，而是指超越善恶的绝对至善。而把握绝对至善（即“本体至善”）就必须依靠“直悟”。于是出现了“悟”的问题。

那么，何谓“直悟”呢？其意是指对本体的直接把握，而不能在意念启动之后，被善念恶念所纠缠。换种说法，也可这样表述：

> 非极天机，终不可语圣功也。[②]

可见，所谓“慎独知几”，其实也就是要求做到“极天机”。尽管“天机”一词，语涉玄妙，但是明水所说的“天机”，实是特指“良知”，其所谓“本体”，也是指良知本体而已。如此一来，通过“慎独”以达“天机”，也就是对良知的体验过程，明水的以下之言便可充分说明这一点：

> 川近与人论学，多从慎独处发明，正是指点良知，欲正人心也。[③]

此外，陈明水在给聂双江的信中，又将“慎独”“知几”与“诚意”联系起来，强调指出：

> 圣人之学全在知几，不落善恶。故曰知几其神乎。与鬼神合其吉凶。所谓诚其意，乃诚之于意念之前，直须炳于几先，使百虑万几皆从此出。若待意之不善，然后倚一念之觉，从而正之，即已非诚意，落第二义矣。即与正心止至

① 《明水集》卷一《答金一所》，第 41 页。

② 《明水集》卷一《寄钱绪山书》，第 17 页。

③ 《明水集》卷一《与董兆明》第四书，第 15 页。

> 善作两层矣。故来意上用不得工，在先致其知，必使全体洞彻，无纤毫意必将迎之累，乃能普照旁烛，直炳几先。[①]

这段叙述颇为重要。在明水看来，所谓“知几”，意即“不落”于表层现象上的“善恶”之念，也就是要求人们回复到“无善无恶，与物无对”的原初状态，这叫作“炳于几先”。更重要的是，还必须做到“直炳几先”，意即“诚之于意念之前”。此说亦与上述“直悟本体”之意相同。若用阳明学的术语来说，这就叫作“即本体便是工夫”，所谓“顿悟之学”。相反，如果在意念既起、善恶既萌之后，“从而正之”，这就不是真正意义上的“诚意”之功，已经不免“落第二义矣”，意谓此非根本之工夫。明水的这些说法也与龙溪思想相仿佛。

同时，还应注意的是“来意上用不得工”这一说法，并不是否定诚意工夫，而是要求立足于本体，即“直炳几先”，倘若落在意念之后才着手做工夫，未免为时已晚。然而阳明的说法却是：

> 心之本体那有不善？如今要正心，本体上何处用得工？必就心之发动处才可着力也。[②]

这是强调正心工夫须在诚意上做。因为心体本来是至善的，心体发动，才有善恶之呈现，故于此着力，“便是在诚意”。[③] 而“诚意”工夫也无非是要求“一念发在好善上，便实实落落去好善；一念发在恶恶上，便实实落落去恶恶”。[④] 要之，诚意工夫必须在心之发动处“实实落落”去做“为善去恶”之功。

---

① 《明水集》卷一《简聂双江先生》，第23页。

② 参见《传习录》下，第317条。

③ 同上。

④ 同上。

由此看来，明水所谓的“意上用不得工”，与阳明以上之说似有不合，其实不然。明水讲“诚之于意念之前”，无非是要求在为学工夫之次第上，必须首先致知（即“先致其知”），而格物只是致知之功而已，最终又归结到“格物”工夫这一点上。显而易见，明水此说源自阳明的这样两句话：“诚意之本又在于致知也”“诚意工夫实下手处在格物也”。[①] 但是亦须看到，所谓“直炳几先”的“知几”之学，毕竟与“为善去恶”的“格物”工夫，在内涵所指上有所不同。而“诚之于意念之前”的所谓“诚意”工夫，也完全有可能将“诚意”工夫空洞化。一般而言，意是心之发动，这是王阳明的基本理解。而“意念之前”则是指未发状态的心之本体，如阳明所说：“本体上何处用得工？”明水要求在“意念之前”作诚意工夫，也就是要求“在本体上”着手用功，这就不免与阳明强调在已发处作“诚意”之功的观点有所不合。同样，所谓“直炳几先”（意即“诚之于意念之前”）也就难免落空。

与“直悟本体”说相关，陈明水在工夫论问题上，还强调“率性”及“顺其自然”的重要性。他指出：

> 此学惟有率性一路。
>
> 克己去恶亦顺其本体之自然。[②]
>
> 夫吾心本与天地同体，而本能戒惧兢惕，吾何为哉，顺命之则而已矣。[③]

诚然，所谓“顺命之则”“顺其本体之自然”，与阳明的“循其

① 参见《传习录》下，第317条。

② 《明水集》卷一《简唐荆川》，第18页。

③ 《明水集》卷一《寄钱绪山书》，第17页。

良知”[①]说是一致的。但是也应看到，“率性”或“顺其自然”等说，在阳明后学当中已经招致了种种批评，在有些人的眼里，这类主张不免会导致“肆意纵情”“流入人欲”，如阳明弟子季本（号彭山，1485—1563）就曾指出：“正恐一入自然，则易流于欲耳。”[②]对于阳明后学中的这一动向，陈明水也并非不知情，他说：

> 近诸公只说本体自然流行，不容人力。似若超悟真性，恐实未见性也。盖缘私意一萌，即本体已蔽蚀阻滞，无复有流行光照之本然也。故必决去之，而后其流行照临之体，得以充达。此良知之所以必致而后德明身修也。[③]

可见，陈明水对于一味强调“本体自然流行”而不做“致良知”工夫的倾向，是持批判立场的。但是另一方面，明水又坚持认为：

> 若私意虽起，言动虽过，本体原自流行，则本体与私意，全不相干涉。即千磨万障，亦无妨本体，而又何必克除扫荡而后为快耶？

也就是说，若站在本体的层面看，不得不承认“本体原自流行”“即千磨万障，亦无妨本体”。换言之，明水一方面要求人们注意“顺其自然”所能引起的种种弊病，另一方面又认为不能放弃“本体原自流行”这一原理。如果偏执一端，则均有弊，其间微妙，实难尽言。故明水叹道：

> 此传受精微之间，盖有毫厘之差，而启揣摩臆度之

① 《传习录》中，第165条。
② 《明儒学案》卷十三《说理会编》，第273页。
③ 《明水集》卷一《简董蓉山》，第18页。

弊，将有不可胜言者。①

然而，问题并非就此了结，“顺其自然”与“勉然而行”如何整合，依然是一个问题。明水指出：

> 要识勉强亦是天命，用功修治莫非勉强人力。然皆天命自然合如此者。②

意思是说，“勉强人力”乃是源自“天命自然”的必然要求。由此可见，明水也并没有否认“勉然”工夫的必要性。

总的说来，陈明水在工夫论问题上，突出了“直悟本体”“直炳几先”的重要性，与此相应，他又强调了“率性自然”。但是，在“自然”与“勉然”的关系问题上，明水认为两者如同良知本体与致良知工夫之关系，对此应当作出统一的把握。用他的说法来表述的话，就是所谓的“本体即工夫”或“工夫即本体”，其曰：

> 赤子无功可用，所谓本体即工夫也。圣人纯亦不已，工夫俱出自然，故工夫即是本体。③

毋庸赘言，“本体即工夫”“工夫即本体”实是阳明学的标志性观点。到了阳明后学那里，在这一问题上，陈明水与大多数阳明弟子的观点是一致的。④不过，明水也有一些独到的观

① 以上参见《明水集》卷一《简董蓉山》，第18页。

② 《明水集》卷一《答董蓉山》第三书，第14页。

③ 《明水集》卷一《复冬卿裘鲁江》，第42页。

④ 按，明水早年在给绪山信中曾云：“向闻先师有‘工夫即本体’之说，未之深信，今始解悟。”（《明水集》卷一《寄钱绪山书》，第17页）又，今本《传习录》未见“工夫即本体”一语，类似说法见陈荣捷编：《传习录拾遗》第3条：“合着本体的，是工夫。做得功夫的，方识本体。”陈氏云此条拾自闾东本《传习录》，其实闾东本此条源自朱得之编《稽山承语》第20条。

点，例如他认为“警惕”一念既是本体，又是工夫，这一说法便显得有些与众不同，他说：

> 弟迩来绝无长益，惟觉得警惕一念，即是本体，即是工夫。其喜怒哀乐，皆此念随感而变化者也。此念亡，即本体蔽蚀矣。……①

综上所述，“几”“独”等概念在明水思想的构造当中，占有相当重要的地位。其用“无善无恶，与物无对”这一命题来诠释“独”字，这是明水思想的一个重要特征。虽然，明水对阳明的“四句教”没有正面的论述，但是从明水深受龙溪思想的影响这一点来看，明水对于“天泉证道”之内容不仅具有相当全面的了解，而且对于“无善无恶心之体”这一阳明学的重要命题也有深切的认同。同时也应看到，从“无善无恶”到“直悟本体”，从“不落善恶”到“直炳几先”，从中反映出明水思想也有一种“尊悟”②倾向。

四　结　语

关于明水思想的主要特征，可以分三点来谈。

第一，明水强调“格物”的重要性，以为良知未致，只是由于“物之未格耳”，这是明水思想在成熟之后的一个重要观点。尽管“格物是致知之实”这一见解，表面上只是回到了阳明师说，但是实际上，乃是明水经历了“三起意见，三易工

---

① 《明水集》卷一《简罗念庵》，第 28 页。另参见卷一《简欧阳南野先生》，第 40 页。

② 按，“尊悟”原是刘念台评价龙溪思想时所使用的一种说法，参见《明儒学案·师说》。若用明水自己的说法，则是“透悟”(《明水集》卷一《简董蓉山》，第 21 页)。

夫”的思想历程之后，所达到的一个新的境地。明水称自己对“格物”的理解，与阳明的《大学古本序》句句吻合，并声称《古本序》一字不可更易①，这是“悟”后之言，而非泛泛之谈。罗念庵在《墓志铭》中，对明水的思想特征有这样的概括：“其说主于阳明公，以致良知为主，以格物为实下手处。”当非虚言。

第二，当阳明强调指出“性无定体”②“理无定在”③等观点之时，其用意显然是针对日趋僵化的程朱理学所强调的“物有定理”观而发。明水的“心无定体，感无停机”之说，虽是直接针对归寂派的主静思想而发，其用意也无非是反对念庵等人执定“心有定体”“认心有象”等思想倾向，然而也须承认，明水在反对“定理”观这一点上，坚持了阳明心学的思想立场。可以说，陈明水对阳明心学的理解和把握还是比较准确的。

第三，“无善无恶，与物无对”，可以说这是明水思想的一个重要观点。由此出发，明水在工夫论问题上，重视“慎独”“知几”。而所谓的“独”和“几”，在明水那里，无非就是指心之本体的那种“无善无恶，与物无对”的原初状态。由此，明水所谓的“慎独”和“知几”，又有其独特的内涵，强调的是“不落善恶”“直炳几先”“直悟本体”，也就是要求对良知本体的直接把握。

最后，顺便看一下明水对江右及其他王门诸子的评价。由

---

①《明水集》卷一《简魏水洲》。

②《传习录》下，第308条。

③《传习录》上，第22条。

于明水在思想上受到龙溪的一定影响，因而对龙溪评价颇高，这一点亦在意料之中。比如他对龙溪思想曾有这样一个评价，值得重视：

> 龙溪虽称透悟，然近来磨砻修炼，日就平实，其于先师一脉庶几不失。①

与此不同，他对念庵、双江则有种种严厉批评，这些已如上述。值得注意的是，明水对泰州学派的王心斋也有不少批评意见，他指出心斋的“淮南格物”说是别出心裁、“自出机轴”，有“失先师宗旨”，而且未免有“门户之心”。②此外，他对邹东廓的评论也有几分刻薄：

> 东廓一方宗师，善于登坛说法者，已数年矣，间有未尽先师余意者，惟吾丈（按，指王龙溪）与南野细及之，为助不细也。③

不过另一方面，明水也承认：

> 东廓悟处虽不逮龙溪，然亦不敢以己意立说，疑误后学，此学犹有赖焉。④

这句话的背后似乎是说：邹东廓虽然在义理开拓的精神上不如王龙溪，但是却能恪守师说，于师门有功，应当说，这一评价比较符合东廓思想的实质。

陈明水对同门的这类评论，在王门后学中实不多见。在此意义上，可以说明水的这些评述颇具参考价值。其对心斋的评

---

① 《明水集》卷一《简董蓉山》，第 21 页。按，书中言及南野之卒，故是书当作于嘉靖甲寅（1554）。

② 《明水集》卷一《简董蓉山》《简魏水洲》。

③ 《明水集》卷一《简王龙溪先生》，第 15 页。

④ 《明水集》卷一《简董蓉山》，第 21 页。

价，反映出明水自己在格物问题上恪守阳明师说；其对东廓的评价（并及龙溪），亦可看出明水思想既有与“修证派”接近的一面，又有与“现成派”相通之处。

总之，通过以上对明水思想的个案研究，我们可以发现，在阳明学的展开过程当中，王门诸子在如何诠释和把握阳明学说这一问题上，彼此之间既有激烈之争辩，同时也存在着互相影响、彼此认同的现象。最后，本文的初步结论是：陈明水在阳明学到阳明后学的思想发展史上理应占有重要的地位，通过对他这一个案的考察，可以使我们了解到江右王门的思想状况并非单一色的“修证派”，由此或可纠正黄宗羲《明儒学案》为我们描述的阳明后学的历史图像所存在的某些偏差。

第六章　欧阳南野论

自16世纪30年代开始，在不到半个世纪的时期内，阳明学已经得到了令人瞩目的大发展。王龙溪大概算得上是这一全过程的唯一见证人。不过，比龙溪早逝将近30年的欧阳南野却也是这一过程中的一个关键人物。

欧阳南野属于江右王门，被认为是“修证派”的代表人物之一。根据黄宗羲的说法，虽然双江倡言“归寂”，而南野更注重“格物”，但是两家之说于阳明宗旨“两不相妨”，其云：

> 双江之归寂，何尝枯槁；先生（按，指南野）之格物，不堕支离。发明阳明宗旨，始无遗憾，两不相妨也。①

意思是说，由双江和南野的学说互相补充，不仅能“发明阳明宗旨”，而且使得阳明宗旨“始无遗憾”。言外之意是说，江右王门中的这两大支流汇合起来，就能充分体现阳明宗旨，这显然与黄宗羲对阳明心学的判断立场有关，即阳明学之精神“尽在江右”，其中隐含着另一层含义：即浙中王门并不能代表阳明学的真精神。原因就在于黄宗羲认为晚明心学末流的种种弊

① 《明儒学案》卷十七《欧阳南野传》，第361页。

病在浙中王门特别是王龙溪的身上有典型表现。对于黄宗羲的这个判断，我们不宜在此展开讨论。要之，从以上几章的讨论来看，我们应当了解龙溪及绪山的思想并非逸出阳明，而双江及念庵的归寂思想也未必与阳明宗旨合拍。

有一点已经很清楚，在江右王门中，南野思想不同于归寂派，那么，他与主张现成说的龙溪思想又有何关联呢？我们先看一段龙溪对南野的一个评述：

> 先师（按，指阳明）尝谓独知无有不良。南野子每与同志论学，多详于独知之说。……戒自欺以求自慊，即所以为慎独也。《集》中无非斯义。①

这是以“独知”② 及“慎独”来归纳南野思想的特质，与黄宗羲的说法有很大差异。大体而言，龙溪此见是依据的，但也不够全面，比如“循良知”说在南野思想中也有重要地位，值得深入探讨。

关于南野研究，据笔者管见，除侯外庐等编《宋明理学史》下卷将南野附在邹东廓之下，作了概论性的叙述以外③，国内学界似乎尚无专题论文发表，包括容肇祖《明代思想史》这样的专著也付诸阙如。不得不说，这是阳明后学研究领域中的一个缺憾。日本学者荒木见悟却提醒我们：“要理解阳明，南野是不得不引起重视的一个参照系。”④ 我也深有同感。

本文所用《欧阳南野先生文集》三十卷，为东京尊经阁文

① 《龙溪集》卷十三《欧阳南野文选序》，第 969 页。

② 按，在阳明那里，“独知”是良知的同义语。参见《传习录》下，第 317 条等。

③ 所据资料是《明儒学案》和《广理学备考·欧阳南野先生》。

④ 《欧阳南野（解说）》，《阳明学大系》卷五，第 34 页。

库藏明嘉靖三十六年徐南金江西刻本。北京图书馆及北京大学图书馆所藏嘉靖三十七年梁汝魁陕西刻本亦为三十卷，两者异同及其刊刻源流等情况，未及详考。① 另有《欧阳南野先生文选》四卷本及五卷本两种，由王龙溪、李春芳等人选编，多次刊刻，流行较广，是为《文集》之删节本。

一　生平学履

欧阳南野（1496—1554）讳德，字崇一，号南野，江西泰和人。正德十一年（1516）中乡举，嘉靖癸未（1523）进士，授六安州（安徽省）知州，迁刑部员外郎，改翰林编修。壬辰（1532）②，迁南京国子司业，继迁太仆少卿、南京鸿胪寺卿。己亥（1539），丁父忧③，服除留养其母。丙午（1546），起复，仍旧职。丁未（1547），晋南太常卿，寻召入掌国子祭酒。事遂擢礼部左侍郎，改吏部左侍郎。己酉（1549），改吏部兼翰学掌詹事，充会典副总裁。庚戌（1550），任会试主考。是夏，母卒归丧。壬子（1552）春三月，丧服未终，召拜礼部尚书，兼翰林院学士。是冬，抵京，召直无逸殿。甲寅（1554），卒于官，享年 59 岁。卒后，赠太子少保，谥文庄。④ 由上可

---

① 参见《敬所王先生文集》卷一《南野先生文集序》，冯惟讷：《重刻后序》（见陕西本《南野集》卷首）。

② “壬辰”系年，据李春芳：《文庄欧阳公祠堂碑》（《国朝献征录》卷三十四）。

③ 《南野集》卷二十五《族兄西洲先生墓志铭》载：“嘉靖己亥（1539），某遭先大夫丧，里居。”（叶 1 上）至丙午复起，约有八年“里居”。

④ 以上据《世经堂集》卷十九《欧阳公神道碑铭》，东京内阁文库藏明刻二十六卷本，叶 32 下—33 上；《双江集》卷六《南野欧阳公墓志铭》，叶 11 下—12 下。

见，从中第进士直至病卒为止的三十余年，除了两次归乡服丧之外，南野一生的仕途可谓一帆风顺，未曾受到大的挫折。龙溪称："先师生平才力气魄，惟南野兄得其涯涘。"[①]就是指南野在政治上的作为，有望与阳明比肩，是其他王门弟子无人能及的。

南野中乡举之时，值阳明在江西讲学，南野欣然从之，为此二次不赴会试。入门之初，便被阳明称为"小秀才"[②]，据称："先师语来学，必曰：'先与崇一论之'。"[③]可见，南野深受阳明器重。南野的同年进士徐阶曾说，阳明逝世后，"士咸知诵致良知之说，而称南野门人者半天下，即阳明无以加也"[④]。称南野门人"半天下"，似嫌夸大，但其门人众多则是有根据的。南野私淑弟子尹台也指出："故阳明既没，学者争景向相附，游其门者半天下，莫不竞幸得阳明之宗统云。"[⑤]这是因为南野仕途顺利，身居要职，常年担任南京国子监司业、祭酒以及会试主考等职，故其门生众多，但这种"座主"与"门生"的关系对于思想传承并不意味有何实质性的意义。不过可以肯定的是，南野利用其显赫的政治地位，在传播推广阳明学等方面起到了相当大的作用。例如南野曾在京参与主持

---

① 《龙溪集》卷四《留都会纪》，第 334 页。

② 《明儒学案》卷十七《欧阳南野传》，第 359 页。

③ 《双江集》卷六《南野欧阳公墓志铭》，叶 14 上。按，嘉靖五年，是时双江对阳明之说尚有疑义，阳明致书南野，云："乃劳崇一逐一为我解嘲。"（《王阳明全集》卷六《与欧阳崇一（丙戌）》，第 215 页）双江之说即有感于此而发。

④ 《世经堂集》卷十九《欧阳公神道碑铭》，叶 34 下。

⑤ 尹台：《洞麓堂集》卷四《欧阳文庄公祠堂记》，四库全书珍本，叶 43 下。

了“灵济宫”千人大会，便可略窥一斑。顺便指出，东林党人顾宪成与南野也有师生关系，即宪成之师薛应旂（号方山，1500—1575）及第进士的科考官乃是南野，但是两人的思想倾向显然差异很大。

据南野的回忆，他在从学阳明之初，阳明主要教以“默坐澄心”“静专动直”。[①] 嘉靖五年（1526），南野在给阳明的信中，披露了当时自己的思想苦恼：

> 学者之蔽，大率非沉空守寂，则安排思索。德辛、壬之岁，着前一病，近又着后一病。但思索亦是良知发用，其与私意安排者，何所取别？恐认贼作子，惑而不知也。[②]

可见，南野当时在“沉空守寂”与“安排思索”之间徘徊不定。然而若干年后，阳明对南野的学识已有了崭新的评价：“得来书，自咎真切。论学数条，卓有定见，非独无退转，且大有所进矣。”[③]

在 16 世纪 30 年代，南野主要在南京任职。在这期间，南野与王门其他弟子一起，积极从事讲学活动[④]，乃至遭到非议。例如，魏庄渠尝称：“崇一贤寮也，而讲学似讷行敏言者。”[⑤]

---

① 参见《南野集》卷七《赠刘晴川北上序（壬寅）》、卷九《吴伯叙卷（丙申）》。

② 《传习录》中《答欧阳崇一》，第 169 条。按，“辛、壬之岁”，指正德辛巳（1521）、嘉靖壬午（1522）。

③ 《王阳明全集》卷六《与欧阳崇一（丙戌）》，第 215 页。

④ 据龙溪称：“粤自嘉靖丙申（1536）、丁酉（1537）之岁，予与南野文庄公同官留都。”（《龙溪集》卷十九《祭贡玄略文》，第 1483 页）另参见《阳明年谱》嘉靖十二年条。

⑤ 《庄渠遗书》卷四《与王纯甫》，叶 7 下。另参见《庄渠遗书》卷三《答欧阳崇一》、卷四《答邓鲁》、卷十一《答吕仲木》。

后来，南野自己也坦承：

> ……却愧从前浮想认假为真，往在太学（按，指官南京国子监司业之时），徒以口吻动人，毕竟无益。始知知见谈说，非成己成物之实也。①

值得一提的是，在南京任职期间，王龙溪对南野思想产生了很大影响。南野自述道：

> 近得与龙溪同宿数时，顿觉旧习之非。大抵此心未到澄莹精纯，便起种种作用言说，认为真机活泼，不知里许尽是安排布置，种种作用皆为粉饰，种种言说皆为戏论，今须直下了彻，始有进步处也。龙溪直是学问透彻，直是善煅炼人，相与切磋，直是心心相契，更无许多逢迎迁就门面摺数，诚吾辈所不及。②

语意中，对龙溪的钦佩之情油然可见。据龙溪方面的记载，两者在思想切磋过程中，涉及“师门晚年宗说”，两人“每举相证”，而南野对此亦“未尝不爽然称快，以为闻所未闻，若饮醇醴，盎然且溢于面”。③此处所云“闻所未闻”的“师门晚年宗说”，当是指嘉靖六年的“王门四句教”，或许还包括龙溪对“四句教”的诠释，即“四无说”。

众所周知，在“天泉证道”之时，阳明承认龙溪的“四无

---

① 《南野集》卷三《答陈明水》第一书，叶32上下。

② 《南野集》卷二《寄何善山黄洛村》，叶24下。按，关于当时与龙溪切磋学问，受其启发颇多一事，南野有大量的复数记录，参见《南野集》卷二《寄横溪弟》《答戚南玄》《寄唐荆川》《寄钱绪山》《寄刘晴川》《答薛中离》第一书及第三书、《答张卿理》第二书，卷六《家书抄（十八）》（丙申二月二十七日）等。

③ 《龙溪集》卷十三《欧阳南野文选序》，第969页。

说”是“一了百当，即本体便是工夫”的“顿悟之学”。[①]而南野所云“今须直下了彻”，实即“即本体便是工夫”之意。只是在《南野集》当中，并无一处提及“四句教”或“四无说”，从后来南野思想的展开过程看，应当说他在“无善无恶”问题上既没有表现出像龙溪那样的理论兴趣，同时也没有表示过明确的反对意见。

与王门其他弟子一样，南野也积极投身于讲学活动。己亥（1539）年后，南野在乡居期间，时常与同门友邹东廓、罗念庵、聂双江等人往来讲学。“相与求未发之真知，究先师之遗旨，䜣䜣若将终身焉。”[②]值得一提的是，嘉靖癸丑（1553）、甲寅（1554），在东阁大学士徐阶的赞同之下，南野在京与聂双江、程文德（号松溪，1497—1559）一起主持了著名的“灵济宫”大会[③]，据黄宗羲记述，“学徒云集至千人[④]，其盛为数百年所未有”[⑤]。可以说，这是王门讲学活动的最盛期。

然而，王门的讲学活动并非一帆风顺，就在16世纪30年代，便有一次挫折，由于受其时“当柄之臣”的猜忌，王门众多弟子纷纷落职。其中有薛中离、魏良弼（号水洲，1492—1575）等阳明大弟子，邹东廓亦因“告病擅自回籍”，被吏部究以“行勘不报”之罪而落职归乡，黄绾（号久庵，1477—1551）、季本（号彭山，1485—1563）也受此牵连而被降职

---

① 《龙溪集》卷一《天泉证道纪》。

② 《双江集》卷六《南野欧阳公墓志铭》，叶12下。

③ 按，灵济宫乃明永乐年间所建之道观，参见《帝京景物略》卷四《灵济宫》。

④ 据《明史》卷二八三《欧阳德本传》载，“赴者五千人”。

⑤ 《明儒学案》卷十七《欧阳南野传》，第360页。

“外补”。南野为此而愤懑不已，他在家书中这样写道：“君子见几而作，不俟终日。恨无间可乘，苟有间，吾即为投簪之计。”个中原因，固然复杂，但在南野看来，乃是“以学为言，其意居可知矣”。[①] 也就是说，这些人被看作是讲阳明学之“同党”，因而一并遭到了排斥。

除了在政治上，心学运动一时受挫以外，同时也不断招致思想上的批评和非议，最为著名的人物当首推罗钦顺（号整庵，1465—1547）。南野与整庵曾就阳明良知学，展开了一场激烈的思想辩论，下面来看一下这场辩论的具体内容。

二　良知与知觉

按照阳明的心学理论，良知是一种判断是非的道德准则，同时也具有道德知觉的能力。合言之，即“良知”；分言之，即“良知良能”；质言之，良知具有道德准则与道德知觉的双重含义。在阳明看来，这种道德准则和道德知觉都是心中之理，亦即天理，换言之，天理便是内在于心体的本体存在。因此，“心即理”与“良知即天理”这两个命题，在阳明是可以同时成立的，其内涵所指并无根本差异。但是，罗整庵却也以为不然：

> 孟子曰：“孩提之童，无不知爱其亲也，及其长也，无不知敬其兄也。”以此实良知良能之说，其义甚明。盖知能乃人心之妙用，爱敬乃人心之天理也。以其不待思虑而自知此，故谓之良。近时有以良知为天理者，然则爱敬果何物乎？程子尝释知觉二字之义云：“知是知此事，觉

① 以上参见《南野集》卷六《家书抄（七）》，叶 3 上下。

是觉此理。”……正斥其认知觉为性之谬尔。①

大意有三：第一，“知”与“能”是“人心之妙用”，而“爱”与“敬”才是“人心之天理”；第二，若“以良知为天理”，则作为“天理”之“爱敬”岂非别为一物？第三，“以良知为天理”实是佛氏的“认知觉为性”之谬说耳。显然，第二和第三点是在批判阳明。可以想见，当整庵将这部《困知记》寄给南野之后，一场争论已在所难免。②

其实，以上整庵的三步推论之关键在于第一点，即良知是否就是知觉。③所谓“知觉”，当然涵指作为“见闻知觉”的认知能力以及作为“知觉运动”的感官能力。须注意的是，其中并没有包括道德知觉这层含义。接着的问题是，良知是指“见闻知觉”呢？还是指“知觉运动”抑或是指“道德知觉”？从整庵与南野的争论过程来看，前者以为“良知”就是“见闻

---

① 《困知记续》卷上，第70页。

② 按，《困知记》上下两卷成于嘉靖七年，嘉靖十年和十二年分别撰成《困知记续》上下两卷。南野于嘉靖十三年晚夏，撰书驳之，此即《南野集》卷一《答罗整庵先生寄困知记》。同年八月，整庵作书反驳，即《困知记》附录《答欧阳少司成崇一》。同年十月，南野作第二书（《南野集》卷一）。对此，整庵于次年春，又作书反驳（《困知记》附录）。最后，南野又有第三书（《南野集》卷一），是为短简，对整庵之说未作深辩，意欲休战。

③ 王塘南指出：“整庵先生著《困知记》，大指谓知觉为心。”（《友庆堂合稿》卷六《泰和曙台唐侯索书漫呈六条》，第300页）不过严格来说，整庵认为知觉只是心之妙用，而不是智之本身。例如针对朱子批评上蔡“以觉为仁”为非，认为孟子之言“知觉”与上蔡之言“知觉”都属于“智之事”（《朱子文集》卷四十二《答胡广仲》第五书，第2809页）的观点，整庵提出批评：“以觉言仁固非，以觉言智亦非也。盖仁智皆吾心之定理，而觉乃其妙用。”（《困知记续》卷上，第212页）这是说，“觉”只不过是心之妙用，而非心之智。

知觉”或“知觉运动”；后者以为“良知”乃是特指“道德知觉”。现在来看南野的说法：

> 某尝闻知觉与良知，名同而实异。凡知视、知听、知言、知动，皆知觉也，而未必其皆善。良知者，知恻隐、知羞恶、知恭敬、知是非，所谓本然之善也。……盖天性之真，明觉自然，随感而通，自有条理者也，是以谓之良知，亦谓之天理。天理者良知之条理，良知者天理之灵明。知觉不足以言之也。①

“知视、知听、知言、知动”乃是“见闻知觉”，与道德知觉无关，故“未必其皆善”；“知恻隐、知羞恶、知恭敬、知是非”则是“道德知觉”，是即“良知”，故“本然之善也”。进而言之，既然“性善”即是“天理”，那么作为“本然之善”的良知也就可以说是“天理”。南野的观点，可谓简洁明了。但是问题并没有到此完结，整庵还有进一步的追究：

> 今以知恻隐、知羞恶、知恭敬、知是非为良知，知视、知听、知言、知动为知觉，是果有二知乎？夫人之视听言动，不待思虑而知者，亦多矣。感通之妙，捷于桴鼓，何以异于恻隐、羞恶、恭敬、是非之发乎？且四端之发，未有不关于视听言动者，是非必自其口出，恭敬必形于容貌，恶恶臭辄掩其鼻，见孺子将入于井，辄匍匐而往救之，果何从而见其异乎？知惟一尔，而强生分别，吾圣贤之书未尝有也。惟《楞伽》有所谓真识、现识及分别事识三种之别。必如高论，则良知之真识，而知觉当为分别事识，无疑矣。夫不以禅学自居，志之正也。而所以自解

① 《南野集》卷一《答罗整庵寄困知记》，叶14下。

者，终不免堕于其说，无乃未之思乎？①

上述回应略长，究其要点，可以四字概括：“知惟一尔！”这是说，知觉就是知觉，没有“知是非为良知”与“知动为知觉”之分。理由是：作为本性的“四端之发”不能与作为见闻知觉的“视听言动”完全隔绝。整庵的思路在于：人既是道德主体的存在，同时更是生理学意义上的存在，如果没有视听言动之类的感官知觉运动，就根本谈不上道德行为。他打了一个比方，例如俗话所说“祸从口出”，行为是非亦必然“自其口出”，否则何是何非，便无从判断。

但是，南野坚持认为良知与知觉固然“名同而实异”，而离却知觉亦无良知可言。其实，这个说法是其来有自的，即源自阳明有关良知与见闻的关系论述：

> 良知不由见闻而有，而见闻莫非良知之用。故良知不滞于见闻，而亦不离于见闻。②

须注意的是，良知与见闻的关系，其实就是见闻之知与德性之知的关系，严格说来，这是良知与知识的关系而非良知与知觉的关系，套用宋明理学史上的朱陆之争的说法，即“尊德性”与“道问学”的关系问题。从哲学上来说，也就是知性活动在先还是德性实践在先的问题。在这个问题上，朱陆之间就曾发生争论，朱子晚年意识到平生在道问学上用功多，未免欠缺尊德性工夫，所以应当是“取短集长”，将两者结合起来；但是陆象山却提出了一个根本质疑：“既不知尊德性，焉有所

① 《困知记》附录《答欧阳少司成崇一（甲午秋）》，第118页。

② 《传习录》中，第168条。南野云：“夫良知者，见闻之良知；见闻者，良知之见闻。……是致知不能离却闻见，以良知闻见本不可得而二也。”（《南野集》卷四《答冯州守》，叶38下）

谓道问学?”[①] 显然对象山而言，尊德性在所有工夫当中具有首出的地位，这一点决不可退缩动摇。及至阳明，他也对朱子的那套即物穷理的工夫路径提出了质疑：“纵格得草木来，如何反来诚得自家意?”[②] 其口吻与象山如出一辙。但是，阳明又认为，以德性为本为主、以见闻为末为次，并不意味德性与见闻便是绝对的对立两极、互不相容。相反，根据阳明的“即用求体”的观点（参见本书序章），从工夫次序讲，在见闻处落实致良知工夫，才是使尊德性与道问学得以真正结合的关键。

同样，在良知与知觉的问题上，两者也应当是有机结合的整体而不可分离。在阳明看来，良知既是“虚灵”的，又是“明觉”的[③]，“虚灵”和“明觉”乃是良知的总体特征；因其“虚灵”，故“良知”有别于一物，因其“明觉”，故“良知”是知是知非的道德知觉。而这种道德知觉又根源于心之本体，故说：“良知是天理之昭明灵觉处。”[④] 此“灵觉”既是理之觉，又是良知之觉。要之，“知觉”一词含义复杂，有指感官而言，也有指心理而言，更有指道德而言者。对此，若无严格的区分，就不免引起争议。有一点是明确的：南野与整庵之争，其因之一在于彼此对概念的定义或理解有所不同。

对于上述整庵的批评，南野进而申辩：

> 故就视听言动而言，统谓之知觉；就其恻隐羞恶而言，乃见其所谓良者。知觉未可谓之性，未可谓之理。知

① 分别参见《朱子文集》卷五十四《答项平父》第二书；《陆九渊集》卷三十四《语录上》，第 400 页。

② 《传习录》下，第 317 条。

③ 如：“心之虚灵明觉，即所谓本然之良知也。”（《传习录》中，第 137 条）

④ 《传习录》中，第 169 条。

之良者，盖天性之真，明觉自然，随感而通，自有条理，乃所谓天之理也。……①

这是说，一般意义上的“知觉”（“统谓”＝统称），固然不能“谓之性”“谓之理”，但是“知之良者”（即“良知”），则是“明觉自然”。这里的“明觉自然”，显然就是上述阳明对良知所下的定义。在“知”上加一“良”字，或在“觉”上加一“明”字，此“知”此“觉”便非“统谓”之知觉，有别于一般所说的感官知觉，而成了“天性之真”，即良知良能。所谓“明”者，意同《尚书》或《大学》的“明德”之“明”，即指光明的德性；所谓“良”者，按朱子的解释，盖指“本然之善”，即孟子“性善之旨”。正是在此意义上，故南野断言：“性非知则无以为体，知非良则无以为性。”②这就是说，“性”必须以“良知良能”、“知”必须以“本然之善”来分别作为其自身的规定。

概而言之，有三点可以归纳：1. 良知不同于一般意义上的知觉（诸如“知痛知痒”之类的感官知觉）；2. 良知具有伦理学意义上的“明觉”这一本质特征，是明辨是非的道德知觉；3. 良知不离知觉，而“知觉之无欲者，良知也”。③要之，良知既非一般意义上的见闻知觉，又不能脱离见闻知觉④；良知既是内在于人心的道德本体，同时又是在万事万物中“发用流

① 《南野集》卷一《答罗整庵》第二书，叶19下。

② 同上书，叶20上。

③ 《南野集》卷五《答聂双江》，叶29下。按，龙溪讲得更为明确：“良知非知觉之谓，然舍知觉无良知。”（《龙溪集》卷十《答罗念庵》第一书，第712页）

④ 关于良知与知识的关系问题，又可参见《南野集》卷一《答胡仰斋》、《答欧梦举》第一书及第二书等。

行”，展现出对事物的知觉能力和判断能力。

综上所述，由“良知即天理”这一命题引出了如何把握“良知”与“知觉”的关系问题，最终还是回到良知本体这一根本问题上。南野既不能认同“以知觉为良知”，反过来，若以为良知可以脱离知觉，也是有所偏颇的。那么，“良知”到底是什么？这个问题看似唐突，其实整庵对良知概念的理解已与阳明发生偏差，这也是他与王门诸子聚讼纷纭的根源之一。他说：

> 但以理言，即恐良知难作实体看。果认为实体，即与道、德、性、天字无异。若曰：“知此良知。”是成何等说话耶？
>
> 今以良知为天理，即不知天地万物皆有此良知否乎？天之高也，未易骤窥，山河大地吾未见其有良知也；万物众多，未易遍举，草木金石吾未见其有良知也。①

这里出现的“实体”一词，值得注意。该词或许源自佛学，如在唯识宗，盖谓实相本体是真有者。在宋明儒的语境中，概指“与物无对”（程颢语）的终极存在，如程朱的理本体。整庵认为理是实体，而良知不是实体；理由是天理遍在于万物，而良知没有这种遍在性，故良知不能是天理；因为“良知”只具有知爱知敬的知觉功能，只是“人心之妙用”而已；而所知之“爱”、所知之“敬”才是“人心之天理”，才是“实体”存在。如果这样来理解“良知”的话，那么，可以预料南野与整庵之间的思想争论必将分道扬镳。因为对阳明而言，良

---

① 以上参见《困知记》附录《答欧阳少司成崇一（又乙未春）》，第122、123页。

知不仅是心之本体、性之本体，其本身直接就是天理、天命或天性，这是由其“心即理”这一基本命题必然推演出来的结论，因此，良知在本体化的同时，其实也就完成了良知实体化，否则，“良知即天理”或“天理即良知”就无法成立。依阳明，良知不仅是遍在于所有人心的道德本体，而且遍在于山川草木、天地鬼神，而与万物构成一体之存在，否则，“天没有我的灵明，谁去仰他高？地没有我的灵明，谁去俯他深？鬼神没有我的灵明，谁去辨他吉凶灾祥？”① 在这个意义上，良知就是终极实体。整庵的批评显然是对阳明良知学的这层义理缺乏根本理解所致。

不管怎么说，整庵与南野的思想争论仍有重要意义。对整庵来说，这场争论意味着什么，不是我们的主题，可以置而不论。对于南野来说，无疑加深了他自己对阳明学的理解，并在客观上有力地回应了时人对阳明学的批判。例如在 16 世纪 40 年代末，南野与双江之间围绕“良知与知觉”的问题亦有争论，此不赘述。② 整庵与南野的这场争论也曾引起王塘南的注意，他对整庵的观点有一个评论，说得比较中肯：

> 朱子以知觉运动为形而下之气，仁义礼智为形而上之理，以此辟佛氏，既未可为定论，整庵罗公遂援此以辟良知之说。不知所谓良知者，正指仁义礼智之知，而非知觉运动之知，是性灵而非情识也。故良知即是天理，原无二也。③

① 《传习录》下，第 336 条。

② 参见《南野集》卷五《答聂双江》第一书以及本书第三章“聂双江论”。

③ 《友庆堂合稿》卷四《三益轩会语（甲申）》，第 253 页。按，塘南亦是深得佛学之堂奥的学者。

三　循其良知

一般而言，“良知”是指“心之本体”，属于本体论层次上的概念，“致良知”则是指伦理实践，属于工夫论层次上的命题。两者之间又有一个本体与工夫的关系问题。以上，围绕良知与知觉的关系问题，可以看到南野对良知的理解，基本上承袭了阳明师说的旨意。现在有必要来看一下南野在工夫论问题上的基本观点。南野指出：

> 良知即是非之心，性之端也。性无不善，故良知无不中正。故学者能依着见成良知，即无过中失正。苟过中失正，即是不曾依着见成良知。若谓依着见成良知而未免过中失正，是人性本不中正矣。有是理乎？……①
>
> 惟循其良知，无所倚著，即是真好真恶，即是王道，即是天则。此须立心之始，有著无著，一一分晓，则凡情自别，天则自见。若只于不妥贴处洗涤，却恐是支流辨浊清也。②

以上两段话中引人注目的有两点，一是“见成良知”；一是“循其良知”(或“依着见成良知”)。“见成”即“现成”，从南野“能依着见成良知，即无过中失正”的论述来看，可见其在现成良知问题上的立场与龙溪等人一致。问题是，“依着”或“循着”究为何意？而南野又为何要强调“依”或“循”？下面先从“依着良知”谈起。

首先须指出，“依良知”说在王门当中非常流行，如阳明弟子孙蒙泉所说：

---

① 《南野集》卷九《答董兆时问（癸巳）》，叶 7 上下。

② 《南野集》卷三《答戚补之》第三书，叶 27 下—28 上。

> “致良知”三字，师传口诀，及门者类言“依本体”，便是。①

便反映了这一情况。这是正面的说法，反过来也有批评的声音，例如湛甘泉对当时王门后学中只讲“依良知”而忽视“致”字工夫的思想现象便有批评：

> 今游先生（按，指阳明）门者，乃云：“只依良知，无非至道。”而致之之功，全不言及。至有纵情恣肆，尚自信为良知者。立教本旨，果如是乎？②

根据甘泉的观察，王门当中甚至有“只依良知，无非至道”的口号。属于王门中人的罗念庵也对“依良知”特别反感，他说：

> ……今却尽以知觉发用处为良知，至又易“致”字为“依”字。则是只有发用，无生聚矣。③

上述湛、罗两人的批评是否针对南野而来，现在不得而知。要之，南野讲“依良知”，完全有可能招致上述批评。但是在南野看来，“依良知”或“循良知”完全可以从阳明那里找到其理论根据。因为阳明晚年亦讲“依”字：

> 然知得善，却不依这个良知便做去，知得不善，却不依这个良知便不去做，则这个良知便遮蔽了，是不能致知也。④

而且阳明也讲“循”字：

---

① 《燕诒录》卷二《忆言中（中）》，叶10下。

② 引自《明儒学案》卷十一《绪山会语》，第230页。

③ 《念庵集》卷三《与尹道舆》，叶32下。按，参见本书第二章“钱绪山论”。

④ 《传习录》下，第317条。

> 圣人率性而行，即是道。圣人以下，未能率性于道，未免有过不及，故须修道。修道则贤知者不得而过，愚不肖者不得而不及，都要循着这个道，则道便是个教。①

这是对《中庸》的“率性”说所下的注脚。从字义上看，所谓“率”，汉儒郑玄注曰：“率，循也。”以此，“率性”亦可换称为“循性”；“率性于道”也就成了“循着这个道”的意思。其实，早在二程那里，就有“顺理自然”的思想，例如：

> 万物皆有理，顺之则易，逆之则难，各循其理，何劳于己力哉？
>
> 天地之道，至顺而已矣。大人先天不违，亦顺理而已矣。②

看来，阳明“循着这个道”的说法，是原有所本的，只是根据阳明良知学，“率性”又可表述为“循着良知”。故阳明强调为学就在于“学循良知”：

> 若无有物欲牵蔽，但循着良知发用流行将去，即无不是道。但在常人多为物欲牵蔽，不能循着良知。……学者，学循此良知而已。谓之知学，只是知得专在学循良知。③

至此可见，“依良知”或“循良知”实为阳明晚年所提倡。在上引南野所说的“依着见成良知”那一段话的后面，还有这样一句话：

> 此心所谓非思而得，非勉而中，天理之自然者也。只

① 《传习录》上，第127条。

② 《程氏遗书》卷十一，《二程集》，第123页；《程氏粹言》卷二，《二程集》，第1225页。

③ 《传习录》中，第165条。

是人不能一一依着耳。[①]

“只是”以上，讲的是本体论意义上的“天理自然”（与上文合观，意同“见成良知”），“只是”以下，则是一个转语，是从工夫论角度出发，指出常人并不能完全“依着见成良知”。其因正如上述阳明所说“常人多为物欲牵蔽”，故尔。[②]因此，“循良知”须有一前提，即上述阳明所说的“若无有物欲牵蔽，但循着良知”。但是细按之，又不尽然，没有“物欲牵蔽”乃是结果，而不能是前提。如果说，没有了“物欲牵蔽”，然后才去“循着良知”，那么，所谓“循良知”岂非成了空言？如此看来，“循良知”说必遇到一个问题，即如果能做到“无有物欲牵蔽”，那么何以有必要“循其良知”？[③]因为前者已经直接等同于后者。进言之，“循良知”或“依良知”也就失去了工夫论意义而变得毫无具体内容，反而给“纵情恣欲”之辈以口实。所以，甘泉和念庵等人之所以对“依良知”说忧心忡忡，其原因也就不难想象了。

应当承认“依”字的确没有“致”字所具有的那种积极意义。“致良知”要求人们在“随时就事上”积极地去把握自我良知，而“依良知”则有可能导致“以良知致良知”（王龙溪语），其结果便有可能淡化“致良知”作为一种道德实践的具体性、积极性。故在某些学者看来，到了阳明后学那里，“依

---

① 《南野集》卷九《答董兆时问（癸巳）》，叶7下。

② 参见《南野集》卷一《答欧梦举》。

③ 按照阳明的观点，唯有圣人才能做到毫无私欲障蔽，常人则在所难免。因此，“在圣人分上，便是自然的；在学者分上，便是勉然的”（《传习录》中，第145条）。如果说，若无物欲牵蔽，才能“循其良知”的话，那么，唯有圣人才能做到这一点。阳明说：“圣贤非无功业气节，但其循着这天理，则便是道。”（《传习录》下，第223条）

着良知”说就有可能演变出“依着自己”“依着性情”之类的主张，良知也就丧失了对自我性情的制约性。例如泰州学派的王一庵指出王门后学中存在着一种“直指知觉凡情为性”的思想倾向，其因就在于只讲“依”字而“不言致字误之也”。他指出：

明翁（按，指阳明）初讲致良知，后来只说良知，传之者自不察耳。

故学者之于良知，亦只要认识此体端的便了，不消更着致字。①

同时，一庵对略“致”字不讲而只谈“依着良知”的观点进行了批评：

明翁初讲致良知，曰“致者至也”。……观此则所致良知者，谓致极吾心之知，俾不欠其本初纯粹之体，非于良知上复加致也。后因学者中往往不识致字之义，谓是依着良知，推致于事，误分良知为知，致知为行，而失知行合一之旨。故后只说良知，更不复言“致”字。今明翁去久，一时亲承面命诸大名贤，皆相继逝。海内论学者，靡所稽凭。故有虚空冒认良知以为易简超脱，直指知觉凡情为性，混入告子、释氏而不自知。则不言致字误之也。二者之间，善学者须识取。②

一庵的批评是否合理，这里暂且不论。要之，在阳明后学中，

---

①《明儒学案》卷三十二《王一庵语录》，第 733 页。

② 同上书，第 735—736 页。按，《一庵王先生遗集》卷下《会语续集》录此条有脱误。

“依良知”说流行一时，而且在有些人看来，这个观点可以上溯至阳明，这是难以否认的事实。

重要的是，我们有必要找出南野主张“依良知”“循良知”的思想原因。首先须指出，南野讲“循良知”，其用意并非是反对讲“致”，而是想强调这样两点：一是反对“意必”之执，二是反对“有所推广增益”。他指出：

> 某窃谓“致”字无下落，即是良知讲得未明，良知果明，“致”字即不容无下落矣。……鄙意人心着不得一毫意必，惟念念为善去恶而已矣。虽念念为善去恶，然本无意必之可着也。
>
> 夫循良知而无所亏歉之谓致，致非有所推广增益也。循良知而无所损害之谓养，养非无（按，疑为“有”字之误）所充满流动也。岂有二哉？①

可见，讲“循”字，意在破除“有执”，既要“念念为善”而又要做到“无意必可着”。换种说法，也可以用“无所倚著”四字来表达此意。同时，通过“循良知”使得心体良知“无所亏歉”，便可达到“致”的目的。同样，通过“循良知”使得心体良知“无所损害”，便可达到“养”②的目的。

其次，重要的是，“无所倚著”四字即是“循良知”说的注脚，而其理论依据在于“良知本体自然流行”这一观点。南野说：

> 须是直指良知本体之自然流行，而无所用力者，使人

① 《南野集》卷二《答郭中洲》，叶 4 上下；卷一《答陈盘溪》，叶 4 下。

② 对孟子“养其性”说，朱子注曰：“养，谓顺而不害。”（《孟子集注》卷十三）故“养”字又有“顺”字之义。

> 知所以循之。[1]

讲的便是这层意思。也就是说，因为良知本体具有“自然流行”的特征，故在本体之上“无所用力”，唯有“循之”而已。

在阳明那里，“自然流行”又称“发用流行”，乃是良知本体的基本特征之一。阳明有时又称之为“本体之自然”。[2]基于这一良知本体论的观点，故而对良知的把握，也就是“顺其天则自然”，阳明认为这“就是功夫”。[3]可见，南野主张“循良知”乃是基于这一阳明师说。而阳明的观点又有所本，即孟子所说的见“孺子入井”而欲援之以手之际，不能有丝毫“内交要誉”(《孟子·公孙丑上》) 之心，若此便是一种世俗心态在作怪，便是“意必固我”，便不是“非思而得，非勉而中，天理之自然也”[4]，也就从根本上违反了道德行为的自律原则。

现在，不妨再来看一段南野的话：

> 本体自然，一毫人力不与焉者。学者循其自然之本体，而无所加损，然后为能致其良知。[5]

不难发现，在为学次第的问题上，南野的看法是：首先要做到“循其良知”，不在良知本体上做任何“加损”，由此就能达到“致其良知”的目的。其意是说，所谓致良知，重要的就是对良知本体的全盘信赖，不能以为本体有所欠缺，因而在本体上去做或加或减的工夫。

---

① 《南野集》卷二《答陈明水》，叶 2 上。

② 《传习录》中，第 160 条。

③ 《传习录》下，第 270 条。

④ 朱子《孟子集注》卷三《公孙丑上》第六章引“谢氏”说，《四书章句集注》，第 237 页。

⑤ 《南野集》卷一《答聂双江》，叶 35 下—36 上。按，南野又有“良知即自然”之说，参见《南野集》卷五《答沈思畏侍御》第二书。

再从下面的一段话中，我们也可以看到南野讲“循”字，其用意还在于反对程朱学的那种未免“悬空拟议于形迹之粗”的“格物”说，其曰：

> 致之云者，充之而极其至之谓。充之而极其至者，实为其良知所欲为之事，而不为其良知所不欲为之事。……盖即吾心感应酬酢之事，而循吾良知之是是非非者而格之，以充其本体之善，非若后世悬空拟议于形迹之粗以为格致者也。①

这就涉及“格物”问题。南野对“格”字又有独特的理解：“格也者，循独知自然之则。”② 换言之，唯有“循良知”才是真正的“格物”之学。南野认为通过“慎其独知”（意即“循其良知”）等工夫，以“至于事事物物能循其知而自慊焉，则物格知致而意诚矣”。③ 可以说，“循其良知”是实现“物格知致而意诚”这一目的之保证。

要之，南野所讲的“依良知”或“循良知”，并非如甘泉和念庵所指责的那样，是略而不谈“致”字工夫，是“恣意自驰”，因为南野对于王门中“遗却致的意思”的现象也有自觉，他明确指出：

> 比来同志但讲良知，而遗却致的意思，是盖臆想谈说，而未尝实用其力者，正恐良知亦未能知得耳。④

其实，南野讲“循良知”，正是“致良知”的另一种表述

---

① 《南野集》卷一《答欧梦举》第二书，叶 40 上。

② 《南野集》卷四《王堣斋》第二书，叶 9 上。按，南野对“格”字的理解，基本上忠实于阳明师说，参见《南野集》卷四《答陆主政子翼》。

③ 《南野集》卷四《答应傚庵》，叶 19 上。

④ 《南野集》卷一《答胡仰斋》，叶 34 上。

方式。换言之，“循良知”实际上已经包含了“致”字工夫。只是，南野根据良知本体“自然流行”这一本体论意义上的前提设定，认为在本体上加不得一毫人为作用，而“循”字正是对后天人为意识（一种分节化的对象意识）的拒斥。由此可见，南野在工夫论上主张“循良知”，实与其本体论上坚持“见成良知”的立场有关。

归结起来，主要有三点：（1）良知本虚（详见后述），无方无体，自然流行，故不可着意强求，唯有循其本心自然之良知；（2）良知本体，见在具足，不容加损，故惟有循其良知，而不能在人为意识的作用之下去把捉良知；（3）循其良知本体之自然流行，乃是即本体之工夫，南野称之为“性之”，而与“反之”不同，而循良知正包含了“性之”与“反之”两个方面。①

四　良知本虚

问题是，“循其良知”作为工夫主张，有没有本体论的依据？应当指出，循良知说的提出，实与南野对良知本体的理解密切相关。“良知本虚”便是南野在本体论意义上提出的一个重要命题。②先来看一段资料（分两段录出）：

> 良知本虚，致知即是致虚。真实而无一毫邪妄者，本虚之体也。物物慎其独知而格之，不以邪妄自欺者，致虚之功也。故格物致知，则至虚至灵皆我固有。

① 南野曰：“夫本体功夫非有二也。……循而弗失，是谓性之；失而复循，是谓反之。反之之谓功夫，性之之谓本体。其为循其良知，则一而已，非判然二途也。”（《南野集》卷一《答周陆田》，叶11下）

② 事实上，“良知本虚”或“良知本寂”，在王门当中似已形成了某种共识。参见本书第一章第二节及第三章第二节。

> 若有见于虚而求之，恐或离却事物，安排一个虚的本体，以为良知本来如是，事事物物皆从此中流出，习久得效，反成蔽障。①

对第1段所述，我们可以试作这样的梳理：因为“良知本虚”，所以“致知（按，即致良知）即是致虚”；所谓真实无妄，是即“诚”之意，乃是良知之本质；独知者即“良知”，慎其独知，即是顺其良知，也就是格物；在格物过程当中，若能做到不以邪妄自欺，即是“致虚之功”，也就是致良知之工夫。

南野在这里作了几重推论，归结起来，最重要的实是开头两句。这一点亦为南野弟子冯惟纳在总结南野思想特征时所注意，他指出：

> 学者或逃烦守静，先生（按，指南野）则曰：“不若格物。”或学无念，则曰：“不若无欲。”或称致虚，则曰：“良知本虚，不若致知。”虽教人人殊，而指一归乎是，未始眩之以高虚，难之以茫昧，骇贤智者之耳目，使愚者瞠焉莫知所从也。②

应当说，冯的这一概括颇得南野思想之要领。

其次，第2段所讲述的乃是对第一段所下的转语。大意谓：虽然良知本虚，但不能执而求之，不能离却事物去作有意之安排；也不能以为良知本来就是虚寂之本体，万事万物皆由此流转出来，而可以略工夫而不讲。……事实上，此处所述亦颇为重要。也就是说，虽然“良知本虚”，但是良知并不是离

① 《南野集》卷五《答贺龙冈》，叶44下。

② 冯惟纳：《欧阳南野先生文选后序》，参见《欧阳南野先生文选》卷末附录，叶2上下。

却事物之存在，故不能脱离事物去安排一个“虚的本体”。如果把以上两段的意思结合起来看的话，不难发现，南野的思考比较缜密周到。

概括起来，可以这样说：良知本体具有虚实一体、体用一源之特征。良知的本质特征固然是“虚”，但这个“虚之本体”又在万事万物当中展现自身，在此意义上，可以说“良知本虚”而又“虚实一体”。然而问题是，既然说“虚实一体”，为何不说“良知本实”而要说“良知本虚”？这首先涉及这样一个问题：南野所说的“虚”究竟意味着什么？南野说：

> 心之本体，犹之太虚。太虚之中，无物不有而无一物能为太虚之染污。苟太虚染污一物，则非复太虚之本体，而不能为无物不有者矣。①

这段话令人想起阳明的一段名言：

> 良知之虚，便是天之太虚。良知之无，便是太虚之无形。日月风雷、山川民物，凡有貌象形色皆在太虚无形中发用流行，未尝作得天的障碍，圣人只是顺其良知之发用。天地万物俱在我良知的发用流行中，何尝又有一物超于良知之外，能作得障碍？②

显然，南野之说源自阳明，两者所说基本上是同样的意思。

众所周知，“太虚”一词语出《庄子》，然而作为一种哲学概念，实为张载所强调，意指“气之本体”。撇开张载的“气

---

① 《南野集》卷一《答柯双华》，叶 35 上。

② 《传习录》下，第 269 条。按，《阳明年谱》嘉靖六年九月条，亦有类似记载。中有“良知本体原来无有，本体只是太虚”一句，说得更为直截了当。又，《王阳明全集》卷六《答南元善（丙戌）》第一书有“（良知）廓然与太虚同体”一语。

本论”不说，就“太虚”一词之本意而言，原指茫茫苍天。阳明用“太虚”一词来形容良知的本来状态，意在强调良知“本无知”而又“无不知”这一重要观点。关于这一点，在序章中已有论述，此不赘述。这里须说明的是，南野“无物不有而无一物”说，正与阳明“无知无不知”的观点相契。

要之，“良知本虚”说可称之为本体论意义上的“虚无”论，而非生成论意义上的“有无”论；阐发的是本体自身的虚实、有无一体相即之原理，而并非是在论述“太虚”是万物产生的本始原因。南野说：

> 知无体，以物为体。无体者虚，有体者实，虚实一原，显微无间。①

讲的也是这种“良知本虚”论。而这一观点亦是源自阳明：“心无体，以天地万物感应之是非为体。”阳明由此提出了“因用求体”这一工夫论的重要主张，而南野基于上述的思想立场，对阳明此说亦有全面的认同。②

与“知无体”这一观点相同，南野又有“性无体”“知无实事”等说，其曰：

> 盖性无体，以知为体。知无实事，物乃其实地，离事物则无知可致，亦无所用致之之功。犹之曰“形色乃天性之实③，无形色则无性可尽。性践形，然后可以尽性”云尔。大抵会得时，道器隐显、有无本末一致，会未得，则

---

① 《南野集》卷五《答曾双溪》第二书，叶 49 上。

② 以上参见《南野集》卷五《答聂双江》第二书。

③ 按，盖指孟子“形色，天性也”（《孟子·尽心篇上》）之说，阳明评曰：“这也是指气说。”“此是所谓‘生之谓性’。”并据此断定：“气亦性也，性亦气也。”（《传习录》下，第 242 条。另参卷中第 150 条）

滞有沦虚，皆足为病。①

其实，如果坚持“良知本虚”这一本体论的立场，那么就必然得出“知无实事”这类结论。重要的是，对这一结论还必须再下一转语：“物乃其实地，离事物则无知可致。”讲的是这样一层意思：致知的立足点在于格物，对本体的把握必须通过“天地万物感应”之世界。这也就是阳明的“心无体”“因用求体”的观点。② 至于“道器隐显、有无本末”一以贯之的说法，可以说亦是阳明学的一个基本观点，南野又称之为“合内外之道。”③

此外，还有一个问题需要澄清，这就是南野对于“无善无恶”之说持何看法的问题。历来有一种观点以为，修证派的邹东廓对“无善无恶”论是持反对态度的④，那么同属于修证派的南野在这一问题上又持何种态度，这是值得关注的问题。⑤

事实上，正如我们在本书第一章谈到王龙溪“四无说”的

① 《南野集》卷三《答陈明水》，叶 32 下—33 上。

② 南野亦曾引用王龙溪的“虚实相生，天则乃见”（参见第三章第七节）之说，并以此作为“致知在格物，格物以致知”（《南野集》卷五《答曾双溪》第二书，叶 49 上）的论据。黄宗羲指出“欧阳南野以感应变化为良知”（《南雷文案》卷二《答董吴仲论学书（丁未）》，第 30 页）。若将“良知”改为“致知”，并从南野强调于“感应变化”处作致知之功这一观点来看的话，宗羲此说非为无据。令人注目的是，宗羲在同文中又称：“王龙溪从日用伦物之感应，以致其明察。”似乎是将南野与龙溪一视同仁。

③ 《南野集》卷二《答曾思极》第一书。

④ 参见楠本正继：《宋明时代儒学思想の研究》第 2 编第 4 章。冈田武彦亦承其说，参见《王阳明と明末の儒学》第 6 章。

⑤ 事实上，在仅有的几篇研究南野思想的论文中，对此问题竟避而不谈。参见上注所举两书。

时候业已看到的那样，龙溪对良知本体有一重要见解："良知知是知非，而实无是无非。"这是说，唯因"无是无非"，故能"知是知非"。可见，在本体问题上，龙溪强调良知本体的"虚无"性。① 与此相应，南野亦持"良知本虚"的观点，由此出发也就必然得出这样的结论：良知"无善无恶而能知善知恶"。② 这同龙溪所说的良知"无是无非"故能"知是知非"的说法，不仅在叙述方式上极为相似，且在内涵所指上亦无根本差异。由此看来，在"无善无恶"问题上，南野的立场与龙溪是基本一致的。

但是，有一点需要指出，查《南野集》，仅有 2 处明确使用"无善无恶"一词，除了上引 1 处之外，另见卷十《策·庚戌·会试程文》，该处南野引用了告子的"无善无恶"说，并对此提出了批评。还有一处引用的也是告子的"无善无不善"说，但有趣的是，他进而指出"性无善无不善"之说"孟子亦以为可"，问题在于告子"有见于"此，却没有真正了解其中的道理，从而坠入了一种"意见"。③ 至此我们可以说，南野对"无善无恶"论有理论上的理解，同时也抱有一种谨慎的态度。

说南野抱有谨慎的态度，其由有二：一是因为在《南野

① 龙溪亦有"良知本虚本寂"说，参见本书第一章。

② 《南野集》卷一《寄王鲤塘》，叶 42 下。

③ 《南野集》卷二《答裘鲁冈》，叶 12 上。按，这显然是承袭阳明之说："告子病源，从性无善无不善上见来。性无善无不善，虽如此说，亦无大差。但告子执定看了，便有个无善无不善的性在内，有善有恶又在物感上看，便有个物在外。却做两边看了，便有差。无善无不善，性原是如此。悟得及时，只此一句便尽了，更无有内外之间。告子见一个性在内，见一个物在外，便见他于性有未透彻处。"（《传习录》下，第 273 条）

集》中，并没有言及“四句教”或“四无说”，表明南野对“无善无恶心之体”这一问题似是采取了一种避而不谈的谨慎态度，或者说，南野对此问题并没有表现出特别的理论兴趣；二是因为从诸多南野的言论来看，由“良知本虚”出发，他更强调良知本体本无“意必可着”这一观点，而没有迹象表明南野着意强调“无善无恶”说。初步结论是：南野对“无善无恶”说虽有理论上的了解，但并没有成为南野思想的核心观念。

这里还可以再举一例。据南野称，当时王门中，有人执定“为善去恶”一语，有人执定“无声无臭”一语，以致“各执所见，以为捷径、积累之别”。对此，南野批评道：

> 鄙意人之心着不得一毫意必，惟念念为善去恶而已矣。虽念念为善去恶，然本无意必之可着也。何尝不径捷？何尝不积累？①

其实，自“天泉证道”以来，王门后学中就有一种倾向：将“无善无恶”与“为善去恶”视作一对互相对立的概念来理解。上述南野所指，正是指这一倾向。由此亦可看出，南野对于执定“无善无恶”说之偏向，也有批评。② 从其语意来看，南野强调的仍然是在本体上“着不得一毫意必”这层意思，这一点也与我们在上面看到的“循良知”说是一致的。

总而言之，“良知本虚”是南野在良知本体论问题上的一个基本观点，并由此提出一系列重要观点，比如南野又有良

---

① 《南野集》卷二《答郭中洲》，叶 4 下。

② 又如南野曾指出“无声无臭”乃是“赞叹”之词，“辞若玄而义亦不甚深也”(《南野集》卷五《答聂双江》，叶 33 上)。对王门中喜用“无声无臭”一语之现象也有不满。

知本体“无照无妄”等说，亦在此例。① 最后，须指出的是，从“本虚”论出发，并没有导致对现实世界的消极否定，从而得出“致虚守寂”（如“归寂派”）之类的主张。恰恰相反，从“良知本虚”“性无体”“知无实事”等理论前提出发，得出的结论乃是“离事物则无知可致”，强调在“感应酬酢”的现实世界中，“念念致其良知”“念念循其良知”“念念任其良知”“念念不欺良知”。②

五 结 语

以上对南野的思想作了初步的考察，首先给我们的印象是，南野对于阳明学说有较为深切的把握。本章引言所引荒木见悟之说，南野是理解阳明的一个参照系，其意盖在于此。的确，南野既没有像“归寂派”人物聂双江那样走向偏静的一路，也没有像“现成派”人物王龙溪那样偏向于“尊悟”（刘念台语）。③ 可以说，其思想具有较为稳健笃实之风格。当然，所谓“稳健”或“笃实”并非是绝对的价值判断，乃是意指南野比较“忠实”地继承了阳明师说。这是首先必须指出的一点。

但也须看到，被称为王门“修证派”的代表人物南野在诸多方面与“现成派”人物龙溪的思想观点有相通之处，特别是

① 《南野集》卷四《答陈明水》。按，“无照无妄”说，又见《传习录》中第 160 条。

② 《南野集》卷一《答陶镜峰》，叶 25 下；《南野集》卷四《答王新甫督学》，叶 27 下；《南野集》卷三《寄李汝贞》，叶 37 下。

③ 如南野曾说“学无顿渐，慎独为要。”（《南野集》卷四《答柯双华》，叶 46 下）在工夫问题上，南野特别重视“慎独”，详参冈田武彦：《王阳明と明末の儒学》。

在“现成良知”和“无善无恶”这两个重要的理论问题上，南野并没有采取全然反对的态度。如果屏弃用“修证”或“现成”之类的“帽子”去生搬硬套的做法，而是“就事论事”地来观察南野思想的话，我们不难发现南野对阳明心学诸多深层的理论问题具有较为全面的理解，包括阳明的“无知无不知”“无善无恶”等说。

其次，应当看到，“循其良知”“良知本虚”等思想主张，虽然也可以从阳明那里找到其思想根源，但是，南野在这方面较之阳明有更为详尽的阐发，并构成了其思想的重要特征，这是不容否认的。可以说，南野对阳明学在理论上有进一步的发挥。举例来说，比如阳明训“格”为“正”，南野却训之为“循独知自然之则”，可谓是南野的创见。南野根据阳明“致知存乎心悟”的思路，进而提出“致知即是致虚”；而南野讲“循其良知”，其意虽在强调“不着意必”，但是仍然未免被夸大解释成为“率其自然”“任其自然”，若此便有可能淡化良知对人心的制约力。此外，“致虚”一说亦有可能导向顿悟或“直觉”主义，而“直觉”便是南野使用的一个概念，他说：

> 学无巧法，惟是此心当体即真，纤尘不染，不由解悟，不待思惟，真如赤子之初，然后种种色色，莫非直觉，莫非实用。①

最后必须指出，比较而言南野闲居林下的时间并不长，同王门诸子共赴讲会的次数也不算频繁，但是南野基于“政学合一”这一阳明学的理念，明确主张：“为学为官，本非二

① 《南野集》卷三《答陈明水》第一书，叶32上。

事”“无政非学，无学非政”。[①]即便是在居官期间也不辍讲学，且利用身居要职之机会，大力举办各种讲会活动，对于促进阳明学运动的深入展开，起到了不可忽视的作用。

① 《南野集》卷二《答谷龙崖》，叶36上；卷三《答王仁仲》，叶4上，按，关于阳明后学的“政学合一”论，参见本书第八章第三节。又，南野也重视讲学会友，曾说：“道学志切，则会友自不容已。”（《南野集》卷三《答刘三峰》，叶13下）“人不可一日而不求友。”（《南野集》卷一《答章介庵》，叶2上）另参见《南野集》卷三《答戚补之》第二书、《南野集》卷四《答徐波石》等。

第七章　王龙溪论

在以上各章，王龙溪不断出现，在无善无恶、无是无非、现成良知、良知本虚、良知见在、见在本体、见在工夫等重大问题上，龙溪思想具有不可忽视的发言权。在某种意义上可以说，是以龙溪思想为参照系，来考察聂双江、罗念庵、钱绪山、陈明水、欧阳南野以及下两章将要纳入视野的耿天台、王时槐等人的思想。本章则主要探讨王龙溪的养生工夫论思想，以便于我们了解龙溪思想的另一面：即其思想与道教的关系及其对三教问题的思考。

我们知道，朱子的学问号称“博大精深”，一生喜欢注书，晚年甚至对道教经典《周易参同契》也下手作注。① 同时他也喜欢著书，甚至写下了《调息箴》这样一篇有关身心修养的文字，内容与道教的呼吸法有关，是一篇仅有 64 字的小文

---

① 按，即《周易参同契考异》一卷。历来以为朱子另撰有《阴符经考异》，不过已有研究表明该书也许不是朱子而是其弟子蔡元定的作品。参见末木恭彦：《阴符经考异の思想》，载《日本中国学会报》第 36 集，1984 年。王铁根据北京图书馆藏元代刻本《朱子成书》（黄端节辑）等资料，断定该书作者为蔡元定，参见王铁：《〈阴符经注〉非朱子著作》，载《朱熹著作版本源流考》，中国文联出版社，2000 年。

章。① 文虽短却也引起了后世学者的注意，在王龙溪之前，至少有三人对此有所言及。一是明初的朱子学者胡居仁（号敬斋，1434—1484），他对此文表示了极大的不满，直谓“不当作”。② 一是阳明早年弟子黄绾（号久庵，1477—1551），其见解与敬斋完全不同，以为朱子意在发明伊川的“涵养用敬之旨”③，甚至说《调息箴》是朱子“最为平生用功之得力者”④，评价很高，但说得似乎有点过头。再有一人，是对阳明心学深恶痛绝的黄佐（号太泉，1490—1566），他指出“朱子之《调息箴》，乃老聃之元牝也”⑤，说得比较冷静，讲的也是事实。说到王龙溪，他对朱子该文虽没有直接的正面评述，却在暗地里有所援引。⑥

其实，龙溪自己也撰有一篇题名与朱子该文仅一字之差的奇文：《调息法》，讲的也是一种呼吸法。对龙溪此文，后人有否关注，笔者未作详考。只是对龙溪并不欣赏的黄宗羲却将此全文转录于《明儒学案》卷十二《龙溪语录》之中，却是一个异乎寻常的举措。其意是否在于将此作为“反面教材”？由于宗羲未加按语说明，故不敢妄断。

宗羲之师刘念台对龙溪的调息说有一句评论：“近溪入于

---

① 关于朱子《调息箴》及其与道教养生思想的关系问题，参见三浦国雄：《朱子と呼吸》，载金谷治编：《中国における人间性の探究》，创文社，1983 年。

② 《居业录》卷三，京都中文出版社刊和刻近世汉籍丛刊本，第 269 页。

③ 《明道编》卷一，中华书局，1959 年，第 14 页。

④ 《明道编》卷五，第 59 页。

⑤ 《黄太泉集·与崔垣野书》，《广理学备考》本，叶 4 下。

⑥ 参见《龙溪集》卷五《竹堂会语》（按，作于隆庆二年）。

禅，龙溪则兼乎老，故有《调息法》。”① 意谓龙溪是释老兼而有之。此类说法，乃是宋儒以来批判异端的常套语，不必特别在意。我们所关心的是：如果龙溪“兼乎老”是事实的话，那么是否意味着其思想是一种三教混合的形态？而龙溪对养生问题的莫大关注，是否意味着对阳明心学的义理方向的背离？抑或龙溪的案例只是表明儒者的生活世界与宗教信仰从来没有发生断裂？要之，我们应当把“兼乎老”的龙溪思想作为一种时代现象来加以理解。

一　《调息法》

自唐宋以来，中国思想其实就在儒释道三教的交汇激荡中成长发展。然而随着北宋中期道学思想的兴起，以儒学为正统的“道统”意识却具有强烈的排斥佛老的意味。在这样一种所谓“正统”与“异端”相杂并存的时代氛围中，儒家士大夫往往在与佛道两教接触之际面临立场选择的问题，因而从儒家立场出发对佛老进行攻击的声音几乎不绝于耳，择其要者而言，其攻击批判主要集中在两点：一是指斥佛老“弃人伦”，这就有违于儒家的基本伦常原理；一是抨击佛老“遗事物”，这就背离了儒家的社会担当精神。有此两弊，故最终不得不陷入自私自利的窠臼当中。

然而在面对佛老所发展出来的一套相当成熟的养身方法问题上，不少儒者相信只要立场坚定，方法是可以拿来为我所用的。换言之，只要将方法的目标重新设定正确，至于方法本

① 《明儒学案》卷十二《龙溪语录》，第 248 页。按，黄宗羲亦称龙溪思想“是不得不近于老”（同上书《王龙溪传》，第 240 页）。

身则是可以应变的。例如朱子一生批判佛老的立场无疑十分坚定，其时能出其右者可能甚少，但他关心《参同契》《阴符经》，并亲自撰述《调息箴》等事实却表明，在他看来，道教的养身方法是可以拿来参照使用的。同样，王阳明的儒家立场也是非常坚定的，尽管他在年轻时曾一度“误入”佛老几十年（一说30年），但最终还是回归儒家。然而在佛老的养身问题上，阳明的态度却是开放的，他并不认为养身方法本身有什么根本错误，只要使用得当，完全可以与儒家的“养德”（道德实践）并行不悖、殊途同归，故他断言：“大抵养德养生，只是一事。”[①] 这个观点在王门当中影响深远。[②] 龙溪在《调息法》中则用“征学”与“卫生”这对概念来分别代表“养德”与“养生”，强调指出只要对“征学”与“卫生”有真正的了解，便可掌握“彻上彻下之道”。[③] 其意是说，儒道两家最终是可以会通融合的。可以说，《调息法》便是在这种问题意识之下的产物。

那么，何谓“调息”呢？顾名思义，是指控制或调节呼吸，故“调息法”也就是“呼吸法”，是历来养生术的一种基本方法。唐初著名医家孙思邈（581—682）的《卫生歌》中有“若一呼一吸，主乎肺者为息气”一句，将呼吸解释为“息气”。道教文献《内外功图说辑要·解要》则有更明确的解释：

---

① 《王阳明全集》卷五《与陆元静（辛巳）》，第187页。

② 龙溪亦曰：“养德养生，原非两事。”（《龙溪集》卷九《与李原野》，第641页）邹东廓对此亦曾引用（《东廓集》卷七《冲元录》，叶32下）。然而，阳明有时也强调：“只养生二字，便是自私自利。”（《传习录》中，第161条）归根结底，儒家伦理仍然是阳明心学所遵从的价值取向，这一点无疑在龙溪身上也有表现。

③ 《龙溪集》卷十五，第1160页。

“息，鼻气一出一入之谓息。”① 即把“息”解释为呼吸。有关“息”的讨论，早在庄子那里已经出现：“真人之息以踵，众人之息以喉。”② 此“息”字也是呼吸之意，意谓普通人用喉呼吸，而得“道”之“真人”则用“踵”来呼吸，实即运气呼吸法，后被称为“踵息”。明代道士陆西星（1520—1606）对此有一个解释：“以踵者，谓深入于穴也。”③ 意谓“踵息”是指通过体内经络能将“息”（气）运到“踵”（足底）之穴位的一种极深的呼吸法。这种所谓“踵息”的呼吸法，自庄子阐发以后，为后世道教的养生理论所汲取。④

然而，“调息”说又与佛教有关。隋代智者大师《修习止观坐禅法要》（又称《天台小止观》）卷上《调和》第四，列举了“善调之五事”，其中之一就是“调息”。而“调息”又分四个阶段，分别称为“四相”，即“风、喘、气、息”。前三相为不调之相，最后一相乃为调息之相。⑤ 事实上，王龙溪《调息法》的前半部分明显蹈袭了智者大师的“调息”说，后半部

① 《道藏精华》第2集，第239页。

② 《庄子·大宗师》。

③ 《方壶外史》所收《玄肤论·凝神论》，日本京都大学人文科学研究所藏明隆庆元年赵宋刻本，叶17上。

④ 《性命圭旨》亨集《洗心退藏图》释“踵息”曰：“若是圣人呼吸，直贯明堂而上，至夹脊而流入命门，得与祖气相连。……即庄子所谓‘真人之息以踵’，是也。踵者，其息深深之义。”（康熙年间刻本，叶16下）另参见石田秀实：《踵息考》，载《中国古代养生思想の综合研究》，平河出版社，1988年。

⑤ 据三浦国雄《朱子と呼吸》，智者大师此说本于《大安般守意经》（见《大正藏》十五）。又，被黄宗羲归入泰州学派的赵贞吉之子赵台鼎在其著《脉望》卷七中，对智者“调和”说有详细解释（《藏外道书》九册，第690—694页）。

分则是龙溪的阐释发挥，从义理上分析了“息”的问题，将“息”看作是贯通儒释道三家之“宗”，进而提出息是“范围三教之宗”的命题。《调息法》全文如下（分两段抄录）：

> 息有四种相，一风、二喘、三气、四息。前三为不调相，后一为调相。坐时，鼻息出入，觉有声，是风相也。息虽无声，而出入结滞不通，是喘相也。息虽无声，亦无结滞，而出入不细，是气相也。坐时无声，不结不粗，出入绵绵，若存若亡，神质冲融，情抱悦豫，是息相也。守风则散，守喘则戾，守气则劳，守息则密。前为假息，后为真息。
>
> 欲习静坐，以调息为入门。使心有所寄，神气相守，亦权法也。调息与数息不同，数为有意，调为无意。委心虚无，不沉不乱，息调则心定，心定则息愈调。真息往来，呼吸之机，自能夺天地之造化。含煦停育，心息相依，是谓息息归根、命之蒂也。一念微明，常惺常寂，范围三教之宗。吾儒谓之“燕（按《易·随卦·象传》作“宴”）息”，佛氏谓之“反息”，老氏谓之“踵息”。造化阖辟之玄枢也。以此征学，亦以此卫生，了此便是彻上彻下之道。①

第 1 段是对调息诸相的解释，第 2 段讲的则是调息方法及其在三教中的各自论述。事实上，第 1 段几乎是完全抄自《修习止观坐禅法要》中关于“调息”的说法，我们将主要关注第 2 段的内容。

首先，龙溪把调息看作是静坐的“入门”工夫，目的在于

---

① 《龙溪集》卷十五，第 1159—1160 页。

使“神气相守”（即心气调和），不过这只是一种“权法”；其次，调息不同于数息，因为在“调”的过程中，须以“无意”为方法；接着，龙溪阐发了有关“息”的一套看法；最后他利用儒佛道有关“息”的论述，得出“息”是“范围三教之宗”的命题，并断言“调息”既可“征学”亦可“卫生”，乃是“彻上彻下之道”。以上便是《调息法》第2段的主要论旨。在以下各节，我们将主要就其中的“委心虚无”“无中生有”“向晦宴息”“范围三教”等问题，来展开讨论，当然还会涉及其他一些相关的问题。

在此之前有必要指出，“调息”其实是龙溪身体力行的方法。例如上文出现的“出入绵绵、若存若亡”的说法，就出现在龙溪晚年与其弟子张阳和、周继实等人的会谈当中。从中可以窥见，“调息”实已融入龙溪的日常生活之中。他说：

> 绵绵密密、若存若亡。息之出入，心亦随之。调息则神自返，神返则息自定。①

从字源上看，“绵绵若存”出自《老子》第六章，原是老子对“道”之状态的描述语，而龙溪所谓的“息调则神自返，神返则息自定”，则是指通过“调息”所达到的一种境界。这就说明龙溪不仅重视调息理论，而且也有深入的调息实践。

二　委心虚无

“委心虚无”是《调息法》中的一项重要内容。这里所说的“心”非指“心脏”器官，主要指意念或意识。

我们知道，在阳明心学那里，“心”的概念已经被赋予了

---

① 《龙溪集》卷五《天柱山房会语》，第410—411页。

一种道德的含义，龙溪说“心岂肉团之谓哉”[1]，强调的也是心体作为一种道德主体的存在，与肉体之“心”有着根本不同。不过所谓“委心虚无”，当然是“调息法”意义上的命题。也就是说，作为调息方法，首先必须将有意识之“心”（即“有意”）完全排除，以求达到“虚无”的境地（亦称“无意”）。此即龙溪所说的“调为无意”。如果“有意”为之（如“数息”之类），则反而会引起种种杂念，难以达到虚无的境地。与“委心虚无”之说相似，道士又有“委志归虚无”[2]，“先天一气，原从虚无中来。必委致其志，虚以待之”等说。[3]强调了“委”字在呼吸法中的重要性。

但是，“委”字并不意味着有意识的人力强制，而是要求做到“无意”。在龙溪的思想语言当中，与此相似的概念又有“无心”“无知”“虚中无我”，等等，其曰：

> 夫念根于心，至人无心，则念息，自无轮回。识变为知，至人无知，则识空，自无生死。
>
> 心无所滑，则神常御气，而性自此可复矣。……所谓“深山之宝，得于无心”（象山语）者也。若夫息息归根，默证玄理，尤伯阳氏（魏伯阳）之密机。
>
> 咸者，无心之感，虚中无我之谓贞。“贞则吉，而悔亡”（《易·咸卦》九四）。无心之感，所谓“何思何虑”（《易·系辞下》）也。着于思虑，则为憧憧（《易·咸卦》）。

---

① 《龙溪会语》卷五《南游会纪》，叶26上。

② 《参同契笺注》，《道书十二种》，中国中医药出版社，1990年，第307页。

③ 朱元育：《周易参同契阐幽》中篇《关键三宝章》第二十二，《道统大成》坎集一所收。

“何思何虑”，乃学者用功之节度，非指圣学之成功也。①

“心无所滑”“虚中无我”与“委心虚无”在表述方法上虽然不同，但其意旨实有相通之处。无论是“虚中无我”还是“委心虚无”，其目标所指都是“无心”境界。龙溪讲的“至人无心”，其实也是这种境界说。

应当指出，“无心”一词并不见诸儒家经典，《论语·阳货》篇中虽有“无所用心”一语，但并不同于“无心”这一概念。龙溪以《周易》“咸”卦为例，说“咸者，无心之感”，指出吾儒圣人也并非不讲“无心”。② 这是就字形上而言，因为“咸”字无“心”，故“咸”卦之旨乃在于主张“无心”，这显然未免牵强附会。

其实，说起“无心”，《庄子·知北游》有其例，但也不是重要的概念。佛家禅学始特别注重“无心”，禅籍《传心法要》《临济录》等都有特别的强调。相传为禅宗祖师达摩所撰的《无心论》（敦煌本）中，有这样一句：“无心者即真心也，真心者即无心也。”“无心”成为抽象的哲学概念，此且不论。魏晋玄学中的思想人物郭象注《庄子·大宗师》，已经提出“无心以顺有”之说，这是用“有无”这对范畴来理解“无心”。邵雍曰：“无心者，无意之谓也。”③ 这是从心理意识的层面对“无心”说

① 《龙溪集》卷七《新安斗山书院会语》，第539—540页；《龙溪集》卷十四《寿商明洲七秩序》，第1113页；《龙溪集》卷末《大象义述》，第1715—1716页。

② 按，钱绪山也有类似说法，且较之龙溪说得更明确，不妨一参：“文王名卦，不曰感而曰咸，取其无心也。若着一毫感人意思，便是有心，便是憧憧往来。”（《王门宗旨》卷十《绪山语录》，引自《阳明学大系》卷五《阳明门下》上，第430页）

③ 《渔樵问对》，《邵雍集》，中华书局，2010年，第555页。

所作的诠释。程明道则有“夫天地之常，以其心普万物而无心”[①]这一名言。可见，至宋代理学，“无心”一说开始受到关注。然而与程明道不同，程伊川则对“无心”说怀有戒心：

> 有人说无心。伊川曰：“无心便不是，只当云无私心。”[②]

与伊川的立场基本相同，朱子对“无意”说也提出批评：

> 《大学》不曾说“无意”，而说“诚意”。……《论语》“无意”，只是要无私意。若是正意，则不可无。[③]

在陆象山那里，虽然也使用了“无心”一词，但只是针对学者“用心太急”之弊，而提出的一种工夫论主张，并没有作为一种境界说加以特别强调。龙溪对象山之说曾有引用，且有进一步的理论发挥，甚至将“无心而成化”提到了“圣人之的”的高度，他说：

> 友人问：“象山云‘学者不可用心太急。深山有宝，无心于宝者得之’。”[④]予谓：“人心如天枢之运。一日一周天，紧不得些子，慢不得些子。紧便是助，慢便是忘。故曰：‘天行健，君子以自强不息。’不紧不慢，密符天度，以无心而成化，圣学之的也。”[⑤]

① 《河南程氏文集》卷二《答横渠张子厚先生书》（即《定性书》），《二程集》，第460页。

② 《程氏外书》卷十二，《二程集》，第440页。

③ 《朱子语类》卷一二四，第2972页。

④ 按，龙溪在《寿商明洲七秩序》（《龙溪集》卷十四）一文中亦有引用。象山语见《陆九渊集》卷三十四《语录》。象山又有“善亦害心”（同上）说，指出即便为善亦不可有执着意识而应发自本心，在这一点上，阳明也有类似主张。

⑤ 《龙溪会语》卷五《南游会纪》，叶14下。按，全集本《南游会纪》不见此条，却见于卷一《抚州拟岘台会语》，几全同。

要之，在儒家典籍当中并没有“无心”这一概念。到了宋儒那里，受佛道思想之刺激，虽偶有提及，但也没有成为重要的哲学概念。直至王阳明，情况也没有发生根本的变化，除了在“严滩问答”中，与王龙溪有“无心”“有心”之辨以外，看不到阳明对“无心”说有过正面的论述。到了王龙溪那里，“无心”问题频繁出现。例如早在“天泉证道”之际，龙溪就已提出“无心之心则藏密，无意之意则应圆”这一重要观点[①]，这显然与其“四无说”密切相关。由此出发，龙溪主张在工夫论层面上亦须“从无处立根基”，实质上这也就是“委心虚无”的主张。

当然，“委心虚无”主要是指调息方法，与道德实践并无必然关系；“至人无心”与“圣人无欲”在内涵所指上并不完全相同。但是，若从龙溪的“征学”与“卫生”的合一乃是“彻上彻下之道”这一观点来看的话，那么在方法论意义上（撇开其目的论不谈），可以说“委心虚无”或“在无处立根基”实有互相沟通之可能。也就是说，在龙溪看来，“无心”“无意”乃至“无念”（详见后述）等作为一种方法手段，不论是对“修德”还是对“养生”来说，都具有一种普遍意义。为了说明这一点，下面来考察一下龙溪的“无中生有”说。

三　无中生有

说到“无中生有”，会令人想起老子的两句话：“天下万物生于有，有生于无。”[②]“道生一、一生二、二生三、三生万

① 《龙溪集》卷一《天泉证道纪》，第 96 页。

② 《老子》第四十章。

物。”[①] 历来以为老子的这种有无论是典型的道家式的宇宙观。王阳明对有无问题也非常重视，他曾指出：

> 道不可言也，强为之言而益晦；道无可见也，妄为之见而益远。夫有而未尝有，是真有也；无而未尝无，是真无也；见而未尝见，是真见也。……夫有无之间，见与不见之妙，非可以言求也。[②]

这里所说的有无论显然已经不是道家式的宇宙生成论，而是本体论意义上的有无观。意思是说，对于绝对存在的道之本体，不能用“有无”概念去作规定。换言之，对于道之本体的存在本质，人们不能在“见”（认知活动）或“言”（语言意识）的经验层次上，去作规定或语言表述。其实，这一观点也并非是阳明的发明，在程朱学那里，从理或太极这一本体论的角度出发，已有诸如“道不可言”“道是泛言”“性不可言”“有无之间，不可致诘”等重要见解。在某种意义上可以说，以上阳明的观点乃是儒家学者（特别是宋明以来）对形上问题的根本看法。与宋儒有所区别的是，在阳明那里，关于“道体”的这种看法，也可以适用于“心体”。对阳明来说，他所关注的是如何建构一种道德哲学，因此重要的并不是对本体存在的有无问题去作知性分析，而是对“道体”或“心体”的存在加以直接的体验和整体的把握，这是阳明学的一个基本特征。既然是一种体验实践，其中就必然涉及体验方法的问题，阳明喜欢用“自家痛痒自

---

① 《老子》第四十二章。

② 《王阳明全集》卷七《见斋说》，第 262 页。按，聂双江注意到了阳明此说的重要性，并对此作了详细评述，参见《双江集》卷十《答戴伯常》。

家知"[①]这类禅学话语来强调体验的个体性特征。在《传习录》中则有一条语录记载了阳明对自己的工夫论有这样的描述：

> 我此论学，是无中生有的工夫。诸公须要信得及。[②]

所谓"无中生有"，当另有深意，由于此条记录仅此一句，没有前后文的脉络叙述，因此对其深意难以窥知。不过若直白地说，所谓"无中生有"应当与阳明的"四句教"有关，从"无善无恶心之体"至"为善无恶是格物"，便是"无中生有"的工夫过程。关于这一点，第一章已有讨论，在此不作深究。这里须指出的是，阳明对"无→有"的论述，对龙溪有深刻影响。比较而言，王龙溪对"有无"问题的关注，较阳明更为突出，在其全集当中有关有无问题的讨论几乎到了俯拾皆是的地步[③]，既有工夫论意义上的有无论，也有宇宙论意义上的有无论。这里我们要考察的是，与养生有关的"无中生有"论。

龙溪指出，"无中生有"乃是内丹学的"玄机"（或称"机窍"），其曰：

> 山人（按，指孟两峰）问大丹之要。予（按，指龙

① 如："自家痛痒，自家须会知得，自家须会搔摩得。既自知得痛痒，自家须不能不搔摩得。佛家谓之方便法门。非是自家调停斟酌，他人总难与力，亦更无别法可设也。"（《传习录》中，第144条）又，据嘉靖黄绾本（京都大学文学部藏）《阳明文录》卷三《与黄宗贤（丁亥）》，阳明又有"如人饮水，冷暖自知"之说（叶44下）。

② 《传习录》上，第115条。

③ 参见《龙溪集》卷八《天根月窟说》、卷九《答季彭山龙镜书》、卷十二《与宛陵会中诸友》、卷十三《邹东廓先生续摘稿序》、卷十七《太极亭记》等。顺便一提，邹东廓对"无中生有"亦有论及，如："此是造化无中生有处。天地万物自无而有，自有而无，皆是气机。聚散屈伸，原不可致诘。"（《东廓集》卷七《冲元录》，叶28上）这是就气论而言"无中生有"。

> 溪）曰：此事全是无中生有，一毫查滓之物用不着。譬之蜣螂转丸，丸中空处一点虚白，乃是蜣螂精神会聚所成，但假粪丸为之地耳。虚白成形，而蜣螂化去，心死神活，所谓“脱胎”也。此是无中生有之玄机，先天“心法”也。①养生家不达机窍，只去后天查滓上求造化，可谓愚矣。②

所谓“大丹”，合指内丹和外丹。就上述内容看，龙溪讲的是内丹术。内丹术注重体内真气的修炼，“无中生有”则是其练功口诀之一。如养生家对此有这样的描述：

> 金丹大道，至简至易，无中生有，养就婴儿。③
>
> “无中生有还丹象，阴里生阳大道基。”此吕祖纯文集中之口诀也。④

要之，内丹家所追求的“成丹”这一目标，被描绘成“无中生有”的还丹之象。这里的“无”，是指与生俱来的“一点元气”，也就是龙溪所说的“丸中空处一点虚白”；这里的“有”，是指“成胎”⑤，也就是龙溪所说的“虚白成形”。可见，“无中生有”描述的是炼气结丹的一个过程。

---

① 邵雍语。参见《皇极经世书·观物外篇》上：“先天之学，心法也。”

② 《龙溪会语》卷五《南游会纪》，叶9下。按，“譬之”以下一段，又见《脉望》卷四，其中“养生家”一词被删。又，甘泉弟子郭平川曾整段引用龙溪所说的“大丹之要”，并加以批评（《甘泉集》卷二十三《天关语通录》）。可见，龙溪此说在当时有一定影响。

③ 俞琰：《吕纯阳真人沁园春丹词注解》，《道藏》洞真部玉诀类成下。又见《周易参同契发挥》卷六。

④ 《性命圭旨》利集《采药归壶图》，叶11上。

⑤ 《中和集·问答语录》释“丹成”“脱胎”云：“性寂情冥，照见本来，抱本还虚，归根复命，谓之‘丹成’也，喻曰‘脱胎’。”（《道统大成》离集一，叶32下）

饶有兴味的是，对龙溪而言，“无中生有”不仅是理论问题，更是实践问题。例如1574年，龙溪与其弟子张阳和、周继实等，曾经就养生问题进行了一场讨论，其中，龙溪强调了“无中生有”以及在《调息法》中所述的“心息相依”的重要性。龙溪首先指出：今时之人都喜谈“静坐”，然而静坐之修行实非易事（“行持甚难”），于此之际，人的意识忽而陷于混乱（“昏沉”），忽而难以集中（“散乱”）。对此如果人为地去加以克制，便会陷入一种执定“方所”之病；如果一无所为，听之任之，则又会坠于“顽空”。因此，修行须有要领。这个要领就是“无中生有”。但是，“有”而不“结滞”，“无”而不“空虚”，此即所谓“玄珠罔象”①“天然消息”。接着，有弟子提问：我平时练习静坐，正患有吾师所指出的那两种疾病（按，指“昏沉”和“散乱”），古人有云：“不敢问至道，愿闻卫生之经”②，“吾师（按，指龙溪）素究养生之术”，请为弟子告其概略。对此问题，龙溪的回答几乎就是《调息法》的内容，他这样说道：汝欲静坐，须从“调息”做起，“调息”与“数息”不同，“数息”不离意识（“有意”）③，而“调息”则不用意识（“无意”），若能将“息”调至“绵绵密密”“若存若亡”的境地，则一呼一吸之间，“心亦随之”“息调则神自

---

① “玄珠”语见《庄子·天地》。夏宗禹注《悟真篇》曰：“今云‘玄珠有象’者，何也？盖大道从无入有，其象自著。故现出深潭日一轮者，此象也。真人自出现者，亦此象也。曰‘玄珠’、曰‘金丹’，皆罔象中之象也。”（《紫阳真人悟真篇讲义》，《道藏》洞真部玉诀类）

② 按，“卫生之经”语出《庄子·庚桑楚》。

③ 关于“数息”，参见佛典《摩诃止观》卷七上：“若数息心定，毛孔见佛，住首楞严，得不退转，是为数息开解脱门。”（《大正藏》四十六，93a）

返，神返则息自定，心息相依，水火自交”①，此即谓之“息息归根”，是为入门之初级段阶。……归结而言，养生术之要领在于“无中生有”。凡愚之人若能了解此义，也可以“立跻圣位”②，非止“卫生之经”，即圣人之道亦于此尽矣。③

上述对话中所出现的养生术语，在此不必一一说明。撮其要者而言，其云“心息相依”，实是呼吸法的一项重要内容，然龙溪对此未作具体说明，故有必要来参看一下养生家方面的论述：

> 心息相依，养生之妙义。所谓“依”者，非移心以就息，亦非摄息以就心。要在此心湛然晏静，自然见呼吸之根，从调至微，不觉自相依附。④

要之，“心息”分别指意识与呼吸，“依”字讲究“自然”，

---

① “水火自交”云云，在养生家处有特殊含义。《道枢》卷十一《泥金篇》曰：“既以存心于下丹田，其神气集于一，其名曰：水火相交。”可知，“水火相交”喻指“成丹”或“结胎”。据《钟吕二仙传道集·论水火第七》，水指阴气，火指阳气；若以身体器脏喻之，水为心脏，火为肾脏（《藏外道书》第6册，第74—75页）。《中和集·金丹或问》释曰：“天以日月为水火，易以坎离为水火，禅以定慧为水火，圣人以明润为水火，医道以心肾为水火，丹道以精气为水火。……种种异名，无非譬喻，使学者自得之也。”（《道统大成》离集一，叶53下）

② 语出张伯端（983—1082）《悟真篇原序》：“若得其要枢，则立跻圣位。”（《道书十二种》所收《悟真篇》，第329页）

③ 以上参见《龙溪会语》卷六《天山答问》，叶5上—6上。按，全集本卷五《天柱山房会语》所录颇有删节，如“吾师素究养生之术”一句即便删去。赵台鼎《脉望》卷六亦引述龙溪此语。《龙溪会语》卷二《三山丽泽录》也有相关记述（唯全集本《三山丽泽录》不见该条），其中，引王遵岩之言，曰：“子（按，指龙溪）素究养生之术，为我略言之。”（叶14下—15上）可见，龙溪精通养生术，在其生活圈内似非秘密。

④ 《脉望》卷首，曹代萧《脉望序》。

而不能有意识地去作“依”字工夫，此即“非移心以就息”之意，最终目标是要达到自然地使心息“相依”。这就是龙溪所强调的“无意”工夫。

可见，“无意”在养生工夫中非常重要，甚至是静坐之要诀。如养生家有云：“若人静坐，念不动心，息念忘情，气匀神调，久自成仙。”① 这里的“念不动心”“息念忘情”，即指“无意”。故在养生家看来，调息或静坐，其间不能有丝毫的动静之念，稍有起念，则已不是“静坐”。② 据此可以说，龙溪强调静坐调息之要领在于“心息相依”“无中生有”或“息息归根”。这些说法看似玄妙，其实无非是养生家的一贯主张。

四　向晦宴息

如上所述，龙溪在《调息法》及其他场合，谈到养生问题时，毫无顾忌地使用道教用语，并且几乎不注明出典。本来，调息、静坐或养生是佛道所关心的课题，对传统儒学来说，乃属“异端”。孟子有“养气”说，亦有“夜气”“平旦之气”之类的概念，对于修身或养气之本身，儒家并没有完全排斥。但是，孟子的“养吾浩然之气”，显然与道教养生术有根本不同，其中的“气”指的是道义性的“气”。也正由此，孟子强调作为“养气”之条件，须配以“集义”（道德行为的不断积累）工夫。宋明以来，儒学对于“养生”或“养气”的问题虽然有所关注，但又往往以异端视之，他们更关注的无疑是如何“存心”“养性”等道德实践问题。然而在龙溪看来，情况却正相

① 《诸真圣胎神用诀·中央黄老君胎息诀》，《道藏》洞神部方法类。

② 王重阳：《重阳立教十五论》第七《论打坐》云：“但有丝毫动静思念，即不名静坐。”（《道藏》正乙部）

反，正是由于儒家“圣学”不明，所以才会将养生与养气割裂开来。他说：

> 吾儒未尝不养生，只是致知尽之。……集义即是致知。……集义，养气之节度也。彼家（按，指道家）亦以孟子养气为几于道，但圣学不明，反自以为异耳。①

可见，龙溪要从根本上推翻吾儒历来不讲养生的错误见解。换言之，正是在养生问题上，儒道两家是可以会通的。只是在儒家，养生须以“致知”为目的，养气须以“集义”来节制。因此所谓会通，仍然须以儒学为本位。

为了证明自己的观点，龙溪特意从《易·随卦·象传》中找出“君子以向晦入宴息”一句，以此作为自己上述论点的依据。关于“向晦宴息”，其实阳明已有关注，并认为这无非是“造化常理”，可以与良知概念联系起来，他说：

> 向晦宴息，此亦造化常理。夜来天地混沌，形色俱泯，人亦耳目无所睹闻，众窍俱翕，此即良知收敛凝一时。天地既开，庶物露生，人亦耳目有所睹闻，众窍俱辟，此即良知妙用发生时。可见人心与天地一体，故“上下与天地同流”(《孟子·尽心上》)。今人不会宴息，夜来不是昏睡，即是妄思魇寐。②

在这段记录的下面，阳明又回答了弟子“睡时功夫如何用”的问题，可见阳明以上所述实与“睡时功夫”的问题有关。其中，阳明强调指出，只要日间良知顺应无滞，则夜间良知自能“收敛凝一”。这便是阳明所理解的“向晦宴息”。重要的是，阳明认为“向晦宴息”反映的是“人心与天地一

---

① 《龙溪会语》卷二《三山丽泽录》，叶 4 下—5 上。按，全集本无此条。
② 《传习录》下，第 267 条。

体”“上下与天地同流”的道理。事实上，这是将“息”提到了普遍的高度，龙溪认为息是三教之宗，与阳明此说应当是有重要关联的。

问题是，既然说到“今人不会宴息”，那么“宴息”应当怎么做？阳明对此并没有具体说明。相比之下，龙溪有更详尽的解释，甚至涉及其中的一些技术性细节问题：

> 君子观象而得息之义，人之息与天地同运。孟子曰：“日夜所息。”（语见《告子上》）息者，生生之机也。观之于夕，群动息矣，然后真机回复而为朝；观之于晦，六阴[①]息矣。然后真阳逆受而为朔。……通古今于一息，万年一息也。竺氏谓之“反息”，庄生谓之“六月息”。[②]震为东方之木，兑为西方之金。雷藏于泽，以东合西，谓之“金木并”。[③]息者，范围三教之宗也。息有二义，有止息，有生息。如冰之凝，而时释也；如虫之蛰，而时启也。此造化出入之机，圣人至诚无息之学，君子自强不息之功。善学者，于亥子之间求之，思过半矣。[④]

---

① 坤卦阴爻之数为六，故称“六阴”。

② 《庄子·逍遥游》：“去以六月息者也。”

③ 关于“金木并”，道教文献的解释是：“神息定而金木交。”（《诸真圣胎用诀》《玄葫真人胎息诀》）“情合性谓之金木交。”（《中和集·三五指南图局说》，叶22下）显然这是一种隐喻性的说法，唯语焉不详。清儒胡渭（1633—1714）曾批评道士之言常有此类通病：盖丹经所陈，或假物以明理，或设象以寓意，名义不同。学者卒然读之，莫不有望洋之叹。且以五行言之，或曰金木、或曰水土、或曰水火、或曰金火、或曰金水、或曰木火、或曰水土。使人心目俱眩，诚不易知也。（《易图明辨》卷三《周易参同契》，第82页）

④ 《龙溪集》卷末《大象义述》，第1700—1702页。

在这里，龙溪试图用儒家《周易》的“宴息”说来涵盖释氏“反息”及庄子“六月息”的说法；明确提出“息”是“范围三教之宗”的命题（详见后述），意谓“息”具有贯通三教的普遍意义，由此凸显出“调息”在工夫上的重要性。至于“调息”方法，龙溪指出“于亥子之间求之，思过半矣”，提出了“亥子之间”这一关键词。故有必要考察一下“亥子之间”的问题，事实上，“亥子之间”与“无中生有”这一调息“机窍”有密切关联。

我们先来看道教方面的论述。被内丹派视作至上经典的《参同契》有这样一句“口诀”：“春夏据内体，从子得辰巳。秋冬当外用，自午讫戌亥。”[①] 其中，春夏对秋冬，内体对外用。意思是说，修炼工夫须根据季节和时辰的不同，相应而为。以一天为例，亥与子是指将近深夜十二点，将过而未过的连接点或一瞬间，按先天易[②] 之说法，亥与子的连接点是指：

---

① 引自《易图明辨》卷三《周易参同契》，第 64 页。按，参见同书《周易参同契丹鼎器药物火候万殊一本图》。

② 邵雍易学被称为“先天易”，其思想源于陈抟的《先天图》（参见今井宇三郎：《宋代易学の研究》第 2 章）。龙溪的易学思想与邵雍的“先天易”有渊源关系。龙溪曾说：“或问先天后天之旨。先生曰：先天之学，天机也。邵子得先天而后立象数，而后世以象数为先天之学者，非也。”（《龙溪集》卷七《南游会纪》）显然，龙溪有取于邵雍“先天易”，而对邵雍“象数学”则不无微词。龙溪谈及邵雍颇多，参见《龙溪会语》卷二《三山丽泽录》（全集本无此条）、卷五《南游会纪》（较全集本为详），《龙溪集》卷四《答楚侗耿子问》、卷五《竹堂会语》、卷九《复刘狮泉》、卷十《答吴悟斋》第二书、卷八《天根月窟说》、卷十三《击壤集序》等。按，内丹家对“先天”的解释亦不妨一参：“其采之也，在亥末子初之际，元气未生之时，候之在太易，未见气之先。故曰先天。”（《脉望》卷六）

由纯阴之极点（坤卦）移向一阳初动之点的那一瞬之间。此一瞬间，又被称为“天机”（即龙溪所说“造化出入之机”），对修炼者而言，这是最关键的时刻。关于这一点，俞琰（1258—1314）的解释，可备一参：

> 天机，谓半夜子阳初动之时也。天机将至，人能动吾之机以应之，则天人合发、内外相符，结而为丹矣。虽曰一日十二时，凡相交处，亦皆可为。而古仙必用半夜子阳初动之时者，其时太阳正在北方，而人身气到尾闾关，盖与天时相应，所谓“盗天地、夺造化”，惟此时为然。乃若丑时，则太阳已偏，人身之气已过尾闾矣。寅时，则太阳已出地，人身之气已过贤堂矣。皆不可用也。《玉芝书》云：“凡炼丹，随子时阳气而起火，其火方然（燃）。余外别时起火，其火不全。”斯言尽之矣。①

胡渭敷衍俞说，进而指出：“丹家之炼己，一曰交媾，亦曰生药、采药，又曰作丹。此其事在亥子之交。”② 同样也强调“亥子之间”对于内丹家修炼的重要性。

上述引文除去养生家的一些专门术语略为难解以外，其大致意思不难了解，揭示了道家式的“天人合一”以及“一气流通”的身体观、宇宙观。认为人体之气与天地之气彼此相应（“与天地同运”），亥子之交乃是一阳之气将动之际，与此相应，人体之阳气亦处于将动而未动之间（“与天时相应”），若能不失时机地把握住这一时机的话，便能“盗天地，夺造

① 《吕纯阳真人沁园春丹词注解》，《道藏》洞真部玉诀类成下。

② 《易图明辨》卷三《周易参同契》，第 83 页。

化”。[①] 这就是自古以来“仙人”重视在“亥子之间”勤加修炼之功的原因。[②] 龙溪所谓“于亥子之间求之，思过半矣”，其意正在于此。

可见，所谓“亥子之间”与“一阳初动”的易学思想有重要关联。但是，龙溪将“向晦宴息”比附于“亥子之间”，则有牵强之处。本来，“向晦宴息”无非是指农耕社会“日出而作日入而息”的生活方式，原与养气或调息没有任何关联。龙溪借用易学的“宴息”说，目的在于表明“息”原本就是儒学资源，而“息”之所以是“范围三教之宗”，其依据就在于儒家的“向晦宴息”。

尽管养生家所说的那些调息方法是否行之有效，可以另当别论，然而他们坚信，人体与宇宙具有一种共时互动的结构关系，因此必须对其作整体的观察和把握——亦即结合身体锻炼的整体性观察和把握。其中涉及以“气”为基础的宇宙观，则是值得重视的。这是一种把人之身心（身体与意识）与宇宙运动视为一体的宇宙观，而这种一体性通过“一气流通”的方式得以显现。重要的是，他们相信通过把握“气”的运动规律，可以获得身心与宇宙合为一体的某种体验。在此意义上可以说，龙溪所说的“息”既指向宇宙观，同时也是身体观。无疑

① “盗天地、夺造化”，语出《崔公入药镜》。元代王道渊《崔公入药镜注解》曰：“天地者，即乾坤也；造化者，即阴阳也。”“丹经云：人心与天心合，颠倒阴阳只片时。此即一呼一吸，能夺造化。……息之间，潜夺天运。”（《道藏》洞真部玉诀类）

② 清代道士刘一明（1734—1821）强调：“然其最要处，在一阳来复之时。”“盖以此时有先天元精元气在焉。……乃阴阳二气交会之处，即修道者安身立命之处，易错而难逢。”（《参同直指》下篇，《道书十二种》第291页）

地，对儒家来说，“息”的问题是新鲜的而又富有刺激性。从儒学史上看，自朱子到王龙溪，都对调息问题表现出浓厚兴趣，便可充分说明这一点。

若就易学的角度看，所谓“亥子之间”，无非是指阴极而阳、一阳之气将生而又未生之瞬间，换言之，也就是“有无之间”。此“无”，盖指纯阴之极，在此极点上，既无一阳又无一阴，是一个“虚极静笃”“寂然不动”“毫无端倪可见”的世界，但又是一阴一阳、一动一静的本源，尽管这是“无”的极点，然而一阳之初正潜伏其中，一阳之气正欲从中展现自身。此即“亥子之间”。若用“有无”概念来描述“一阳来复”的过程，就叫作“无中生有”。清代道士朱元育对“亥子之间”与“无中生有”的关系问题有详细解释，不妨一参：

> 盖天心之体，本来无动无静。天心之用，却正当一动一静。亥子中间，方其静翕之余，日月合璧、璇玑停轮，此心浑然在中，毫无端倪可见。至于虚极静笃、万化归根，忽然无中生有，静极生动，从穷阴中迸出一点真阳，逼露乾元面目，而丹基从此建立矣。①

这是说，从看似一无所有的原初世界当中忽然间就有一点真阳之气迸发出来，其奥秘就在于宇宙大化中存在着永恒的“生生之息”。这里他采用了儒家的“天地之大德曰生”的思想资源，而其归结点则在于一个“息”字。

总之，按龙溪的理解，所谓“亥子之间”“无中生有”，既是一种以易学思想为基础的“生生不息”的儒家宇宙观，同时

---

① 朱元育：《周易参同契阐幽》上篇《天符进退章》第四，《道成大统》坎集一，叶22上下。

也是道教养生家津津乐道的在“亥子之间”把握“天机”的养生理论，两者之间是可以会通的。

五　范围三教

关于“三教合一”（姑且用之）的思想，我们无意对其发生的来脉去络追究问底，有一点是可以确信的：这一思想弥漫于中晚明的思想发展过程当中。除了个别明确地以“三教合一”为旗号的思想家（如林兆恩、管东溟等）以外，众多的士人学者或多或少地在某种程度上，对佛道表示了宽容态度（在晚明的三袁及屠隆尤其如此）。这与佛道思想在嘉靖、万历年间，其自身得到了很大发展这一历史现象有关，但更重要的是，也是与宋学时代最为不同的是，在阳明学风靡一时的晚明时代，存在于学士文人之间的思想风气以及整个社会所呈现出来的对世俗文化的追求，表现出一定的开放性以及多样化特征。就龙溪的“范围三教”论而言，如果置当时的学术风气于不顾，就难以对其真意获得真切的了解。

值得注意的是，龙溪的“三教”论，有两个说法：一是“息者，范围三教之宗”①，一是“良知，范围三教之宗”②。无疑地，这两个命题都是龙溪的创见，当然，也与阳明的三教观有

① 见《龙溪集》卷七《华阳明伦堂会语》、《双江集》卷十一《答王龙溪（即致知议略）》、《双江集》卷十一《答王龙溪》（按，双江所引龙溪语不见《龙溪集》）。

② 参见以下文献：《龙溪集》卷一《三山丽泽录》、卷四《东游会语》、卷七《南游会语》、卷九《与李中溪》、卷九《与潘笠江》、卷十五《易测授张叔学》、卷十六《书陈中阁卷》、卷十七《三教堂记》，《龙溪会语》卷三《别见台曾子漫语》等。

关。例如阳明曾将三教喻为“厅堂三间”的关系①，以为三教本是一家，只是儒家必须是居中，而佛道两家则分列左右，可称为以儒家为本位的三教融合论。那么，三教得以融合的依据又何在呢？在阳明看来，正是由于“道”“学”具有普遍性，故能贯穿三教，而不为任何一教所独占。据此，他提出了著名的“公道”“公学”“公言”的思想主张，他说：

> 夫道，天下之公道也；学，天下之公学也。非朱子可得而私也，非孔子可得而私也，天下之公也，公言之而已矣。②

这种公道公学公言论在此后的晚明思想发展过程中变得非常流行，几乎成了当时社会的一种重要理念。③特别是其中的两句“非朱子可得而私也”“非孔子可得而私也”，具有极强的思想震撼力，也就是说，一切知识权威必须置于公道公学公言的审视之下，才能得到充分的认可。所谓“公道”，在阳明，意同“良知”，故良知便具有贯穿三教的普遍性，龙溪提出“良知范围三教之宗”，其思想根源即在于此。

承阳明此说，龙溪的观点也非常明确：

> 此学公于天下，公于万世，非一家私事。④

---

① 《王阳明全集》卷三十五《年谱》嘉靖二年十一月条。按，《龙溪集》卷一《三山丽泽录》曾言及阳明的“三间”之喻。湛甘泉对此批评道：“其儒释无累，亦已自不同，何得在三间之内？是皆讲学不精之故也。”（《甘泉集》卷八《新泉问辨录》，叶30上下）

② 《传习录》中，第176条。按，《王阳明全集》卷二十一《答徐成之（壬午）》第二书亦云：“天下之学术，当为天下公言之。”（第809页）

③ 《东越证学录》卷四《越中会语》，第320页。

④ 《龙溪会语》卷二《答吴悟斋掌科书》，叶31下。

道非有大小。①

认为“道”并无大小优劣之分，这也是一种“公道”论。不用说，这种公道公学论的思想基础，正是阳明的良知学说。因为良知本心是唯一的判断标准，因此求之于心而非，则其言虽出自孔子，亦不敢以为是；求之于心而是，则其言虽出自庸众，亦不敢以为非。②由此出发，对三教的是非之判断，不能以固定的教说为标准，而应当以自心为准绳。同时，在阳明（亦含龙溪）看来，“道”具有普遍性，儒有儒之“道”，佛有佛之“道”，道家亦自有道家之“道”，结论就是：道非有二。③不过，与龙溪不同的是，阳明并没有因此而提出良知是“范围三教之宗”这样的命题。

在“道”的问题上，龙溪坚信“道”是普遍存在而非儒家的私有物，道佛亦自有“道”、亦自有“心”，因此，撇开伦理的价值取向不谈，若就学术原理而言，那么儒佛道三教可以“并传而不废”。④诚然，儒佛道三家各有其固有的思想旨趣，但是在各家的思想体系当中，都同样存在着普遍意义的“道”，否则的话，作为一种思想体系就无法成立。可以说，这是龙溪对三教问题的一个基本看法。

具体而言，我们如何从三教当中找到这个贯穿三教的“道”？且就儒道而言，龙溪一方面将老子的“谷神”解作“良知”，另一方面又将良知称作“玄牝之门”“天地根”，由此证明儒道两家是可以互相诠释的。他说：

---

① 《龙溪会语》卷五《南游会纪》。按，《龙溪集》无此条。

② 《传习录》中，第173条。

③ 《王阳明全集》卷六《答邹谦之》第四书。

④ 参见《龙溪集》卷七《南游会纪》。

> 观妙是性宗，无中生有也；观徼是命宗，有中生无也。有无交入，老子之玄旨也，在吾儒即寂感之义。①
>
> 谷神即良知，谷神不死即良知常活。良知是鸿蒙初判之窍，故曰“玄牝之门”。良知是生灭生地，万化之基，故曰“天地根”。②

显然，在龙溪看来，贯穿于三教的普遍真理不是别的，正是“良知”，由此推论，其结论是明显的：“良知两字，范围三教之宗。”他说：

> 夫以未生时看心，是佛氏顿超还虚之学。以出胎时看心，是道家炼精气神，以求还虚之学。良知两字，范围三教之宗。良知之凝聚为精、流行为气、妙用为神、无三可住，良知即虚，无一可还，此所以为圣人之学。③

应当看到，这个说法与“息者，范围三教之宗”这一命题在内涵所指上不尽一致，但是两种说法都反映了龙溪的“三教观”。问题是，龙溪为何要在良知之外，突出一个“息”字，进而强调“息者，范围三教之宗”？也就是问：“息”与“良知”又有什么理论关联？且看龙溪的一段论述：

> 息之一字，范围三教之宗。老氏谓之“谷神”“玄牝”，其息深深；蒙庄谓之“六月息”；释氏谓之“反息还虚”；吾儒则谓之“向晦入宴息”。邵子谓之“复姤之几”“天地之呼吸也”。是息，先天地而生，后天地而存。人能明此一息，是谓天地之氤氲，万物化生。一息通于今

---

① 《龙溪会语》卷二《三山丽泽录》，叶 4 下。按，全集本无此条。

② 同上书，叶 4 下—5 上。按，全集本无此条。

③ 《龙溪集》卷七《南游会纪》，第 509 页。

古，平旦之气，有不足言者矣。[①]

此处所谓的“息”，有两层含义：一是指“调息”之“息”，盖指呼吸（包括人之呼吸与天地之呼吸＝阴阳两气之氤氲变化）；一是指作为万物根源（包括人体）的“气”之含义。关于息与气以及良知与气的关系问题，龙溪在另处明确指出：

> 仁者与物同体，息为化生之元，入圣之微机也。夫气，体之充而塞乎天地者也。气之灵为良知。孟子论“日夜所息，平旦虚明之气”，即是灵气造化无停机。才止息，即有生息之义。静专动直，灵之驭气也；静翕动辟，气之摄灵也。是以“大生”“广生”(《易・系辞上》)。动静之间，唯一息耳。邵子亦谓：“天地人之至妙至妙者也。”(《皇极经世书・观物内篇》)医家以手足痿痹为不仁，盖言灵气有所不贯也；又以呼吸定息为接天地之根，盖言养而无害、塞乎天地之间也。人能从此一息保合爱养，不为旦昼之所梏亡，终日一息也；日至月至，日月一息也；三月不违，三月一息也；九年不反，九年一息也；推而至于百千万年，百千万年一息也。是为至诚无息之学。[②]

概括而言：（1）息＝天地造化之原理（非指物质原因，而

① 引自《双江集》卷十一《答王龙溪（即致知议略）》，叶12上下。按，《龙溪集》卷六《致知议略》中无此条。关于《致知议略》的成书过程，据双江《答王龙溪（即致知议略）》载，中有“首春，见兄所著《三山语录》”一句。《三山语录》即《三山丽泽录》。另据《龙溪会语》本，此录作于1557年夏杪，则双江见此当在次年即1558年首春。由此推断，龙溪《致知议略》当作于1557年夏杪至1558年首春之间。又，《致知议略》(包括另一部作品《致知议辨》)曾单刻行世，参见《胡庄肃公集》卷一《刻良知议辨序》。

② 引自《双江集》卷十一《答王龙溪（即致知议略）》，叶10上下。

指变化原理）；（2）气＝充塞于天地之实体（万物根源）；（3）良知＝气之灵。此外，参考龙溪在他处所言，良知与气的关系则可分两个层面来看：（1）良知之主宰谓之“神”；（2）良知之流行谓之“气”。①

针对上述龙溪欲以“息”来打通儒道的观点，聂双江表示反对，他认为儒家之“息”与养生家之“息”未可强同：“‘驭气摄灵与定息’‘以接天地之根’诸说，恐是养生家所秘，与吾儒之息未可强同。”②对此，龙溪有进一步的申辩，坚持认为理气不离、天人之息原是一体：

> 仁是生理，息即其生化之元。理与气未尝离也。人之息与天地之息，原是一体，相资而生。《阴符》有三盗之说，非故冒认为己物而息之也。驭气摄灵与呼吸定息之义，不可谓养生家之言，而遂非之。方外私之以袭气母，吾儒公之以资化元。但取用不同耳。③

从中可见，龙溪对三教问题表明了一个基本态度，他以为不能因为某某概念术语出自佛老便一概排斥，作为“吾儒”之立场，应该采取“公之”的态度——即公学公道公论的态度，来应对世上一切学说理论，重要的是，尽管三教“取用不同”，然而只要在方法之上设定明确目标，则养生调息之术亦不妨为儒家所用。

至于调息过程中的“神返”问题，龙溪认为“神”是超越形下之气的形上之理，而“理”又在气中，故理气不可分

① 参见《龙溪集》卷十五《易测授张叔学》。

② 《双江集》卷十一《答王龙溪（即致知议略）》，叶11上。

③ 《龙溪集》卷六《致知议辨》，第475页。按，“三盗”说，见《阴符经》：“天地，万物之盗。万物，人之盗。人，万物之盗。”

离[①]，故龙溪又有“理是气之主宰，气是理之运用”[②]的说法。但他更多地采用气之“神”或气之“灵”的说法，来表述气中存在的某种主宰作用（即良知）。龙溪认为，“灵”可以“驭气”＝静而专、动而直；“气”可以“摄灵”＝静而翕、动而辟。“气”之一动一静，表现为“息”之运动。“息”并不直接等同于“气”，而是指“气”的变化原理，是万物“生生之机”“化生之元”。从呼吸法的角度来看，息则是指气的一出一入；从宇宙论的角度看，息则是指阴阳两气的一动一静（天地之呼吸）。

总之，气是构成万物的要素，而气的那种“生生流转”的生命力，龙溪认为就是“息”。而良知则是天地之“灵气”凝结而成。[③]其实，在阳明那里，已把“良知”解释为世界的本质，例如阳明以良知之妙用为“神”，以良知之流行为“气”，以良知之凝聚为“精”[④]，甚至断言：“我的灵明，便是天地万物的主宰。”[⑤]在这个意义上可以说，良知已不是纯粹的伦理范畴，而与理气论中的理相近——即气之理或气之主宰。但是，阳明对于良知与气之关系问题并没有集中的论述。[⑥]龙溪不同，他把视野扩展到内丹养生术有关气的思想领域。

然而问题是：既然说息是范围三教之宗，又说良知是范围

---

① 《龙溪集》卷六《致知议辨》。

② 《龙溪集》卷八《孟子告子之学》，第601页。按，这是在重弹阳明的老调，参见《传习录》中，第153条。

③ 参见《龙溪集》卷五《凭虚阁会语》。

④ 《传习录》中，第154条。

⑤ 《传习录》下，第336条。

⑥ 据山下龙二的考证，阳明较多地阐述气的思想，是在50岁以后。参见《阳明学の终焉》第2章，研文社，1991年，第161页。

三教之宗，息与良知岂不成了同一层次的概念？双江曾指出龙溪思想的一大弊病即在于此：

> 既谓良知者千圣之绝学，范围三教之宗；又谓息之一字，范围三教之宗；又谓千古圣学只在几上用功；又以前后内外为千圣斩关第一义；又以乾知为浑沌初开第一窍；又谓千古道脉只在虞廷道心之微；……不知是一了百当耶？抑自有前后内外之可言也？①

龙溪则说：

> 千古圣学，存乎真息。良知便是真息灵机。
>
> 致虚虽是养生家修命之术，圣学亦不外此，所谓密机也。②

表面看，龙溪的说法不尽一致，但是我们不能简单地斥之为语言混乱，须作分析梳理。若就“息者，范围三教之宗”这一命题而言，龙溪的思路是明确的：人的呼吸（息）与天地宇宙之呼吸，互相呼应，彼此关联；天地之阖辟造化与人体之呼吸运动，也有互相连动之关系。在此意义上，可以说“息”是一切造化之本（即“玄枢”或“天机”之意），通过调息就可以御气或摄灵，以体会“天之所以生我之意”。换种说法，这也就是“所谓造化之学也”③，养生家的说法就是“盗天地，夺造化”。龙溪坚持认为，不能因为这是养生家之言而加以拒斥。④可以说，龙溪的这一观点含有某种理性精神——即公道

---

① 《双江集》卷十一《答王龙溪（即致知议略）》，叶 14 上下。

② 《龙溪集》卷四《留都会纪》，第 356 页；《龙溪集》卷七《新安斗山书院会语》，第 536 页。

③ 《龙溪集》卷十五《图书先后天跋语》，第 1152 页。

④ 《龙溪集》卷六《致知议辨》，第 475 页。

公学论，而这种理性精神的基础就在于良知，这也是他之所以不顾双江的反对，而一再强调息是范围三教之宗的思想原因。

最后须指出，一般而言，晚明时代“三教合一”论已到了普遍泛滥的地步。以儒家正统的眼光视之，所谓“合一”论无疑是丧失原则、胡乱迁就之论。然而根据我们上述的观察，至少就阳明心学的语境来看，无论阳明还是龙溪都没有提出过“三教合一”的说法，即便说龙溪的“范围三教”说已经隐含“三教合一”的意味，但这也不是一种理论建构的论述，而是一种理论信念的表达。因为事实很显然，龙溪并不是意在建构一套“三教合一”理论，而在于表达儒家的价值和信念具有贯穿三教的普遍意义。

六　身心一体

“身心一体”的说法并不见诸《调息法》，在此特意设立一节，是因为在考察龙溪思想与道教的关系问题时，此说无法回避。一般而言，关于身心问题，在儒家资源中，例如“正心”与“修身”的工夫论述就含有身心问题，但是儒家工夫论述中的“身”与道教养身理论毕竟旨趣不同。然而龙溪的身心论，显然超出了儒学传统的“修身”“存心”的问题范围，他并不忌讳讨论人身与意识、精神与肉体的关系问题，这一问题的实质也就是“养德”与“养生”或“征学”与“卫生”的关系问题。

毋庸赘言，身心问题历来是道教所注目的领域，两者合一也是养生家所追求的境界。龙溪对此问题的关注，显然有取于道教思想的一些资源，只是对龙溪而言，他是从儒家立场出发，来面对身心问题的，而他的“身心一体”论以及“性命合一”论，也应当作如是观。

先看一下龙溪所关注的养生家的“身心”论述：

> 古今之养生者，不出乎身心二字。心怡身愉，生之基、寿之征也。
>
> (《参同契》) 其微旨，不出于身心两字。乾即心，坤即身。坎离者，乾坤二用。神寓于心，气寓于身，即药物也。
>
> 身心两字，是火是药。故曰，近在我心，不离己身，抱一长生之诀也。
>
> 即以养生家言之，性以心言，命以身言。心属于乾，身属于坤。身心两字，即火与药。一切斤两法度、老嫩浅深，皆取则于真息。真息者性命之玄机，非有待于外也。①

这里的“心”指精神（意识），“身”指身体（肉体）。以心为性，以身为命，以身心为性命之基本、寿命之象征；而性命“玄机”在于“真息”。我们再来对照一下宋元之际兴起的新道教全真道的说法：

> 全真至极处，无出身心两字，离了身心，便是外道。虽然亦不可著在身心上，才著在身心，又被身心所累。须要即此用，离此用。予所谓“身心”者，非幻身肉心也，乃不可见之身心也。且道如何是不可见之身心，“云从山上，月向波心”②。

---

① 《龙溪集》卷十四《西川朱君寿言》，第 1110 页；《龙溪集》卷十四《寿商明洲七秩序》，第 1110 页；《龙溪集》卷十五《易测授张叔学》，第 1148 页；《龙溪集》卷十四《寿史玉阳年兄七十序》，第 1078 页。

② 李道纯：《中和集・全真活法》，《道统大成》离集一，叶 56 上下。

可见，龙溪所谓“不出乎身心两字”，与“无出身心两字”这一道教见解完全一致。尽管，龙溪对道教学说的援引并不直接意味他就赞同道教之说，然而不容否认的是，龙溪的援引正是向他人展示自己对道教身心观的汲取态度，否则的话，在援引之际就应当示以明确的批评来表明态度。

至于龙溪自己从正面阐发有关身心问题的看法，这是他在论述《大学》“正心”与“修身”工夫问题时，提出的一个重要观点：

> 身者家国天下之本，而心又身之本也。以其虚灵主宰而言，谓之心；以其凝聚运用而言，谓之身。心与身一也。……无心则无身矣。
>
> 身心原是一体。非礼勿视听言动，是修身；所以勿处，却在心。身之灵明主宰，谓之心；心之凝聚运用，谓之身。无心则无身，无身则无心；一也。①

两段话的核心观点可以归结为“身心一体”。表面看，上述龙溪的身心论述未跳出儒学范畴，似乎并无新意。然而稍加注意一下，就会发现龙溪将身心置于《大学》八条目系统中的核心地位，而且提出了“无心则无身，无身则无心”的身心论，旨在强调“身心一体”。在他看来，《周易》这部儒家经典的核心旨意也就在于“身心”两字，并断言：“身心之外，无学矣。”② 这一结论便是龙溪身心观的典型表述，也是“身心一体”论的典型形态。至此可以说，“身心一体”构成了龙溪思

① 《龙溪集》卷八《大学首章解义》，第569—570页；《龙溪集》卷五《颖滨书院会纪》，第404页。

② 《龙溪集》卷十五《易测授张叔学》，第1148页。

想中的一个重要特质，当是毋庸置疑的。

与此相关，龙溪又有“性命合一”说。他在《易测授张叔学》一文中，结合养生家的观点，集中讨论了心身性命的问题，将“心”解释为神、性、乾、阳；相应地，他将“身”解释为气、命、坤、阴，并由此提出了“神气浑融”“性命合一”的主张。[①] 另外，龙溪还撰述了《性命合一说》，从儒家（特别是孟子）的角度对性命问题展开了论述，劈头一句就是“性与命，本来是一”，接着指出：

> 告子以食色为性，以诿于所遇为命。故孟子从性命重处，立法以示人，正是性命合一之宗。世儒分属气质、义理，便非合一之谓矣。

这是说，与告子讲“性”实际是讲“命”不同，孟子在讲“性”的同时，亦讲“命”，性命并重，且为“性命合一”之说“立法”；认为程朱将性分为“气质”与“义理”，便与“合一”之旨不合。进而龙溪又对性命进行了具体解释：

> 甘食说色，人之所欲，是性。然却有个自然天则在，若一向任了欲去，不成世界，立命正所以尽性，故曰有命焉。论性而不及命，君子不谓之性也。仁于父子，天合自然，是命。然父子天性所当亲，若一向诿于自然也，不成世界，尽性正所以至命，故曰有性焉。论命而不及性，君子不谓之命也。

最后，龙溪对孟子“性命合一”说作了这样的概括：

> 一则推夫天理之自然，一则本诸自然之生理，使人从重处用功，以归于合一之宗，此是孟子立法最善形

① 《龙溪集》卷十五，第 1148 页。

容处。[1]

这里“天理之自然”是指“命”,“自然之生理”是指“性”。龙溪认为,将两者“归于合一”,这是孟子的“立法”,即指孟子所说的“性也有命焉,君子不谓性;命也有性焉,君子不谓命”(《孟子·尽心下》)的观点。按照朱子对孟子语的解释,前者的“命”是指“气”,意指禀分之不同,后者的“命”是指“理”,意指智愚贤不肖[2],两者不可混而言之。然而龙溪对这两个“命”字并未作出严格的分疏,便认定孟子已经道出了“性命合一”之旨。显然表面上,这是龙溪对孟子的解释,实际上却是龙溪自己的观点表述。

须指出,“性命合一”论,其实是近世以后新道教特别是道教内丹学所竭力提倡的,并建构了一套完整的“性命合一”的养生理论。他们对“性命”两字的理解,当然与儒家不同,“性”是精神意识之意,而“命”则主要理解为气或生命之意。在此基础之上,他们提出了一套“性命双修”的修炼工夫,强调通过内气及心神的修炼以达到神气融合、身心合一的境界。至于龙溪的“性命合一”论是否直接来源于道教内丹学,可能未必尽然,但是如同他利用儒家的“向晦宴息”来解释道教的“亥子之间”一样,在他看来,“性命合一”既有儒家资源又有道教资源可以提供理论依据。

基于同样的思路,龙溪甚至把原本并不相干的两个概念——“良知”和“真息”关联起来,断然指出:

> 良知便是真息灵机。知得致良知,则真息自调,性命

① 以上参见《龙溪集》卷八《性命合一说》,第597—599页。

② 《朱子语类》卷六十一。

自复，原非两事。

千古圣学存乎真息。①

将良知与真息、致良知与“真息自调，性命自复”相提并论。这几乎是将“调真息”等同于“致良知”，故说“原非两事”，甚至从“千古圣学”的高度，来肯定“调真息”的重要性。

如果说“调息”属于养气工夫，而致良知属于道德实践，那么两者之间又如何才能建立“原非两事”的必然关联？龙溪指出：

盖吾儒致知，以神为主；养生家以气为主。戒慎恐惧，是存神功夫。神住则气自住，当下还虚，便是无为作用。以气为主，是从气机动处理会。气结神凝，神气含育，终是有为之法。②

以致良知为“主神”工夫，以养生为“主气”工夫。主张以致知工夫为主，以养生工夫为次。就此而言，龙溪仍然是站在儒家立场上来定位主神与主气的主次关系。龙溪又说：“良知之主宰，即所谓神；良知之流行，即所谓气。”结论是：“致良知，即所谓还丹，所谓弄丸。”③归根结底，致良知毕竟是最为根本的实践工夫，所以说：

大丈夫出世一番，未修仙道，先修人道。④

由此立场出发，龙溪又有这样的告诫：

若只以调息为事，未免着在气上理会，与圣学戒慎不

---

① 《龙溪集》卷四《留都会纪》，第 356 页。

② 《龙溪集》卷一《三山丽泽录》，第 126 页。

③ 《龙溪集》卷十五《易测授张叔学》第 1149、1150 页。

④ 《龙溪集》卷九《与潘笠江》，第 670 页。

睹、恐惧不闻、致中和工夫终隔一层。①

这是说在“气上理会”的“调息”工夫毕竟与儒家圣学的工夫论尚隔一层。对于当时社会上流行的房中术之类的养生家主张，龙溪则有更严厉的批评，斥之为：“邪伪小术。”② 不过，对于“学有所承”的道士，龙溪也并没有采取一概指斥的态度，例如他与净明忠孝道的道士胡东洲便有师生关系，对东洲有较高的评价。③ 顺便指出，净明忠孝道在养生实践上亦注重“性命双修”。

由上可见，龙溪对身心问题十分看重，他对道教内丹学的身心观、修养论也有积极吸取的态度，承认良知可与“真息”会通，致良知之外，调真息亦不妨为一种有效的修养方法。究

① 《龙溪集》卷四《留都会纪》，第 356 页。

② 《龙溪集》卷十五《易测授张叔学》，第 1148 页。

③ 龙溪曰：“东洲之学，得于师传，以净明忠孝（按，即净明道）为入门，其大要皆发明性命归源之奥，觉幻知元，住于真常，非有邪伪之术。”（《龙溪集》卷十九《祭胡东洲文》，第 1491 页）据同文所载，东洲曾于 1554 年问学于龙溪。《问辨牍》卷之利集《答顾选部泾阳丈书暨求正牍质疑》载：“嘉隆间，有胡清虚者，故师事山阴王龙溪，自言遇异人授三教混元之说。”（第 765 页）然而据耿天台称，龙溪与陶念斋之兄同时师事胡东洲（《天台集》卷六《寄示里中友》第一书，第 693 页）。由此，则龙溪也许亦曾师事东洲。秋月观瑛：《中国近世道教の形成》（创文社，1978 年，第 175 页）亦有此推测。然《明儒学案》却将陶念斋之兄误记为陶念斋本人，秋月观瑛亦沿之而未省。按，胡东洲（1532—1579），浙江义乌人，主要活动于两浙一带，颇为当地乡绅文人所倾倒。据钱希言《松枢十九山》（万历四十二年刻本）所收《狯园第三》卷三“玄符先生”条，玄符先生（不详）于嘉靖年中，将净明忠孝道之教义传授于胡东洲。又，罗近溪亦曾师事东洲学《易》，并携其子二人与东洲同游广东肇庆，二子在当地猝死，其死因不明。参见《盱坛直诠》卷下（叶 76 上）及《罗明德公集》卷四《二子小传》、卷四《二父行略附》（罗怀智撰）。

极而言，他认为：

> 养德养身，原非二学，乃是千圣相传秘藏。①

这是将儒家“养德”与道教“养身”统一起来。在他看来，无论是道德修养，还是身体修炼，同样都与身心性命相关，因此对吾人来说同样是迫切而又需要的，都不可偏废。由此出发，龙溪又强调指出：“调息之术，亦是古人立教权法。”原因在于：

> 教化衰，吾人自幼失其所养，精神外驰，所谓欲反其性情，而无从入。故以调息之法，渐次导之，从静中收摄精神，心息相依，以渐而入，亦以补小学一段工夫也。②

至此可见，龙溪为什么要积极吸取道教“身心一体”之理论，并重视“调息”方法的主要思想缘由；同时也充分表明龙溪认为“调息”毕竟只是一种“权法”而已，这无疑是基于儒家立场的一个表态。

七　天根月窟

与“调息”工夫有关，龙溪还撰有《天根月窟说》③一文，值得关注。因为“天根月窟”与上述“无中生有”“亥子之间”

---

① 《龙溪集》卷十二《与殷秋溟》第一书，第 881 页。另参见卷九《与李原野》，第 641 页。

② 《龙溪集》卷四《答楚侗耿子问》，第 365 页。按，“补小学一段工夫”原为阳明语，参见《王阳明全集》卷四《与辰中诸生（己巳）》。刘念台屡屡引用阳明此语，以为静坐法亦不妨为入门工夫，参见《刘子全书》卷一《人谱·讼过法》、卷八《艮止法》等。

③ 此文作于何时不详。与此文内容有重复者，又参见《龙溪会语》卷二《三山丽泽录》第 21 条（按，《龙溪集》卷一《三山丽泽录》中此条被删），另参见《龙溪集》卷四《答楚侗耿子问》。

等说也有密切的理论关系。该文虽不长，但颇晦涩。关于“天根月窟”的出典来源，三浦国雄曾有详考，并指出：“将天根与月窟两词作为一对概念，相提并论，在邵雍之前，似无先例。”① 此言大致不差。不过，“天根月窟”引起后世儒者的关注，并被不断重新解释，大概非龙溪莫属。

龙溪指出：

> 或问天根月窟之义。先生曰：“此是尧夫一生受用底本。所谓窃弄造化也。天地之间，一阴一阳而已矣。乾、阳物也；坤、阴物也。阳主动；阴主静。坤逢震、为天根，所谓复也；乾遇巽、为月窟，所谓姤也。”②

劈头一句“此是尧夫一生受用底本”，已经表明天根月窟的发明权在于邵雍。具体而言，所谓“坤逢震”“乾遇巽”，用的是邵雍的《伏羲八卦方位图》之说。用一阴一阳、一动一静来表现天地万物的“造化”，也是邵雍易学的基本思想。乾与坤，分别象征阴阳动静。“坤逢震”，是指坤、震两卦相逢，一阳即将发动的微妙之际，此之谓“天根”；“乾遇巽”，是指乾、巽两卦相遇，一阴即将初动的微妙之际，此之谓“月窟”。参照上面的“无中生有”一节，可知所谓“天根”“坤逢震”，也就是养生家所津津乐道的“亥子之间”说。

其实，龙溪以上所说，无非是对邵雍以下一首诗的诠释：

> 耳目聪明男子身，洪钧赋与不为贫。因探月窟方知物，未蹑天根岂识人。乾过巽时观月窟，地逢雷处看天

① 三浦国雄：《伊川击壤集の世界》，载京都《东方学报》第47册，1975年。

② 《龙溪集》卷八《天根月窟说》，第593—594页。另参见《龙溪集》卷四《答楚侗耿子问》，第363页。

根。天根月窟闲来往，三十六宫都是春。①

此诗意旨究在何处？早在朱子门下，就有种种议论。朱子指出，邵雍所讲的“手探月窟，足蹑天根”，其根据是《先天图》。根据此图，“自复至乾，阳也；自姤至坤，阴也”“姤在上，复在下。上，故言手探；下，故言足蹑”。据传《先天图》源自道士陈抟（871—989），其内容与修炼术有关。朱子又说：“盖方士技术用以修炼，《参同契》所言是也。”也就是说，邵雍此诗的思想内容与道教方士之类的养生术有关。另一方面，朱子也承认“天根月窟闲往来”无非是指天理流行、常周旋乎宇宙之意，并说“天根月窟是个总会处”。②意谓“天根月窟”说反映的是阴阳变化、动静往来的宇宙原理。这一看法倒是道出了邵雍思想的重要特征。总之，“天根月窟”是邵雍对于天人之际的往来妙合以及宇宙天地生生不息之机的一种隐喻描述，暗示了天人妙合之道。

若以上述朱子所释为准，龙溪的解说似乎并没有特别之处。但是，我们再来看龙溪的进一步解说，即可知道龙溪的理解大不同于朱子，甚至已超出了邵雍的意图：

知复知姤，乾坤互用，动静不失其时，圣学之脉也。尧夫所谓丸③，即师门所谓良知。万有生于无，知为无知之知，归寂之体，即天根也。万物备于我，物为无物之

① 《击壤集》卷十六《观物吟》。

② 以上参见《朱子语类》卷一〇〇，第2552页。按，最后一句为朱子弟子所问，朱子答“是”。

③ 关于邵雍“弄丸”，程子有番讥讽：“其为人则直是无礼不恭，惟是侮玩。虽天理亦为侮玩。如《无名公传》言：‘问诸天地，天地不对，弄丸余暇，时往时来’之类。”（《程氏遗书》卷二上，《二程集》，第45页）

> 物，应感之用，即月窟也。意者，动静之端，寂感之机；致知格物者，诚意之功也。此孔氏家学也。①

这里龙溪又重复了“无中生有”等观点，此且不论。由上可见，龙溪并没有停留于易学式的解释，他将《大学》“诚意”之“意”字也解释成“天根”与“月窟”之际——“动静之端，寂感之机”。甚至用良知说来加以推衍，断言邵雍的“天根月窟”说“原是圣学，非如养生家任督周天之说”②，指出：

> 良知才觉处，谓之复；才觉便聚翕得住，弗致流散，谓姤。……知复知姤，方是阴阳互根，方是太极生生之机，方是一阴一阳之道。邵子闲往闲来，亦只是窃弄此机到熟处，便是内圣外王之学。③

龙溪一方面否定邵雍之说与养生术有关；另一方面却以良知觉悟或诚意之说加以引申发挥，这显然已不是邵雍的本意了。继而以“内圣外王之学”来为邵雍定位，这与历来对邵雍的评价也大为相同。朱子曾指出：

> 他（按，指邵雍）都是有个自私自利底意思，所以明道有“要之不可以治天下国家”之说。④

意思至为明显，邵雍讲的那些“天根月窟”“闲往闲来”等与儒学的思想旨趣无关，只是为了满足自己的“宇宙在

---

① 《龙溪集》卷八《天根月窟说》，第 595—596 页。

② 《龙溪会语》卷二《三山丽泽录》，叶 17 下。

③ 同上书，叶 17 下—18 上。

④ 《朱子语类》卷一〇〇，第 2553 页。程子评邵雍之学曰：“尧夫之学，先从理上推意，言象数，言天下之理，……然未必有术。要之亦难以治天下国家。”（《程氏遗书》卷二上，《二程集》，第 45 页）朱子对此表示认同：“（康节之学）似老子，只是自要寻个宽闲快活处，人皆害它不得。”（《朱子语类》卷一〇〇，第 2544 页）

手”[①]的乐趣而已。在程子看来，邵雍有一种玩世不恭的态度，其谈天理亦是在玩弄天理，并且断言邵雍为人“无礼不恭”。[②]可见，邵雍虽被列为北宋五子之一，但在宋学当中，其思想别具一格。或许是由于这个原因，他的言论却被朱子排斥在《近思录》以外。龙溪称邵雍之学是“内圣外王之学”[③]，这样的评价，可以说是宋代以来所没有的。

在阳明后学中除龙溪以外，聂双江对邵雍的“天根”说也颇为关注[④]，此不具述。值得一提的是，对阳明心学不无批评的魏校（号庄渠，1483—1543）亦尝瞩目于此，并提出所谓的“天根”之学。[⑤]他在与双江的书信中指出：

> 今之讲学者，好说心常动而不静，不复知人生而静为天根。[⑥]

这里的“天根”，即取自邵雍。其谓“好说心常动”的“今之讲学者”，则是指阳明及其后学。[⑦]据龙溪记载，阳明与庄渠曾就心之动静问题有过讨论。当时庄渠主张“心是常静的”，对此，阳明反驳道：“我道心是常动的。”庄渠为此甚

---

① 语见《击壤集》卷八《宇宙吟》。

② 《程氏遗书》卷二上，《二程集》，第 45 页。

③ 《龙溪集》卷四《答楚侗耿子问》、卷八《先天后天解义》。

④ 参见《双江集》卷九《寄罗念庵》第一书。

⑤ 黄宗羲指出庄渠之学的“宗旨为天根之学”(《明儒学案》卷三《魏庄渠传》，第 46 页)。

⑥ 《庄渠遗书》卷十一《答聂郡守文蔚》，四库全书珍本五集，叶 39 上。

⑦ 按，1530 年代，庄渠仕宦南京，时与王门诸子有往来。对王门讲学颇为不满（参见《庄渠遗书》卷四《与王汝中》、卷四《答欧阳崇一》等）。他极力主张主静说的目的之一便是针对当时的心学风气而发，然而龙溪对庄渠的“天根天机之说”的评论是：“未免堕落二见。”(《龙溪集》卷九《复刘狮泉》)

为不悦，竟“拂衣而行”，不欢而散。后来，王龙溪和唐顺之（号荆川，1507—1560）在南京与庄渠论学时，旧话重提，谈及此事。龙溪向庄渠讯问“心常静之说”之意，庄渠答曰：“圣学全在主静。”又说：“学有天根，有天机。天根所以立本，天机所以研虑。”[①]龙溪又问：“天根与邵子同否”？庄渠答：“亦是此意。”最后龙溪陈述了他对“天根”之学的独到理解：

> 邵子一阳初动而天根。天根即天机也。天根天机不可并举而言。若如此分疏，亦是静存动察之遗意。悟得时，谓心是常静亦可，谓心是常动亦可，谓之天根亦可，谓之天机亦可。心无动静，动静所遇之时也。[②]

这段论述的要点乃是“心无动静”四字，由此出发，龙溪不能认同庄渠所谓的“圣学全在主静”的观点。关于动静与天根的关系问题，龙溪在另处又说：

> 夫心无动静，故学无动静。后儒以不见不闻为己所不知，属静；以独知为人所不知，属动。或又以不见不闻为天根，独知为天机，是即动静之说也。若先师之意，则以为不见不闻，正指独知而言。……《易》称“复其见天地之心”。程子谓“动见天地之心，非也”。邵子指“天根”，亦以一阳初动而言。盖穷上反下，一阳初动，所谓“复”也。天根如树之根，天机如根之生意，名虽异而实则一，不可以动静分疏。若以天根为未发之体，天机为已发之用，分动分静，存养省察，二用其功，二则支而离矣。[③]

---

① 按，胡松引庄渠之言：“收敛停畜（蓄），深造默成，方是天机之学。”（《胡庄肃公集》卷一《庄渠魏先生文集序》，东京尊经阁文库藏隆庆六年刻本，叶45上）与此处庄渠所说一致。

② 以上参见《龙溪会语》卷五《南游会纪》，叶30上—31上。

③ 《龙溪集》卷十《答吴悟斋》第二书，第751—752页。

龙溪明确反对分动分静、分天根分天机、分存养分省察等说，斥之为“支离”之学。这与上述对庄渠的批评，其论调是完全一致的。龙溪坚持“心无动静”“学无动静”的观点，故对邵雍之学偏于主静也有批评：

> 尧夫亦是孔门别派，从百源山中静养所得。……盖从静中得来，亦只受用得静中些子光景。与兢兢业业、学不厌教不倦之旨异矣。①

显然，就龙溪精通于养生术来看，他应该知道“天根月窟”在养生家那里另有种种附会的说法②。但是，龙溪一方面承认“天根月窟”阐述的是一种“先天之学”，揭示了“太极生生之机”“一阴一阳之道”；另一方面，又从儒家立场出发，明确反对所谓的“任督周天之说”。总之，龙溪在思想上深受邵雍的影响③，对其“天根月窟”以及“先天之学”表现出极

---

① 《龙溪集》卷十《答吴悟斋》第二书，第 751—752 页。

② 参见黄宗羲《易数论》，其云：“康节因《先天图》而创为天根月窟，即《参同契》乾坤、门户、牝牡之论也。故以八卦言者，指坤震二卦之间为天根，以其为一阳所生之处；以乾巽二卦之间为月窟，以其为一阴所生之处也。”（引自《易图明辨》卷七，第 167 页）

③ 龙溪对邵雍又有如下评价，从中或可看出邵雍之学是龙溪的思想资源之一：“康节之学，洗涤心源，得诸静养。穷天地始终之变，究古今治乱之原，以经世为志，观于物，有以自得也。……《击壤集》中，无非发挥先天之旨，所谓‘别传’，非也。”（《龙溪集》卷十三《击壤集序》，第 958—960 页）“以经世为志”之评价，显然与程子评邵雍之学“难以治天下国家”之说正相背驰。不过，在程门尹和靖那里已有类似说法：“康节之学，本是经世之学。……如陈叔易赞云：‘先生之学，志在经纶。’最为尽之。”（引自《性理大全》卷三十九）按，称邵雍为“别传”者，是陈白沙的说法，参见《陈献章集》卷五《随笔》，第 517 页。龙溪之意在于肯定邵雍之学是儒学“正传”。

大的关注并给予很高的评价，甚且欲将邵雍的这些观点纳入良知的解释框架之中，这在阳明后学当中是不多见的。

八　养生实践

以上主要就“调息法”及其他有关问题，对龙溪的各种观点论述进行了简单梳理。那么，龙溪自己是否有过具体的养生实践，这是值得关注的问题。徐阶曾经在《王龙溪先生传》中指出：

> 公（指龙溪）少患羸，尝事于养生，惟理性情，究明未发之旨，以观化原，若有得于先天无为之用，视履明矫，洞微陟峻，至老不衰，可谓禀薄而养之厚矣。①

这段话讲得比较隐晦，但是从中还是不难窥见这样一个事实：龙溪通过养生锻炼，得以祛病延年。

在介绍龙溪的养生实践之前，似有必要先来看一下其师阳明的养生实践。因为事实上，龙溪的养生实践受其师的影响是不容忽视的。关于阳明与道教之关系，柳存仁（1917—2009）曾在《王阳明与明代的道教》②一文中有详细论证。在此，作为对柳文的补充，就阳明的养生实践，择其两事，简述如下。

一是关于阳明能“前知”（亦称“先知”）的传说。所谓“前知”，见于《中庸》，用来解释至善与不善“必先知之”的道理，讲的是“至诚”而能预测未来的能力，但这种说法历来

---

① 《龙溪集》卷首，第71—72页。

② 《阳明学大系》卷一《阳明学入门》所收。按，中文原稿刊于香港中文大学《中国文化研究所学报》第3卷第2期（1970年）。文中指出阳明先祖曾接受金丹派道士赵缘督所授的筮书，并与其弟子上阳子亦有交往等重要事实。

不受儒者所重视。① 在道教那里，“前知”则是指一种能预知未来的奇异能力。据载，道士陈抟“能逆知人意”，并能预知自己死期。② 据称，邵雍亦能“前知”(《宋史》邵雍本传)。关于阳明能“前知”一事，详见《阳明年谱》“弘治十五年壬戌，先生三十一岁”条，兹不具引。可与此相佐证者，又见《黄门集》附刊本《云郚先生年谱》“正德十三年戊寅”条所载：说是许相卿（1479—1557）与友人数人访阳明于会稽，

> 将至阳明洞，遇先生之仆于途，诸公问“主人在否”？仆曰：“主人先知，令归具饭。”及相见礼毕，问先生：“何以知诸生来？”曰：“静中自见。”③

这段记述比《阳明年谱》所载更具体入微。不过，在阳明弟子当中，也有人出于“正统”意识，否认阳明能“前知”之说。④

另有一则趣闻则是传说王阳明在江西领兵之时，曾经连续四十多天未就枕入睡。王遵岩对此有所怀疑，质诸龙溪，而龙溪不仅作了肯定的回答，而且根据调息呼吸、向晦宴息等说，作了一番解释：

---

① 阳明曾说：“至诚则无知而无不知，不必言可以前知矣。”(《传习录》中，第171条)“圣人不贵前知。”“邵子必于前知，终是利害心未尽处。”(同上书卷下，第281条)

② 事见《宋史·隐逸传》。按，胡渭亦云：“希夷，老氏之徒也。著《指玄篇》，言导养还丹之事，则其能养生也可知矣。……及预决亡日，则其能知来也可知矣。养生，魏伯阳之学也；知来，管辂、郭璞之术也。”(《易图明辨》卷十《象数流弊》，第230页)

③ 许相卿：《黄门集》附刊《云郚先生年谱》，万历二十五年陈与郊浙江刻本，叶13上下。

④ 尤西川：《拟学小记》卷八《纪闻》。

> 古人有息无睡。故曰“向晦入燕息”。……若知燕息之法，当向晦时，耳无闻、目无见、口无吐纳、鼻无呼吸、手足无动静、心无私累，一点元神与先天清气，相依相息，如炉中种火相似。比之后天昏气所养，奚啻什百？是谓“通乎昼夜之道”而知。①

所谓“有息无睡”，是指一种内丹养生术，通过呼吸法的锻炼，最终可以达到不由口或鼻去呼吸，而由胎息来呼吸的境界，并且可以由此来取代睡眠。如果能四十多天持续“无睡”，看来阳明是熟练地掌握了这种丹田呼吸法。按照龙溪的

① 《龙溪集》卷一《三山丽泽录》，第127—128页。据《龙溪会语》卷二《三山丽泽录》，向龙溪提问者不是王遵岩而是孟两峰。龙溪的这番解释又见道教典籍《性命圭旨》所载：上古之人有息无睡，故曰向晦宴息。若一觉睡熟，阳光尽为阴浊所陷，就如死人一般。若知宴息之法，当向晦时、耳无闻、目无见、口无言、心无累、鼻端无喘、四肢无动，那一点元神真气，相依相恋，如炉中种火相似。久久纯熟，自然神满不思睡，气满不思食，精满不思欲。元炁自聚，真精自凝，胎婴自栖，三尸自灭，九虫自出，所谓睡魔不知从何而去矣。（《性命圭旨》亨集《卧禅说》，清康熙年间刻本，叶54上。）
两相比较几乎全同，然要断定谁是抄袭者则须慎重，或许各有所本。据《中国方术大辞典》“宴息”条引《勿药元诠释义》（不详出自）论“有息无睡”，与上引龙溪语也基本一致（中山大学出版社，1991年，第543页）。《性命圭旨》何人何时所作，目前尚无定论。王重民《美国国会图书馆藏中国善本书录》（台湾文海出版社，1972年）定为“明万历间刻本”，并推测为吴之鹤所撰，该本卷首有邹元标“序”（未署落款）、佘常吉“序”（1615年）、程于廷“序”（1622年）以及吴之鹤后“序”（1615年），该本笔者未见。笔者所据京都大学图书馆藏康熙年间刻本，卷首仅有邹序、佘序。又，日本名古屋蓬左文库所藏《删补性命圭旨定本》在版本源流上与康熙本颇有出入，经初步调查，未见上引龙溪语。按，龙溪关于“有息无睡”还有一段重要言论，参见《龙溪集》卷九《与李原野》，第640—641页，兹不烦引。

解释，阳明的这套工夫是与“古之至人，有息无睡”①的说法相吻合的。至于“真人无睡”说，可能源自陈抟。据《历世真仙体道通鉴》卷四十七《陈抟传》载，陈抟之论睡功，有这样一个说法：“至人本无梦，其梦乃游仙；真人亦无睡，睡则浮云烟。”②可见，所谓“无睡”，其实就是道教内丹术的一种“睡功”。

现在再说龙溪。龙溪自称在少年时代，病多体弱，中年以后，渐趋强壮，年至八十，仍不息远游。③据龙溪弟子查毅斋所说：“往岁丁丑（1577），先生来水西，尝谓余曰：‘我（按，指龙溪）每乘月夜起坐。……’”④个中详情虽不得而知，但不难推测，肯定与上述“亥子之间”之类的养生工夫有关。因为每至中夜，特意“起坐”，实非寻常之举。其实，在龙溪一生中，曾有一个鲜为人知的秘密，据其自述，龙溪结婚以后，十多年来，久久未能得子，某日忽遇异人，得授秘术，龙溪与其正室张安人欣然从而践之，终于喜得数子。以下，我们根据龙溪的叙述，来略窥龙溪的养生实践。

龙溪这样叙述道（以下用第一人称）：关于我夫人张安人的事迹，已由其仲弟张叔学撰文述之，但有一事隐而未能表出。因为这是所谓的“耻事”，不用说是他人，即便是在兄弟亲戚之间，亦有不知其详情者。时至今日，不忍再隐其“美

① 《龙溪集》卷四《东游会语》，第327页。

② 《道藏》第5册，第370页。

③ 《龙溪集》卷五《天柱山房会语》，《明儒学案》卷十二《王龙溪传》。

④ 《阐道集》卷九《纪龙溪先生终事》，叶28下。

德”，如下表出。我年轻时，体弱多病，成婚以后，淡于房事，安人担心绝后，便早早为我安置侧室。然而，安人婚后十年未孕，而我娶妾之后七八年亦未能得子，安人为此整天忧心忡忡，常为病魔缠身。某日，我偶遇异人，得一“秘诀”：夫妇之间（按，指房事）如天地生化，掌握时机最为重要，若能依“黄婆”之术[①]作房事，注意与配偶的“调和”和“通谕”，就不难使其怀孕。我回家后，告诸安人，安人窃喜，愿从所教之法而行之。此后十余年来，连续得子八九人，或流产、或夭折，得以长大成人者共有三子。周围近邻，纷传安人未能生子，安人闻之，唯一笑了之。[②]

由上可见，龙溪不但精通养生术，且通过某种方法（“黄婆术”），使得自己早年未能得子的体质，得到了治愈。在考察龙溪思想的同时，对于他的这类养生实践，亦应加以注意。

九 结 语

以上，我们初步考察了龙溪思想中的养生论、三教观等，

---

① “黄婆”者，实为隐喻，王道渊《崔公入药镜注》载：“黄婆、姹女，皆强名也。”后世对此有各种解释，有以为“脾胃余气”者（《道枢》卷十三《指玄篇》），或作“真土”“真意”之解（《悟真篇》）。《中和集·金丹或问》释作“胎息”，是为内丹学的术语。夏宗禹则以为是“五行颠倒之法”（《紫阳真人悟真篇讲义》卷六）。

② 以上参见《龙溪集》卷二十《亡室纯懿张氏安人哀辞》，第1671—1674页。据文中载“予年逾七十”，故知此文作于1568年后。据其他有关龙溪的传记资料，龙溪子三人均非正室张安人所出，乃其侧室钟氏所生（《龙溪集》卷首所附徐阶：《龙溪王先生传》、赵锦：《龙溪王先生墓志铭》）。龙溪为何说出自正室，其背后也许有更复杂的家庭原因，在此不宜妄加揣测。龙溪于中年得子之事，并参见《龙溪集》卷十九《祭岳父张菱塘文》。

从中可以看到，被称为良知现成派的龙溪思想当中，又有为人所不甚了解的另一面。

自宋代理学以来，除了理气问题以外，人们对心性问题的探讨确有深入，同时在这一问题上也受到了来自佛道的各种影响。然而对于道教的养生术，不管是否怀有个人兴趣，至少在表面上，其基本态度是反对的，因为养生或延命之术毕竟不是儒家所关心的终极问题。在《大学》等儒家经典当中，虽然也有“修身”之说，但不过是众多道德修养的条目之一，由此直接转向身体锻炼的可能性甚微。对人体存在的身心关系等问题，加以特别的关注，应当是道教思想的基本倾向。在儒家看来，以身体锻炼为修养手段，或以长生不死为追求目标，就不免坠入自私自利。这是儒家拒斥道教的主要理由，龙溪亦不能不受这种传统观念的影响。特别是在当时的文化背景之下，对于具有一定社会地位的儒家士大夫来说，即便是在日常生活当中，对养生实践抱有兴趣，也是不能轻易宣扬的，书诸笔端则更要谨慎。

因此，在他们的文章一旦以文集的形式重新编集之时，被视作“异端”或“怪异”的言论行事大致会被整理者剔除在外。例如钱绪山在编纂《阳明文集》之际，便删除了那些被认为是“奇迹奇论”的阳明生平事迹及其言论，另编了一部《言行逸稿》，但最终“藏而未行”①，以至于湮没无闻。龙溪亦复如此，虽然在《龙溪集》中，到处可见其对调息法或养生术的相关理论阐述，然而有关养生实践的具体记录却非常少见，显然是由于后人在编辑文集时，基于儒家“正统”意识，有意将

① 《龙溪集》卷二十《绪山行状》。

事涉“异端”的内容剔除在外。然而在比较完整地保留了原初状态的《龙溪会语》当中，却有不少关于道教养生等方面的具体信息，尽管在后来重编《全集》时被大量删除。① 这是我们研究龙溪思想时，应当注意的问题。

也许我们可以这样说：在宋明时代，儒家士人一方面坚持儒学的道德主义信念，一方面又有通过养生实践以获得健康长寿的现实愿望。即便是像朱子那样的理性主义思想家，也表现出对道教养生方面的关心。相比之下，龙溪所处的时代文化背景与朱子的时代已有很大的不同。龙溪寄心于道教养生理论，在其思想的背后，有阳明学的公道公学论作为支撑，另一方面，当时三教互相渗透的思想风气已经变得日益普遍，反过来对士人心态也有不可忽视的影响。

有学者指出，与朱子学的那种“合理主义”的思想倾向相比，明代的学术思想（尤其是到了明末）的一个主要特征是“趋向于神秘主义”②，这一说法是有参考价值的。我以为，晚明时代知识界已经出现了某种思想转向的明显迹象，从抽象的心性问题的讨论开始转向对身心修养等问题的关切。这一转向

---

① 例如龙溪在与双江论学时，常涉及道教养生问题，参见龙溪《致知议略》和《致知议辨》两文。另，唐荆川《书王龙溪致知议略》(《荆川集》卷十七）引述龙溪有关“驭气摄灵”“三教之说”“其息深深”“反息还虚”“向晦入宴息”等说，却未见《龙溪集》卷八《致知议略》，只有“驭气摄灵”一词见诸《致知议辨》(《龙溪集》卷六）。显然，龙溪全集的编修者对《致知议略》(不止于此）大加删减，剔除了有关道教养生方面的言论。所幸的是，现在可从双江的《答王龙溪（即致知议略）》当中看到这些被删除的信息。

② 佐野公治：《明代的上帝、鬼神、灵魂观》，载《中国研究集刊》辰号，1993 年，第 23 页。

意味着精英文化之代表的士大夫往往在日常生活中也在共享庶民阶层的世俗文化或佛道的宗教文化。以上所讨论的龙溪思想与道教关系这一个案，可以说在某种程度上反映了当时的这种思想转向，这是经本文的考察而得出的一个初步结论。

第八章 耿天台论

耿天台被黄宗羲的《明儒学案》列入《泰州学案》，但是他在阳明后学中究竟扮演了什么角色，却有许多疑问需要解答。谈起耿天台，马上会令人联想到李卓吾，在两者之间曾发生过一场颇为激烈而又未免带有感情色彩的思想争论，这是已为人们所熟知的事实。不过，在某个时期曾经流行过这样的观点：因为李卓吾是儒教的叛逆者，所以与之对立的耿天台必定是儒教的忠实拥护者。

的确，晚明以来，李卓吾“名声不佳”，当时已有“名教之罪人”[①]的恶名，更有甚者，欲将其文字包括人格也一并加以抹杀（如张问达、冯琦之流）。像黄宗羲、顾炎武之类的所谓“进步思想家”，亦视卓吾为“异端”之尤，对其思想的批判可谓毫不留情。相比之下，李卓吾的对立人物耿天台却颇受冷落。人们往往是透过李卓吾来窥看耿天台，对其思想本身却缺乏必要的关注。

及至20世纪初，人们一反传统之见，卓吾所特有的那种激进言论以及“人格魅力”吸引了诸多近代学者的目光，卓吾

① 于孔兼语，参见《愿学斋亿语》卷三，叶43下。

研究俨然成了一门“显学”。这是在对传统的思想史观的反省之下所出现的一个学术动向。一时之间，在中日学术界，有关卓吾的研究可谓成果累累。从吴虞（1872—1949）《明李卓吾别传》①，铃木虎雄（1878—1963）《李卓吾年谱》②，到岛田虔次（1917—2000）《中国における近代思惟の挫折》③，不胜枚举。与此成为鲜明对照的是，关于天台思想的研究则是一片萧条。只是，荒木见悟在《明末宗教思想研究》第2节“东溟与耿天台”当中，为探讨东溟思想之渊源，顺便对其师耿天台的思想进行了分析。沟口雄三（1932—2010）也注意到天台的思想，并且颇具新意地指出天台的“思想具有相当革新的因素”，如果仅从李卓吾的角度来观察天台思想，是不无“危险”的。④这是一个很有见地的看法，值得重视。不过，其所谓“革新的因素”究为何指，似乎尚有深入考察的余地。不过有一点是可以肯定的：如果仅透过卓吾看天台，那么对其思想所得出的结论必将产生偏差。本章将审视的焦点集中在天台思想本身，并通过考察与天台有关的思想人物如王龙溪、罗近溪等（亦含李卓吾），以期对天台思想作一较全面的把握。

本文所用天台文献主要是万历二十六年刘元卿序刊本《耿天台先生文集》二十卷（台湾文海出版社“明人文集丛刊”本。以下简称《天台集》）。另亦利用民国十四年刊本《耿天台

① 《吴虞文录》卷下，上海东亚图书馆民国十年版。

② 《支那学》第7卷2号、3号，1934年。

③ 此书参见筑摩书房1949年版。

④ 沟口雄三：《中国前近代思想の屈折と展开》，东京大学出版会，1980版，第69页。

先生全书》十六卷（以下简称《天台全书》）中的一些文章。[①]

一　生平学履

耿天台（1524—1596）名定向[②]，字在伦，号楚侗，因晚年隐居天台山（湖北省黄安县北），故学者称天台先生，楚黄州府麻城县（湖北省黄安县）人。天台先祖无传统之家学，至其祖父辈，始习儒治经，补博士弟子员。[③]27岁，“始志学”，其时塾师教以程朱“主敬”说，天台曰：“自尧舜肇统，道惟明伦尽伦。所学圣也，恶用此拘拘检押？”表明其对程朱主敬说有抵触情绪，这在其思想历程中，值得注目。29岁，中乡试。33岁，会试及第。次年在京，某日天台赴讲会，闻诸公所讲，与他自执的“尽伦实践”说不合，自称无有当于心者。是年归里，与仲弟耿定理（号楚倥，生卒不详）论学。偶遇念庵门人，说是念庵曾经说过：“学须静中得一番光景，方有入路。白沙所谓养出端倪是也。”定理闻言而斥之曰：“此痴子乱

---

① 按，《天台全书》卷八所收耿天台的自传《观生纪》，是了解天台生平的一部重要文献。另，中纯夫《耿定向と张居正》一文（京都大学《东洋史研究》第53卷第1号，1994年）对两人的思想进行了富有新意的探讨，值得参看。

② 关于耿天台的生平事迹，主要史料有：自传《观生纪》（《天台全书》卷八。按，是为70岁时所作）、焦澹园《天台耿先生行状》（《澹园集》卷三十三。简称《天台行状》）、李维桢《耿恭简家传》（《大泌山房集》卷六十三）、王衡《天台耿公墓志铭》（《王缑山先生集》卷十二。按，为其父王锡爵代作。简称《墓志铭》）。关于天台祖父鸣甫公，另参见王世贞：《赠通议大夫刑部左侍郎耿公神道碑》（《弇州山人续稿》卷一三三）。

③ 据《龙溪集》卷十《答耿楚侗》第三书，天台曾将自撰的其父《事略》送与龙溪，欲请龙溪为其父作传，龙溪阅后说道：“知发祥有自，隐行如此。”（第729页）不过，龙溪是否写成此传，今已无法详考。

道语，有何光景？”天台自称因是有省：“自是学以存为主。”①嘉靖三十七年（1558），天台在京与罗近溪、念庵门人胡庐山、东廓子邹继甫等相识结交。是年，忽然有悟“良知之指”，自此主张学以“常知”为功。②

天台及第进士以后，直至万历十七年（1589）告老致仕为止，三十余年间，除有一次降黜被谪以外③，其一生可谓仕途顺利。嘉靖四十一年（1562），出任南畿督学，与王龙溪、罗近溪等王门中人过从讲学，并收罗了一批后来成为一时名流的大学者于门下（如焦澹园、管东溟等）。隆庆初，升任大理右寺丞。万历年间，历任工部屯田司主事、右副都御史、巡抚福建等职，终至“户部总督仓场尚书”。居官期间，与各任内阁首辅严嵩（1480—1567）、徐阶、张居正（1525—1582）、申时行（1535—1614）、王锡爵（1534—1611）等，均保持了较良好的关系。④致仕后，归隐天台山，讲学著述。卒后，赠太子少保，谥恭简。

万历五年（1577），发生了震撼朝野的“江陵夺情”事件，

① 《天台全书》卷八《观生纪》，叶8下。按，与天台所记有异，焦澹园则记曰：“仲子曰：‘吾从无极太极入，不落阴阳五行。’先生（按，指天台）异其言，因与讨论不辍。间举罗文恭（按，指念庵）语似仲子，曰：‘学须静中得一番光景。白沙所谓养出端倪是也’。仲子厉声曰：‘有何光景！’先生且爽然自失，壹意于存虚矣。”（《澹园集》卷三十三《天台行状》，第1583—1584页）

② 以上参见《观生纪》。

③ 时在隆庆四年（1570），因与吏部尚书高拱有隙，被谪为广西南宁府横州推官。参见《澹园集》卷三十三《天台行状》。

④ 参见《明史》本传、《明儒学案》卷三十五《耿天台传》。

值得一提。因为就此事件，天台的某些言论颇受时人诟病。[①] 实际上，当时天台正因服丧家居，暂离政界，事情的发展如何，本来与天台并无直接关联。但是，第二年天台给张居正写了一封信，信中把张喻为伊尹[②]，用儒家“经权”之说，为居正“夺情”辩护。不仅如此，天台还指责那些上疏抗议者，说那些抗议之举乃是由于不明此学之故。[③] 本来，父死子丧，这在当时乃是天经地义之事。在位效忠（或称“在位守制”）还是退位居丧（或称“回籍守制”），对此是作为道德问题还是作为政治问题来考虑？这对当事人张居正来说，确是一个两难的问题。张居正为何选择“夺情”，姑且不论其理由何在，参与上疏抗议者是否都出于纯粹的道德理由抑或另有所图，这也暂且置而不论。总体说来，对“江陵夺情”进行道德上的批判和追究，这是当时的实情。天台对当时身处政治旋涡之中的张居

① 据王衡称，其父王锡爵曾为天台辩护，参见《王缑山先生集》卷二十五《耿叔台操台》，台湾文海出版社影印万历刻本。

② 关于伊尹，事见《尚书·说命下》《孟子·万章下》及《尽心上》。

③ 《天台集》卷六《戊寅答张江陵》。按，万历七年一月禁毁天下书院之令下，是年，天台回顾张居正“夺情”一事，仍激烈批评“讲学”之辈而为张居正辩护：“昔年，相君（按，指张居正）遭丧，二三士绅，倡议相君，以此少□，而谗者因乘间谮言，倡此议者尽是讲学之党。相君稍稍蓄疑，而谗者益构之。以此相君意谓：吾方欲振饬纪纲，而讲学者见以为申、韩操切；吾方欲致主安富，而讲学者见以为管、商富疆；吾方忘家以殉社稷，而讲学者又见以为贪位遗亲。是今之讲学皆迂伪取名，即晋之横议乱天下者也。时弟方伏山中，闻此机括，深为太息。果而方今俗子，承讹骇影，遂以讲学为大垢，一时同志，无不怀谗畏忌，反侧不安矣。”（《天台集》卷四《与刘养旦（己卯）》，第469—470页）然而也有一种时议很流行，即以为张居正完全是“申韩管商”之学，参见张阳和：《不二斋文选》卷三《复查毅斋》。

正深表同情，这也不难理解，但是他对上疏之士，或讥之为“不知学”，或斥之为“谮言”[1]，这就有点言过其实了，反而令人生疑其居心何在？更令人不愉快的是，耿天台不是在给第三者而是在给张居正本人的信中，作上述表示的，这就不免有谄媚之嫌。总之，围绕这一事件，天台的态度及其言论，在其一生的政治生涯中，作为一个并不光彩的“污点”，遭到后人非议，以致在史书上也被留下一笔。[2]顺便指出，在其自传《观生纪》中，对“夺情”一事则只字未提。

耿天台与东林党人也有一段是非纠葛，也值得一提。事情的缘起是：万历十七年（1589），南京都察院御史王藩臣上疏弹劾巡抚周继，但未向其顶头上司南京都御史耿天台通报[3]，为此，左都御史吴时来（号悟斋，1527—1590）出面上疏弹劾王藩臣，说是“越权”，王因而受到了“罚俸两个月”的行政处分。此事本身原本算不上什么大不了的事件，但是当时新科进士薛敷教（1554—1610）却出来打抱不平，他认为此事的本质在于：御史乃是言官，根据祖宗的法律，言官的言论理应得到无条件的保障，绝不能因其上奏而受到他人的弹劾，否则便是对言官的言论镇压。于是，薛敷教上疏[4]，伸张所谓的言论自由。结果，被神宗皇帝断以“轻率妄言”之罪，责其归乡。然而事情并未就此了结，由此发端，继而引起了一场上疏合

① 《天台集》卷四《与刘养旦（己卯）》、《明儒学案》卷三十五《耿天台传》。

② 参见《明史》本传。

③ 《天台集》卷二《乞骸疏》。

④ 疏文见《万历疏钞》卷十九。按，薛敷教后成为东林党干将之一。

战，个中详情在此只能从略。[1]

引人注目的是，此事后来又被顾宪成弟顾允成（号泾凡，1554—1607）揪住不放，他写了一篇《客问》[2]，对天台当时的言行极尽讽刺批评之能事，并且翻出旧案，指责天台在南畿督学时，不疏救海瑞（号刚峰，1514—1587）[3]；在居正执政时，"袖手冷视"而不救洪垣（号觉山，1507—1593）等忠臣；此后又"怡然安之"而不救李材（号见罗，1529—1607）等贤人。语气严厉，措辞尖刻。据称，天台对此亦"无以难也"。[4]个中是非曲直，在此不必深究。[5]总之，从表面上看，王藩臣上疏事件的性质属于上司与下级的行政监督权的问题，实际上问题的核心是，都御史与十三道御史，也就是御史的言论自由与都御史的监察职能的关系问题，然而在这问题的背后，反映出以内阁为中心的中央集权与各部科道的言论监督这一关系到整个官僚体制的政治问题。正是由这一问题触发，后来演变成了内阁派与反内阁派的一场政治斗争。天台站在了内阁

---

① 小野和子：《明季党社考——东林党と复社》，同朋舍，1996年，第187—189页。

② 《小辨斋偶存》卷五。

③ 《观生纪》嘉靖四十五年丙午条，天台云："先是闻淳安令海公瑞，风节嘉赏，为著传，荐之徐相国（按，即徐阶），晋补户部主政。无何海公抗疏忤上，系诏狱，余拟疏申救，相国惧益上怒，止之。"（《天台全书》卷八，叶14上下）说的大概是实情。

④ 《明儒学案》卷三十五《耿天台传》，第815页。

⑤ 撇开其学术思想不论，在政治人品这一点上，时议不佳，似是事实。如，万历八年进士伍袁萃曾转述了当时的一个说法："君子谓：'楚侗非真品。'有以也。"（《林居漫录》多集卷三，台湾伟文图书出版社刊影印本，第624页）

的一边，主张加强对各部科道及其言官的监督管理①，这实际上又是自张居正改革中刷新吏治的一项重要内容。由此，天台不为当时“清议派”政治势力（如东林党人）所取。不过须指出的是，晚年耿天台对执政末期的张居正也表示了不满，指出其用人不当，在思想上过信“韩非之论”，“以致士心大拂”等。②

关于天台的师承，从现有的各种文献记载来看，天台一生学无常师。王世贞（号凤洲，1526—1590）称天台为瞿景淳（号昆湖，1507—1569）的门人③，其实瞿是天台中第进士时的副考官，按当时的习惯来说，他们只是“座师”与“门生”的关系而已。天台在思想上毋宁是私淑王艮（号心斋，1483—1541），另对阳明门下的邹东廓和罗念庵，天台也很敬佩。④按当今学界的一般说法，心斋、东廓和念庵三人，分别属于阳明后学中的“现成派”（左派）、“修证派”（正统派）、“归寂派”

① 天台在给后来的首辅王锡爵的信中，曾说：“近日士绅九列以上，似是一班议论、一班意见；九列以下廉僚，又有一班议论、一班意见。”（《天台集》卷六《与王相公》，第616页）指的是东林党人与王锡爵之间的纠葛，天台的立场明显站在王的一边。顺便指出，万历二十一年，高攀龙因上疏指斥王锡爵用人不当而被谪。后此，东林党人开始抨击王锡爵（并及耿天台），盖起因于此。

② 《天台集》卷四《与刘养旦（壬午）》。

③ 《弇州山人续稿》卷四十一《瞿文懿公集叙》。瞿景淳，浙江虞山人，著有《瞿文懿公集》。嘉靖丙寅（1566）夏，天台曾邀其至南京崇正书院主持讲学，瞿景淳主要讲了东廓的“戒惧宗旨”。详见《天台集》卷八《清凉问答》。

④ 分别参见《天台集》卷十四《王心斋先生传》、卷八《心斋语记》，卷三《与胡庐山书》第六书、卷四《与刘养旦（壬午）》、卷十二《广德州祠碑》。

（右派）。天台与此三人在思想上若有渊源关系的话，这实在是一种奇妙的组合。这也反映出，后人从学术史的角度对王门学派的各种划分，对于当时人而言，这种意识却是非常淡薄的，因此这种学派的史学建构很难说具有严格的学术史意义。另据天台自称，对其思想有过影响的，还有罗近溪、胡庐山、史惺堂、王庐陵，天台仲弟耿定理[①]对其思想之形成则有更直接的影响。而耿定理又是李卓吾的知己好友，卓吾曾经称定理为“吾师”。[②]而定理与被天台称为“三异人”的方湛一、邓豁渠、何心隐（1517—1579）意气相投，或结师生之谊，或结方外之交。以现在的观点来看，可以说定理的思想性格比较开放，较少受到道统意识的束缚。天台承认在思想上受到定理的莫大影响，这在考察天台思想时也值得重视。

二　卫道意识

16世纪后半期，明代思想学术界在心学思潮的鼓动下，出现了种种“异样”现象。在有些人眼里，仿佛时代正在陷入危机，而天台被描绘成力挽狂澜于既倒的人物形象。天台弟子焦竑（号澹园，1540—1620）指出：

> 盖国朝理学开于白沙，大明于文成。文成之后一再传，而遂失之。承学后进，窃其管窥筐举，寄径而穴

① 参见《天台集》卷四《与蔡见麓》第二书；《天台集》卷十九《书赠刘调甫周思极》。李卓吾却讽刺天台交友未免过狭，参见《焚书》卷一《答耿司寇》。据《天台行状》载：“先生（按，指天台）自谓于学得仲（按，指定理）而有觉。”（《澹园集》卷三十三，第1606页）另参见《墓志铭》；《天台集》卷六《与子健》第一书、第二书；《天台集》卷三《与罗近溪》第三书。

② 《焚书》卷六《哭耿子庸》；《焚书》卷一《答耿司寇》。

焉，以至发碱抉樊，受衍于荒淫之陂，而失其大宗。先生（按，耿天台）重忧之，为防甚力。①

这是欲对天台思想作出历史定位。与此见解相仿，万历二十三年（1595），即天台逝世前一年，天台弟子管东溟则用“卫道”一词来评估天台思想的地位：

> 师生平多苦心，竞竞卫道，可贯天日。……立人达人一脉，姚江（按，指阳明）、泰州（按，指心斋）、盱江（按，指近溪）俱努力焉。然未必如师之津津有味，发挥明尽若此。此有功于世道不浅矣。②

此外，与天台和东溟都有亲密交往的大文豪王世贞也用“卫道”来评价天台：

> 楚老（按，即天台）有实见实力，又勇于卫道，确然迴澜之柱也。③

由此看来，认为天台“竞竞卫道”或“勇于卫道”，似是当时士人有关天台的一般印象。其中，“卫道”一词十分突出，引人注目。

顾名思义，所谓“卫道”，当然是指回护儒学传统。与此形成对照的是，李卓吾常常对“道学”或“名教”表露出嫌恶态度，他讥称那些口谈仁义道德而志在高官富贵的讲学者为“道学先生”，并直言道学不可信，亦不必讲④，自称自幼以来

---

① 《澹园集》卷三十三《天台行状》，第 1605 页。

② 《惕若斋集》卷一《问候先生道体书（乙未）》，叶 43 上。按，天台自己则常使用“卫道”一词，参见《天台集》卷四《与内翰杨复所》第三书等。

③ 《弇州山人续稿》卷二〇一《管佥宪》，台湾文海出版社影印崇祯刻本，第 9052 页。

④ 《焚书》卷一《又与焦弱侯》。

便对“道学先生”非常憎恶：

> 余自幼倔强难化，不信学，不信道，不信仙释。故见道人则恶，见僧则恶，见道学先生则尤恶。①

天台与卓吾的共同朋友周柳塘②曾经这样说道：天台“重名教，卓吾识真机”。对此，耿定理大为不满，指责柳塘是在“拆篱放犬”（意谓助长卓吾放任自恣）。天台也以为柳塘有左袒卓吾之意。但是，柳塘则引用了天台自己的一个说法，进行了反驳：“余（按，指天台）以继往开来为重，而卓吾以任真自得为趣。”这里的“继往开来”显然是一种讽刺语，而“任真自得”则是极高评价。天台为此作出了强烈的反应：

> 夫孔子之学，学求真耳；其教，教求真耳。舍此一真，何以继往，何以开来哉？……如不识真，而徒为圣贤识名教，妄希继往开来之美名，亦可羞已。……若卓吾果识真机，任真自得，余家兄弟自当终身北面之。③

天台以“识真”作为“卫名教”的前提条件，指出如果只图识取“名教”而不“识真”，是“亦可羞已”，不承认自己是“重名教”而卓吾是“识真机”。关于天台与卓吾的思想争论，后

---

① 《王阳明先生道学抄》附录《王阳明先生年谱后语》。

② 周柳塘名思久，字子征，1527年生（《焚书》卷二《与曾中野》），卒年不详。与天台为同年进士。由天台介绍，杨复所与柳塘相识（《天台集》卷五《与直指议堕书院》），并拜其为师。复所曾称柳塘和卓吾“皆人龙也”（《杨复所先生家藏文集》卷六《周柳师》）。天台则称柳塘“浑身是天真圣体也”（《天台集》卷五《与内翰杨复所》第三书，第409页）。据管东溟所说，柳塘在天台和卓吾之间扮演了“调停异同”的角色（《惕若斋集》卷一《奉复天台耿先生笔示排异学书（甲申）》，叶3下）。其著有《观摩纪》（参见《天台集》卷十九《观摩纪引》），今不见传。

③ 《天台集》卷三《与周柳塘》第十八书，第353页。按，是书作于万历十四年。

面还将讨论。要之，天台思想中有强烈的“卫道”意识，这大概是不可否认的。

李维桢（字本宁，1547—1626）对天台思想之特征有一简要评述，称其学“以孝弟为本，以默识为先”，并站在天台一边，对天台“不遗余力”地批评卓吾，作了充分肯定。其观点可与上述澹园、东溟之说合观。他说：

> ……而王氏之徒一再传后，窃其顿悟，便其无检，生心害政，渐不可长，宜有以维持拔正之。故其学以孝弟为本，以默识为先，以小物必勤为征验。某子甲（按，指卓吾）持论虚胜玄远，先生结方外之契，晚节颓然，自放辞而辟之不遗余力。……先生没，某子甲身名俱丧，麻城俗靡荡，殆不忍言。夫然后知先生见几，早忧道深，而默相世教，功长远也。①

三 天台与龙溪

耿天台与王门诸子交往颇多，尤其是在南京督学期间，与王门的重要人物王龙溪、罗近溪等均有密切来往。正是通过“二溪”（陶望龄语），天台对阳明学加深了了解，同时“二溪”的思想也对天台产生了不同程度的影响。总的来说，天台在思想取向上更欣赏近溪而不喜龙溪，他对龙溪时有批评，对近溪却始终抱有好感。

天台与龙溪相差26岁，几乎相隔一代。但是前者时任督学大官，其仕途正值“如日中天”，掌握着南畿附近各省考生

---

①《大泌山房集》卷六十三《耿恭简家传》，万历三十九年序刊本，叶16下—17上。

的命运；后者则是“日薄西山”的一介乡绅而已。两人的初次会面，在嘉靖四十三年（1564）暮春，采取的方式是乡绅学者王龙溪拜访地方大官耿天台。据《观生纪》载，两人见面之后，进行了深入的思想切磋，甚至还讨论了“天泉证道”这一重要问题。[①] 天台首先指出：

> 阳明先生天泉桥印证无善无恶宗旨，乃是最上一乘法门，自谓颇信得及。

这句话表明了天台对“四句教”的一个基本立场。接着他问道：“若只在有善有恶上用功，恐落对治，非究竟。何如?”[②] 其实，《传习录》以及龙溪的《天泉证道纪》并没有“恐落对治”或“非究竟”这类记载。显然，这是天台独自的理解，同时也是他心中的一个重要疑问。当时，龙溪的回答重复了《天泉证道纪》所记录的一大段阳明语，这里不必具引。最后，龙溪说道：“楚侗子既已悟见心体，工夫自是省力。”[③] 可谓是对天台褒勉有加。

但是，这场会谈的记录仅见《龙溪会语》，在《天台集》中却没有任何相关记录。只是在《观生纪》中有简单描述，与龙溪所录的内容出入颇大，不但没有涉及“天泉证道”问题，而且对龙溪当时所讲的内容表露了不满。据载，当时两人谈到了罗念庵。龙溪一方面指出：“此方今第一人也”，竭力表扬

---

① 《东游会语》有两种本子，一本见于《龙溪集》卷四，一本见于万历四年序刊本《龙溪会语》卷三，后者较前者多出数条，其中第 9 条为前者所无，是龙溪对“天泉证道”的记述，颇疑该第 9 条便是《龙溪集》卷一《天泉证道纪》的祖本。

② 《龙溪会语》卷三《东游会语》，叶 10 上。

③ 同上书，叶 11 上。

念庵，同时又指出："奈于当下良知尚信不及耳。"话题涉及"现成良知"问题。针对龙溪此说，天台却说了一句令龙溪大为吃惊的话：念庵之所以不信"当下良知"，责任正在于你龙溪！[①]总体看来，天台在现成良知问题上，同情念庵而不认同龙溪。关于此次会晤，天台后来在给念庵弟子胡庐山的书信中回顾道：

> 前在宜兴得与龙溪会，相与再宿。细叩其所得，本未大彻，其不能光显此学无怪也。然细观渠受用处，亦从彻处窥些止的光景，故时觉有一种轻脱，此亦足取益者。[②]

这是说，龙溪"本未大彻"，故"不能光显此学"。可以看出两人的初次会面，天台似乎对龙溪有所失望，表明两人的思想旨趣存有严重隔阂。不过，他对龙溪思想也有部分肯定，认为其思想亦有足以"取益者"。[③]

由上述《观生纪》所载可以看见，当时两人的会谈提到了罗念庵。其实，天台对于念庵与龙溪之间的思想分歧非常关注，天台正是透过阅读念庵的著作，得以了解龙溪思想的弊端。他说：

> 再玩《夏游记》，中述龙溪诸语，似无可驳异者。乃先生（按，指念庵）驳之甚费词说。想先生时闻龙溪事行或不得于心，故借其言而箴之如此。……龙溪但解衍说良知，未见一反省自己事行，可证得良知否？[④]

这里提到龙溪高谈"良知"而在生活上却又对自己的行为

---

① 参见《天台全书》卷八《观生纪》；《天台集》卷六《寄示里中友》。

② 《天台集》卷二《与胡庐山》第十一书，第279页。

③ 另参见《天台集》卷五《新建伯文成王先生守仁·附录》。

④ 《天台集》卷十九《读念庵先生冬夏二游记》，第1852—1853页。

缺乏“反省”，至于“龙溪事行”有何具体所指，今已不复可考，可置勿论。

不过，两人会谈所涉及的重要议题无疑是天泉证道问题。自此次会谈30年后，天台撰写了一篇重要文字《遇聂赘言》，天台自称这篇文字阐发的是“文成学旨”①，可见自视颇高。其中，天台主要阐发了其对“四句教”的看法：

> 惟文成所谓无善无恶，非谓善恶混，亦非谓本无善，如槁子而生机断灭也。盖人生而静，乃起意发知之，原本无物。而体物不遗者，是集道凝德之舍，而吾人生身立命之都，达此而后知善知恶为真知，为善去恶为真修。在《大学》命之曰“至善”，在《中庸》命之曰“未发之中”，周子图之曰“无极”，程子定之曰“廓然”。前古圣喆（哲），立言虽殊，总之明此。②

据此可说，天台对阳明的无善无恶说是有基本认同的。他把“无善无恶”看作是“人生而静”以上的本体问题，认为可与“至善”“未发之中”“无极”等概念相提并论。天台甚至断言：

> 文成“四语”（按，即“四句教”），善观之，与诸圣贤如出一口，更复何疑！③

然而，所谓“善观之”，是一种条件设定，意谓从原理上讲，“四句教”本无问题。但是，若从现实层面看，天台对“无善无恶”论却保持一种警惕。他在文中指出，“无善无恶”论对“高者”或“卑者”而言，极有可能产生严重误导。故他

---

① 《天台集》卷四《与刘调甫》第六书，第436页。按，据《观生纪》载，《遇聂赘言》撰于万历二十一年（1593），天台时年70岁。

② 《天台集》卷八《遇聂赘言》，第890页。

③ 同上书，第891页。

强调“实身体之”乃至“终身体之”的重要性。他认为良知本体“是集道凝德之舍，而吾人生身立命之都。达此而后，知善知恶为真知，为善去恶为真修”。所谓“达此而后”，意指对本体的把握以后。由此看来，天台似乎相信真知真修是把握良知本体的结果而非前提。至于如何“达此”，便涉及工夫论层面的问题。正是在工夫问题上，天台强调了“为善去恶”的绝对重要性。他承认“无善无恶性体也，人人所同，故曰性相近也”[①]，但是另一方面，他又指出：

> 顾习相远矣，为善去恶虽圣人有不能尽者，且斯体也，言下一契即了耶，抑须本诸身而实能止之也。[②]

意思是说，关于良知本体的种种言说（包括无善无恶）虽能在一言之下令人了悟，但是如何把握良知本体却必须加以切身的实践体验，然后才能“止之也”。所谓“本诸身”的切实体验，首先就是“为善去恶”之工夫。换言之，无善无恶这层道理必须通过为善去恶的实践才能得以真切的把握，这是天台的一个重要观点。

关于“良知”概念，他认为良知必须与“仁义礼智”等同合观：

> 抑仁义礼智四言，初散见于六经四子篇中，自古圣哲拈出作宗旨，非寔身体之，只为人作谈柄，非立教意也。吾人真真切切，承常（按，疑为“常承”倒置）此学，即里巷垢詈俚言，亦可理会，终身体之不尽。[③]

---

① 《天台集》卷八《遇聂赘言》，第893页。

② 同上。

③ 同上书，第908—909页。

可见，如何通过“实身体之”“终身体之”的方法来把握良知，这才是天台思想中的一个主要问题意识。

话再说回来。与龙溪初次会晤的第二年，龙溪在南京主持讲会，天台也列席听讲。两人就“当下论”问题展开了讨论。① 毋庸置疑，对龙溪来说，当下论与其现成良知说密切相关。当时，龙溪首先作了一番这样的描述：“当下本体”犹如“空中鸟迹”“水中月影”，良知“当体本空”，于此若能悟入，“方是无形无象中真面目，不着力处，大着力处也”。讲得有点玄妙，但却是龙溪的本色。据称，天台闻及此言，叹道：“得之矣。”② 龙溪的这一记述若与事实无误，当时的天台在思想上处于龙溪的影响之下，这大概是事实。

然而到了十余年后的万历五年（1577），天台读了张阳和、邓以赞（号定宇，1542—1599）两人的《秋游记》③，却对其中的龙溪语深为不满，甚至判定龙溪思想“已失本宗”。④ 上述两部《秋游记》主要记录了两者与龙溪的论学内容，其中记录了龙溪有关“无是无非”的论述，天台的反感主要集中在这一点上。在天台看来，“无是无非”并不是对“无善无恶”的正确理解，相反，乃是龙溪曲解阳明之意而“附以己意”的结果。⑤ 同年，天台致函龙溪，重提“无是无非”说，直言不讳地指出：“孟子曰：‘无是非之心，非人也。’吾侪既已受形为

---

① 关于天台的“当下论”，我们将在第四节有稍详的讨论。

② 以上参见《龙溪集》卷四《留都会纪》，第 333 页。

③ 按，两文作于万历五年，记录了两者与龙溪讨论学术的经过及内容，分别参见《不二斋文选》卷四、《邓定宇先生文集》卷三。《龙溪集》卷七《龙南山居会语》亦与此次会晤有关。

④ 《天台集》卷五《与吴伯恒》第二书，第 598 页。

⑤ 《天台集》卷八《遇聂赘言》，第 893 页。

人，安能无此心哉?”进而指出：

> 往闻文教，欲人破除毁誉，此弟可与高明好修者道，令之迫真入微可也，若以为训，恐将使天下胥入于顽钝无耻，不可振励，然且不可，今并将是非之心看作标末，不将使天下胥至惛惛懂懂耶?①

在天台看来，“无善无恶”讲的是“人生而静以上”的道理，尚可理解，但是这“无是无非”说却是万万不可认同的奇谈怪论。②

不仅如此，甚至无善无恶论也有可能导致无视“为善去恶”工夫的后果。对此等心学末流之弊，天台的批评是十分严厉的：

> 顾近承学者，第觑此些子光景，便自侈得最上乘法。高者耽虚归寂，至于遗物离伦。卑者任性恣情，至谓一切皆是，淫纵恣遏。以讼悔为轮回，以迁改为粘缀，以尽伦为情缘。至谓见景即动，既动即为者为见性，而以羞恶是非之本心为尘障，尽欲抹杀，伤风败化，戕人蛰物，蔑不至已。乃劣质下根，乐其便于情欲，一倡百和，从之者如

---

① 《天台集》卷四《与王龙溪先生》第一书，第446—447页。据《观生纪》，此书系于万历五年。《遇聂赘言》亦有引用，末云：“王翁（按，指龙溪）时亦无他说，报书然可而已。”(《天台集》卷八，第903页）按，龙溪回书见《龙溪集》卷十《答耿楚侗》第三书，龙溪重申：“良知知是知非，原是无是无非，正发真是真非之义。”(第727页）

② 按，万历十年（1582）即龙溪逝世前一年，龙溪为徐阶所撰寿文(《龙溪集》卷十四《原寿篇赠存斋徐公》)中，有“心之良知，本无善恶，本无是非”“无意无必，意者皆病”“无识则知亦忘，无意则心亦冥”等说。天台读及此文，颇为不悦，严厉指斥：“正浅肤如此!”(《天台集》卷四《与刘养旦（壬午）》，第478页)。有关天台对龙溪思想的评述，另参《天台集》卷五《与方伯刘晋庵》、《与霍丘田生书》第二书、卷六《与张阳和》第二书等。

流水，而且借口谓文成宗旨原是如此。吁，岂非斯道一大厄哉！愚与此日常仰屋而吁，夕至抚枕而涕者，几矣。[①]

可以看出，对于当时的种种流弊，耿天台抱有一种真切的危机感，在他看来，所有这些流弊的思想根源就在于“第托上一语为口实”的无善无恶论。因此，如果将良知“本体”作为自己“长傲遂非”之借口，将羞恶是非之心“尽欲抹杀”，而“犹曰罪性本空”，那么“此其惑世诬民，可胜慨哉”！[②]必须指出，天台的这些话，其矛头所指乃是王龙溪。天台认为四无说与四句教完全是两码事[③]，换言之，四句教是成立的，四无说则危险无比；说无善无恶是可以的，但是以此来取代为善去恶则万万不可。

然而我们也不得不说，关于四句教与四无说有何义理上的关联，天台对此却没有作深入追究。或许这是天台心中难以解开的一个理论困惑，其具体表现就在于：他一方面从理论上认可无善无恶说，另一方面却认为在实践上绝不能认同无善无恶说。这里就存在理论与实践的脱节。相比之下，顾宪成等东林党人则毫不留情，不仅全盘否定四句教，而且不惜把矛头直指王阳明，认为阳明后学的种种弊病是“法病”而非“人病”，将心学流弊归因于阳明。

总之，天台对龙溪的态度可谓褒贬参半，他在早年的某个

---

① 《天台集》卷八《遇聂赘言》，第 891—892 页。

② 同上书，第 899 页。

③ 按，《遇聂赘言》又引述了天台致龙溪书以及致刘晋庵书（分别见《天台集》卷四《与王龙溪先生》第一书、卷五《与方伯刘晋庵》），其中对龙溪的批评，与以上所述同一旨趣，此不具引。须指出的是，针对天台来书，龙溪在回函中逐条反驳了天台的批评，亦应留意。详参《龙溪集》卷十《答耿楚侗》第三书。

时期受到龙溪思想的影响。在无善无恶问题上，天台也不是没有理论上的认同，认为无善无恶是一种境界，若达此这一境界，则是“众德万善，胥从此生；纤恶尘匿，胥从此消。即善且无，况恶耶！”但是，天台对龙溪思想特别是无善无恶论也有种种批评。他坚持认为，无善无恶应当与为善去恶作整体上的把握，绝不可“执上一语”（指无善无恶）而忽略“下二句”（指知善知恶、为善去恶），“否则即此极深入微之论，人且借为藏慝蓄垢之资”。因此，如何把握其间的微妙关系，实与“世道治乱之机干涉最大”。① 正是基于这一立场，天台从实践的角度对龙溪的四无说展开了批评。其批评之主旨在于强调这样一点：极妙高深的理论未必能成为具有现实意义的教法，若不顾现实情况，一味向世人宣扬“高论”，则有可能产生无可挽回的误导作用。这个看法说明天台对阳明后学的思想发展是有所警惕和反省的，在他看来，若不着实用功，“略窥些影响，便自侈得无上妙道。乃证诸事行，殊大谬戾”。因此，尽管“无善无恶”说在理论上显得很高妙，但在实践上，则有可能沦为“集毒藏垢之薮，长傲遂非之渊”。② 不难看出，天台对龙溪等人的这种批评，反映出其思想具有强烈的“卫道”意识，而这与他后来对李卓吾展开批评又有重要关联。

四　天台与近溪

在阳明后学中，龙溪与近溪有“二溪”之称（陶望龄语），两人算得上是顶尖人物。在理论上他们都相信“现成良

---

① 以上参见《天台集》卷四《与王龙溪先生》第一书，第 447—448 页。

② 以上参见《天台集》卷五《与方伯刘晋庵》，第 523—524 页。

知”“当下即是”。不过，两人的思想风格也不尽相同。龙溪热衷于哲学的议论和在知识人之间的讲学，故其思想特征表现为“语玄”（聂双江语）、“圆通”（许敬庵语）或“尊悟”（刘念台语）；近溪则传承了泰州学派的家风，注重在民间社会推广讲学和教化活动，擅长用通俗的语言（如“赤子之心”等）来宣扬良知学说，使其思想具有一种平易性特征，并以“孝弟慈”作为其思想纲领。① 不过，这种“平易性”也带有某种“煽动性”，以至于遭到“张皇自大”之讥。② 黄宗羲称泰州后学个个能“以赤手搏龙蛇”，反映的就是泰州学派的这种家风。

如上所述，在天台列举的对其思想有影响的人物榜中，罗近溪是其中之一。两人初识于嘉靖三十七年（1558），天台回忆当时近溪“谈道直指当下”。③ 嘉靖四十四年（1565），天台在参加龙溪所主持的讲会时，曾向龙溪说起近溪：“罗近溪常谓，‘当下承当得，便是了’。细细勘来，觉他还有疏脱时在。”对此，龙溪一方面承认：“近溪之学，已得其大，转机亦圆。”同时又指出：“然尚未离见在”“亦从见上承当”“与吾儒尽精

① 例如：“今，《会语》出于晚年者，一本诸《大学》孝弟慈之旨。绝口不及二氏。”（王塘南：《近溪罗先生传》，《近溪全集》卷十附录，万历四十六年刘一焜叙刻本，叶17上）“先生（按，指罗近溪）之学，大都指点人心，以日用现前为真机，以孝弟慈为实用，以敬畏天命为实功。”（赵志皋：《近溪罗先生墓表》，《近溪全集》卷十附录，叶47上）“罗惟德，约至善于孝弟慈。”（《惕若斋续集》卷二《录大学删存测义》，叶22上）

② 如管东溟对近溪思想就有这种看法：“又今之君子，喜以新说动众，近溪公亦有之。如以克己复礼，训作能自复礼，是也。”（《惕若斋集》卷二《答杨少宗伯复所丈书（丙申）》，叶10下）参见同上书卷一《惕见二龙辨义》，叶60上。

③ 《天台集》卷十一《近溪子集序》，第1143页。

微，时时缉熙工夫，尚隔一尘”①。从中可以看出，从近溪到天台，当时他们的理论兴趣似乎集中在“当下论”。

关于“当下”的语意问题，我们在序章中已有详细讨论。质言之，“当下论”是阳明心学的一个重要内容，其中包含“当下本体”与“当下承当”两层意思。分开来说，一属本体命题，一属工夫命题；合起来讲，可以用“当下论”来概括。阳明说“当下具足”，强调的便是良知本体的“当下”性、“现成”性。而龙溪的思想中，“现成良知”与“当下本体”几乎是同义词。他认为，既然良知是“当下本体”的存在，因此对良知的把握也必须是“当下承当”“当下了截”，而不能瞻前顾后：或议论过去或想象未来。这也就是近溪所津津乐道的“当下论”。不过，近溪的“当下论”又与心斋开创的泰州学派思想有渊源关系。心斋有“此童仆往来者，中也”②“百姓日用即道”等著名观点。近溪也有“此捧茶童子却是道也”的著名命题③，强调了良知本心的当下性、现成性。近溪又对阳明和心斋作过这样的比较：“阳明多得之觉悟”“心斋多得之践履”④，指的正是心斋学所具有的平易性特征。

到了近溪的时代，“当下论”构成了阳明后学中的一个重要思想议题。有人曾向近溪问道：为何当今学者“多云‘当下’”？近溪的回答非常明确：

> 此语为救世人学问无头而驰求闻见，好为苟难者，引

① 《龙溪集》卷四《留都会纪》，第333—334页。

② 《王心斋全集》卷三《语录》，京都中文出版社刊和刻近世汉籍丛刊本，叶10上。

③ 《明道录》卷三，第108页。

④ 《近溪全集》卷七《语录》，叶46下。

归平实田地，最为进步第一义。①

近溪认为，当下论乃是最为紧要的实践工夫。当然，当下论非仅指工夫论，还有本体层面的含义。念庵与龙溪之所以围绕“现成良知”问题喋喋不休，原因就在于念庵认为本体与工夫、“源头”与“见在”终难合一，以至于质疑“当下本体”“现成良知”本身。对于罗、王之间的这段公案，在近溪周围也引发了强烈关注：

> 乾斋甘公问：“念庵先生不信当下，其见云何？”师（按，指近溪）曰：“除却当下，便无下手。当下何可不信！”甘曰：“今人冒认当下便是圣贤②，及稽其当下，多不圣贤。此念庵先生所以不信也。”师曰：“当下固难尽信，然亦不可不信。如当下是怵惕之心，此不可不信者也。当下是纳交要誉之心，此不可尽信者也。不可不信，而不信之，则不识本体，此其所以不著察；不可尽信，而苟信之，则冒认本体，此其所以无忌惮也。善学者在审其几而已。”③

这里所谓“固难尽信，不可不信”，可以看作是近溪在“当下论”问题上的原则立场。

再说耿天台。自从与近溪相识以来，及至出任南畿督学，又恰与近溪出任南宁知府的时期相合。两者的思想交流，通过各种讲会活动，变得日益密切。7 年之后，与龙溪初次会面时，

① 《盱坛直诠》卷下，台湾“中国子学名著集成”所收万历三十七年序刻本，叶 4 上。

② 即心斋所谓的“满街皆是圣人”，也是顾宪成、刘念台等人竭力批判的“现成圣人”说，详见本书序章“现成良知”。

③ 《盱坛直诠》卷下，叶 41 上下。

就讨论了“当下”这一问题；次年，在留都之会上，又与龙溪议论及此。天台认为，吾人为学虽然端绪纷纭，然究其根本，无非就是两个问题：一是当下本体的问题，一是当下工夫的问题。天台说：

> 吾人讲学，虽所见不同，约而言之，不出二端。论本体者有二；论工夫者有二。有云：学须当下认识本体；有云：百倍寻求研究，始能认识本体。工夫亦然，有当下工夫直达，不犯纤毫力者；有百倍工夫研究，始能达者。

这是天台从本体与工夫这两个层面向龙溪提出的有关“当下”的问题，龙溪答以“顿悟”“渐悟”之说，兹不具引。天台又追问龙溪：“先生当下亦有未认处否？”龙溪答曰：“当下亦难识，非上根不能。”进而强调指出：“若夫无缘起悟，无法证修，非上上根，不能也。”这是在提醒天台当下起修、当下起悟，若非“上根之人”，断不能也，所以说“当下难识”。两人临别之际，天台“更求一言之要为别”，于是，龙溪指出：“子（耿天台）常教人须识当下本体，更无要于此者。”[①] 这就表明在龙溪看来，“当下”问题乃是学问之要。龙溪的这两种说法其实与近溪“固难尽信，不可不信”的说法相似。要之，当时天台所关心的主要就是当下论。[②] 在这一问题上，天台受到近溪以及龙溪的思想影响，这是不容否认的事实。及至后来，天台在其他场合也时常提起“当下论”：

> 余谓当下信得及，便即当下了手。当下了手，便即死

---

① 以上分别参见《龙溪集》卷四《留都会纪》，第329—330、331、333页。

② 事实上《留都会纪》所录龙溪与天台的问答，多有涉及“当下论”问题。

而不亡矣。舍却当下之了不了，而悬臆末后之了，以期不亡。不知当下何以修，死后何以证哉？①

尔诸生当识当下本体。②

不作好，不作恶，平平荡荡，触目皆是。此吾人原来本体，与百姓日用同然者也。立己立人，达己达人，不借名位，不烦作用，使人人亲其亲、长其长，而天下平。此孔孟自然功用。③

“当下了手”亦即“当下承当”；“当下本体”亦即“现成良知”。这种“当下论”在强调工夫的“见在性”之同时，也强调对良知的“当下即是”式的直接把握。

但是也应看到，正如朱子在批判象山时所指出的那样，如果过于强调“本心自然”，遂以“当下即是”一语来取代学问思辨的具体工夫，则不免滋生出一种“粗暴之气”（参见序章）。对此，天台也是有所警觉的，他指出对“直下承当”或“即事即心”之说亦须“慎之”，不能“离事言心”或“混事言心”。他指出：

抑有直下承当，信即事即心者。顾漫然无辨，悍然不顾，日趋于下达异流，卒不与共学适道者，则不知慎术之故也。何者，离事言心，幻妄其心者也，固非学。混事言心，汗漫其心者也，尤非学。④

正是基于这一思路，天台对近溪热衷于当下论的思想倾向也曾有一定的忧虑。据天台记载，近溪曾偕同志数人游南京城，目

① 《天台集》卷四《与邹汝光》第一书，第371—372页。

② 《天台集》卷十九《跋徐相君定性识仁答问语》，第1846页。

③ 《天台集》卷十九《警言》，第1881—1882页。

④ 《天台集》卷七《慎术解·赠邹汝光》，第818—819页。

睹桥上熙熙攘攘的来往行人，近溪作了这样一番开导：

> 试观此千百万人者，同此步趋，同此来往，细细观之，人人一步一趋，无少差失，个个分分明明，未见确撞。性体如此广大，又如此精微。可默识矣。

讲的无非是良知本性是现成具足的、也是即刻当下的这层道理。天台一方面承认近溪此说即是“满街圣人”之意，并作了充分肯定：

> 若以近溪此示为“情识”，而别求所谓“无上妙理”，是舍时行物生以言天，外视听言动以求仁。非吾孔子一贯之指矣。

然而另一方面，天台又严肃指出，同是在桥上行走者，“而所以走者则异也”，各人心中各有自己的动机和目的：

> ……或访友亲师，或贸迁交易，或傍花随柳，或至淫荡邪僻者，亦谩谓：“一切皆是，混然无别”，此则默识之未真也。学先辨乎此矣！辨此，而后可与论孔孟血脉、孔孟路径也。①

显然这是对近溪的“当下论”或“现成说”的一个纠正，告诉人们必须正确对待“满街圣人”与“混然无别”的不同和“当下即是”与“一切皆是”的区别，绝不能对这些问题视而不见，“漫然无辨”，甚至可以说，为学的首要任务就在于“先辨乎此”，然后才可进入“孔孟路径”。如果拿上述近溪所提示的“固难尽信，不可不信”这八个字来对照此处天台所说，不难发现，天台的着眼点在于前面四个字：“固难尽信。”因为“固难尽信”，所以要“先辨乎此”。

---

① 以上参见《天台集》卷六《与同志》第四书，第674—677页。

不过已如上述，天台喜欢近溪而不喜欢龙溪，天台对近溪可谓是“回护”有加。其实，在天台的周围，有不少人（如焦澹园、周柳塘、管东溟等）① 对近溪特别是其晚年的某些“一二遗行”抱有不满，但天台却总是竭力为近溪辩解，以致引起周围同志的“姗詈”。天台说道：“余为护近溪，受同志姗詈者，屡矣，终不忍易议。”② 至于所谓的“一二遗行”，不明所指。参之卓吾之言，或可推知一二：

> 近老多病怕死，终身与道人和尚辈为侣，日精日进，日禅日定，能为出世英雄，自作佛作祖而去，而心斋先生亦借以有光焉故耳。③

讲的是近溪晚年沉迷于佛老。这在卓吾眼里，并不可怪，但在他人眼里，或许就有点刺眼。④ 但是天台却称近溪语录“更无支字片言剿袭仙释家语柄，而仙释奥窔精髓，故亦已包括其中”⑤，甚至称近溪集中所言，“即圣人复起，不能易者”⑥。可谓

---

① 参见《天台集》卷三《与周柳塘》第十二书、第十六书，卷六《与子健》第三书等。

② 《天台集》卷三《与周柳塘》第十六书，第 347 页。

③ 《续焚书》卷一《与焦漪园太史》，第 28 页。

④ 据卓吾称，周柳塘及焦澹园对近溪晚年之学似不尽相信：“闻近老一路，无一人相知信者。柳塘初在家时，读其书便十分相信。到南昌则七分，至建昌又减二分，则得五分耳。及乎到南京，虽求一分相信，亦无有矣。柳塘之徒曾子，虽有一二分相信，大概亦多惊讶。焦弱侯自谓聪明特达，方子及亦以豪杰自负，皆弃置大法师不理会之矣。乃知真具只眼者，举世绝少。”（《焚书》卷一《答耿司寇》，第 35 页）又，《天台集》卷十九《只这等》《记怪》、卷十六《里中三异传》等文也多次提到近溪晚年日与佛老之辈为伍等事。

⑤ 《天台集》卷十一《近溪子集序》，第 1145 页。

⑥ 《天台集》卷三《与周柳塘》第十四书，第 342 页。

推崇备至。据天台自称，近溪死后，他为撰祭文，书毕悬之于壁上而颂之，已而不禁失声恸哭。文中竭尽赞叹之词，以致令人有“谀语”之嫌，而天台则充耳不闻，还辩解道：其中自有为他人说不得者，即便说与他人，亦有为他人所不能知者。①说到底，天台以为自己才是近溪的唯一知己。

天台对近溪和龙溪所表示的这两种全然不同的态度，值得深思。其中的原因固然复杂，但有一点似乎是可以肯定的，天台所欣赏的是近溪身上所表现出来的那种强烈的社会担当精神。相比之下，热衷于抽象思辨的王龙溪虽议论高远，却往往脱离现实，在天台的眼里，便有一种言行不一的印象。

近溪弟子杨复所对天台与近溪有过这样一个比较：

> 先生之学脉与先师同。先师第取反经，而先生辟异闲邪，乃不遗余力。②

这句话明确揭示了天台与近溪的同异之处，当为确论。天台自己则将近溪的为学旨趣与自己的“不容已”之说有过如下的比较：

> 大抵近溪安身立命处是无念，余所谓心体尽头，渠苦心体贴出来者，其日用受享提掇人处，只是自然生机，余所谓心体不容自已处是也。③

这里出现的“心体不容自已”的说法，即天台思想中的“不容已”说，具有很重要的思想意义。这是我们接下来将要探讨的主题。

① 《天台集》卷三《与周柳塘》第十七书，第350页。

② 《杨复所家藏文集》卷三《耿子庸言序》。

③ 《天台集》卷三《与周柳塘》第十二书，第337—338页。

五 “不容已”

嘉靖四十年（1561），耿天台、耿定理与胡庐山相会于汉江之畔，三人讨论了以何为“宗旨”的问题。庐山自称“吾学以无念为宗”，定理则称“吾学以不容已为宗”。其时，对于定理忽出此言，天台甚为不解。后经十余年的“密修参证”，才终于“抚然有省”，而且确信“不容已”为千圣学脉。①

“不容已”，意谓非主观意志所能与力者。其语源自《孟子·尽心上》：“于不可已而已者，无所不已。”语气重在“不可已”三字。《诗经·大雅》“维天之命”章有“于穆不已”一语，《中庸》亦曾引用，一般认为这是对“天命”存在生生不息的一种赞叹。朱子《大学或问》指出：“当然之则”就具有这种“不容已”的特性，理由是，因为“当然之则”“是皆得于天之所赋，而非人之所能为也”。阳明亦以《中庸》为据，认为“不容已”正是形容心体存在犹如“天机不息”。② 龙溪则有“盖良知之在人心，感触神应，自有不容已”③ 之说，意谓良知存在具有一种不为人的意志所转移的绝对力量。总之，“不容已”三字本身并不构成思想命题，无非是对天命或心体存在的一种修辞性描述。

但是天台却认为这“不容已”三字乃是“千圣学脉”，并对定理所说的“不容已”作了如下解释：

> 盖仲子之所揭不容已者，从无声无臭发根，高之不涉虚玄；从庸言庸行证果，卑之不落情念。④

---

① 《天台集》卷八《汉浒订宗》，第 830—831 页。

② 《传习录》下，第 202 条。

③ 《龙溪集》卷十四《送王仲时北行序》，第 1063—1064 页。

④ 《天台集》卷八《汉浒订宗》，第 831 页。

也就是说，从无声无臭到庸言庸行，无不贯穿着“不容已”的道理。他又说：

> 天也，维天之命，于穆不已。古人继天之不已者，以为心。虽欲自已，不容自已矣。①
>
> ……夫所谓千古不容改易的模样，古人原从根心不容自已的道理做出。所谓天则，所谓心矩，是已。此非特不可不依仿，亦自不能不依仿，不容不依仿也。②

意谓“天”与“心”都具有一种“不容已”的力量，“天则”或“心矩”是千古不易的“道理”，这种“道理”根之于心，是发自内心而又不容自已的。天台之意在于强调：人的道德意识或道德行为必须是发之于心体的内在冲动，这种内在冲动便具有一种“不容自已”的力量。用今天的术语来说，天台所强调的乃是道德行为的自律性原理。“心矩”指道德规范，表现为对道德行为的约束性原理，而人的行为之所以必然趋向于“善”，其义理根据就在于这种行为必须是“根于心”的行为。所谓“根于心”，不仅指良知是天赋的，同时还意味着道德行为必须是出于自觉的、发自内心的，其间容不得丝毫的计较之心。此即上述天台所谓的服从必须是“不可不依仿”“不能不依仿”“不容不依仿”。总之结论就是：“不容已。”

事实上，“不容已”在阳明后学中，不仅王龙溪说过，耿定理说过，另一位阳明再传弟子王塘南也曾极力主张。据载，万历十九年（1591），天台得阅《塘南王先生语录》，获悉塘南也大讲“不容已”，颇有空谷足音之感，直称塘南之言先“得我心”：

---

① 《天台集》卷四《与李卓吾》第一书，第451页。

② 《天台集》卷三《与李卓吾》第一书，第449—450页。

（王塘南）如曰："心弥宇宙，故欲与天下之人同归于善；心贯古今，故欲与万世之人同归于善。惟心体原自如此，故自不容已。"盖谓必如此，而后能自尽其心，非意之也。得我心哉！①

根据天台自称，尽管他对"不容已"有所领悟，但却以为这只是一家之言，故"未敢居之不疑也"，及后得读塘南语，始益信之而无疑。②

然而，围绕"不容已"说，天台与卓吾之间却发生了一场争论。卓吾的话非常尖刻，他直指天台自以为得意的"不容已"说，其实只不过适用于"人生十五岁以前"的训蒙教育，而卓吾自己所说的"不容已"才是"十五岁成人以后"的大人之学，他说：

惟公（按，指天台）之所不容已者，在于泛爱人，而不欲择其人；我之所不容已者，在于为吾道得人，而不欲轻以与人，微觉不同耳。公之所不容已者，乃人生十五岁以前《弟子职》诸篇入孝出弟等事。我之不容已者，乃十五成人以后为大人明大学，欲去明明德于天下等事。……③

对此，天台反驳道：

公谓余之不容已者，乃《弟子职》诸篇，入孝出弟等事。公所不容已者，乃大人明明德于天下事。此则非余所知也，除去孝弟等，更明何德哉？窃意公所云明德者，从

---

① 《天台集》卷十九《别刘调甫》，第 1871 页。

② 同上书，第 1869 页。另参见《天台集》卷十九《读塘南王先生语录》。

③ 《焚书》卷一《答耿司寇》，第 29 页。按，是书作于 1586 年。

> 寂灭灭已处，徧得无生妙理，便谓明了。余所谓不容已者，即子臣弟友根心处，识取有生常道耳。[①]

合而观之，上述卓吾之说虽然刻薄，然其意指却并无特别之处，其中显然含有某种情绪化因素（喜与天台唱反调的情绪）。事实上，“入孝出弟”与“明明德”同样作为一种道德行为，是不能用“十五岁以前”与“十五岁以后”来分别对待的。但是天台太过认真，于是，问题就变得有些复杂。故在天台的反驳中，竟然从“不容已”引出了“孝弟”与“明德”、“有生常道”与“无生妙理”的关系等节外生枝的问题。另一方面，卓吾则显得非常机敏，他故意撇开这些问题不谈，反而顺藤摸瓜、借题发挥，指责天台不免有“执己自是”之病：亦即必欲以己之“不容已”为他人之“不可已”，以己之“不容已者是圣学”而以他人之“不容已者是异学”。卓吾说道：

> 心苟一矣，则公不容已之论，固可以相忘于无言矣。若谓公之不容已者为是，我之不容已者为非；公之不容已者是圣学，我之不容已者是异学，则吾不能知之矣。公之不容已者是知其不可以已，而必欲其不已者，为真不容已；我之不容已者是不知其不容已，而自然不容已者，非孔圣人之不容已，则吾又不能知之矣。恐公于此，尚有执己自是之病在。恐未可遽以人皆悦之，而遂自以为是，而遂非人之不是也。恐未可遽以在邦必闻，而遂居之不疑，而遂以人尽异学，通非孔孟之正脉，笑之也。[②]

① 《天台集》卷四《与李卓吾》第四书，第455—456页。另参见卷四《与刘调甫》第一书，第426—427页。

② 《焚书》卷一《答耿司寇》，第30页。

显而易见，问题的实质已经生变，重要的并不在于对“不容已”说的认同与否，也不在于讨论“孝弟”与“明德”孰轻孰重的问题，卓吾的锋芒所指在于另外一点：即他认定天台有“执己自是”之病。这个批评迹近谩骂了。

至于卓吾与天台在思想上的根本分歧究竟何在，卓吾以下的一段话说得比较诚恳：

> 楚倥亦遂终天也。既已戚戚无惧，而天台先生亦终守定“人伦之至”一语在心，时时恐余有遗弃之病；予亦守定“未发之中”一言，恐天台或未窥物始，未察伦物之原。故往来论辨，未有休时，遂成扞格，直至今日耳。①

这是说，两者的分歧点在于：天台守定“人伦之至”，卓吾守定“未发之中”。这段话出自卓吾为其亡友耿定理所作的传（按作于万历二十二年冬），当是卓吾的由衷之言，因为当时卓吾与天台已经重归于好，此是后话（请看本章第七节）。

其实，天台对“未发之中”的道理也曾有过一段省悟的经历。这还要追溯到嘉靖三十六年（1557）。是年，天台与定理曾有一次论学，据天台称，其时于学尚未了悟，而定理则已然“悟道”。天台向定理问道：“圣贤千经万典”“何语为要？”定理答以“未发之中”“此语最重”。天台进一步追问道：“孰为中？”定理则默而不答，举手向空中一指。据说，天台由此

---

① 《焚书》卷四《耿楚倥先生传》，第143页。按，以为“人伦之至”与“未发之中”乃是天台与卓吾的一个思想分歧点，在晚明佛教界，亦有此类见解，如明末三大僧之一紫柏禅师（《紫柏老人集》卷二十一《卓吾天台》，天启七年序刻本，叶7）、永觉禅师（《禅余外集》卷一《题卓吾焚书后》，崇祯十三年序刻本，叶25下）。按，该文站在天台的立场上来批评卓吾。

而“豁然有省”。其后以此语人，竟“亦多开悟者”。[1]从这一事例当中可以看出，“未发之中”亦为天台所重视。也就是说，在天台那里并没有以“人伦之至”为重而以“未发之中”为轻之类的观点。

那么，卓吾为何有上述说法，实际的情况也许是，当时卓吾似是受到了这样的攻击：以为卓吾只讲“未发之中”这一高深道理，却忽略不讲“人伦之至”这一契合道德实践的现实问题。为此，卓吾辩解道：“今我未尝不言孝弟忠信也，而谓我以孝弟为剩语，何说乎？”[2]对卓吾来说，他所不能接受的是，强以“孝弟忠信”来教训他人。在他看来，孝弟忠信人人自有，如同良知良能之在于人，“岂待教之而能乎？”[3]“孰待教而后行乎？”[4]基于此，卓吾进而对天台以“不容已”来责人为善的做法进行了批评：

> 圣人不责人之必能，是以人人皆可以为圣。故阳明

---

① 《澹园集》卷四十七《崇正堂答问》，第1981—1982页。按，据卓吾载，与焦澹园所记略异：“子庸（按，即定理）曾问天台云：‘《学》《庸》《语》《孟》，虽同是论学之书，未审何语最切。’天台云：‘圣人人伦之至一语最切。’子庸谓：‘终不若未发之中之一言也。’”（《焚书》卷四《耿楚倥先生传》，第142页）

② 《焚书》增补一《寄答留都》，第265页。按，攻击卓吾以君臣父子之伦为“假合”、“以孝弟为剩语”，出自天台：“不闻曰：‘君臣父子是假合，而以孝弟为剩谈也。夫妇有别，长幼有序，此迩言也。’”（《天台集》卷六《与邓令君》，第665页）其中“迩言”一词，见《焚书》卷一《答邓明府》，然该书中并无“假合”“剩谈”之语。大台在《与周柳塘》第二十一书中则以传说的口吻指出：“或传卓吾云：‘君子父子皆是假合。’有闻之艴然愤诋者。”（《天台集》卷三，第368页）

③ 《续焚书》卷一《与焦弱侯太史》，第16页。

④ 《焚书》卷一《答邓明府》，第41页。

> 先生曰："满街皆圣人。"佛氏亦曰："即心即佛，人人是佛。"夫惟人人之皆圣人也，是以圣人无别不容已道理可以示人也。

这是用"满街圣人"说来否定有所谓的"不容已道理可以示人"。卓吾进而推论道：

> 耕稼陶渔之人既无不可取，则千圣万贤之善，独不可取乎？又何必专学孔子而后为正脉也？[1]

不得不说，这只是卓吾个人的见解，而与天台的"不容已"论已然无关。但是，正所谓歪打正着，"必专学孔子而后为正脉"还是"何必专学孔子而后为正脉"，这里虽只有一字之差，却正是天台与卓吾的根本分歧之所在。

至于"有生常道"与"无生妙理"的关系问题，天台在回顾自己20年来的求道经历时，曾有一番总结：

> 余二十年前，曾解《尽心章》云：谓学者从心体尽头处了彻，便知性之真体，原是无思无为；知性之真体无思无为，便知上天之载，原是无声无臭，浑然一贯矣。所谓心体尽头处者，盖昔人所谓思虑未起，鬼神不知，不睹不闻处也。近来自省于人伦日用，多少不尽分处，乃语学者云：吾人能于子臣弟友，不轻放过，务实尽其心者，是其性真之不容自已也。性真之不容自已，原是天命之于穆不已，非情缘也。故实能尽心，而知性知天，一齐了彻矣。由前之解，摄有归无。……由后之解，由无达有。[2]

一言以蔽之，这里讲的是本体与工夫的关系问题。所谓

---

① 《焚书》卷一《答耿司寇》，第31页。

② 《天台集》卷三《与周柳塘》第十一书，第335—336页。

“心体尽头”是指“思虑未起”“无声无臭”的本体论层面；所谓“人伦日用”是指道德实践的工夫论层面。道德行为必须是出自心体的“自不容已”。从“心头尽处”到“人伦日用”或从“人伦日用”到“心头尽处”，表现为工夫实践的着手点有所不同。用天台的话来说，这就是“摄有归无”与“由无达有”之不同。天台思想经历了由“摄有归无”到“由无达有”的变化，而这一思想变化似与近溪思想有关。如近溪曾指出：

> 某观古今圣贤虽俱从悟入，其悟却有不同。有从有入无者，则渐向虚无，其妙味愈深，其去人事日远，甚至终身不肯回头；有从无入有者，则渐次入于浑融，操持愈久，天机愈显，所以能经纶天下之大经，立天下之大本，知天地之化育。此圣狂关头也。①

天台承认导致自己思想变化的原因之一，就是由于受到了上述近溪晚年思想的影响。② 当时有人指出，在工夫问题上，近溪重视“从无入有”，而卓吾主张“从有入无”，两者可以并存不废，对于此类折衷两可之态度，天台进行了驳斥：

> 兄称卓吾驳近溪有无语为上乘，余不甚儗，以为二兄交相参耳。夫由无达有，由有归无，此都是造化化造，自然道理。……近溪丈谓“从无达有者，学乃长进”，此是晚年进却一步语。……卓吾谓“学须从有入无，乃臻微妙”，此是见尚在初机。……学不离此鬼窟，便成魔祟。终难与共学。③

---

① 《罗近溪先生语要》，光绪二十年刻本，第 11 页。
② 《天台集》卷三《与周柳塘》第十七书。
③ 同上书，第 348—349 页。

天台的立场很明确：他赞同近溪的“从无达有”，反对卓吾的“从有入无”。①

最后须指出，近溪和天台所讲的“从无入有”与龙溪所强调的“从无处立根基”有根本的不同：前者重在“入有”两字，故能“经纶天下”；后者重在“从无”两字，故而只能是一个“自了汉”。同样，在天台看来，卓吾所讲的“从有入无”，其重点亦在“入无”两字，因此这是绝对不能认同的。

六　异端批判

耿天台与李卓吾是冤家对头，这是事实。从李卓吾的文字当中，可以看到不少卓吾向天台发出的近乎谩骂的攻击。然而反过来，天台指向卓吾的攻击性文字，较之来自卓吾方面的要少得多，这也是事实。可以说，在两者之间，实际上天台是属于挨骂的一方。但是，天台亦善于骂人，他倾其全力加以攻击的对象是所谓的“三异人”，其中尤其是邓豁渠被天台骂得最为厉害。与此同时，卓吾又对天台之骂豁渠，忿忿不平。天台之骂豁渠，目的是为了“扶世立教”②，是一种可以置人于死地的真骂③；而卓吾之骂天台，多半是出于他那种暴躁易怒的性

---

① 《天台集》卷三《与周柳塘》第十一书，第 337 页。

② 《焚书》卷一《寄答耿大中丞》，第 44 页。

③ 1586 年夏，卓吾毅然落发为僧，柳塘劝天台莫再“弹射”卓吾，天台为之辨曰：“吁！是何言欤！是何言欤！……弹射云者，有物于此，衷怀杀机，而欲致之死地也。”（《天台集》卷三《与周柳塘》第二十书，第 362 页）据《惕若斋集》卷一《奉复天台耿先生笔示排异学书（甲申）》附天台原书《先生与周柳塘书》，其中引周柳塘的转述，称：“至于‘决战’之语，令弟（按，天台自称）心竦面发赤矣。”此“决战”之词或为不实，然天台对卓吾的排斥诋毁则显然在两人的交友圈内几乎人人皆知。

格。故当时有人称卓吾性格易于“暴怒”，卓吾对此竟毫不否认，反而厉声疾言：“每见世人欺天罔人之徒，便欲手刃直取其首，岂特暴哉!”[①] 其中又时常夹带着一种禅机[②]，此且不论。先来看天台之骂豁渠。

嘉靖四十三年（1564），邓豁渠赴湖北黄安，拜访耿定理，并寄食于耿家达半年之久。次年，邓豁渠将自己以往的言论，集为一书，题名《南询录》出版。此书一出，在天台的家乡，被人纷纷传抄，产生了很大的效应。其时有名吴少虞者，为此倾倒，谓其言论“说得有透处”，又说不能以人废言。天台闻言及此，怒骂少虞“糊涂”，而且声言：

> 假使兄兹行邓老之行，言邓老之言，令后生小子群然宗之曰“少虞明白！明白!”吾当与兄绝交矣。[③]

这近似于一封绝交书。那么，天台又为何如此痛恨邓豁渠呢？这里有必要来看一下天台给豁渠所罗列的一系列“罪状”：

1. 多年以来，从游四方，父老而不养，祖丧而不举，将女儿婚事付诸不闻不问，父死又不奔丧。此乃不孝不慈之罪，

---

① 《焚书》卷二《答友人书》，第 59 页。

② 但是卓吾绝口否认自己是在弄“禅机”(《焚书》增补一《答周柳塘》，第 262 页）。

③ 《天台集》卷四《与吴少虞》第二书，第 385、387 页。按，吴少虞，不详。天台与卓吾之所以反目，部分原因在吴少虞身上。少虞尝指责卓吾：“楚倥放肆无忌惮，皆尔（按，指卓吾）教之。”卓吾辩解道：“安得此无天理之谈乎?”少虞说：“虽然，非尔亦由尔，故放肆方稳妥也。”卓吾在引用了少虞之说后，又对天台这样说道：“大抵吴（按，即少虞）之一言一动，皆自公（按，指天台）来，若出自公意，亦太乖张矣。”（以上参见《焚书》卷一《答耿司寇》，第 37 页）意谓少虞指弹卓吾完全是承天台之授意。

所谓“秽行”者也。①

2. 自称以“见性”“了情念”为宗旨，说：“宋儒顺情无情，犹是沾滞”并“贬损阳明为未了情念”。又说：“中庸亦情缘未了，不免生死。”② 从其不孝不慈等“秽行”来看，豁渠自己实是断绝了人伦之情。③

3. 其云：“色欲之情是造化工巧，生生不已之机。”又说：“遇境不容不动，既动不容不为。”“不敢为皆不见性。”④ 天台叹道：“嗟嗟！是何言与！是何言与！如其言，将混而无别，纵而无耻，穷人欲灭天理。致令五常尽泯，四维不张，率天下人类而胥入于夷狄禽兽矣。”⑤

4. 其云：“常住真心，与后天不相联属。”天台斥之：“此尤极邪之说。近日谈禅者，百般病症，皆由此。”⑥

当然以上所列并非是全部“罪状”。此外，天台对豁渠有一个总批判：

> 夫父子天性，彼（按，指豁渠）以为情念，断绝之

---

① 《天台集》卷十六《里中三异传》，卷四《与吴少虞》第二书。

② 《天台集》卷四《与吴少虞》第三书，第 389 页。

③ 《天台集》卷四《与吴少虞》第二书，第 382—383 页。

④ 同上书，第 383—384 页。据《里中三异传》载，豁渠云：“色欲，性也。见境不能不动，既动不能不为。羞而不敢言，畏而不敢为者，皆不见性。”（《天台集》卷十六，第 1637 页）后《南询录》再刻于通州时，此段语被删。

⑤ 同上书，第 384 页。

⑥ 《天台集》卷六《与子健》第四书，第 712 页。按，《观生纪》卷末附此书。顺便指出，豁渠也谈到过“无善无恶”，“豁渠曰：‘睡着不作梦时，便是无善无恶的景界。’”（永觉元贤：《寱言》卷下，京都中文出版社刊和刻本，叶 14 下）又，《白苏类斋集》卷十九《说书类·读孟子》（上海古籍出版社，1989 年，第 277 页）亦引及豁渠此语。

矣。乃男女之欲，即以为天性之至情，何也？男女之欲，固至情之不容已，恻隐羞恶，非至情之不容已耶？乃以恶声爱生者为不见性，即钻穴踰墙，父子国人之所贱，忘生狥欲，古人之所深耻者，为见性耶？率天下之人而禽兽其行，夭札（折）其命者，其此之言。夫即今里中，后生根气浅薄者入前之言，益稔其残忍；而忘亲多欲者入后之言，益稔其淫纵而无耻。①

彼（按，指豁渠）第以寻②之了不可得者为心为道，视伦物之显，人情之至，皆视为尘迹。以是视眷属为魔累，以任情恣欲为率性，以改过迁善为轮回。盖自不知其陷而离也。③

那么，邓豁渠到底是何许人也？说起来，此人曾经是“邑庠弟子员”，算是科班出身。但他抛弃仕进之途，后又落发为僧，周游四方，依靠友人的援助，过着寄食他人的生活。④可以想象，他在社会上是既无地位又无名望，而他的交友关系也不会很广。

王世贞也是一位“疾恶如仇”的人物，曾有《嘉隆江湖大侠》之作，对颜山农等泰州后学有极严厉的抨击，但是在读到天台攻击豁渠的文章之前，关于豁渠其人，王世贞似全然不

---

① 《天台集》卷四《与吴少虞》第二书，第384—385页。

② 据管东溟《惕若斋集》卷一《奉复天台耿先生笔示排异学书（甲申）》附天台原书《先生再与吴少虞书》，“寻”作“循”。按，该天台原书与《天台集》所收详略不同。

③ 《天台集》卷四《与吴少虞》第四书，第392—393页。

④ 《里中三异传》中，多次出现邓豁渠受人金钱接济的描述。

知，其称：“邓老者，不知何许人，当是一游髡耳。”[①] 管东溟也曾向其师天台坦言道：“师所称邓老者，某未闻其名，又未见其书。”[②] 由此不难推断：除天台家乡黄安一带以外，在其他地方大概极少有人知道豁渠的存在。故不妨推论：豁渠的言论及其书籍的出版，在当时社会上究竟造成多大范围的影响，是非常可疑的。李卓吾非常敏锐地指出了这一点：

> 夫渠（按，指豁渠）成长于内江（按，在今四川省）矣。今观内江之人，更有一人效渠之为者乎？……而谓一邓和尚能变易天下之人乎？一无要紧居士，能以几句闲言语，能使天下人尽弃妻子功名，以从事于佛学乎？盖千古绝无之事，千万勿烦杞忧也！[③]

正是基于这一观察，因此卓吾对天台之骂豁渠害人就非常反感，他反唇相讥，骂天台为“作恶”、为“不仁”，竭尽痛骂之能事：

> 彼（按，指天台）来书，时时怨憾邓和尚，岂以彼所恶者必令人人皆恶之，有一人不恶，便时时仇憾此人乎？不然，何以千书万书骂邓和尚无时已也？即此一事，其作恶何如！其忌刻不仁何如！人有谓邓和尚未尝害得县中一个人，害县中人者彼也。今彼回矣，试虚心一看，一时前呼后拥，填门塞路，趋走奉承，称说老师不离口者，果皆邓和尚所教坏之人乎？若有一个肯依邓豁渠之教，

---

① 《弇州山人续稿》卷二〇一《管佥宪》，第9052页。按，书中称，王世贞接管东溟所寄《奉复天台耿先生笔示排异学书（甲申）》及耿天台《与吴少虞》《与周柳塘》共4书，故世贞答书当距万历甲申不远。

② 《惕若斋集》卷一《奉复天台耿先生笔示排异学书（甲申）》，叶2上。

③ 《焚书》卷一《复邓石阳》，第13页。

> 则门前可张雀罗，谁肯趋炎附热，假托师弟名色以争奔竞邪？①

其实，在以上这些话的背后，我们可以隐约地看到卓吾自己的影子，卓吾自身的人生经历又何尝没有与豁渠相似之处！卓吾自从辞去官职，引退归隐以来，从黄安到麻城，再被迫迁居龙湖，基本上也是过着一种靠人接济的生活。其对豁渠之同情，在某种意义上可以说是“同病相怜”。卓吾称豁渠是“一无要紧居士”，而他亦尝自称是“一无紧要人”，正是因为“一等无紧要人”，所以“一言之失不过自失，一行之差不过自差，于世无与，可勿论也”。②不仅仅是“无要紧人”，甚至还是如同腐臭之“草木”一般，唯其腐臭之极，不堪复用，故而“任狂恣意”，亦不足责其为怪矣。③如果对此等“无要紧人”，横加指责，则纯属“杞忧”。如果是“特地出来，要扶纲常，立人极，继往古，开群蒙，有如许担荷”，那么，“一言之失，乃四海之所观听，一行之谬，乃后生小字辈之所效尤，岂易放过乎？”④在卓吾看来，一个“游僧”豁渠再加上一个“颓僧”卓吾，其言行举止不论如何荒诞不稽，如何不伦不类，恐怕也绝不会“致令五常尽泯，四维不张，率天下人类而胥入于夷狄禽兽”。相反，如果是身在高位而又想“扶世立教”、训人子弟的话，则其一言一行关系重大，稍有差池，不但误人子弟，且有

① 《焚书》增补一《寄答留都》，第266页。

② 《焚书》卷一《复周柳塘》，第42页。

③ “如弟（按，卓吾自称）岂特于世上为无紧要人，息焉游焉，直与草木同腐，故自视其身亦遂为朽败不堪复用之器，任狂恣意，诚不足责也。”（《焚书》卷一《复周柳塘》，第42—43页）

④ 同上书，第42页。

可能贻害天下。当然，这只是卓吾的逻辑，如果从天台的角度来看，结论自然就会完全不同。

客观地讲，在当时社会，对思想舆论以及社会秩序具有控制能力的，不在卓吾之流，而在于像天台那样有仕宦经历的官僚士人或乡绅阶层。因此，卓吾的逻辑并不可怕，倒是天台的逻辑实际上也就代表了当时社会的主流阶层判断问题的“逻辑”。一言之下，纵然不能定人于死罪，也足以令其身败名裂、流落他乡。不管卓吾如何为自己（或为豁渠）再三申辩是“无紧要之人”，而在天台等人看来，其言论行为足以构成对整个社会的危害（“左道惑众”）。[①] 卓吾一生的最后结局虽是在北京的狱中自刎而死，但其直接或间接的原因当是由于地方官吏及乡绅势力的中伤诽谤，及其诉诸武力的暴力行为（“毁寺”），从而把他逼上了绝路。卓吾称天台之骂豁渠是“杞忧”，说得还算是客气，周柳塘则称之为“拖刀弄斧”[②]，使人感到有一种血腥气，这大概并非夸大其辞。

最后，邓豁渠颠沛流离，病死于流浪途中的“野寺”之中[③]，比起李卓吾在京城牢狱中自刎而死，远没有那么悲壮。

---

① 卓吾自述：“不肖株守黄、麻一十二年矣，近日方得一览黄鹤之胜，尚未眺晴川、游九峰也，即蒙忧世者有左道惑众之逐。弟反覆思之，平生实未曾会得一人，不知所惑何人也。”（《焚书》卷二《与周友山书》，第55页）

② 引自《惕若斋集》卷一《奉复天台耿先生笔示排异学书（甲申）》附录《先生与周柳塘书》，叶26下。据同书载，周柳塘称天台之骂豁渠，是“口给求胜”，是“涉见闻，落宋儒窠臼”。对此，天台深感惊讶并竭力声辩。

③ 据载，豁渠病死于涿州的“野寺中”，死后“无所殡”，天台“过涿，令人访其遗骸，不可得矣”。（《天台集》卷十六《里中三异传》，第1636页）此说大致可信。

七　与卓吾之和解

按照黄宗羲的说法，天台因卓吾鼓吹狂禅，学者靡然从之，故欲苦口匡救，但是最终未能压服卓吾，其原因不在卓吾身上，而在于天台自己对于佛教半信半疑。[①] 事实上，宗羲此说只说对了一半，天台对佛教或许是半信半疑，这一点没错，但是他与卓吾的争执绝对不是起因于佛教，这从去世前两年的耿天台与李卓吾的交往过程中，也可以看到这一点。事实上，在卓吾与天台之和解的次年，围绕一位小和尚（名叫王若无）的个人问题，在两者之间引起了一种“共鸣”，而这位小和尚正是由天台的介绍才得以投入卓吾门下的。个中详情，有待后述。先来看一下天台思想与佛教之关系。

天台尝自称，对佛书“亦曾涉猎一过”。[②]《天台集》卷十收有《译异编》十四篇文章[③]，是对佛教的主要经典所作的注解。而这种所谓的注解，多半是站在儒家立场之上的义理性之注解，天台的企图是，从儒家的角度对佛家教义作一番新的诠释。但是结果未免显得有些不伦不类。后来天台自己作了这样的反省：

> 然余《译异编》中，犹多模稜（棱）语。由余固陋，原未学佛，未尽佛乘，而友朋溺之者又深，故其心苦，其

---

① 原文是：“先生（按，指天台）因卓吾鼓倡狂禅，学者靡然从风，故每每以实地为主，苦口匡救。然又拖泥带水，于佛学半信半不信，终无以压服卓吾。”（《明儒学案》卷三十五《耿天台传》，第815—816页）

② 《天台集》卷六《与子健》第一书，第702页。

③ 其篇名如下：《宗教译》《心经译》《维摩译》《楞严译》《法华译》《坛经译》《准提咒译》《六道译》《六通译》《净土译》《出离生死译》《出世经世译》《情欲性命译》《守中译》。

词微婉如是。①

这段话，听起来倒还算有点自知之明。从中亦可窥见，其著《译异篇》并非出于纯粹的学术目的，而是出于对“友朋溺之者又深”之现象扼腕痛惜才有的产物。

众所周知，在嘉靖、万历年间特别是到了晚明时代，道教和佛教都在不同程度上得到了发展。在当时，儒家学者与僧侣及道士的交往非常开放。就阳明后学而言，其对佛道两教之态度是很宽容的。士人学子接触佛书，口谈禅语，这在当时已不足为怪。据天台所说，其子汝思曾经通读《大藏经》②，其弟定理及定力，对佛乘也颇有兴趣。天台自己除了《译异编》之外，还撰有不少有关僧侣或居士的传记。其对豁渠以及卓吾虽批判甚严，但是并没有指斥他们杂禅，而天台颇为推重当时有名的大居士赵贞吉（号大洲，1508—1576）、陆光祖（号五台，1521—1597），天台弟子管东溟及焦澹园于佛教亦颇精通。③

天台对佛教的基本态度是，一方面认为佛教是异端思想，另一方面也不完全拒绝接触。天台曾经声明自己既不是佞佛者，也不是排佛者④，这是天台的开明之处。同时天台又基于象山的圣人观，认为佛教亦自有近于“道”者，其曰：

顾惟象山有言：“东西南北四海之外，有圣人出焉，

① 《天台集》卷五《答钱庐陵》，第526页。

② 《天台集》卷十五《赤脚僧传》，第1620页。

③ 焦澹园曾获其师的《译异编》，在答书中，澹园说道：“窃以为儒释之短长，可置勿论，而第反诸我之心性。苟得其性，谓之梵学可也，谓之孔孟之学可也，即谓非梵学，非孔孟学，而自为一家之学亦可也。”（《澹园集》卷十二《答耿师》，第379页）用词委婉，但其言外之意则不难窥测：不能用儒家的正统异端之标准去评判梵学。

④ 《天台集》卷十一《译异编序》，第1133—1134页。

此心此理无不同者。”佛既齐圣，其言岂无几于道者乎！①

道一而已。余未尝为佛学，未多研佛乘，第省之自心自性如是，仰思尼父之心之性如是。惟文中子称“佛圣”矣，度其心其性，亦必如是。若于此心此性外，加添些子，即神奇玄妙，予不谓然。……②

必须指出，所谓“道一而已”，乃是明代（也许不止于明代）三教合一思想的一个基本理念，也是阳明学“三教意识”的一个理论支柱。在此意义上可以说，天台的三教观与阳明心学以来的对佛道的宽容态度还是基本合拍的。天台从“省之自心自性”这一信念出发，指出：

读佛书者，视心迷悟如何耳。如心诚悟，亡论精微者，得我同然，即中诞妄者，亦视若《易》之象，《诗》之兴，庄列之寓言，殆将求之语言之外矣。如心苟迷，岂独诞妄者不之信，即中精微者，亦只取润四寸间耳。彼氏有言：“心悟转法华，心迷法华转。”信哉其言之也！③

也就是说，读佛书本身并非坏事，重要的是“视心迷悟如何耳”。④如此看来，黄宗羲说天台“欲苦口匡救”卓吾是由于卓吾陷佛太深之故，这就不得不打上一个问号。事实上，天台、卓吾在佛教问题上所持的态度非常相近。甚至可以这样说，对佛教的共同兴趣，乃是两人在思想上的一个接合点。下

① 《天台集》卷十一《译异编序》，第 1135 页。

② 《天台集》卷八《大事译》，第 876 页。

③ 《大台集》卷十一《译异编序》，第 1133 页。

④ 如天台对于学佛者又有这样的见解：“盖谓学佛者，实是清净，不至伤风败化，实是慈悲，不至伤人戕物，实是灵通，不至麻痹迷惘，未可过为分别。”（《天台集》卷四《与刘调甫》第三书，第 428 页）

面我们将要看到天台与卓吾化敌为友，实际上就是得助于佛教因缘。

天台与卓吾的和解是在1594年冬，即天台逝世前两年。此后两年，两人之间还有笔墨交流。说起来，事情的缘起是卓吾的《读若无寄母书》，而该书之作的缘起是卓吾读了王若无之母给若无写的一封信。[①]卓吾确是位性情中人，他读了这篇出自于一位老妪之手的半文不白的文字，居然为此大为感动，直称此书“是天下第一篇文章”[②]，并且马上执笔写信给若无（即《读若无寄母书》），对其母大加赞赏。时在病中的天台读到卓吾此书，也不禁“大生欢喜”，欣然捉笔写了《读李卓吾与王僧若无书》[③]，对卓吾又进行了一番赞赏，说此刻的卓吾“持学已归宗本心”。

据卓吾《读若无寄母书》记载，卓吾门下的若无受某人之诱，欲离开其母及幼子，并告别老师卓吾而移居他处求学，若无之母写信说道：

> 我一年老一年，八岁守你，你既舍我出家也罢，而今又要远去。你师（按，指卓吾）当日出家，亦待终了父母，才出家去，你今要远去，等我死了还不迟。
>
> 三病两痛，自是方便，我自不欠挂你，你也安心，亦不欠挂我。两不欠挂，彼此俱安。安处就是静处，如何只要远去以求静耶？……当此之时，你要修静，果动心耶？不动心耶？若不动心，未有此理；若要动心，又怕人笑，

---

① 王若无于1595年，由天台介绍，赴龙湖拜师于卓吾（《天台集》卷七《颜子为舜解》，第824页；卷十六《节孝传》，第1588页）。

② 《李温陵外纪》卷三《第一不可说 · 张元长》，第203页。

③ 《天台集》卷十九。

> 又只隐忍过日。似此不管而不动心，与今管他而动心，孰真孰假？孰优孰劣？如此看来，今时管他，迹若动心，然中心安安妥妥，却是不动心；若不管他，迹若不动，然中心隐隐痛痛，却是动心。你试密查你心：安得他好，就是常住，就是《金刚》。如何只听人言？只听人言，不查你心，就是被境转了。被境转了，就是你不会安心处。你到不去住心地，只要去住境地。吾恐龙潭不静，要住金刚；金刚不静，更住何处耶？你终日要讲道，我今日与你讲心。你若不信，又且证之你师，如果在境，当住金刚；如果在心，当不必远去矣。你心不静，莫说到金刚，纵到海外，益不静也。①

卓吾在大段引用了原文之后，极赞若无之母，称之为“活佛”②为“圣母”。并称信中所说均是“心髓至言，颠扑不可破”者。继而卓吾又反省道：

> 回视我辈傍人隔靴搔痒之言，不中理也。又如说食示人，安能饱人？徒令傍人又笑傍人，而自不知耻也。反思向者与公数纸，皆是虚张声势，恐吓愚人，与真情实意何关乎！乞速投之水火，无令圣母看见，说我平生尽是说道理害人去也。又愿若无张挂尔圣母所示一纸，时时令念佛学道人观看，则人人皆晓然去念真佛，不肯念假佛矣。

最后，卓吾发出了这样的感叹：

> 言出至情，自然刺心，自然动人，自然令人痛哭，想

① 《焚书》卷四，第140—141页。

② 《天台集》卷十六《节孝传》，第1588页。

若无必然与我同也，未有闻母此言而不痛哭者也。[①]

关于卓吾这篇文字，后来有人曾向天台提问道："张媪（按，即若无母）止子远游书"只不过是若无之母为阻止其子远游，所说的一番"世俗凡情"的道理而已，为何卓吾要如此激动不已？对此，天台的回答非常认真：

> 母之念子，子之依母，直此本心，圣凡同也。试问善知识除却此类慈孝心，别有本心否，除却本心，更有别段圣学佛法否？

他进而指出：

> 若张媪于子，其六经内典皆从本心而发，非徒言也。……吾党见张媪书，大都漠然无味矣。乃李卓吾闻之，便赞叹如此。惟卓吾生平割恩爱、弃世纷，今年至七旬矣，乃能反本如是。若予今乃弥留待尽之日，所谓人穷反本者，以此闻卓吾赞叹张媪言，亦大生欢喜如是也。盖即其欣赏张媪言如是，便知其持学已归宗本心矣。学知反求本心，更何说哉！[②]

李卓吾为一"穷村匹妇"之言而感动，耿天台又为卓吾之感动而"大生欢喜"。是时，卓吾年届七十，天台亦已七十有三，可以说两人的心境至此均已"归宗本心"矣！

八　结　语

由上述可见，耿天台的思想具有某种复杂性，其思想在某种程度上受到王龙溪、罗近溪的影响，尤其是耿定理对其思想

---

① 《焚书》卷四《读若无寄母书》，第141页。

② 《天台集》卷十九《读李卓吾与王僧若无书》，第1864、1866—1867页。

之形成产生了莫大影响。耿定理与“三异人”有密切交往，且与天台的论敌李卓吾为莫逆之交。龙溪与近溪在思想倾向上均属于王门左派。但是，天台一方面对近溪极为赞赏，另一方面却对龙溪不无微词；一方面对“无善无恶”论表示了理论上的理解，另一方面对龙溪的“无是无非”说却坚持反对。其在工夫论问题上，吸取了近溪的思想观点，主张“当下承当”“从无入有”，然而与此同时，对近溪的“当下论”亦有所纠正。

天台具有强烈的“卫道”意识，这构成了其思想的一个主要特征，并具体地表现为对李卓吾以及所谓的“异端”人物的批判，但是在佛教问题上，与卓吾等“异端”人物却又有臭味相投之处。天台注重在“人伦日用”层面上的道德实践，其思想旨趣虽然有接近于泰州学之一面，但是其思想的基本特征又与泰州后学注重本心“自然”、追求“乐学”的那种为学倾向有很大的不同。总之，天台思想尽管具有某种复杂性，但是就其思想的本质而言，无疑属于阳明心学。天台对阳明后学（包括泰州后学）的某些思想主张有所纠正，而这种纠正又往往表现为措辞严厉的批判，但这种批判并不表现为对阳明以来的心学思想的否定和排斥。

耿天台与李卓吾之间吵得厉害，不用说这是晚明思想界的精彩一幕；两者在思想上存在着重大的分歧，这也是不容否认的。但是这种思想分歧是否就意味着儒教与反儒教的根本对立，问题就没有这么简单。这实际上涉及对整个晚明思想如何把握的问题，以及所谓的“反儒教”一词的定义问题。进而言之，在当时的晚明学界，是否存在着一种所谓的反儒教的思潮，对此问题的回答也需要作多方面的广泛的探讨。笔者以为，在这里至少可以作出这样初步的结论，耿天台对李卓吾

（或者亦可包括邓豁渠）的批判，诚然是因为（在天台看来）李卓吾等人的思想言论当中存在着某种“异端”的思想因素。那么，李卓吾针对耿天台的反批判是否就意味着申张“异端”，或是意味着反对“儒教”传统？似乎不能作出这种“非此即彼”式的简单的结论。

实际上，李卓吾对于自己的言论行为有悖所谓的“正统”而不免有“异端”之嫌，也并非毫无意识，故卓吾也常以“异端”一词来自嘲。[①] 如果抓住这一点不放，便断言卓吾是“异端”，充分的理由是：卓吾自己不也这么“自招”过吗？进而断言，“异端”意味着与儒家道统之离异，所以卓吾的异端精神也就是反儒教之精神。如此这般的推论，就未免上了卓吾的当。卓吾所说的“异端”，只是指自己与时流不合。当他说我就是异端的时候，其中含有一种强烈的悲怆感，表现的是一种独立不羁的性格，虽然客观上也表现为与道学家们的传统观念有格格不入之处，但并不意味着卓吾具有一种反抗儒教传统的自觉意识。之所以这么说，理由之一就是，卓吾所谓的“反抗”，并不是建立在通过对儒学内部的深刻反省的基础之上所作出的理性的、自觉的“反抗”。当其暴躁易怒的性格斥诸文字之时，往往表现出与时流格格不入的言论，但这种言论也并不表现为严密意义上的学术性言论，其中有诸多情绪化的因素在内，这也是不能视而不见的。

再说，天台与卓吾的思想争论，是否意味着两者之间存在着截然不同的思想对立？换言之，耿天台固然有强烈的“卫道”意识，那么作为其对立面的人物李卓吾是否对整个儒家学

---

① 《焚书》卷一《复邓石阳》，第 13 页；《焚书》卷一《答焦漪园》，第 8 页。

说（包括宋明以来的理学与心学）持完全否定的态度？回答应当是否定的。天台对阳明后学中出现的所谓“异端”人物及其思想的批判攻击可谓毫不留情，其目的是欲纠正心学运动内部所产生的诸种弊端，这是事实。但天台并非视阳明心学为异端而加以排斥，相反天台直至晚年对无善无恶说仍抱有极大的关心。70 岁时之作《遇聂赘言》便反映出他对无善无恶论并非是一味的批判，同时也有较深的理解。天台守定“人伦之至”，卓吾守定“未发之中”；天台注重“从无入有”，卓吾注重“从有入无”。这种思想上的对立也并不意味着阳明学与反阳明学或传统儒学与反传统儒学的冲突。

事实上，卓吾是文人，天台是学者。文人作文讲究直抒性情，可以做得神采飞扬、不讲循规蹈矩，学者的文字却要求有板有眼。天台是一位严肃的学者，有时会怒骂，但其文字绝无嬉笑之态，在对待卓吾的文字言论之时，往往过于认真，所以经常是处于挨骂的境地。今天，若要学李卓吾，骂耿天台为反动，那么不但耿天台值得同情，恐怕也曲解了李卓吾。

第九章　王时槐论

一　引　言

王时槐是江右王门刘两峰的门人，属于阳明再传弟子。他在思想上对罗念庵非常佩服，据说是“言必曰：文恭文恭”[①]。黄宗羲说“姚江之学，惟江右为得其传”，他列了一份四人名单：邹东廓、罗念庵、刘两峰、聂双江；接着说“再传而为”王塘南、万思默，然后指出以上江右王门诸人“皆能推原阳明未尽之旨”，以使“是时越中流弊”不至于泛滥而不可收拾，因此结论是：“盖阳明一生精神俱在江右。”[②]这显然是黄宗羲推原其师刘念台的说法，并基于其自身的思想史观，对江右王门所作的历史地位的评价。

的确，塘南是两峰门人，思默是念庵弟子，双江是念庵“同盟”，而两峰之学“以虚为宗”，在思想上与双江、念庵接近。这批人提倡的口号是：“致虚守寂”“收摄保聚”“以虚为宗”“性体本虚”。这里的最后一句其实是塘南的思想宗旨。嵇

① 邹元标：《愿学集》卷四《王塘南先生全集序》，叶四十五上。
② 《明儒学案》卷十六《江右王门学案》一，第 333 页。

文甫《晚明思想史论》说："江右诸人自双江、念庵以至王塘南，都是从枯槁寂寞中打熬出来的。"并指出："总之，后来刘蕺山的许多说法，在塘南言论里早有发见了。"① 这是暗示王塘南的思想对刘蕺山或有启发，这是值得重视的判断。

不过，嵇文甫以及后来侯外庐主编的《宋明理学史》虽对塘南思想有所涉及，但这些研究所用的资料都局限在《明儒学案》，故未免有所不足。本文基于《友庆堂合稿》刻本②（以下简称《合稿》），以期对王塘南思想作较全面的考察。

二　生平学行

王时槐（1522—1605），字子植，号塘南。吉安府安福（今江西安福县）人。关于塘南的生平，详见《合稿》卷七末附《塘南自撰墓志铭》③ 以及刘元卿《南太常寺卿塘南王公行

---

① 嵇文甫：《晚明思想史论》，世界书局，1944年，第46、49页。

② 《友庆堂合稿》七卷补遗一卷，《四库全书存目丛书》集部第114册所收清光绪三十三年重刻本，原刻本为明万历三十八年（1610）邹元标序刻本，现藏于清华大学图书馆。王塘南另有《友庆堂存稿》十四卷，存第一至第十二卷，湖北省图书馆藏万历三十八年萧近高刻本，笔者未见。据邹元标《王塘南先生全集序》载："旧故有《孝友堂稿》数种传世，参知萧损之氏并刻金华。……参知为先生高弟。"（《愿学集》卷四，叶四十五下—四十六上）按，萧损之，疑即萧近高。又，《孝友堂稿》疑即《友庆堂稿》，邹元标有《友庆堂稿序》（《愿学集》卷四），见清光绪重刻本《友庆堂合稿》卷首，题名有"合"字，末署"万历庚戌（1610）仲冬月"。塘南生前有《语录》行世，见邹元标《王塘南先生语录序》（《愿学集》卷四），郭相奎刻于楚。耿天台于万历辛卯（1591），阅《塘南王先生语录》（参见《天台集》卷十九《别刘调父》），并撰《读塘南王先生语录》（《天台集》卷十九）。

③ 以下简称《墓志铭》。该文末附王塘南门人贺榆《跋》，称该《铭》草自万历十六年（1588），直至逝世前二年，塘南仍"岁有改订"。

略》[①]。现据这两篇文字，对塘南生平及思想历程作简单介绍。

塘南25岁中乡举，次年嘉靖丁未（1547）及第进士，历任南京兵部车驾主事、职方员外郎、南京礼部主客郎中，转福建漳南兵巡佥事，升尚宝少卿，晋太仆少卿，改光禄少卿。隆庆年间，升陕西参政，分守关西。抵任甫三月，引疾乞休。奉旨，准致仕。时为隆庆辛未（1571）冬十月，塘南时年50岁。据《明史》本传载："隆庆末，出为陕西参政，张居正柄国，以京察罢归。"看来，塘南退出政坛，或许与张居正有关。张居正败后，屡有诏起，皆不赴，终以南太常卿之职致仕，时万历壬辰（1592）。[②] 塘南自撰《墓志铭》对其前半生的仕宦生涯所述甚略，刘元卿《行略》可补其缺，后者对其任职福建漳南兵巡佥事五年间的抗倭经过有较详记述，此不赘述。关于塘南的从学经历，下面不妨作稍详的介绍。

据塘南自称，弱冠时即从师刘两峰。刘两峰（1490—1572），名文敏，字宜充，号两峰，传见《明儒学案》卷十九《江右王门学案》四，与王塘南同乡。两峰与刘狮泉一起赴越，拜入阳明门下。黄宗羲称其学说主张"嘿坐澄心，反观内照""吾心之体，本止本寂"，并指出此说"与双江相视莫逆"，故当时人称"双江得先生而不伤孤另者"，黄宗羲认为"非虚言也"。[③] 不过，黄宗羲此说似源自塘南：

> 双江公独揭未发之中，与海内同志往复辨诘，而于先生

---

① 参见《刘聘君全集》卷八，以下简称《行略》。《刘聘君全集》十二卷，南开大学图书馆藏清咸丰二年重刻本，《四库全书存目丛书》集部第154册所收。

② 以上参见《墓志铭》。

③ 《明儒学案》卷十九，第431页。

（按，指刘两峰）最所钦伏。间举主寂相质，先生曰："发与未发非判然二也，能致其知，则寂在其中矣。"尝七宿松原，与念庵公极论，尽泄底里。公初觉未一，已乃倾信。①

据此可见，自双江独揭"主寂"主张，在王门引发众议，而两峰与双江以及念庵曾就"主寂"问题相互辩难，他们三人在思想上属同道中人。只是由于两峰的著作存佚不明，故我们已无法得知其思想之全貌。

另据塘南记载，两峰逝世前三年，尽管其时已届 80 高龄，"犹陟三峰之巅，静坐百余日"②。就在逝世当年之暮春，塘南与同门数人侍之左右者旬日，临终之际，两峰留下临别赠言，说道：

知体本虚，虚乃生生。虚者天地万物之源也。吾道以虚为宗。汝曹念哉！与后学言，即涂辙不一，慎勿违吾宗，可耳。③

这段话可视作刘两峰的"夫子自道"，他以"吾道以虚为宗"来总结自己的思想宗旨，并要求其弟子"慎勿违吾宗"。塘南在思想上也竭力主张"性体本虚""心体本寂"，或许就源于两峰。当然，正如我们在以上各章所考察的那样，事实上，在阳明后学中，双江、龙溪、南野等人都认同"良知本寂"的观点。可见对王门而言，从良知本体的角度主张"本虚""本寂"等说，这并非"一家之言"，毋宁是王门的一种"共识"。问题在于，本体上主张"本寂"能否直接引出"归寂"工夫，这就

① 《合稿》卷三《两峰刘先生志铭》，第 247 页。

② 同上书，第 248 页。

③ 同上。

引发了各种争议。

王塘南自从师两峰，及至50岁致仕，其间，塘南虽然“求质于一时之先觉，切磋于四方良友”，最终“未有闻焉”。[①]这是说，塘南在50岁之前，其思想并未获得最终了悟。根据他的自述，致仕之后，“屏绝外纷，反躬密体，瞬息自励，如是者三年”，才最终“于空寂之体”若有所见。[②]此后，又加功十年（约1584年），“于生几微密”，终有所悟，得出了“以为孔门求仁之旨，诚在于此”[③]的结论。这标志着塘南思想的最终形成，此时塘南年已六十有三。标示其思想成熟的最早一部语录乃是《三益轩会语》，他说：“予初未有著述，年六十三，偶出《三益轩会语》。”[④]可见，他对这部《会语》自视甚高。

根据塘南的自述，他的思想经历了一些变化过程：“盖始者，由释氏以入，浸渍耽嗜，如醒初醒，已乃稍稍疑之，试归究六经，实证于心”，又经历了多次“屡疑屡悟”的反复，“而后学定而无余惑”。[⑤]不过，塘南的这段自述略显简略，不免

① 《合稿》卷七《墓志铭》，第326页。

② 其云：“弟愚钝之资，从事此学者，几三十年，而未有所得。”乙亥（1575），才“渐觉有省”（《合稿》卷一《答萧兑嵎·乙亥》，第162页）。此说与《墓志铭》所载吻合，乙亥正是塘南归隐三年后。

③ 《合稿》卷七《墓志铭》，第326页。

④ 同上书，第327页。《会语》见《合稿》卷四，题署“甲申”，表明这部《会语》作于1584年，其中共有148条语录，是了解塘南思想的一部重要著作。

⑤ 同上书，第326—327页。塘南自述平生为学“好疑”：“弟平日疑处极多，盖如迷路之人，但见一歧一径可以措足，即往趋之，及行到有碍处，乃又别趋一路，是以屡生疑，屡换手。友朋中常谓弟不当如是。”（《合稿》卷二《答陈蒙山年丈·壬寅》，第203页）

语焉不详。另据《行略》载，塘南在南京为官时，与当时著名大居士陆五台相从甚密。据称陆五台性孤傲，然塘南却能与其“臭味相合”。在陆五台的影响下，塘南始接触佛学。①

塘南自述虽简略，但从中可得到一个信息：自弱冠拜师刘两峰及至63岁，才终于“学定而无余惑”。所说若属实，则其思想历程不免过于漫长。其中原因可能有多个方面，既有涉足佛学太深的缘故，又可能由于塘南做学问不甘“袭人口吻”的思想个性所致。② 事实上如后所述，塘南思想有些佛学思辨性，即便在“主寂”问题上，他对双江和念庵的“归寂”说亦有所保留。就结论言，塘南思想的基本倾向在于“主静”，不过与双江、念庵相比，其有关主静的思想论述显得更为圆熟。③

最后，提一下塘南的交友关系。据《行略》载，当时在江西有两位颇有声望的儒者：李见罗（1529—1607）和罗近溪（1515—1588）；然两人在思想上“未必尽合”，王塘南却跟李、罗两人均能“颇契焉”。④ 塘南与见罗有何思想交流，不得其详，但他与近溪关系则很密切。从塘南所撰《近溪罗先生传》（《合稿》卷三）一文可得知，两人至少有过四次会晤。可以说

---

① 《刘聘君全集》卷八，第199页。按，陆与王为同年进士。据曾同亨《陆庄简公光祖传》载，两人在南京做官当在嘉靖30年代末。其时，另一位大居士赵大洲亦“相与过从，谈说名理”(《国朝献征录》卷二十五，第1075页)。

② 以上参见《合稿》卷七《墓志铭》，第326—327页。丁酉（1597），塘南给万思默信中说：“年来，于此学亦渐归一。”并强调此“非承袭前人口吻者”(《合稿》卷一《答万思默・丁酉》，第188—189页)。

③ 嵇文甫用“剔透玲珑”四字来形容塘南思想的个性特征。见其著《晚明思想史论》，第49页。

④ 《刘聘君全集》卷八《南太常寺卿塘南王公行略》，第200页。

在嘉靖年间，江西阳明学的推广有赖于见罗、近溪和塘南。刘元卿（1544—1609）说："吉州学者寥寥，自王塘翁物故，如群蜂失主，莫知所归。"①这意味着王门第二代人物王塘南之后，江西的心学运动似乎出现了断层。顺便一提，塘南逝世前一年，东林书院问世，分主其席者有钱一本（号启新，1546—1617），他在思想上颇受塘南的影响，这是黄宗羲指出的一个事实。②而其他东林党人如高攀龙和顾宪成则对塘南思想有很高评价，这在"结语"中再来讨论。

三　性体本虚

如上所述，聂双江竭力主张"良知本寂"，刘两峰也向塘南提出"以虚为宗"这一指诀。而塘南则重申"性体本虚"，那么，何谓"性体本虚"？先看塘南的一些说法：

> 性体本虚，万古不变。③
>
> 心体之寂，万古不变。此正所谓未发之中。④
>
> 性体之空寂，本无一物，而能生天地人物。⑤
>
> 心体本虚，非作意以为虚也。一切应感皆虚中变化，但时时不著于变化。⑥
>
> 大抵吾人自性原如太虚，本无一物。⑦

---

① 《刘聘君全集》卷三《简耿叔台》，第 65 页。

② 《明儒学案》卷五十九《东林学案》二《钱启新传》，第 1436 页。《合稿》所收王塘南寄钱启新的书信，多达十余封。

③ 《合稿》卷二《答唐凝庵・乙巳》，第 218 页。

④ 《合稿》卷二《答丰城太尹陆仰峰・乙巳》，第 219 页。

⑤ 《合稿》卷二《答郭存甫・乙巳》，第 219 页。

⑥ 《合稿》卷二《答胡季昌・乙巳》，第 218 页。

⑦ 《合稿》卷一《答钱启新邑侯二首》一，第 168 页。

夫心体本虚，生生者虚之用也。[①]

在《合稿》中，这类说法可谓俯拾皆是，不胜枚举。要之，从本来意义上讲，心体性体本非一物，也“本无一物”，也正由此，故“虚”“寂”是心体或性体的本来状态，换言之，心体或性体构成宇宙存在的本质，所以，塘南强调“盈宇宙一性也”[②]，讲的便是这层意思。但虚寂并非本体本身，也不是实体概念。实体世界是千变万化的，这叫作“起灭千状”，然而，“一切应感”乃至“天地人物”，都根源于“性体”或“心体”之“虚”，由此“虚”故能“生天地人物”，亦能起万物“变化”。

这里涉及“生”的问题。所谓“能生天地万物”的“生”，并非指生成论意义上的“生”，而是指宇宙造化过程本身，在此过程中，又有一个总根源，这就叫作“理”。在王塘南看来，这就是“生理”，即生生不息之理。塘南非常重视“生理”问题，他甚至强调“盈宇宙一生理而已”[③]。这个说法与“盈宇宙一性也”的观点是相互重叠的。意谓性体与宇宙万物的关系就体现“生生变化”之理当中。塘南认为，性体与万物并没有时间上的先后关系，因为性体“非以时言”[④]。此即说，心性本体

---

① 《合稿》卷一《答萧敬之·甲申》，第 167 页。

② 《合稿》卷四《病笔·甲辰仲冬》，第 272 页。类似说法不一而足，如《合稿》卷一《答钱启新邑侯八条·戊子》其二、卷一《答郭青螺方伯·甲午》等。

③ 《合稿》卷五《仰慈肤见·辛卯》，第 276 页。又见《合稿》卷五《仰慈肤见·辛卯》、卷三《玉阳会纪序》等。

④ 《合稿》卷二《答王球石三条·甲辰》，第 212 页。按，全文是“未发之中，性也。非以时言”。值得注意的是，这与双江讲“未发有时”正相背驰。参见本书第三章第三节。

是超越时空的存在。

这里须指出两点：第一，塘南讲的性体与万物的关系问题，与程朱理学的理气论问题有根本不同。塘南所关注的并不是理气先后这类宇宙论问题，而是阳明学意义上的心物关系问题。第二，塘南强调虚寂构成心性本体之本质，即便在现实世界，本体存在的虚寂性也不会消失，所以在塘南看来，心体性体可描述为“不落有无”“炳然独存”①，“当体自寂”“而寂自若”②。既然心性本体在现实界也是“当体自寂”的，因此，只要立足于已发世界就可呈现虚寂之本体，而无须另外寻觅回归未发世界的途径。这就与双江和念庵主张的“归寂”说产生了差异。塘南之所以批评念庵的“收摄保聚”说未免“头上安头”③，其因在此。

根据“性体本虚”“心体本寂”的观点，还可引申出如下说法：

> 性本无欲。
>
> 性不容言。
>
> 性不容拟议，不容凑泊，无措心处。④
>
> 性无边际，心亦无边际。⑤
>
> 性无善恶。⑥

这里的一系列否定性命题，其实意在肯定一个绝对命题：“性

---

① 《合稿》卷四《三益轩会语 · 甲申》，第 249 页。

② 《合稿》卷一《与郭华南 · 癸酉》，第 161 页。

③ 《合稿》卷四《三益轩会语 · 甲申》，第 256—257 页。

④ 以上三条，参见《合稿》卷四《三益轩会语 · 甲申》，第 251、249、250 页。

⑤ 《合稿》卷一《答钱启新邑侯六首 · 丁亥》其六，第 170 页。

⑥ 《合稿》卷一《答郭青螺方伯 · 甲午》，第 182 页。

体本虚”。正因为“性体本虚”，所以对性体的任何规定（包括语言概念或观念想象），都是无意义的。当然，从宋明理学的视域看，塘南此说并不新鲜。周濂溪“无极而太极”、程明道“人生而静以上不容说”（塘南对此津津乐道[①]），到王阳明“无善无恶心之体”（塘南对此深表赞同，详后），这些讲法的内涵所指虽有不同，然其基本思路却有一致性。须指出的是，塘南之所以强调“性体本虚”或“性不容言”，其理论企图在于根据这一本体论构想，提出一套诸如“透性研几”等工夫论主张。可以这样说，“性体本虚”是本体论设定，而“透性研几”才是塘南思想的最终归趣。

现在我们需要对塘南的“心体”概念作出必要的澄清。由上文看，心性似乎都属于本体概念，其实不尽然。可以分两个层面看：第一，塘南在讲“心体”时，常用“心之本体”的说法，就此而言，与“性体”一词的意思相同，同属本体概念；第二，然而另一方面，塘南所说的“心”又指意识而言，故有作用现象，由此塘南提出了“性体心用”的观点，将心与性视作体用关系。乍见之下，“性体心用”与“心体本寂”不免互相矛盾，既然说“性体心用”，就不能说“心体本寂”。

事实上，王塘南所讲的“心”，可用朱子学的道心人心说来进行解释。他所说的心体，意指道心，而当他说“心用”，则是指人心。他说：

> 友人问性与心有辨乎？曰：道心，性也。性无声臭，故微。人心，情也。情有善恶，故危。惟精者，治其情

---

① 《合稿》卷四《三益轩会语》，第253、261页，卷三《西原敬止堂记·乙巳》，第242页。

也；惟一者，复于性也。……人心，用也，故有去来。孔子所谓“操存舍亡，出入无时，莫知其乡”亦是指人心而言。若道心为万古天地人物之根，岂有存亡出入之可言？①

原来，塘南是用道心人心这对范畴来讲“心”。显然，这是朱子学的常识。道心是体，人心是用；道心是性，人心是情。结论便是“性体心用”。他又说：

性无边际，而心亦无限量也。若强而言之，则性体而心用，性无为而心有觉也，心可致力，而性则存乎悟也。故尽心则性可知矣，存心则性得其养矣。②

惟性无善恶，是谓至善。……涉于心，则灵窍渐辟，可以操舍存亡言。惟善学者，存其心以完受中之命，而性彻万古、弥六合以不毁矣。……又谓“性以心为舍”。则是宋儒“心大性小”之说，恐未然。盖性无边际，心亦无边际。但谓性体而心用，则可。谓心大而性小，不可也。③

第一段是讲“性无为而心有觉”，既然心有知觉运动，所以“心可致力”；既然性本无为，所以“性存乎悟”。第二段表明塘南反对宋儒“心为性之郛廓”（邵雍）、“心统性情”（张载）之类的观点。塘南将此归结为“心大性小”四字。事实上，邵雍和张载的两个说法，都为朱子所赞赏，并被融化在朱子哲学体系当中。塘南要扭转“心大”与“性小”的关系，故提出

① 《合稿》卷四《三益轩会语》，第 249 页。
② 《合稿》卷一《答钱启新邑侯六首 · 丁亥》其一，第 169 页。
③ 《合稿》卷一《答郭青螺方伯 · 甲午》，第 182 页。

“性体心用”之说。要之，在塘南，“心”的基本特征可以用四字来概括：“有体有用”。他说：

> 心有体有用。虞廷所谓道心者，以体言也；所谓人心者，以用言也。以体言，见慈湖所谓“心体本正”，文成公所谓“属未发边”者，是也。此处诚无可着力，惟在默悟而已。若心之用，则有可致力。孔子所谓“操则存”者，是也，操存则属修矣。于用处操存，乃所以完其无可致力之体也。《大学》言正心，只是“心不在焉”一句，其忿懥好乐之类，则云“身有所”云云。盖身即心之用也。①

这就清楚显示，对塘南而言，心分两层，有“以体言”者，又有“以用言”者。

然而，当阳明提出“心即理”，正是要反对朱子将“道心”“人心”对立起来的观点，朱子所谓人心“听命”于道心的观点，是阳明所竭力反对的。②故在阳明后学，道心人心几乎不再成为主要话题。那么，作为阳明再传弟子的王塘南为何要“老调重弹”？其因在于塘南对阳明学的理解与其他王门诸子已有所不同；而塘南强调“心有体有用”的意图在于对阳明学作某些修正：把“性”字扩大，把“心”字缩小。

为说明这一点，我们不妨用一个案例来稍作铺陈。例如在有关王阳明“无善无恶心之体”的问题上，塘南对此命题本身是持肯定态度的，在上面引文中，我们已经看到塘南有“性无善恶”的说法。事实上，塘南还从正面论述了“无善无恶”何

---

① 《合稿》卷二《答王儆所七条·辛丑》，第200—201页。

② 以上参见《传习录》卷上，第10条。

以是“至善”的问题，他运用了周濂溪“无极而太极”的思维框架，明确指出：“性善而曰无善，即太极本无极之旨。”[①]应当说，塘南用“太极无极”说来印证“无善无恶是谓至善”，是有一定理论深度的。我们发现，在阳明后学，从龙溪、绪山到双江，尽管对“无善无恶心之体”一句都有认同，但他们都没有从“无极而太极”这一角度来诠释“无善无恶”，直至明末刘念台才用“无极而太极”来解释“无善无恶”[②]，尽管他对阳明“四句教”提出了根本质疑。

但是，跟王龙溪（包括聂双江）等人对“无善无恶”的理解不同，塘南指出：“阳明先生言‘无善无恶心之体’，盖言性也。”[③]这显然是对“无善无恶”说的一个重大修正。阳明讲“无善无恶”是指“心之体”，塘南却说是指“性体”，原因就在于塘南坚持“性体心用”的观点。不过，塘南对阳明“无善无恶”说是有基本肯定的：

> 大率圣学失传，自紫阳以后，为学者往往守定一个天理在方寸之间，以为功夫虽亦可为天地间贤人君子，但于圣门无声无臭之旨不相契，则圣脉几绝。故阳明先生忧之，特揭无善无恶，亦苦心之言也。[④]

所谓“守定一个天理”，指的是朱子学的“定理”观。塘南认为阳明提出“无善无恶”说，正是针对这种“定理”观而发，这是确有见地的看法。不止于此，另一方面塘南又指出：“今

---

① 《合稿》卷四《潜思剳记》，第 267 页。

② 参见刘念台《人谱》(《刘子全书》卷一)。由此亦可印证上引嵇文甫的一个说法：刘念台的许多观点在王塘南那里已有发现了（参见上述）。

③ 《合稿》卷四《潜思剖记》，第 266 页。

④ 《合稿》卷二《答吴安节公二首・癸卯》又，第 211 页。

则复因药发病，遂有藉口无善而纵恣无忌者。”① 这句批评的矛头所指应当是龙溪之流，如他又说：

> 心意知物皆无善无恶，此语殊未稳。学者以虚见为实悟，又依凭此语如服鸩毒，未有不杀人者。海内有号为超悟者，而竟以破戒负不韪之名于天下，正以中此毒而然也。②

首句即是龙溪所持的“四无说”。对此，塘南的批评是非常严厉的。事实上，塘南对阳明后学中的诸多流弊，有敏锐观察并提出了严厉批评，较双江、念庵有过之而无不及，与东林党人对阳明末流的批评可谓如出一辙。③ 塘南之所以强调“无善无恶”是指“性”而言，其因之一在于塘南认为当今学术之弊过于夸大了“心”的作用，故有必要以“性”来纠正其偏。④

总之，在塘南思想体系中，“性”是最高范畴。因此，如何把握“性”，成为塘南思想的一个根本问题。然而，由于“性不容言”“性无善恶”，“性”是一种无规定性的存在，那

---

① 《合稿》卷二《答吴安节公二首·癸卯》又，第 211 页。

② 《合稿》卷四《三益轩会语》，第 258 页。

③ 如东林党人史玉池对“无善无恶”说有严厉批评，对此，颇感不满的杨晋庵（被黄宗羲《明儒学案》列入《北方王门学案》）提出反对意见，他认为“无善无恶”说“盖指心体而言，非谓性中一无所有也”。又曰：“无善无恶者心之体，非言性之体也。”（《明儒学案》卷二十八《晋庵论性臆言》，第 652 页）关于杨晋庵与王塘南在无善无恶问题上的不同解释，参见本书第一章“无善无恶”。

④ 顺便一提塘南对阳明“四句教”第三句“知善知恶是良知”的理解。他认为“知善知恶”之“知”是指“知之发端”，是阳明“姑指其发端处示人，使学者即情以验性”。（《合稿》卷四《潜思劄记·甲辰》，第 284 页）这是以“发端”之“情”来解释阳明学的良知概念，不免是一个误解，因为这就背离了阳明强调的“知者意之体”的良知本体义。

么，“性”何以能成为工夫对象？这是下一节将要讨论的主题。

四 透性研几

黄宗羲指出塘南之学以“透性为宗，研几为要”。[①] 这是对塘南思想的高度概括。须指出，“透性”与“研几”是工夫论命题，两者又与“性体本虚”这一本体论设定有关。下面先从“透性”说起。

所谓“透性”，更明确地说，也就是“直透本性”。塘南说：

> 今只患不能直透本性，勿疑透性者或堕于外道他歧，而预立一法以防之也。此理非猜想讲说可明，直须精神心思打并归一，凡经书言语，一字勿留于胸中，必密密体认父母未生以前毕竟是如何，透到山穷水尽处，当有豁然大彻时。然后知此理遍满宇宙，浑沦充塞，即用即体，即末即本，即洒扫应对便是尽性至命，一了百当，更无精粗、隐显、内外、大小之可言矣。孰谓真透性者，此外更有遗理哉？盖宇宙间只一性可了，原无许多名目，但学者必须先立乎其大，而后小者不能夺。[②]

按照这里的说法，所谓“本性”，不仅是人之本性，也是万物之本性，甚至是所有存在物的本性，所以说它是“遍满宇宙”的。但从根本上说，宇宙本性也就是人之本性，所以又说它是“浑沦充塞”的，在这个意义上，本性亦即本体。而此本性既根源于“父母未生以前”，又以“即用即体”的方式而存在于

① 《明儒学案》卷二十《江右王门学案》五《王塘南传》，第468页。

② 《合稿》卷二《答岭北道龚修默公·甲辰》，第214页。

“洒扫应对”的日常生活当中。所以在“洒扫应对”等日常生活中做一番“尽性至命”(《易传》语)的工夫，也就是“直透本性”。重要的是，此实践工夫重在“直透”，即要求反身诸已以直接切入“本体”，更不必游离于“猜想讲说”之间，亦无须依赖于“经书言语”，只需要“精神心思打并归一”，“密密体认父母未生以前毕竟是如何”这一人生根本问题，由此打破一切有关“精粗、隐显、内外、大小”的分别意识，以使“直透本性”直至“透到山穷水尽处”，便自会有“豁然大彻时”。这一实践过程的终点也就是“大彻大悟”，一言以蔽之，也就是根本了悟。

所以对塘南而言，“心可致力，而性则存乎悟也”(见上引)。所谓“心可致力”，便意味着“先立乎其大”(孟子语)，其实也就是孟子的“尽心”工夫。至于“性”，由于它是“不可言”“无边际”“无善恶”的抽象本体，故对其的把握方式唯有“直透”才可实现。可见，所谓“直透本性”，无非是指对“性”的直接了悟，也就是“透性”。必须看到，塘南的“透性”说，涉及宋明儒学在工夫论域中不可避免的“悟”这一实践问题。不过在塘南看来，他所讲的“透性”完全可以从儒家那里找到立论根据，这一根据就在于儒家讲的“性宗”。他说：

> 窃谓《中庸》首揭未发之中，此是圣门直指本原性宗之语，至末章以“尚絅暗然”“潜伏不显”为言，其示人所由以透性之要，至深切矣。①

将《中庸》的“未发之中”解释成“本原性宗”，将“潜伏不显”理解为“透性之要”，这是塘南对儒家经典的创造性

① 《合稿》卷二《答刘用平·壬寅》，第209页。

诠释。本来,《中庸》的“未发”指向天命之性,《中庸》的“已发”指向性展现为情。这是程朱以来对未发已发问题的传统解释，亦为阳明基本认同。但是,“性属未发”只是表明未发是性的一种原初状态，而并非是指性之本身。然而塘南不仅将“未发之中”直接定义为“性”①，而且直言“盈宇宙一性也”。这样一来,“性”便成了抽离于道德之上的一般存在。

上面提到“性体”乃是塘南思想的最高范畴。“性体”既然是一种形上本体，是“不容言”的，那么，只有通过“直透本性”的方式才能直接把握这个“性”。重要的是，若对“透性”工夫丧失自信，辗转于“猜想言语”之间，便会“落于情识”，其结果“去真性何啻千里”。②因此，塘南对于阳明所说“乃若致知，则存乎心悟”③的观点赞不绝口，或称之为“至言也”④，或称之为“尽泄底蕴”⑤。由此也就可以理解，塘南称阳明之学是“悟性以御气者也”⑥的缘故。在塘南对阳明学的理解中，阳明讲“心悟”其实就是“悟性”，即“心悟”的对象不是“心”而是“性”，只是“悟性”需要借助于“心”。至此我们可以得出两点初步结论：一，因为“性体本虚”“性不容言”，所以对“性体”之把握唯有通过“悟”的方法，这是塘南“透性”说的理论前提；二,“透性”说的内涵无非就是要求对“性”的直接了悟，在此意义上,“透性”就是“悟性”。

① 《合稿》卷四《三益轩会语》，第 261 页。
② 《合稿》卷四《潜思劄记》，第 267 页。
③ 语见《王阳明全集》卷七《大学古本序》。
④ 《合稿》卷四《潜思劄记》，第 267 页。
⑤ 《合稿》卷四《三益轩会语》，第 256 页。
⑥ 《合稿》卷四《三益轩会语》，第 262 页。

再说“研几”。先从“几”字说起。

《易传·系辞上》云：“夫易，圣人之所以极深而研几也。”塘南讲“研几”，其出典在此。同样在《系辞上》又有一句话：“唯几也，故能成天下之务”，强调了“几”的重要性。那么，何谓“几”？《易传·系辞下》的一句话可以看作是对“几”的一项定义：“几者，动之微，吉之先见者也。”所谓“先见”，是说能够事先预测吉凶变化的意思。这个说法倒是很符合《周易》一书的特质。① 其中的“几”，是“动之微”的意思。按照字面来解释，“动之微”就是指“动而未动”的微妙瞬间。周濂溪就是这样解释的：“动而未形，有无之间者，几也。”② 至此可见，“几”是指“动之微”以及“动而未形”或“有无之间”。然而，这种“动而未形”的微妙瞬间，很难用语言概念来加以界定。所以严格来说，“几”本就不是一个确定性的“概念”，它是一个隐现过程，处在“见与不见”——即：显与不显——过程之中，它是本体的存在方式，而非语言所能穷尽的对象，所以阳明说：“夫有无之间，见与不见之妙，非可以言求也。”③ 这里的“有无之间”，亦即周濂溪说的“几”，它具有语言无法描述的“妙”。按塘南的理解，譬如宇宙运行过程

---

① 历史上，关于《周易》一书的性质向来有三种主要说法：象数易、义理易或卜辞易。朱子的看法比较冷静，他以为“易本为卜筮而作”（《朱子语类》卷六十六，第1620页。另参见同上书第1621、1625页等）。此说大致符合《周易》一书的本来性质。

② 《通书·圣第四》。

③ 《王阳明全集》卷七《见斋说》，第262页。这里，阳明讲的是天道（即“一阴一阳之谓道”）的存在方式，不过同样也可用来描述良知心体的存在方式。

具有“亥子”“坤复”“晦朔”[①]的时间性（并非物理时间），这里的“间”便是“几”；从“一阳未生”到“一阳初动”的这一瞬间便是宇宙生生之“几”。通俗地说，好比从太阳落山到明月当空，一个人的一呼一吸之间，也就是“几”。在这个“瞬间”（时间“极点”），既无一阴也无一阳，整个世界处在湛然虚无、寂然安宁的原初状态。然而，“一阳初动”“万物萌生”之生命契机就潜伏在原初状态中，“一阳之气”正欲从中展现自身，只是“动而未形”而已。这个过程又叫作“无中生有”“一阴一阳”或“一动一静”之间。可见，“几”与易学宇宙观以及中国哲学特有的“气”论有密切关联。

再说塘南。他很赞赏周濂溪对“几”的定义：“动而未形，有无之间者，几”，认为“此是描写本心最亲切处”。[②]塘南自己对“几”有这样一个定义：“几者，体用不二之端倪也。”[③]这里袭用了程伊川《易传序》“体用一源，显微无间”的说法。所谓“端倪”，即指“几”。他说：

> 问：研几之说何如？曰：周子谓动而未形、有无之间为几，盖本心常生常寂，不可以有无言，强而名之曰“几”。几者微也，言其无声臭而非断灭也。今人以念头初起为几，即未免落第二义，非圣门之所谓几矣。[④]

---

① 如塘南指出：“手翰所问‘亥子之间’。即所谓坤复之间、晦朔之间、一动一静之间之说也。举要言之，正所谓动而未形、有无之间，吾心之真几，圣门所谓独也。……盖通天地古今言之，如一元一岁、一月一日，一时皆姤复之往来，即吾人一息，亦姤复之往来。此至理也。”（《合稿》卷二《答曾德卿·己亥》，第197页）

② 《合稿》卷六《书卷赠王林二生还琼州三条·戊戌八月》，第304页。

③ 同上。

④ 《合稿》卷四《三益轩会语》，第262页。

这是对“几”的一项明确定义。塘南又说“几”乃是“无中生有”[①]，同时，“性体从无生有”[②]。故在塘南那里，“几”正可指称“性体”。由此推论，结论就是：若要把握“性体”，就必须“研几”。如此，在工夫论上，“研几”就等于“透性”。由此也就不难理解塘南为何要突出“研几”的重要性。他指出：

> 当知几前无别体，几后无别用，只几之一守（按，当作“字”）尽之。故希圣者，终日乾乾，惟研几为要矣。……举要而言，其惟研几，而底于极深乎。白沙先生所谓“亥子中间得最真”，殆谓是与！[③]

> 圣学以研几为宗。盖中道也，几未易言，故必极深乃为实际。[④]

塘南用“体用不二”的思维框架来强调“几”的特质，同时也要求人们在“有无之间”着手“研几”工夫的重要性，并提到了“圣学以研几为宗”的高度。据此，黄宗羲称塘南之学以“研几为要”，是有道理的。

那么，如何“研几”呢？塘南又说：

> 所云“研几者，或于未发时，微用觉照；或于发动时，拔去一切人为之私”。此二说皆未尽。夫所谓几者，盖此体空寂之中，脉脉呈露处，乃无中生有，自然不容已，无一刻间断，非谓念头发动时，亦非谓泯然未发也。若于此用觉照，乃拔去人为之私，即涉于造作，反害其自然呈露之几矣。惟是收敛沉潜，退藏于密，则研几底于

① 《合稿》卷二《答周时卿・辛丑》，第 204 页。

② 《合稿》卷二《答王养卿三条・己亥》，第 198 页。

③ 《合稿》卷六《书卷赠王林二生还琼州三条・戊戌八月》，第 304 页。

④ 《合稿》卷四《瑞华剩语・甲午》，第 263 页。

极深，所谓渊渊其渊，立天下之大本也。日用应酬无分动静，一以退藏为主，此尧、舜、周、孔主敬立极之实学。《大学》所谓知止，《中庸》所谓戒惧笃恭者，此也。①

塘南强调“研几”不能在“念头发动时”，也不能在“泯然未发”时去想象（“觉照”）有一个“几”的对象，这种对象性的“觉照”便会落入“安排造作”的窠臼，而非“几”的“自然呈露”。他强调“收敛沉潜，退藏于密”，即要求回归性体本源，而且这是尧舜以来儒家历来主张的“主敬立极之实学”，意谓他的研几说其实就是历史悠久的儒学传统。他又称这种方法是“潜心至虚”②“收敛归根”③。他甚至认为“收敛归根”乃是“握几凝道之方也”。④关于“收敛归根”，塘南又有具体阐发，有助于我们理解其“握几凝道”之说，其曰：

所谕“向里”，正收敛归根之谓。思入于无思，念入于无念，知入于无知。此全在忘情契性，非悬想也。果能归根，则一真凝然，如有卓尔，何落空之有？⑤

所谓“一真凝然”，即“握几凝道”之意。反过来说也一样，所谓“握几凝道”也就是“研几”的意思。重要的是，需要破除意识层面的“思”“念”“知”，以“无思”“无念”“无知”作为根本方法，通过“收敛归根”以达到“握几凝道”之境界。所谓“无思”等说法，其实就是第二节开头所引“凡经书言语，一字勿留于胸中”的意思。这是说，一切经验知识乃至

① 《合稿》卷二《答周时卿·辛丑》，第204页。
② 《合稿》卷一《与万思默·庚寅》，第175页。
③ 《合稿》卷五《支节漫语·壬辰》，第279页。
④ 同上。
⑤ 《合稿》卷二《答王球石三条·己亥》，第197页。

思虑意念都必须弃绝。首先将自己的意想情识逼到绝路，然后“悬崖撒手”，待到“山穷水尽”时，自会“豁然大彻”。照此说法，似乎又回到了“透性”说。其实，对塘南而言，“研几”与“透性”并无二致，都突出了“悟”的重要性，都是要求直接把握“性体”。

不过，以上诸如“收敛归根”“退藏于密”“潜心至虚”等说法，令人联想到双江、念庵的“归寂”说，故有必要来考察一下塘南对“归寂”说的看法。他说：“未发之中，性也。有谓必‘收敛凝聚’，以归未发之体者，恐未然。”[①]这显然是针对罗念庵“收摄保聚”说的批评，“以归未发之体”指的是聂双江的“归寂”主张。塘南认为这些观点主张“恐未然”，即未必正确。他认为“归寂”说，不免有“头上安头”的弊病，其理由是：

> 夫未发之性，不容拟议，不容凑泊，可以默会，而不可以强执者也。在情识则可收敛，可凝聚，若本性无可措手，何以施收敛凝聚之功？收敛凝聚以为未发，恐未免执见为障，其去未发也益远。[②]

这里涉及“性体本虚”的问题。我们知道塘南的观点立场是：本性“原自寂然，不属分别”，所以于本性之外，不必更求“未发”[③]？由于“性体本虚，固自若也”，所以即便是说“收敛归根”，其实“亦本来如是，绝非人力扭捏造作而为之”。[④]在塘南看来，“归寂”主张正有“扭捏造作”之

① 《合稿》卷四《三益轩会语》，第 261 页。
② 同上。
③ 《合稿》卷四《三益轩会语》，第 256—257 页。
④ 《合稿》卷二《答刘以刚》，第 198 页。

嫌。因为“性体本虚”，所以“无可措手”；因为“无可措手”，所以无法在“性体”上施以“收敛凝聚之功”。结论是：“收敛”之功，唯有在意识流转的“情识”层面，而不可强执于“本性”“未发”。若欲刻意追求向“寂然不动”的本体回归，以求在“性体”上做到“归寂”，将“收敛凝聚”误认为性体未发之工夫，这反而会导致“执见为障”，即不免将“归寂”执定为一种见解。在塘南看来，任何见解意识均非“默会”“归根”。

以上表明了塘南对“归寂”说的基本看法，也表明了他跟双江、念庵在思想上存在歧义。这或许是由于塘南在方法上更注重在意识发端的“有无之间”——“几”，做一番“默会”本体的工夫。也正由此，在他看来，双江、念庵的“归寂”“收摄”说，偏重于“静坐豫养”，执定有一个所谓的“寂体”，可以成果“收摄”的对象，这也不免走上“歧路”。当然，塘南在思想理路上，他对“归寂”说仍有同情的了解，而并没有一味指责。他曾说：“善学者，息息归寂，以还吾至善之本性，是之谓真修。”① 又说：

> 或曰：“性本寂也，故一悟便了。若云归寂，是以此合彼，终为二之。”曰：“非然也。夫性生万物，则物物皆性，物物归寂，即是自性自寂，何二之有？”②

这对“归寂”说有部分肯定，然而如果说“物物归寂”“自性自寂”，那么，也就不必刻意主张“归寂”，因为在“归寂”说的背后，似已预设“以此合彼”的可能，也就背离了万物本性

① 《合稿》卷四《病笔·甲辰仲冬》，第 271 页。

② 同上。

都是“自性自寂”的根本原理。

由上所述，“透性研几”包含了“收敛归根”“潜心至虚”“握几凝道”等具体方法，这套说法反映了王塘南工夫论思想的主要特征。不过，严格来说，“透性”“研几”是工夫论原则，“收敛归根”则是工夫的具体方法。值得注意的是，塘南在工夫问题上还重视“主敬”和“静坐”的方法。[①]但无论是“透性”，还是“收敛”“静坐”，都与塘南对“悟”与“修”的看法有密切关系。这就涉及塘南“悟由修得”说。事实上，在塘南思想系统中，与“透性研几”说相比，“悟由修得”更是其思想之“真髓”所在。

五　悟由修得

“悟”与“修”，原是佛学注重的问题。宋代新儒家特别是阳明学，也开始关注这一问题。阳明心学史上的“天泉证道”就清楚地表明，阳明已不讳言“顿悟”和“渐修”的问题。[②]可以想见，塘南关于悟修问题的考察，与阳明学时代的思想背景有关。

由上述“性体本虚”以及“默会”主张来看，或以为塘南思想重“悟”轻“修”，其实不然。由于“性体本虚”“性不容言”，因此“性”上著不得工夫，这是第二节所探讨的塘南观

① 关于“主敬”“静坐”问题，塘南有不少论述，此不详述。参见《合稿》卷五《支节漫语》第278页、卷四《三益轩会语》第260页、卷五《仰慈肤见·辛卯》第277页、卷一《答周守甫》第163页、卷一《答郭以济》第167页等。

② 关于晚明思想史中的“顿悟渐修”问题，荒木见悟有精当的论考，参见其著《阳明学の位相》第四章“顿悟と渐修”。然文中并未言及王塘南。

点，这一观点颇与阳明“心体”上著不得工夫，唯有在“意”的层面上才能着手的工夫理路相似。也正由此，阳明有“致知存乎心悟”的说法，由阳明此说，进而在阳明后学中衍化出一种“尊悟”倾向（如王龙溪）。然而，塘南对于“近时学者率务玄谈，而薄实修”①，以及“近世号为高明之士，或谓一悟便了，行宜上不必点检”②之类的思想风气可谓深恶痛绝，故他十分强调“悟由修得”。

本来，若说“性体本虚”“性无为者”，那么，结论应当是“安所事修”；只有落到意识现象层次，善恶情识等展现之后，才需要落实“意之修”的工夫。对此，塘南以为不然，他认为“性之修”与“意之修”并不是对立的，他说：

> 或谓：“性无为者也，安所事修？至于意，而善恶分，于是乎有修。”予谓：“意自性生，则即谓性之意，可也。意之修，孰能使之修哉？则即谓性之修，可也。故即性即修。若谓修无关于性，便落二见。”③

塘南在这里所表述的观点非常重要，可归结为四个字：“即性即修”。一见之下，“即性即修”与“性存乎悟”之说不免矛盾。既然说“性存乎悟”，那么就应说“即性即悟”。其实在塘南那里，“透性”“研几”或“悟性”本身就是修悟合一的过程。对“性”或“几”的把握，既是“心悟”过程，同时也是“实修”过程。诚然，“此理存乎默悟”④，“致知存乎心悟”（按，原为阳明语），是塘南的一贯立场，同时也应看到塘南又

---

①《合稿》卷一《答许敬庵少司马·乙未》，第184页。

②《合稿》卷一《答曾德卿·乙未》，第184页。

③《合稿》卷四《潜思劄记》，第268页。

④《合稿》卷二《答王球石三条》，第212页。

有“悟由修得”的重要观点，不可忽视：

执形气以言性者，固为未彻。若谓性在形气之外，于一切了无干涉，则性如太上皇相似，体用悬绝。作此见者，将驰空而弃伦遗物，于世教为害不小。①

夫体认入微，即谓真修。是悟由修得也。既云有悟，岂遂废修哉？必兢业保任、造次颠沛不违，以至于子臣弟友，慥慥相顾。是修之无尽，即谓悟之无尽也。彼以影响之见为有悟，且以切己之修为下乘，遂未免袭奇僻而越准绳，将导人于侈焉无忌惮之归，其流弊可胜言哉？②

以上两段话的侧重面虽有不同，但旨意是一致的。性与形气，犹如体用之关系，体用一源，彼此相即，故不能将“性”视作超离于形气之外的存在，若此则会导致“体用悬绝”，产生“弃伦遗物”的后果。第二段话对“悟”“修”关系问题作了集中阐述，可用四字来归纳：“悟由修得”。关于这一点字，塘南又有另一种表述方式：“未有不修而能真悟者也。”③这里的双重否定即意味着一个肯定，即全面肯定“悟由修得”。

表面看，“悟由修得”强调“修”是“悟”的前提，“悟”是“修”的结果。但在塘南看来，悟修关系并不只有“由修到悟”（修→悟）的单向运作，同时还有“由悟到修”（悟→修）的递进过程。用塘南的说法，前者是“即性是修”，后者是“即修是性”。所谓“即性是修”，主要讲“孰能使之修哉”的

① 《合稿》卷四《潜思劄记》，第268—269页。
② 《合稿》卷三《吴安节先生日省编序·甲辰》，第232页。
③ 《合稿》卷四《潜思劄记》，第266页。

问题，结论是“修”乃“即性之修”而非“意之修”；所谓“即修是性”，主要讲“修之无尽”，结论是“悟后”乃需“言修”，否则便会“入魔道矣”。塘南又说：

> 务彻本原，即所谓修也，故修非从点检末节之谓也。切己体认之修，真积力久而豁然通，乃为真悟。未有不修而能真悟者也。真悟后，一瞬一息，皆归本原。发必中节，事事皆协天则。所谓顺性以动，即修是性，天行之健，宁有停歇之期？若谓悟后无修，则必非真悟，总属虚见。又或谓：“悟性者任情恣行，不由矩矱，皆是妙用，何必言修。”此大邪见，入魔道矣。①

塘南首先强调了“悟”即“修”的观点，而“顺性以动”便是“即性是修”之意。后面有一句强调“悟后”乃需“言修”，由此可见，塘南对悟修关系的理解是深刻的。第一，“悟由修得”构成了塘南工夫论的基本原则。第二，“修”非点检末节之谓，乃是“求透性之功”，是谓“即性是修”，这与“透性”一致。第三，既悟之后，乃需言修，是谓“即修是悟”，否则便非“真悟”。第四，“即性是修”与“即修是性”并非断然两截，从悟到修——从修到悟，其实是一个不容间断的连续过程又是互相递进的过程。②

还须看到，尽管说“悟由修得”，但是“悟”本身具有超验的因素。因此，对于非由经验积累而达到的所谓“顿悟”，

① 《合稿》卷四《潜思劄记·甲辰》，第266页。

② 上面第二节已有引用的一段话，在此不妨再回味一下：“盖此体空寂之中，脉脉呈露处，乃无中生有，自然不容已，无一刻间断。”这段话讲的是性体自我呈现的无间断性。这是对“即性是修”与“即修是性”这两者关系所下的一个最好注脚。

又作何解释。对此，塘南一方面指出"顿悟者，非不修而悟也"①；另一方面，也承认有"生而顿悟"者。关于"顿悟"，塘南试图采用佛教"宿因"说来自圆其说，他指出：

> 或谓："古有始生而顿悟，有佣贱不识字，乍闻一言而顿悟者，皆不假修而入，何欤？"曰："是有宿乘愿力而来者，非凡流也。彼宿因之修，已入圣境，故乘愿而来，现迹如是。知此则知予所谓自古未有不修而悟者，真非诳语矣。修极而悟，真悟也。真悟难与人言，所谓哑子吃苦瓜，是已。凡可与后学言者，惟指其入悟之方，非能直吐其所悟也。惟善学者，真实自求自参，到得自有省处，却亲炙明眼人，密密请质，当有不言而契，非以影响承当者。"②

不容否认，所谓"宿因之修""乘愿而来"，在理论上难与"修极而悟"之说相契。既然承认"顿悟"是前世之因，那么就不能否认"悟"与后世之修可以脱节。如果把前世之修说成是后世之悟的原因，以此论证"自古未有不修而悟者"，那么，这种解释不免牵强，而且其思路不免落入佛学因果循环论。③

那么，塘南何以强调"悟由修得"呢？其实，他的思想目的在于批判当时学界存在的各种流弊。用塘南自己的说法，其目的在于"卫道"，例如他曾说："某虽非真知道者，然今日所

① 《合稿》卷五《静摄寤言·乙未》，第280页。

② 同上。

③ 对"顿悟"的这种解释，当源自唐代华严宗第五祖宗密的《圆觉经大疏钞》(《续藏经》本卷六上)。参见荒木见悟：《阳明学の位相》第四章"顿悟と渐修"。

见与往日拙刻所云，总之皆以卫道。”① 通观《合稿》，此类言论，俯拾皆是。以下仅列举两条：

> 学者以任情为率性，以媚世为与物同体，以破戒为不好名，以不事检束为孔颜乐地，以虚见为超悟，以无用耻为不动心，以放其心而不求为未尝致纤毫之力者，多矣。可叹也！②
>
> 近见海内高明之士谈学者，往往以修证为落阶级，以伦物为非上乘，甚者于绳趋步尺之士，嫉之如仇。孔孟正学其将衰乎！③

综上所述，悟修实是“透性”过程的两个方面。用阳明学的术语来表达，就是“本体工夫”合一论，所谓即本体是工夫，即工夫是本体。对此，塘南也有自觉意识，并提出了颇具特色的本体工夫论：“夫本体即能做功夫之本人也。”又说：“日间能做功夫者，即是本体，则本体自在矣。何必更求本体乎？”④ 用塘南的术语来表达，本体工夫正是“即性是修”与“即修是性”的双向互动。当塘南强调“未有不修而能悟者”时，意在指示“修者入悟之方也”⑤，即“悟由修得”这条原

① 《合稿》卷二，《答钱启新道长·己亥》，第198页。按，是书言及钱启新与管东溟书，启新对于东溟切于“卫道”之心似有微词，疑其“藏头露足”。对此，塘南驳之，故有以上之说。又，管东溟对阳明后学流弊往往有严厉批评，参见荒木见悟：《明末宗教思想研究》，创文社，1979年。

② 《合稿》卷四《三益轩会语》，第257页。

③ 《合稿》卷一《与万思默·庚寅》，第175页。

④ 《合稿》卷一《答郭以刚·丙申》，第185页。至于工夫问题，塘南说“只还他本色，顺以达之”（同上），此即“顺性以动”“即性是修”的意思。

⑤ 《合稿》卷二《答按院吴安节公·甲辰》，第212页。

理。可以说，这是塘南坚持的工夫论基本原则。塘南坚持这一点，自与他的“卫道”意识有关。同时应看到，坚持“悟由修得”并不意味塘南放弃了“真悟其性”“性存乎悟”以及“性贵悟”[①]等观点。应当说，塘南思想的基本特质表现为“以透性为宗”“以研几为要”。换言之，做到“透性”乃是塘南所追求的理想目标，而“悟由修得”则是塘南在工夫论问题上的基本主张。

六　结　语

由上可见，塘南思想对阳明心学有所修正，这主要表现在塘南心性论与阳明学有所不同。他对于阳明后学那种无限扩张“心”字的思想倾向非常敏感，亦有强烈批评。正是面对阳明后学中各种思想弊端，塘南才会强调“性体本虚”“性体心用”“悟由修得”等观点，从中我们可以感受到其思想的针对性。

他从“性体本虚”的本体论立场出发，赞同阳明“无善无恶”说，但是却作了重大修正，以为此说只是形容“性之体”，而不能规定“心之体”。他突出“性体”的绝对性，对“心”作了某种限定。性是本体，心则“有体有用”；性是绝对的，而心则有道心人心之分；性是“无善无恶”的，而心则“有善有恶”；性是“无可言状”[②]的，而心则有“知觉情识”。[③]结论是“性大心小”。诸如此类，显然与阳明学的观点不尽相符。

---

① 《合稿》卷四《病笔》，第 271 页。

② 参见《合稿》卷二《答谢居敬五条·戊戌》。

③ 参见《合稿》卷二《答唐凝庵·壬寅》。

高攀龙曾指出顾宪成的思想乃“性学也”①，上面提到受塘南思想影响颇深的东林党人钱启新也强调性的重要性，如：“不知性，无心可尽；不养性，无心可存”②；“谓性是先天太极之理，心兼后天形气”③；“性是天地万物一原之理”④。其实，这些观点都可在塘南那里找到影子。在某种意义上，我们也可以称塘南学是“性学”，或者说从塘南思想中可以看到“心学”向“性学”发生了转向。

不过，高攀龙对塘南思想的评价既有基本肯定：“诸老之中，塘南可谓洞彻心境者矣。”⑤但他又说：“然以愚见窥之，尚有未究竟在。”此话何讲？高攀龙以塘南对“无善无恶”说的看法为例，指出塘南见解尚“未离知解”，而且还“未离门户”。⑥意谓塘南仍恪守心学，故在高攀龙看来，塘南思想仍然属于

---

① 《小心斋劄记题辞》，见《顾端文公遗书》卷首。高攀龙此说，显然事指顾宪成以下一句名言：“语本体只是性善二字，语工夫只是小心二字。”（《小心斋札记》卷十八，第437页）

② 《黾记》卷一・癸卯，第576页。《黾记》收入《四库全书存目丛书》子部第14册，中国科学院图书馆藏明万历四十一年刻本。

③ 《黾记》卷一・庚子，第562页。

④ 《黾记》卷三，第635页。按，此句也是塘南强调的观点。参见《合稿》卷一《答郭青螺方伯・甲午》第182页、卷二《答王养卿五条》第193页、卷四《三益轩会语》第249页等。

⑤ 《明儒学案》卷二十《江右王门学案》五《王塘南传》引用此句，但略去下文。按，对塘南的这种看法，在当时学界似乎已成“定论”。邹元标曾说：“当今学问如王塘老，时时转手，老而弥笃，真人所难及。”（《南皋邹先生会语合编上卷・镇佛会语》，第176页）耿天台亦以为“先生（指塘南）殚精佛学者，乃其粹履醇心，岿然儒宗矣”（《天台集》卷十九《读塘南王先生语录》，第1855页）。

⑥ 以上参见《明儒学案》卷五十八《高攀龙论学书・答顾泾阳》，第1415页。

“心学”一脉[①]。应当承认，攀龙此见自有其思想立场所致。

然而王塘南认同“无善无恶”说，与其主张“本虚”“本寂”是有理论一惯性的，其在工夫论上，虽然大讲“透性”或“悟性”，然在社会现实问题上，塘南则有强烈的“卫道”精神，他甚至批评“四无说”具有“杀人”的危险性。另一方面，我们也应看到，塘南对阳明后学虽有严厉批评，对《传习续录》亦抱有“未可尽遵”的态度[②]。然而对王阳明及其学说思想，王塘南是基本认同的，他对阳明还有这样的评价：

> 阳明先生见处极高，若直吐其所见，世人必大骇，将望尘而却退者多矣。乃《传习录》所言，皆俯就下学所及，贬词以喻之，足知其苦心也。及至晚年始发致良知一语，又于《大学古本序》中特示以“存乎心悟”，此则尽泄底蕴，以俟后学者也。[③]

---

① 顺便指出，顾宪成对塘南思想有一个较保守的评估，然在语意上与攀龙的看法又微有差异，其曰：“近日，王塘南先生又恐人离用而求体，因曰：‘知善知恶乃彻上彻下语，不须头上安头。’此于良知并有发明，而于阳明全提之指，却似均之契悟未尽也。”（《小心斋札记》卷十八，第419页）指出塘南也未必契悟阳明之旨。按，塘南语原是针对念庵而发，参见《合稿》卷四《三益轩会语》第256页。

② 《合稿》卷四《三益轩会语》，第257页。《传习续录》即今本《传习录》下卷。塘南特别对《传习录》下卷第277条“心无体，以天地万物感应之是非为体”一句，表示了反对（参见《合稿》卷四《三益轩会语》）。原因在于塘南对“心”的理解与阳明有异。然而塘南也说过“性无体”（《合稿》卷四《病笔·甲辰仲冬》，第271页），其因在于塘南坚持“性体”的绝对性。

③ 《合稿》卷四《三益轩会语》，第256页。塘南对良知的理解，与阳明也有接近之处：“夫所谓‘良知’者，即本性不虑之真明，原自寂然，不属分别者也。”（同上书，第256—257页）另参见《合稿》卷五《初刻大学古本后跋》。

也就是说，在塘南看来，他的“性存乎悟”“悟由修得”说完全可以在阳明那里找到根据。同时也可看出，在塘南的意识中，他以为对阳明早已“尽泄底蕴”的学说已有准确的把握。

总体而言，王塘南在思想上对阳明学有基本认同，但他的心性论又突出了性体的重要性，而对“心”的问题有所警觉，故其思想又有转向“性学”的迹象，这与其认定儒家圣学之宗旨在于“性宗”的观点立场是一致的，这就反映出晚明社会有一股思想新动向：心学向性学发生转移。这一转移现象到了东林党的时代，则有了更为显著的表现。

第十章　阳明后学与讲学活动

> 我朝薛文清、吴康斋、陈白沙诸人亦皆讲学，然亦只是同志。……何尝招集如许人？唯阳明先生从游者最众，然阳明之学自足耸动人。况阳明不但无妨于职业，当桶冈、横水用兵之时，敌人侦知其讲学，不甚设备，而我兵已深入其窠穴矣。盖用兵则因讲学而用计，行政则讲学兼施于政术，若阳明者真所谓天人，三代以后岂能多见？而后世中才，动辄欲效之。呜呼！几何其不贻讥于当世哉！①

这是聂双江门生何良俊（1506—1573）对明代以来的学者尤其是阳明及其后学从事讲学所作的描述。从中可见，何良俊对阳明之讲学不无赞赏，然而对阳明后学之大兴讲学，却颇有微词。以下一段话，则是何良俊对讲学的批评：

> 盖这个东西人人本来完具，但知得者自会寻得出，何须要讲？况中人已下者，但可使由之，又不必讲，惟可与言者始与之言，此所谓因材而笃。正双江之一大快也。若今之讲学者，不论其人之高下，拈着便讲，而其言又未必

① 何俊良：《四友斋丛说》卷四，中华书局，1959 年，第 32 页。

有所发明。[①]

何良俊以孔子的“民可使由之，不可使知之”（《论语·泰伯》）这句话为由，认为“中人以下”不必讲学，并指出“今之讲学者”有一种“拈着便讲”之倾向。这显然是针对阳明后学大兴讲学之风所表露的不满。但是反过来看，也正说明讲学运动已经蔚然成风。有趣的是，就在何良俊发出上述议论的次年（1553），便在京师举行了有千人以上参加的、被称为是“其盛为数百年所未有”（黄宗羲语）的“灵济宫”大会，主持者即是其同门先辈徐阶、业师聂双江，还有欧阳南野、程松溪等阳明大弟子。

在序章当中，我们对阳明学的思想内涵及其后学的思想展开过程作了一个概观。在本书的各章当中，对阳明后学的几位主要人物的思想也分别作了个案的探讨。最后我们想叙述一下阳明后学与讲学活动。目的是想从内外两个层面来揭示阳明学作为一场思想运动所具有的总体特征。

阳明学作为一种思想学说，固是理论思辨的产物，同时阳明学的产生及其展开过程本身又是一场思想运动，其具体表现就是讲学。阳明之后的整个晚明思想界，讲学之风盛行不衰、绵延不绝，不唯阳明后学，即便是对心学末流不无批判的东林党人亦热衷于此。尽管如黄宗羲所言，东林讲学与“昔绪山、二溪（按，指龙溪和近溪）鼓动流俗”之类有所不同[②]，此当别论。可以肯定的是：从16世纪中叶到17世纪初，讲学运动已带有一种超学派、超地域的性质，组织形式更为成熟，讲学

① 《四友斋丛说》卷四，第38页。

② 《明儒学案》卷五十八《东林学案总论》。

规模日趋庞大，随之而来的社会效应也就越来越大。

如所周知，阳明一生，广收门徒，大兴讲学。其弟子钱绪山称阳明“平生冒天下之非诋推陷，万死一生，遑遑然不忘讲学”①。也正由此，阳明也曾遭到时人的一些非议，认为阳明于“文章”“政事”“气节”“勋烈”四者，兼而有之，若能“除却讲学一节，即圣人矣”。对此，阳明的回答很坚决：

> 某愿从事讲学一节，尽除却四者，亦无愧全人。②

可见，对阳明来说，“讲学”是其一生的抱负。他甚至把讲学喻为“婚姻”，而把自己喻为“媒妁”之人，并劝其门人也吸引后进，互讲互学。在阳明看来，讲学既是吾人“本分内事”③，也是吾人今日不可偏废的首要之务。④在某种意义上可以说，阳明学的思想展开过程，就是一部讲学运动史。

谈到讲学，必然要涉及讲学活动的事件、过程等具体问题，本章却把主要的着眼点放在为何要讲学这一理论层面的问题。也就是说，王门后学热衷于讲学的思想根源究竟何在，这是本章关注的焦点。当然行文中也会涉及一些重要的讲学事例（如泰州学派等）。同时，对非阳明学思想圈的一些学派学者的讲学活动也会有所顾及。

---

① 《传习录》中，钱绪山《续刻传习录序》。

② 《王阳明全集》卷四十一，邹东廓《阳明先生文录序》，第1569页。

③ 《王阳明全集》卷四《寄希渊三（癸酉）》。

④ 如：“且天下首务，孰有急于讲学耶？”（《传习录拾遗》，第14条）然而阳明亦以讲学而蒙“罪名”，嘉靖八年，阳明被劾，罪名之一就是“号召门徒，互相唱和”（《明通鉴》嘉靖八年条）。

一　讲学与实学

讲学一事，由来已久。顾宪成说“讲学自孔子始”①，当是确论。王嗣槐也指出：“古无道学之名，其实则讲学而已矣。”②我们知道，顾、王两人对心学末流均有严厉批评，但对儒家的“讲学”本身却都持肯定的态度。由此或可说明，讲学活动受到儒家学者的普遍关注，已经具有了一种超乎时代的特征。

孔子有句名言，常为宋明以来儒家学者所喜欢引用：“学之不讲，是吾忧也。”③根据这个说法，可以说讲学乃是儒家的一贯传统。阳明也充分注意到孔子的这句名言，并以此为据，进而指出：

> 而世之学者，稍能传习训诂，即皆自以为知学，不复有所谓讲学之求，可悲矣。夫道必体而后见，非已见道而后加体道之功也，道必学而后明，非外讲学而复有所谓明道之事也。④

阳明认为“体道”与“明道”均离不开讲学。此处所云“传习训诂”之学显然是指朱子学之流。当然，朱子也并非不注重讲学，一部超过百卷的《朱子语类》便是明证。⑤但在阳

---

① 《小心斋札记》卷十四，第 80 页。

② 《桂山堂文选》卷一《消闲录序》，东京内阁文库藏康熙十一年序刻本，叶 6 上。王嗣槐指出“讲学有二”：一是“在己而言”，如“研穷义理，辨难孳孳，所为学不讲，是吾忧”；一是“及人而言”，如“以其身体力行，著书立说者，传当时而信后世。”（同上）

③ 原文为：“子曰：德之不修也，学之不讲也……是吾忧也。”（《论语・述而》）

④ 《传习录》中，第 172 条。

⑤ 如朱子说：“如孝弟等事数件合先做底，也易晓，夫子也只略略说过。如孝弟、谨信、泛爱、亲仁，也只是一处恁地说。若是后面许多合理会处，须是从讲学中来。”（《朱子语类》卷一一九，第 2871 页）朱子以为“合先做底”与“讲学”不可偏废。

明看来，朱子所讲的只是“传习训诂”，无助于“明道”。换言之，阳明是从心学立场上来理解“讲学”的，他说：

> 然世之讲学者有二：有讲之以身心者，有讲之以口耳者。讲之以口耳，揣摸测度，求之影响者也；讲之以身心，行著习察，实有诸己者也。如此，则知孔门之学矣。①

意思是说，讲学并非只是传授书本知识，更是一种切身的求道实践（“体道之功”）。虽然，阳明也不是一概排斥读书作文，只是阳明以为更重要的是“行著习察”，也就是说，行为才是最重要的。“今学者看书，只要归到自己身心上用”②，讲的也是这层意思。王龙溪曾经引用阳明此说，并对此作了更为明确的诠释：

> 故曰“讲学有二：有以口耳者，有以身心者。”入耳出口，游谈无根，所谓口说也。行著习察，求以自得，所谓躬行也。③

可以说，“讲以身心”与“讲以口耳”必须加以区别，这是阳明对“讲学”的基本理解。

既然所讲之学不局限于“传习训诂”之类的书本知识，那么讲学的具体内容，又当作何规定？对此，阳明的回答其实非常简单，只要良知作得“主宰”，则日常生活中的诸等凡俗之事，都是实际的学问（“实学”）。即便是像做财务、打官司（“簿书讼狱”）之类的琐碎事务，也“无非实学”而已。④其曰：

> 使在我果无功利之心，虽钱谷兵甲、搬柴运水，何往

① 《传习录》中，第172条。
② 陈荣捷编：《传习录拾遗》，第15条。
③ 《龙溪会语》卷六《书同心册后语》，叶18上。
④ 《传习录》下，第218条。

而非实学？何事而非天理？①

这是说，在无私利之心的前提之下，“实学”可以包括诸如“钱谷兵甲、搬柴运水”之类的一切日常行为。换种说法，也可以说学圣人之学犹如“治家”，一家之“产业、第宅、服食、器物”都可以成为“治学”之具。② 只要心术端正而无私利之心，则日常生活中的诸般杂事均是“实学”，都可以大有作为。所谓“实学”，按其字面来理解，无非是指实际有用之学，儒学的“经世致用”一词，亦含“实学”之意。③ 但在阳明那里，其所谓“实学”，与良知学说有关。

按照阳明良知学的观点，良知本体必然在天地万物中“发用流行”，也必然呈现在日常生活中的一举一动当中。所谓“何往而非实学，何事而非天理”，其理论依据就在于：良知本体不仅内在于人心，而且遍在于事事物物当中。因此，对良知的把握必须“随时就事上”去做，换言之，在“随时就事上”讲良知之学（阳明学意义上的“讲学”），都可称之为“实学”。王门的泰州学派主要继承了阳明学的这一思想，主张“百姓日用即道”，从而特别重视在庶民阶层中展开讲学（详见第四节）。

再就讲学与举业的关系问题而言，阳明认为也不存在矛盾，他说：

> 只要良知真切，虽做举业，不为心累。……志立得时，

① 《王阳明全集》卷四《与陆原静（丙子）》，第 166 页。

② 《传习录拾遗》，第 49 条。

③ 姜广辉：《“实学”考辨》，载《国故新知：中国传统文化的再诠释——汤用彤先生诞辰百周年纪念论文集》，北京大学出版社，1993 年。另参见山井湧：《明末清初における经世致用の学》，载《明清思想史の研究》第 2 部，东京大学出版会，1980 年。

良知千事万为，只是一事，读书作文，安能累人，人自累于得失耳。①

梳头吃饭，亦妨于学否？即此是学。举业只是日用间一事，人生一艺而已。②

在阳明看来，讲圣学比习举业固然更为重要，但是做举业也并不妨碍讲圣学。③然而，习举中第，这在当时乃是士人学子（包括其家庭成员）最为关心的现实问题。所谓“志圣人之学”，整日谈性论道，未免与科举课目有所脱节。绪山之父对于其子从师阳明，就曾担心绪山有妨举业④，即是一例。据龙溪说，当时有疑阳明讲学者有二：一是疑其讲学“不专以读书为务，近乎禅学”；一是疑其讲学“时与晦翁稍有异同，或妨于举业之途”。⑤可以说，这两种疑问，反映了当时社会上的一种普遍心态。⑥

---

① 《传习录》下，第241条。按，朱子亦有类似的说法，参见《朱子语类》卷十三。

② 《稽山承语》，第38条。

③ 《阳明年谱》嘉靖三年八月“论圣学无妨于举业”条。

④ 《阳明年谱》嘉靖六年十月条。

⑤ 《龙溪集》卷十四《赠邑博诸元冈迁荆王府教授序》，第1059—1060页。

⑥ 据伍袁萃载：“阳明在西湖林隐寺讲学，一日及《中庸》，力诋晦翁之说，至于切齿拊膺。有一老僧在坐，问曰：‘公为秀才时，曾依朱说作文否？’阳明曰：‘此国家设以取士者，安得不从？’曰：‘当时何不自用己说？’曰：‘则不得中试矣。’老僧笑曰：‘然则文公讲解是公宝筏，苦海虽已渡，岂可便弃耶！’阳明默然有慙（惭）色。予（按，伍袁萃自称）少时馆于金姓者，余姚人也，语予如此。予曰：是正谚所谓‘渡江念千声佛，到岸煮老僧吃’者也。”（《林居漫录》前集卷六，台湾伟文图书出版社刊影印本，第192—193页）按，这一有关阳明的逸闻未必是“信史”，然而却与上引龙溪所记“时与晦翁稍有异同，或妨于举业之途”的说法可以互相印证。事实上，讲心性之学有碍于科举，这在当时应是常识，然阳明却以讲圣学“无妨于举业”为由，来为自己的讲学活动寻找依据。

既然以朱子学作为科举考试的标准答案，那么讲学内容如果偏离了朱子成说，也就难免招致“妨于举业”之疑。当然，在阳明以及龙溪等人看来，这种疑问只是误解而已。因为“只要良知真切”“不为心累”，一切问题似乎都可迎刃而解。换言之，行为本身并不能决定行为之好坏与否，关键是要看付诸行动的目的及其动机如何。因此只要念头正、动机纯，即所谓的“只要良知真切”或“一念自信本心”，便只管做去，读书也好，治家也好，都无非是“顺其自然天则”，都是合乎道德的行为。应当说，这是一种彻底的道德主义。然而正是这种道德主义，一旦走向极端，倒有可能引发出一种新的世俗伦理。或许可以这样说，阳明心学所提倡的那种以个人内心良知为绝对至上的道德主义，并以此大肆宣扬人人都可成圣的口号，进一步推动了儒学向民间的渗透，进而加速了儒学世俗化。只要在“良知”这一口号之下，一切世俗行为都可以被解释成是合法的、正当的。晚明时代大量涌现的那些世俗的民间宗教（包括鬼神信仰）、世俗的言情小说（包括俚言说唱）等文化现象或多或少都与心学思想的流行有着某种关联。①

当然，具有文化蕴涵的世俗心态的形成与当时社会经济的发展程度密切相关，反过来也可以说，某种社会文化心态之形成也必然有其社会思想基础。道德至上主义，固然是儒学思想

① 比如，在晚明风行一时的“三一教”理论就有明显的心学色彩。同样，在16世纪末开始盛行的袁了凡的“功过格”思想亦不例外。又如，公安三袁以及屠隆的文学理论亦有心学思想的因素。参见奥崎裕司：《中国乡绅地主の研究》，汲古书院，1978年；郑志明：《明代三一教主研究》，台湾学生书局，1988年。

的特征之一，追求“内圣”也固然是宋明儒学所宣扬的一大人生目标，然而，在道德与经世、圣学与实学之间，并非不能沟通。在以良知为主宰的口号之下，一切世俗行为都可赋予一种道德意义。引申开来，便可得出这样的结论：圣学即是实学，讲圣人之学亦即是实学。而这里所谓的“实学”，主要是指人的社会生活而并不是指人的精神活动。举例来说，比如“治生”问题。这一问题与讲学有何关联，就曾经在阳明的圈子里引起过议论。

自从元儒许鲁斋提出“儒者以治生为先”之说以来，引起了后世儒家学者的种种议论，阳明对此说所作的评论，颇能反映阳明对“讲学”与“治生”这一关系问题的看法。“治生”一词出自《史记·货殖列传》，意指从事“货殖”或“治产”等经营性行为。按照儒家的传统观念，这类行为未免有追逐私利之嫌，故为儒家士人所不道。阳明根据这一观念，指出鲁斋此说“亦误人”。① 但在后来，针对弟子的追问，阳明作了如下具体的阐发，语义上又有所变化：

---

① 《传习录》上，第 56 条。按，晚明儒者方弘静批阳明此说，曰：“许鲁斋言‘学者以治生为先’，阳明非之，以为‘大误人’。余谓阳明误矣，圣人未尝教人不治生。”（《千一录》卷七《子评》，美国哈佛大学图书馆藏明刊本，叶 2 上下）其中方对阳明的看法似有误解。方弘静自己则有“生财之道，王政之急也”的主张（同上书卷八《客谈》，叶 7 上）。这类言论在晚明社会随着商业活动的日益发展，应该不是孤例。晚明清初的儒者陈确亦对鲁斋的“治生”论表示关注，甚至主张：“治生尤切于读书。”（《陈确集·文集》卷五《学者意治生为本论》）另据黄宗羲的传人全祖望的自述，其父尝谓：“为学亦当治生。”（《鲒埼亭集》外编卷八《先仲父博士府君权厝志》，国学基本丛书本）而清代考据学大家钱大昕则对历史上的“治生”问题进行了一番考证，参见《十驾斋养新录》卷十八“治生”条。

> 若“以治生为首务”，使学者汲汲营利，断不可也。且天下首务，孰有急于讲学耶？虽治生亦是讲学中事，但不可以之为首务，徒启营利之心。果能于此处调停得心体无累，虽终日做买卖，不害其为圣为贤，何妨于学？学何贰于治生？①

这段话令人回味。阳明首先指出讲学是“天下首务”，对以“营利”为目的的“治生”仍然持否定态度，但同时又强调了这样的观点：只要“调停得心体无累”（意即只要良知作得主宰），则从事“买卖”或“治生”也无妨于学。对这一观点不妨可以这样解释：“买卖”或“治生”的行为本身是价值中立的，并不存在好恶之分、善恶之别，只要在“良知”这一道德原则的名义之下，一切世俗行为都具有正当性。既然良知本体遍在于现象之中，那么致良知工夫也就不能脱离日常的世俗行为——诸如“梳头吃饭”“搬柴运水”，而“买卖”“治生”之类的日常行为当然也就属于“实学”的范围之内。在此意义上，所以说“治生亦是讲学中事”。不过，在某些“正统”学者看来，心学家不顾对象、场合，到处乱讲，宣扬“本心”至上，其结果倒是足以坏人“心术”，如于孔兼甚至直言：“讲阳明之学者，心事必不纯。”②

总之，阳明认为人不分职业种类，事不分大小巨细，均可成为讲学的对象。在阳明（亦含王龙溪）看来，职业之不同并不重要，重要的是，如何做到“即业以成学”而不是“迁业以废学”。而这一观点的哲学依据则是：“道在其中。”若用阳明

① 《传习录拾遗》，第 14 条。
② 《愿学斋续忆语》，叶 59 下。

的话来说，也就是“异业而同道”。[①] 可以说，这句命题是心学“讲学观”的一个基本理念。正是基于“异业而同道”这一信念，讲学本身就具有了一种普遍性的意义。

二　异业而同道

在王门当中，王龙溪称得上是一位讲学活动家，他一生讲学不辍，据说“视其家若邮传”，年至八十，仍“周流不倦”，他自称“素性好游，辙迹几半天下”[②]，这些应当都是事实。他继承了阳明的“讲学观”，就“业”与“道”以及“业”与“学”的关系问题，明确指出：

> 古者四民异业而同道，士以诵书博习，农以力穑务本，工以利益器用，商以贸迁有无，人人各安其分，即业以成学，不迁业以废学，而道在其中。……昔者伊尹耕于有莘，而乐尧舜之道，便是即农以为学；傅说在于版筑，胶鬲在于鱼盐，便是即工与商以为学。[③] 当其未发未举之时，惟知安分尽业，原无荣禄之想；及其出而为卿为相，不过随时展错，以成应缘涉世之功，于本来性分，未尝有所加损也。矧士尤四民之首，以希圣希贤为实学，以万物一体为实功。……是故处则有学业，出则有职业，农则有农业，工商则有工商之业，卿相则有卿相之业。业者，随

---

① 《王阳明全集》卷二十五《节庵方公墓表（乙酉）》，第941页。

② 参见《东越证学录》卷五《剡中会语》，第432页；《明儒学案》卷十二《王龙溪传》；《龙溪集》卷十五《自讼长语示儿辈》。按，关于龙溪的讲学，可参见中纯夫：《王畿の讲学活动》，《富山大学人文学部纪要》第26号，1997年。

③ 以上所说基本上承袭了阳明《节庵方公墓表（乙酉）》中的说法，唯阳明文中无“各安其分”“即业以成学”等说。

吾日用之常，以尽其当为之事，所谓素位而行，不愿乎外者也。①

其中，龙溪根据阳明的“异业而同道”说，进而提出“即业以成学”的观点，可谓深得阳明之旨意。既然“异业而同道”，那么就可得出“即业以成学”(或“异业而同学”)的结论。

值得注意的是，龙溪所强调的“各安其分”“安分尽业”“应缘涉世”等观点。当然，这些观点也是“异业而同道”“异业而同学”在理论上的必然延申。然而历来以为“各安其分”的思想，是对社会等级观念的肯定，而主张“安分尽业”或“安贫乐道”，在促进社会发展方面未免具有消极因素。不过，“安分尽业”说实质上也是儒家思想的基本观点，尽管心学十分强调人心的道德自觉，但在主观上也并非要打破“安分尽业”这一社会观念。相反，“异业而同道”意味着在“各安其分”的基础上，尽己所能，发扬本心，便是合乎道的行为。因此，“人人心中有仲尼”这一心学理论，也未尝不可以理解为是在提倡各人在安于自己本分的基础上，去努力成就“圣人”。

其实，在阳明学那里，“各安其分”与“成圣成贤”并不存在根本矛盾。阳明在“拔本塞源”论中，一方面指出良知之学的目标在于“复其心体之同然”，同时又指出良知“是尽性分之所固有”。因为是“性分固有”，所以也就必然要求“安分守己”。阳明又说当其“唐虞三代之世”:

天下之人，熙熙皞皞，皆相视如一家之亲。其才质之下者，则安其农工商贾之分，各勤其业，以相生相养，而

① 《龙溪集》卷七《书太平九龙会籍》，第559—561页。

无有乎希高慕外之心。①

这里所描述的是一种“各安其分”“各勤其业”的所谓“三代之世”的社会景象，这实际上也就是阳明心目中的理想社会。另一位讲学家罗近溪也有类似的主张：

> 人人亲亲长长，任性之自然，各安其分，只晓耕而食、凿而饮、出而作、入而息，日用饮食而已，更有何事？此孔子倦倦为政以德，只是志大道之公也。试观我高皇（按，指朱元璋）《六谕》，普天率地，莫不日用平常，仰事俯育，此正王道平平、王道荡荡也。宁非偏为尔德哉？②

其中也强调了“各安其分”的观点。可见，近溪对现实的人伦秩序以及社会体制作了积极肯定。由此或可说，心学讲学的目的之一就在于安顿秩序。在他们看来，通过讲学正可以重整人心，让人们安分守己，这是有助于安定社会秩序的。

也正由此，所以历来被认为喜欢抽象玄谈的王龙溪以及罗近溪等心学讲学家之所以热心于所谓的社会讲学，其目的就在于维护社会秩序。同时他们也没有放弃传统的“各安其分”以及“四民”等级观念。龙溪坚持认为“士”为“四民之首”，是“天地间第一等人”，“士与商贾异者，以其尚义而远利也”。③这是用“义利”这对概念来区分士商阶层，突出了

① 《传习录》中，第142条。按，周海门也指出：“仆实修举，尽分安心，不生妄想，便是实学。”（《东越证学录》卷六《共学心期录序·修职业》，第452页）他又有“随缘尽分”“各安其遇”等主张（《东越证学录》卷五《剡中会语》）。

② 日本九州大学藏本《罗近溪先生全集》诗卷，叶7。引自荒木见悟：《明代思想研究》，第143页。

③ 《龙溪集》卷五《蓬莱会籍申约·申约后语》，第384—385页。

士人阶层的优越性。可以说这是当时具有普遍性的社会观念，也是儒家的一个传统观念。① 因此，在阳明后学的讲学活动过程中，提倡“各安其分”“各勤其业”“随缘涉世”“各安其遇”等，常常是讲学的主要内容之一，这是不可忽视的。从理论上看，这种讲学与阳明的“异业同道”“性分固有”等观念显然有着密切关联。

须指出，在良知是“性分所固有”这一思想前提下，肯定愚夫愚妇在本质上与圣人并无差异，进而指出“士农工商”之分工虽不同，而“道在其中”，无非都是“希圣希贤”之“实学”，这一思想在当时社会分工日趋深化的背景下，又具有一定的积极意义，有可能形成一种职业平等、教育平等的观念。甚至有可能导致这样的结论：对于历来以为不足为道的、以追逐货利为目的的工商之“业”，从正面加以某种程度的积极肯定，儒与商之间的区隔也就变得宽松起来。② 比如有人曾向邹东廓提问“商可学乎”？对此，东廓的回答是：

---

① 参见《龙溪集》卷八《天心题壁》。关于“四民分业”，嘉靖年间士人王烨仍然坚持传统观点：“士农工商列为四民，有贵贱焉。有术业异，其心志亦异。阕一焉，无以为生；弗辨焉，则乱。农也者，自食其力，而推其余以养人者也；工也者，食其力于人者也；商则贸有无，以趋利矣，故贱之。惟士不忧贫而忧道，修己而民咸赖焉，故贵之。……呜呼！所恃以维持斯民者，惟士是赖，而固堕坏其志以败斁其业，是民无首也。”（《樗庵集》卷七《日录》，叶 22 上下）按，王烨为嘉靖十四年进士，对陆王学持批判立场。

② 余英时在《士与中国文化》一书中，以阳明《节庵方公墓表》一文为例，称阳明“四民异业而同道”之说是肯定了“商人的社会价值”，并称该文是“新儒学伦理史上的一件大事”（余英时：《士与中国文化》，上海人民出版社，1987 年，第 527 页）。不过也须注意，“异业同道”亦可引出“各安其分”之说。

> 自公卿至于农工商贾，异业而同学。闻义而徙，不善而改，孳孳讲学以修德，何尝有界限？古之人版筑鱼盐与耕莘齿胄，皆作圣境界。世恒訾商为利，将公卿尽义耶？①

东廓从“异业而同学”这一观念出发，指出“士农工商”在“讲学以修德”方面不存在“界限”，进而肯定了工商之业“皆作圣境界”。显然，“世恒訾商为利，将公卿尽义耶”这句反问当中已经包含了肯定的意思，从中可以感受到东廓（亦包括龙溪）对于商人行为有正面肯定之意图。也就是说，在东廓看来，商人并非一概利欲熏心，其行为亦有尽义之处。故在晚明时代，对商人又有“义商”“良贾”等称呼。如徽商出身的大官僚汪道昆（号南溟，1525—1593）曾有一句非常著名的言论：

> 良贾何负闳儒！②

邹东廓在《赠胡孺道》一文中则记录了一则故事，引人深思。据载，胡生孺道在往赴南都途中，于舟中遇一卖姜商人，商人因恐鲜姜腐坏，而不顾风急浪大之险，操舟急行，胡生惧而阻之，商人不听。后胡生见东廓，与说其事，东廓闻而叹曰：

> 子欲求师乎，则鬻姜者是已。鬻姜者之志于利也，虽风波险阻，毅然而弗避，故遂如所期而至，子之志于道也，果如其志于利，弗泊弗旋，其将不有所至乎？圣门之教曰：“仁者安仁，智者利仁。”夫以仁为利，毅然求必得之。……世之明着衣冠，高谈仁义，一旦临利害，苶然丧

① 《东廓集》卷七《示诸生九条》，叶 12 上。

② 汪道昆：《太函集》卷五十五《程公暨赠宜人闵氏合葬墓志铭》。

其常度，而欲避之，皆鬻姜者之所笑也。[①]

这是坦言，士人并不一定比商人高明。士人表面上“明着衣冠，高谈仁义”，然而一旦遇到“利害”却往往手足失措。相反，商人表明上虽然唯以“利害”两字是图，但他们却能求之有道，“以仁为利”，因此“鬻姜者”这般商人也能反过来成为士人之“师”。应当说，这是阳明后学乃至晚明社会中颇具典型意义的“商人”观。

三　政学合一

如果说“异业而同道”（阳明）、“即业以成学”（龙溪）、“即业而同学”（东廓）等主张都是建立在阳明学的“公道”“公论”“公学”这一观念基础上的话，那么同样基于这一观念，又可得出“政学合一”的结论。龙溪说：

> 君子之学，好恶而已矣。赏所以饰好也，罚所以饰恶也。是非者，好恶公也。良知不学不虑，百姓之日用同于圣人之成能，是非之则也。良知致，则好恶公，则刑罚当，学也而政在其中矣。大学之道，自诚意以至于平天下，好恶尽之矣，如好好色，如恶恶臭，意之诚也，好恶无所作，心之正也，无作则无僻矣。身之修也，好恶公于家，则为家齐，公于国与天下，则为国治而天下平，政也而学在其中矣。[②]

可见，这种“政学合一”是在“公是非”的良知论这一前提之下的“合一”。就是说，只要良知致，便能“好恶公，刑

① 《东廓集》卷一，叶 53 上下。

② 《龙溪集》卷八《政学合一说》，第 519—520 页。

罚当”，于是就可实现学与政的合一。因为政事要求公正平等，而“致良知”也无非就是“公好恶”“公是非”，乃至“公”于家国天下，故政在学中、学在政中。其中凸显出“公”的重要性，值得注目。

其实，在阳明学那里，良知本身即有“公”之意，因为良知就是普遍原理（即“公道”“公理”）。天下之是非好恶、乃至公学、公论等，也都无非是良知的体现。阳明指出：

> 世之君子，惟务致其良知，则自能公是非，同好恶，视人犹己，视国犹家，而以天地万物为一体。①

龙溪则据此推论：

> 天下之公学，非先师所得而私也。②

意谓阳明之学实是“天下之公学”，而非阳明一人之“私学”。

龙溪弟子周海门甚至提出了“良知”即“公论”，一部《春秋》即是“一个公论”，千载公论就是“一个良知”的观点：

> 世道之所以常维，赖此公论。公论何来？人心所出，即是良知。一部《春秋》只是留得一个公论，千载公论只是提得一个良知。③
>
> 《大明律》亦不可不看。……是一部《春秋》，亦是一部《易经》，即《书》《礼》《乐》都在里许。④

---

①《传习录》中，第179条。

②《龙溪集》卷八《大学首章解义》，第574—575页。

③《东越证学录》卷四《越中会语》，第320页。按，明末复社领袖张溥曾说：“夫辞出于诚，虽草野之贱，庸夫愚妇，皆得发舒公道。”（《七录斋集》卷五《贺常熟杨邑尊荣封序》，清代禁毁书丛刊第1辑，台湾伟文图书出版社刊，第651页）反映出在当时下层士人阶层（以“生员”为代表）中也有“公道”论的要求。

④《东越证学录》卷四《越中会语》，第318—319页。

这是说，一部《春秋》再加上一部《大明律》，便体现了全部的人心良知和儒学精神。

其实，龙溪也曾引用“先正”之言，也提到《大明律》甚至比《大学》还重要：

> 一部《大明律》，其义精于《大学》一书。①

龙溪所云“先正”者，不详。据《见闻杂记》载，甘泉弟子唐枢（号一庵，1497—1574）曾说：“本朝止有两部书，一部是《大明律》，一部是《状元廷对策》。”② 与龙溪所引略有出入，但大意却可通。

由上可见，这种“公学”“公论”的观念有着浓厚的阳明心学色彩。由此又可引申出这样一种观念：重要的不是儒家经典、知识议论而是日常生活中的现实问题更能体现出良知的真实存在。因此，社会人伦以及民众教化等问题，开始逐渐受到关注，并成为当时讲学的主要课题之一。举例来说，近溪讲学便非常重视《太祖圣谕》和《乡约》，他在《太祖圣谕演训》中指出：

> 那部《大明律》，岂是空做的？你们犯罪……一定要到你们身上，即使逃得王法，天报也断乎不爽。……你们若求免祸，莫如谨遵圣谕。③

这段话非常通俗易懂，而其内容也渐离儒家经典，甚至大胆涉

---

① 《龙溪集》卷十四《赠周见源赴黄州司理序》，第1053—1055页。按，冯少墟亦说：“《大明律》不可不读。”甚至说：“谁谓刑书非理学乎？”（《冯少墟续集》卷二《都门讲》，叶51下—52上）这与阳明所言“簿书讼狱之间无非实学”之说，有相通之处。

② 《见闻杂记》卷三，台湾伟文图书出版社刊影印本，第154页。

③ 《太祖圣谕演训》，东京尊经阁文库藏本。转引自酒井忠夫：《中国善书の研究》，弘文堂，1960年，第49—50页。

及因果报应思想。这是值得注意的讲学现象，既表明当时的讲学风格已发生变化，同时也是当时社会心态的一种写照，因为对听众而言，他们显然已有“天报不爽”的预备知识。

然而，针对近溪在讲会中大谈因果报应的问题，龙溪从儒家立场出发，告诫近溪：

> 传闻吾兄（按，指近溪）主教，时及因果报应之说，固知引诱下根之权法，但恐痴人前说梦，若不喜听，又增梦语，亦不可以不慎也。何如何如？①

不过，在近溪看来，他援用《大明律》《太祖圣谕》乃至果报之说，都是极有利于在下层社会推广儒学的手段。他认为，不论是朱子教人“求诸六经”，还是阳明教人“求诸良心”，两者的教学之方太过高调，社会普及力有限。因此他主张：

> 惟居乡居官，常绎诵我高皇帝《圣谕》，衍为《乡约》，以作《会规》，而士民见闻，处处兴起者，辄觉响应，乃知大学之道在我朝果当大明，而高皇帝真是挺生圣神，承尧舜之统，契孔孟之传，而开太平于兹，天下万万世无疆者也。②

这类说法在近溪（亦含杨复所）的文字中不一而足、俯拾皆是。在今人眼里，未免有“御用”之嫌，然亦不必苛求古人。事实上，在近溪的时代，与明代早期相比已经发生了微妙的变化，即他们更关注如何将儒学向下层推广的问题。正是在

---

① 《龙溪集》卷十《与罗近溪》第一书，第 853 页。按，关于“因果报应”及“功过格”的问题，在“结语”中还会提到。

② 《明道录》卷一，第 24—25 页。

这种问题意识的推动下，他们开始关注更易引起社会效应的教学手段及其内容的通俗性。于是，《圣谕》《乡约》等文献的宣传讲授便成了他们的一个重要选项，而且很快形成了一种风气。例如根据龙溪弟子周海门的记载，会稽人朱培之在家乡立“社规”，首置“圣祖六谕”以为家训。① 至于晚明社会的缙绅士人之所以推重“乡约”“圣约”“家训”，这在思想上与阳明学有何关系，值得引起关注。

事实上，即便如龙溪之流，给人以喜谈抽象心性的印象，但他却也认为日常烦琐细小的行政事务也无非是学。他说：

> 簿书讼狱之间，无非实学，离却簿书讼狱，便是落空。不惟听讼一事，推而至于监司守令、宰执乘田，莫不皆然，惟求尽吾是非之本心，以达于政。②

这一主张固与阳明心学有关，也反映了儒家所固有的经世思想。龙溪又说：“儒者之学，务为经世，学不足以经世，非儒也。”③ 王心斋也说：“大学外无政，政外无学。”④ 欧阳南野亦主张：“政学本非二事。”⑤ 由此可见，“政学合一”论在王门诸子当中几乎是一项共识。甚至是对阳明后学不无批评的湛甘泉也有明确的“政学合一”之主张。⑥

不止于此，即便是以厌恶讲学而著名⑦的张居正也曾说：

---

① 《东越证学录》卷九《题明亲社规》。

② 《龙溪集》卷十四《赠周见源赴黄州司理序》，第 1054 页。

③ 《龙溪集》卷十三《王瑶湖文集序》，第 974 页。

④ 《王心斋全集》卷五《与林子仁》，叶 4 上。

⑤ 《南野集》卷二《答方三河》，叶 20 下。按，参见《南野集》卷四《答陈豹谷》第二书、卷二《答谷龙崖》等。

⑥ 《甘泉集》卷八《心泉问辨录》。

⑦ 参见《万历野获编》卷八《嫉谄》。

“……则政亦学，世言政学二者，妄也。”①这也可视为是一种“政学合一”论。不过，居正心目中的“学问”与心学家的所谓“学问”，在内容上是不同的。居正曾在阅读了心斋遗稿之后，曾有这样的感叹：“世多称王心斋，此书数千言，单言孝弟，何迂阔也。”②在居正看来，讲伦理道德并不是“实学”。可见，“政学合一”说作为一种思想口号，并不难为人所接受，但是在如何理解“政”和“学”的具体内容这一问题上，则会发生分歧。居正注重的是对典章制度以及富国强兵等问题的探讨。在士人眼里，这种学问简直就是申韩管商之学（如耿天台），以致后人对居正有“心术不正”之评（如刘念台）。③反过来站在居正的立场上来看，则心学家们所讲之学，未免坠入玄谈。龙溪讲“政学合一”，其理论前提是“求尽吾是非之本心”，实质上就是阳明学的良知主义；从心斋到近溪，泰州学派注重“孝弟”，以为由此修身便可达到治国平天下，实质上也是一种道德理想主义。而在居正看来，这种“主义”实在是“迂阔”之极。

所谓“政学合一”，还有一层意思就是：居官者也应当讲学。这一思想对晚明政局（如江陵执政时期以及东林党人之讲学）实有很大影响。据载，罗近溪曾要张居正进劝万历帝讲

---

① 《张太岳文集》卷七《赠毕石庵先生宰朝邑叙》，上海古籍出版社，1984年，第96页。

② 《明儒学案》卷三十二《心斋语录》，第718页。

③ 《刘子全书》卷十三《会录》，叶40下。按，管东溟认为居正毁书院、禁讲学，乃至“毙霸学之梁汝元（按，指何心隐）于杖下”，都不可谓之“过举”，只是居正过于“师心自用”，心术未正。（《从先维俗议》卷二《追求国学乡学社学家塾本来正额以订书院旁额议》，京都大学附属中央图书馆藏万历三十年自序本，叶101上）

学。徐阶执政时，亦尝令入觐官员以及会试举人，会讲于“显灵宫”①，海门指出：“世之忧国忧民者不乏，而忧学之不讲于朝署之间鲜。”②明确主张为政者也应当讲学。1565年，罗近溪入觐进京，在徐阶的赞同之下，大举灵济宫讲会，并对徐阶说：“此时人材为急，欲成就人材，其必由讲学乎！”③意欲通过讲学以振兴人材。

对阳明后学不无批评的冯少墟亦是“居官讲学”的提倡者。他在京师任职时，曾与邹元标（号南皋，1551—1624）等一起创建了“首善书院”，在京师兴起了一股讲学之风。据说在京师建书院，首善书院实属首创。④此举在当时，马上引起了朝野“异议藉藉”。⑤少墟为防患于未然，为讲会制定了一个严格的规定：“此会切不可谈及朝廷利害、长官贤否等事。”⑥当然，真相如何，又当别论。当时，有人以为于今“人心崩溃”之际而大谈讲学，未免“迂阔”；有人则指责“居官”不应“讲学”。对此，少墟用以下的比喻作了反驳：

> 讲学如穿衣吃饭然。难道在家穿衣，做官不穿衣？在家吃饭，做官不吃饭？

---

① 《东越证学录》卷四《越中会语》，第255页。

② 《东越证学录》卷七《天真讲学图序赠紫亭甘公》，第535页。

③ 《盱坛直诠》卷下，第307页。按，近溪录有《灵济宫会语》，今不传。

④ 叶向高：《苍霞余草》卷二《首善书院记》。

⑤ 参见刘念台：《都门稿序》(《冯少墟集续集》卷二,《都门讲》卷首）。首善书院的缘起及其与东林党运动的关系等问题，详见小野和子：《明季党社考》第6章第2节。黄宗羲指出：“京师首善之会，主之为南皋、少墟，于东林无与。”(《明儒学案》卷五十八《东林学案总论》，第1375页）

⑥ 《冯少墟续集》卷二《都门稿语录》。另参见《冯少墟集》卷六《学会约》。按，四库全书本《冯少墟集》未收《续集》，兹用清康熙十四年重刻本《冯少墟集》。

进而指出：

> 讲学正所以修职业也。精言之，必讲学提醒其忠君爱国之本心，然后肯修；粗言之，必讲学考究其宏纲细目之所在，然后能修。不然，纵终日奔忙，不过了故事以俟迁擢而已。故居官职业之不修，正坐不讲学之过，而反曰妨职业乎哉？

结论是："讲学诚今日第一着。"[①] 可见，少墟等人主张讲学的目的在于培养"忠君爱国"之心。这当然与天启初年的政治时局有关，与阳明的时代已经大为不同。但是，不论讲学之内容有何变化，推动这种讲学运动的理念则是共通的：即"政学合一"。

总之，在明代中晚期，讲学之风遍及朝野，居官讲学亦已蔚然成风，可以说讲学成了这一时代的一大特征。自阳明以来，讲学虽与训诂之学发生脱节，但对形而上的问题尚未完全丧失兴趣，而万历后期及至明末的讲学，却与纯粹的学术探讨相距益远。讲学活动也开始发生了一些变质。

本来，"学之不讲，孔子之忧"，这是当时的一般共识。张居正虽有禁讲学、毁书院、汰生员等激烈举措[②]，但也应该看到个中亦有现实原因。按居正自己的说法，他所痛恶的是那些崇尚虚见、趋炎附势、搅乱当路的所谓讲学之徒。[③] 其实，讲

---

① 以上参见《冯少墟续集》卷二《都门稿语录》。

② 《万历野获编》卷二十四《书院》将其列为"权相大罪之一"。

③ 参见《张太岳文集》卷二十九《答宪长周友山讲学》《答南司成屠平石论学》、卷三十《答宪长周友山明讲学》等。关于张居正与讲学的关系问题，详参中纯夫：《张居正と讲学》，载《富山大学教养部纪要》第25卷1号，1992年。

学本身，无可厚非，问题在于所讲何学。东林党人也热衷讲学，但在他们眼里，王门后学之辈所讲的无非是玄虚之学。顾允成曾有一句名言："今人讲学只是讲学""任是天崩地裂，他也不管。"这当然是针对心学家的讲学。意思是说，心学讲学已与现实发生严重脱节，忘记了讲学的终极目标。他又说："在缙绅只是'明哲保身'一句，在布衣只是'传食诸侯'一句。"① 这是指心斋学及其泰州后学之辈。② 意谓当时的讲学家之流已然缺乏社会担当意识，只讲如何安身保身，甚至视讲学为一种谋生手段，甘愿做他人的"门下食客"。

此外，又有以为讲学之徒当中既有图利之辈，也有借讲学之名，逞游山玩乐之兴，更有甚者，不惜兴师动众，干扰地方官府者。例如，沈懋学指出：

> 顾时之所谓学，吾惑焉谭良知者，率以知识为性真，以本体即戒惧，卒流禅语，于王文成致良知三字，漫不知求，而任职莅官，每每废事，分门立户，好为人师。③

这段话的矛头所指其实是王龙溪、罗近溪之流的阳明后学。方弘静则对嘉靖中期以后的讲学之风有另一番观感：

---

① 以上引自《小心斋札记》卷十，第257页。

② 心斋有《明哲保身论》(《王心斋全集》卷四)，主张"爱身如宝"。泰州后学多布衣出身，如何心隐、邓豁渠之流寄食他人门下等行迹，便是所谓的"传食诸侯"。

③ 《郊居遗稿》卷六《与徐觉斋观察》，万历三十三年序刻本，叶31下—32上。按，另参见同上书卷七《寄罗近溪先生》(作于1578年)，对于当时士人讲学有极严厉的指责，与其座师居正之斥讲学极似。居正夺情，懋学态度暧昧，时议不佳，传言他是"避死以要名"(《惕若斋集》卷四《祭沈状元少林丈文（壬午）》，叶24下)。按，沈懋学（1539—1582）父沈宠（字思畏，号古林）为龙溪、南野弟子，懋学年幼时曾随父侧席龙溪讲会（参见《郊居遗稿》卷五《王龙翁老师八十寿序》)。

又云："近江右巡抚建书院于玉山[①]，招士讲学。士大夫亦有往者，不过饮酒游山而已。而沿途供亿，不知其几。"（按，为顾应祥语）此言切中近时标揭簧鼓之习。尝见县令有借讲学之名，不却生徒者，一县富人倾赀而趋之，每节日，筐篚盈路，况令以上者乎。若巡抚立讲学之名，则何啻三千之途。秉政者不能止此靡风，何云制虏哉！且士夫轻千里而出游，岂徒沿途供亿而已，所至干谒有司，交结富室，甚或扼其吭而御之，莫不满载，载既满矣，则望望而之他，真乞墦之为者。此风起于嘉靖中年，今日甚一日，不至于财尽盗起，不已也。[②]

指出当时讲学主要有两种弊病：一是"干谒有司"，意即干扰地方行政；一是"交结富室"，意即有害于地方财政，其流之弊则有可能导致"财尽盗起"。

与方弘静的观察角度有所不同，罗念庵对龙溪等人的讲学行迹表示了这样的不满：

弟于传闻有一二事，则又顿足扼腕，长吁而隐痛矣。往年韶州之行，物议腾满，豹谷之黜，借以指瑕。泾县之聚，郡守持以短县令，县令几致削迹。其他琐琐，姑不条叙。诸公诚为己矣，何地不可托宿，必欲近城市、劳官府，力犯人言，果何益乎？……诸公专言格物，又言良知知是知非，独不见此，何也？今风俗披靡，贿赂公行，廉耻道丧，交际过情，所赖数公树立风教，隐然潜夺其气，

① 似指 1558 年，江西督学王敬所与巡抚马森、徐绅等修建怀玉书院（在江西省玉山县北）一事，参见《敬所王先生集》卷十六《怀玉书院碑》。

② 《千一录》卷十五《客谈》，叶 13 上下。

庶几不言而信。①

由此可见，当时的讲学活动（主要是指阳明后学）已经超出了文人学士以文会友的这种性质，其行迹也已遍及山林城市，在社会各个层面造成了一定的影响。

四 泰州学派与讲学

众所周知，泰州学派诸子，从王心斋到颜山农、何心隐、罗近溪等人无不热衷于讲学，其中，何心隐就是一个典型。据他自称，其被捕完全是“为讲学所毒”。② 心隐在被捕之后，曾写了一篇两万余字的长文，题作《原学原讲》，试图从根源上来阐明“学”与“讲”的重要性。该文从儒学发生史这一角度，论述了儒家思想与讲学的关系，可谓是一篇奇文。也可以说，该文的出现实是当时盛行讲学这一时代的缩影。③

关于泰州学派的讲学活动，历史上记述颇多。大致而言，主要有这样一些特征：首先是不分社会等级、贫富贵贱之不同，或行商坐贾或乡村野老，或缙绅先生或衣冠大盗，一概迎而不拒，“平等”④ 待之；其次，不论是大江南北，还是穷乡僻壤，行迹所至，“周遍乡县”；再次，以讲学为乐，以讲学为人生一大要事；最后，从讲学内容来看，轻知识传授而重道德教

---

① 《念庵集》卷三《答王龙溪》，叶 24 下—25 下。按，光绪本《念庵文录》系此书于嘉靖庚戌（1550 年）。又，“豹谷”者陈姓，被黜之事，今无考。

② 参见《何心隐集》卷四所收上当道诸书。关于何心隐，有不少专论，如容肇祖：《何心隐及其思想》(《辅仁学志》6 卷 1、2 期，1937 年)，森纪子：《何心隐论》(京都大学《史林》60 卷 5 号，1977 年）等。

③ 参见上引森纪子论文，有详细分析，故此不具述。

④ 为卓吾语，他盛赞近溪：“泛爱容众，真平等也。”(《焚书》卷三《罗近溪先生告文》，第 125 页）

化。要之，他们不是为讲学而讲学，而是视讲学为一种社会担当和责任。① 据李卓吾称，罗近溪以讲学“自度”，亦以讲学“度人”，“七十余年间，东西南北无虚地，雪夜花朝无虚日，贤愚老幼、贫病贵富无虚人。”② 这段话是对近溪一生的讲学生涯的生动描述。在近溪看来，讲学就是注重“践履”的儒家传统。他认为做学问主要有“觉悟”与“践履”两种方法，“觉悟透则行自纯，践履熟则所知自妙”，主张觉悟与践履都不可偏废③，讲学便属于践履的领域。他指出：

> 盖此身（按，指讲学）与天下原是一物，物之大本只在一个讲学招牌，此等去处，须是全副精神，透彻理会，直下承当，方知孔孟学术，如寒之衣，如饥之食，性命所关，不容自已。否则将以自爱，适以自贼。故大学之道，必先致知，致知在格物矣。④

这是说，讲学源自“万物一体”的信念，而所谓“格物”工夫无非就是“讲学招牌”。正是在讲学这一点上，我们需要“全副精神。透彻理会，直下承当”，把它看做如同吃饭穿衣一般，与自己的“性命所关，不容自已”。反之，若拒斥讲学，与世隔绝，名为“自爱”，实则“自贼”。

当然，近溪之重视讲学，与其“现成良知”的信念有关。⑤ 他曾明确指出：“今受用的即是现在良知。”由于现成良

① 韩贞与诸名公卿讲学，据载：中有“称引经书相辨论”者，韩贞闻之，“大恚曰：‘舍却当下不理会，乃搬弄此陈言，此岂学究讲肆耶？’”（《天台集》卷十四《王心斋先生传》，第 1417 页）

② 《焚书》卷三《罗近溪先生告文》，第 125 页。

③ 《罗近溪先生全集》卷七《语录》，叶 46 下。

④ 《明道录》卷三，第 284—285 页。

⑤ 《明道录》卷五，第 210 页。

知是人人具足、个个圆满的，因此，“常人”就与“圣人”没有本质上的区别。他说：

捧茶童子却是道也。

圣人即是常人。

常人本是圣人。①

他还指出“人人现成，尽是格物”乃“是古今一大关键。细观古人，唯是孟子一人识得，其他贤大儒，总皆忽略过了”。② 可见，在近溪看来，格物工夫并不是即物去求外在之理或客观知识，而是讲学本身。受其影响，其弟子杨复所也热衷讲学，并以“平生无他长，止有讲学一事”③ 为自豪。

心斋门人王一庵指出：

自古士农工商业虽不同，然人人皆共此学。孔门犹然，考其弟子三千，而身通六艺者才七十二，其余则皆无知鄙夫耳。

并指出后世以为此学“独为经生文士之业”，这种看法乃是起自秦汉记诵之学以后，而我师心斋“崛起海滨”，

然后愚夫俗子不识一字之人，皆知自性自灵、自完自足、不假闻见、不烦口耳，而二千年不传之消息，一朝复明。……④

这是说“四民”皆可“共学”，圣人之学无非是“共明共成之学”。这一主张的理论前提无疑就是阳明的“当下具足”的良

① 《明道录》卷七，第 306 页。

② 《明道录》卷二，第 63 页。

③ 《杨复所先生家藏文集》卷七《邓心虞》。

④ 以上见《一庵王先生遗集》卷上《会语正集》,《四库全书存目丛书》子部第 10 册收南京图书馆藏万历三十九年抄本，第 68 页。

知观以及“异业而同道”的理念。当然，如果说心斋讲学使得“二千年不传之消息，一朝复明”，有点夸大其辞。但是，良知是“自完自足”的、“异业而同道”等思想观点的提出，对于处于社会底层的“凡夫俗子”来说，不啻是一种精神上的鼓舞。心斋强调指出：

> 圣人之道无异于百姓日用。①
>
> 百姓日用条理处，即是圣人之条理处。
>
> 即事是学，即事是道。②

这是将圣人之道或圣人之学“百姓”化、“日用”化，质言之，也就是世俗化。而心斋的这些主张与良知现成说又有重要理论关联。他说：

> 良知天性，往古来今，人人俱足，人伦日用之间，举而措之耳。③

这是一种典型的良知现成说。在他看来，良知现成，人人具足，因此只要在“人伦日用之间举而措之”，便是致良知。据于此，在讲学问题上，心斋的观点是：

> 人之天分有不同，论学则不必论天分。
>
> 学是愚夫愚妇能知能行者，圣人之道不过欲人皆知皆行。④

---

① 《王心斋全集》卷二《语录》，叶15上。按，此说承自阳明（《传习录》下，第271条）。龙溪亦云“同于愚夫愚妇为同德，异于愚夫愚妇为异端”（《龙溪集》卷首《王龙溪先生传》，第74页），徐阶以为此是龙溪思想的一大特质。

② 同上书，叶4下、叶5下。

③ 《王心斋全集》卷五《答朱思斋明府》，叶3下。

④ 《王心斋全集》卷二《语录》，叶3上、叶2上。

也就是主张在学问面前，人人平等。由此出发，心斋在论及“出处”问题时，提出了一个著名观点：

> 出则必为帝者师，处则必为天下万世师。①

强调无论是出仕（“出”）还是在野（“处”），都必须以讲学作为自己的终生使命。但是这一观点也招来了种种非议，例如：

> 今海内有话柄云：“凡出心斋门下，大抵好为人师。”斯言岂其诬哉！亦吾辈有以取之耳。②

又如耿天台亦称时人有疑心斋该语未免“为狂诞者口实”。对此，天台作了全面辩护：

> 先生（按，指心斋）实笃信其道如此，若曰执此辅世，亲亲长长，天下平治之大经大法具是。所谓有帝者起，必来取法；执此善世，庸言庸行，是愚夫愚妇可与知能。所谓圣人复起，不能易者云耳。③

的确，如果提倡“出则为帝者师”，那么“天下无为人臣者矣”；如果提倡“为天下万世师”，那么岂不是“好为人师”？④对此类质疑，心斋一方面承认：“虽然学者之患，在于好为人师。”但是另一方面，心斋也决不放弃这样的观点：“学不足以为人师，皆苟道也。”⑤心斋还常援引周濂溪的“师道

---

① 《王心斋全集》卷二《语录》，叶14下—15上。

② 《一庵王先生遗集》卷上《会语续集》。

③ 《天台集》卷十四《王心斋先生传》，第1418—1419页。

④ 《王心斋全集》卷三《语录》，叶7上、叶11上。按，“好为人师”语出《孟子·离娄》篇：“人之患，在好为人师。”据《南野集》卷一《答章介庵》，介庵用“好为人师”一语来批评当时的讲学之风。

⑤ 以上参见《王心斋全集》卷五《答邹东廓》，叶14上；《王心斋全集》卷四《安定书院记》，叶3上。

立，则善人多，善人多，则朝廷正而天下治矣”[1]的观点，强调确立“师道”的重要性，因为在他看来，讲学不单纯是个人的进学修业问题，而且是关系到天下之治、社会人心的大问题。

还须看到，泰州学派之所以重视讲学，与其坚信心学的“万物一体”论有关。心斋主张“为天下万世师”，其实也正是基于“万物一体”的信念。他指出：

> 故出必为帝者师，言必尊信吾修身立本之学，足以起人君之敬信，来王者之取法，夫然后道可传，亦可行矣，庶几乎已自配得天地万物，而非牵以相从者也，斯出不遗本矣。处必为天下万世师，言必与吾人讲明修身立本之学，使为法于天下，可传于后世，夫然后立必俱立，达必俱达，庶几乎修身见世，而非独善其身者也。斯处不遗末矣。[2]

从“修身立本”到“法于天下”，体现的正是“万物一体”之精神。[3]所以，心斋在其著名的《勉仁方》一文中，明确指出：

> 夫仁者以天地万物为一体，一物不获其所，即己之不获其所也。务使获所而后已。是故人人君子，比屋可封，天地位而万物育，此予之志也。[4]

这是把“万物一体”论与其“人人君子，比屋可封”的社会理想结合了起来。而要实现这种社会理想，就必须坚定“立必俱

---

① 《王心斋全集》卷五《答太守任公》，叶 11 上。另参见《王心斋全集》卷四《安定书院记》，卷五《答邹东廓》。

② 《王心斋全集》卷三《语录》，叶 11 上下。

③ 关于心斋的万物一体论，另参见《鳅鳝说》(《王心斋全集》卷四)。

④ 《王心斋全集》卷四，叶 7 下。

立，达必俱达”的信念，而要将这一信念诉诸行动，讲学便是一种重要的手段。

因此，在阳明学的“万物一体”论当中，还可以使人感受到有一种积极与世的“狂者精神”。阳明指出“夫人者，天地之心，天地万物本吾一体者也”①。人的存在本质上不是脱离社会的个体存在，同时人类存在又与宇宙万物不可分割，故天下有一不善，即是己之不善，必同归其善而后已。阳明说：

> 仆诚赖天之灵，偶有见于良知之学，以为必由此而后天下可得而治。是以每念斯民之陷溺，则为之戚然痛心。忘其身之不肖，而思以此救之，亦不自知其量者。天下之人见其若是，遂相与非笑而诋斥之。以为是病狂丧心之人耳。呜呼！是奚足恤哉？吾方疾通之切体，而暇计人非笑乎？……若夫在父子兄弟之爱者，则固未有不痛心疾首，狂奔尽气，匍匐而拯之。彼将陷溺之祸有不顾，而况于病狂丧心之讥乎？而又况于蕲人之信与不信乎？呜呼！今之人虽谓仆为病狂丧心之人，亦无不可矣。天下之人心，皆吾之心也。天下之人犹有病狂者矣，吾安得而非病狂乎？犹有丧心者矣，吾安得而非丧心乎？②

此段表述可谓痛快淋漓。对世人的“病狂丧心之讥”，阳明反其道而行之，作了全面肯定。因为在阳明看来，这种“狂者”精神，“盖其天地万物一体之仁，疾痛迫切，虽欲已之，而自有所不容已”者，体现的无非是“吾非斯人之徒与而谁与”的与世精神。阳明在“拔本塞源”论的结尾，对后世又寄

---

① 《传习录》中，第179条。

② 同上书，第181条。

予了这样的期望：

> 呜呼！可悲也已！所幸天理之在人心，终有所不可泯。而良知之明，万古一日，则其闻吾拔本塞源之论，必有恻然而悲，戚然而痛，愤然而起，沛然若决江河，而有所不可御者矣。非夫豪杰之士无所待而兴起者，吾谁与望乎？①

如果说“人人君子，比屋可封”讲的是一种终极的社会理想，那么，务使人人皆得其所而后已，这一信念所表现的正是阳明的那种“不容自已”的“狂者”精神。这种狂者精神，从正面来看，是一种“一体同善”、积极与世的现实精神。不过，也有人以为这种“一体同善”之精神，实是一种“狂气”而已，如管东溟对阳明、泰州之张狂讲学便有猛烈抨击：

> 明儒自姚江流泽后，满腔皆是狂气。
>
> 姚江以千载绝学标良知，泰州以兼善万世树孔帜，不无张皇之过焉。②

事实上，不待东溟出来指责，阳明在其“万物一体”论当

---

① 《传习录》中，第143条。

② 《从先维俗议》卷四《孔门诸贤不可轻议》，叶34上下；《惕若斋集》卷一《惕见二龙辨义》，叶60上。按，管东溟斥王门讲学：“方诸近世龙溪王先生，与令师近溪罗先生之门人，其数似浮于孔门，然不再传而流弊即起。”（《惕若斋集》卷二《答杨少宗伯复所丈书（丙申）》，叶9下）并且称何心隐是泰州之“霸徒”（《从先维俗议》卷二《追求国学乡学社学家塾本来正额以订书院旁额议》，叶104上），又称泰州学子是“今理学中之侠客也”（同上）。并称近溪门人之数超过孔子“三千七十”，对近溪“喜以新说动众”亦极为不满。对此，杨复所有所反驳，参见《杨复所先生家藏文集》卷七《管东溟》。

中就已有明确的表白："夫子汲汲遑遑"的这种精神，"此非诚以天地万物为一体者，孰能以知夫子之心乎？"① 也就是说，唯有"以天地万物为一体者"，才能理解孔子的那种"汲汲遑遑"之"心"。总之，可以这样说，对阳明心学而言，推动讲学便是为了实现"万物一体"。

五 结 语

由上可见，阳明学在其形成及其展开的过程当中，讲学活动显得非常突出。可以说，阳明学在晚明时代之所以风靡一时，与阳明后学重视讲学有很大关系。如果说阳明学在社会实践方面主要表现为一种道德教化运动，那么我们必须注意到阳明学的讲学活动。同样，如果说讲学活动是阳明学发展史上的一个重要现象，那么我们也就应该从理论上把握讲学运动与阳明学的内在关联。

按阳明的良知学说，良知是根植于人心之中的道德是非观念，因此对良知的把握，必须通过每个人自身的道德实践。对于个人来说，致良知不能脱离"目前当下"的现实生活，因此必须通过日常行为，诸如"穿衣吃饭"乃至治理家产等，来把握自我良知，这就是"实学"。而"异业同道""异业同学"的思想命题，则是从理论上证明了每个人都应当参与讲学。同时也应看到，"异业同学"与"各安其分"又有理论上的必然关联。前者为讲学提供了理论依据；后者则是为讲学所提出的现实要求。也就是说，讲学的终极目标是：既要通过个人的道德实践以求达到"成圣"境界，同时也可以通过讲学以求达到安

① 《传习录》中，第182条。

定社会秩序的目的。

所谓讲学，从狭义上说，无非是学者之间的一种学问切磋。从广义上说，讲学则是一种面向民众的教化活动。从这一层面看，讲学具有重要的社会意义。因此，讲学具有双重意义：既是出于个人的德业修养、学问探讨的需要，同时也是积极参与社会现实的具体表现。此外，讲学活动还涉及讲学组织（又称“讲会”）以及讲学章程（又称“会约”）等问题。以下我们以邹东廓《惜阴申约》为例，对此问题略作探讨。

“惜阴会”是阳明在世时所创立的讲会组织，在阳明后学中影响深远。邹东廓为其制定的“会约”具有相当的代表性，从中可以看出，该讲会并不是严格意义上的学术组织，更接近于“乡约”组织。换言之，学者共同体的“讲会”组织变身为乡村共同体的“乡约”组织。邹东廓指出：

> 自今以往，共订除旧布新之策，人立一簿，用以自考，家立一会，与家考之，乡立一会，与乡考之。凡乡会之日，设先师像于中庭，焚香而拜，以次列坐，相与虚心稽助，居处果能恭否？执事果能敬否？与人果能忠否？尽此者为德业，悖此者为过失。德业则直书于册，庆以酒；过失则婉书于册，罚以酒。显过则罚以财，大过则倍罚，以为会费。凡与会诸友，各亲书姓名及字及生辰，下注“愿如约”三字。其不愿者勿强，其续愿入者勿限。①

从上文来看，该讲会没有严格的人数限制，也不对参加者的身份地位进行限制。值得关注的是，成立讲会的主要目的之一在于互相检点平时的功过善恶，并规定功过得失须录于簿

---

① 《东廓集》卷七《惜阴申约》，叶20上下。

册，令人联想起晚明流行的“功过格”。“功过格”的思想基础乃是“因果报应”，上述罗近溪在讲学时，便时常谈论“因果报应”。有趣的是，对近溪不无批评的管东溟却也主张：“我有一言作断案曰：凡言乡原（愿）乱德，而不言因果之理者，皆未斩乡原之根者也。”① 而在当时所订的“会约”当中，“改过迁善”成了一项常见内容。周海门在晚年甚至以“改过迁善”作为自己的“四字符”，表示将以此“终吾身矣”。②

应当看到，王门讲学围绕良知心性等问题，并不是没有抽象的哲学议论，后世学者往往斥之为“玄谈”，也并非毫无理由。但是从阳明学派的整个讲学风气来看，其所讲之学明显地具有道德教化的特征，甚至讲会被组织成某种道德团体，旨在乡村秩序的重建。至于“学”的概念，也有了通俗化的理解和诠释。邹东廓指出：

> 庸德庸言之学，愚夫愚妇可以谨、可以信。……其愿朴者，宿手以谨信为不可能，则诬愚夫愚妇。③

可见，在心学家的观念中，圣人之学就是“庸德庸言之学”，是愚夫愚妇都可以从事的事业。

再从心学讲学的规模来看，也可说是历代罕见，动辄成百上千，可谓“兴师动众”。龙溪及近溪且不论，据说邹东廓一生中举行的大小讲会共达七十余次，其中大会有数十次。④ 这

---

① 《从先维俗议》卷四，叶 96 上。

② 《东越证学录》卷九《题世韬卷》，第 710 页。

③ 《东廓集》卷七《龙华会语》，叶 16 上。

④ 《世经堂集》卷十九《文庄邹公神道碑铭》。按，文中称邹东廓“在嘉靖初，其学已信于人，田夫市侩，时其讲说，趋而听之，惟恐或后。”（同上书，叶 52 下）

种讲学运动可以说已经构成晚明社会的一道风景线，同时也极大地推动了儒学世俗化的进程，促进了民间儒学的发展。

总之，阳明学在本质上是一种道德哲学，故其思想主张注重于道德实践。而阳明及其弟子之所以热衷于在士庶社会两层推动讲学，与阳明学注重由个人、家庭进而向社会推广道德教化的思想旨趣不无关系。不过须指出的是，从阳明后学的整个讲学活动来看，可以说并不具有特殊的政治色彩。他们非常注意与上层官方的动向划清界限①，这与东林党人的活动以及明代末期的复社运动②有很大的不同。东林党人“往往讽议朝政，裁量人物”③，故其讲学不免带有一些政治色彩，因而不仅遭到来自外部的批评，即便是在东林党内部也有人对这种讲学趋向意有不满。④及至明末结社之风大兴，从讲学的对象内容到讲学的组织形式都与阳明心学的讲学发生了很大变化，不可同日而语。

及至明末清初，鉴于明亡之教训，目睹东林党人以及心学末流空疏讲学，以至有“清谈误国”之论，其中尤以顾炎武之批判讲学为著名。顾以为讲学流弊之根本原因在于科举生员制

---

① 如王龙溪《蓬莱会籍申约》有明确规定：“其官司得失，他人是非，一切不置诸口，违者罚。”（《龙溪集》卷五，第379页）龙溪此文是在季彭山《舟居条约》（《季彭山先生文集》卷四）的基础上加以改订而成。彭山文中则有“一不言朝廷利害，二不言官府得失”的戒条，但是只要求“请勿答”，而没有“违者罚”的规定。

② 关于复社运动与当时政治的关系问题，宫崎市定：《张溥とその时代——明末における一乡绅の生涯》（《宫崎市定全集》13，岩波书店，1992年）一文中有精彩的论述。

③ 参见《明史》卷二三一《顾宪成本传》。

④ 如于孔兼，参见《山居稿》卷四《与顾泾阳诸丈论讲学书》。

度，从而把批判讲学的矛头又指向了科举制度本身[①]，提出了“只当著书”“不当讲学”的主张，被后世的考据学家奉为“信条”。故清代以降，儒者讲学几乎成了一种忌讳。直至清末，变法时运兴起，讲学之风重振，变法之士如康有为（1858—1927）亦深感讲学之必要，对阳明学以及明末儒者的气节流露出一种怀念之情，对顾炎武之诋斥讲学则深表不满：

> 孔子曰：“学之不讲，是吾忧也。”陆子（按，指象山）曰：“学者一人抵当流俗不去。”故曾子谓以文会友，以友辅仁，朋友讲习磨励激发，不可寡矣。顾亭林鉴晚明讲学之弊，乃曰：“今日只当著书，不当讲学。”于是后进沿流以讲学为大戒。江藩谓“刘台供言义理而不讲学，所以可取。”其悖谬如此。近世著书，猎奇炫博，于人心世道绝无所关。戴震死时乃曰：“至此平日所读之书，皆不能记，方知义理之学可以养心。”段玉裁曰：“今日气节坏，政事芜，皆由不讲学之过。”此与王衍之悔清谈无异。故国朝读书之博，风俗之坏，亭林为功之首，亦罪之魁也。今与二三子剪除棘荆，变易陋习，昌言追孔子讲学之旧，若其求之方，为学之门，当以次告也。[②]

明清两代，讲学运动一兴一衰，表现出时代气息的脉动。然而时当清初，讲学之风犹存。反理学者颜元（1635—1704）主张讲学必须与躬行相结合。[③]顾炎武的好友李颙（号二曲，1627—1705）也力主讲学，他对王阳明以来的讲学精神有一个

---

① 参见《亭林文集》卷一《生员论》。

② 《康有为学术著作选》所收《长兴学记》，中华书局，1988年，第5—6页。

③ 参见《存学编》卷一《总论诸儒讲学》。

总的概括，姑引其说如下，以结束本章的讨论：

> 立人达人，全在讲学；移风易俗，全在讲学；拨乱反治，全在讲学；旋乾转坤，全在讲学。为上为德，为下为民，莫不由此。此生人之命脉，宇宙之元气，不可一日息焉者也。息则元气索而生机漓矣。
>
> 随人开发，转相觉导，由一人以至千万人，由一方以至多方，使生机在在流贯，此便是“为天地立心，生民立命。”①

---

①《二曲集》卷十二《匡时要务》，第105、106页。按，文中提到王阳明、冯少墟、邹元标、耿天台、罗近溪等人的讲学，并对阳明讲学有很高评价：“……于是雨化风行，云蒸豹变，一时学术如日中天。”（同上）在上述一段引文中有“由一人以至千万人”。其实，罗近溪早有此论，他指出：“如予一人能孚十友，十友各孚十友，百人矣；百友各孚十友，千人矣；由千而万而亿，达之四海运掌也。”（《盱坛直诠》卷下，第250页）意在通过讲学“孚友”以拯救天下。与此相近者，另参徐必达《南州草》卷二十五《刻阳明书院志序》，其中提及书院非为一人之私所设，其作用也非局限于一地，可以通过友一乡、友一国，最终达到友天下的远大目标。可见，通过讲学以求“联友”“孚友”，最终实现“友天下”，这是晚明讲学运动中出现的一项重要共识。另据全祖望的观察：“《匡时要务》在乎讲学，当今世而闻斯言，或启人之大噱。”（《鲒埼亭集》卷十二《二曲先生窆石文》，第151页）明确指出讲学已经不合“时宜”，不过他对李二曲的讲学主张，则持肯定态度。

引用书目

【略称】

湛若水:《甘泉集》,《湛甘泉先生文集》,康熙二十年序刻本。

邹守益:《东廓集》,《东廓邹先生文集》,隆庆六年马森序刻安成佑启堂藏本。

王　畿:《龙溪集》,《王龙溪先生全集》,京都中文出版社刊和刻近世汉籍丛刊本(无出版年)。

聂　豹:《双江集》,《双江聂先生文集》,明刊云丘书院藏本。

罗洪先:《念庵集》,《念庵罗先生文集》,雍正元年刊石莲洞藏本。

嘉靖本《念庵集》,《念庵罗先生集》,嘉靖四十二年序刊。

《念庵文要》,《念庵罗先生文要》万历三十一年序刊。

万历本《念庵集》,《石莲洞念庵罗先生集》,万历四十五年序刊。

《念庵文录》,《罗念庵先生文录》,光绪十二年序刊。

欧阳德:《南野集》,《欧阳南野先生文集》,嘉靖三十七年序刻本。

陈九川:《明水集》,《明水陈先生文集》,《四库全书存目丛书》集部第72册所收。

唐顺之:《荆川集》,《荆川先生文集》,四部丛刊初编本。

耿定向:《天台集》,《耿天台先生全集》,台湾文海出版社影印万历二十六年序刻本。

《天台全书》,《耿天台先生全书》,民国十四年刊石印本。

【古籍】

张　载:《张载集》,北京:中华书局,1978年。

邵　雍:《皇极经世》,四部备要本。

《击壤集》,四部丛刊本。

程颢、程颐:《二程集》,北京:中华书局,1981年。

谢良佐:《上蔡语录》,京都中文出版社刊和刻近世汉籍丛刊本(无出版年)。

罗从彦:《罗豫章集》,京都中文出版社刊和刻近世汉籍丛刊本(无出版年)。

李　侗:《延平答问》,京都中文出版社刊和刻近世汉籍丛刊本(无出版年)。

胡　宏:《胡宏集》,北京:中华书局,1987年。

朱　熹:《朱子语类》,北京:中华书局,1986年。

《朱子文集》,京都中文出版社刊和刻近世汉籍丛刊本(无出版年)。

陆九渊:《陆九渊集》,北京:中华书局,1980年。

杨　简:《慈湖遗书》,四明丛书第4集第1册。

真德秀：《西山先生真文忠公文集》，四部丛刊初编本。

程篁墩：《篁墩文集》，四库全书珍本三集。

胡居仁：《居业录》，京都中文出版社刊和刻近世汉籍丛刊本（无出版年）。

陈献章：《陈献章集》，北京：中华书局，1987 年。

李　中：《谷平先生文集》，《四库全书存目丛书》集部第 71 册所收光绪十三年刻本。

王阳明：《王阳明全集》，上海：上海古籍出版社，1992 年。

《传习录》，台北：台湾学生书局，1983 年刊陈荣捷《王阳明传习录详注集评》。

《传习录拾遗》（陈荣捷辑），同上书附录。

《阳明先生遗言录》（曾才汉辑），日本东北大学图书馆狩野文库藏手抄本。

《稽山承语》（朱得之辑），日本东北大学图书馆狩野文库藏手抄本。

《阳明先生则言》，台湾中国子学名著集成本。

《阳明年谱》，名古屋蓬左文库藏天真书院本。

罗钦顺：《困知记》，北京：中华书局，1990 年。

《整庵存稿》，上海古籍出版社“四库明人文集丛刊”本。

许相卿：《黄门集》，万历二十五年陈与郊浙江刻本。

黄　绾：《明道编》，北京：中华书局，1959 年。

《石龙集》，台湾“中央图书馆”藏嘉靖年间刻本。

顾应祥：《崇雅堂诗文集》，东京内阁文库藏万历三十八年跋刻本。

魏　校：《庄渠遗书》，四库全书珍本五集。

王　道：《王顺渠先生文录》，东京尊经阁文库藏明刻本。
王　艮：《王心斋先生全集》，京都中文出版社刊和刻近世汉籍丛刊本（无出版年）。
董　澐：《从吾道人语录》，名古屋蓬左文库藏《王门宗旨》卷末附录本。
季　本：《季彭山先生文集》，北京图书馆古籍珍本丛刊本。
薛　侃：《薛中离先生全集》，民国四年刻本。
《云门录》，名古屋蓬左文库藏《王门宗旨》卷末附录本。
王　畿：《龙溪会语》，万历四年查铎后序刊本。
钱德洪：《钱绪山遗文抄》（吉田公平编），《阳明学大系》第五卷《阳明门下》上，东京：明德出版社，1973年。
聂　豹：《困辨录》，嘉靖三十一年阮鹗序刻本，京都大学文学部藏和抄本。
欧阳德：《欧阳南野先生文选》，隆庆三年序刻本。
林东莆：《林东莆先生全集》，光绪十年吴国镇跋刻本。
吕　本：《斯斋吕先生文集》，万历二年尹台序刻本。
程文德：《程文恭公遗稿》，东京尊经阁文库藏万历十二年黄凤翔序刊本。
胡　松：《胡庄肃公集》，东京尊经阁文库藏隆庆六年刻本。
万　表：《玩鹿亭稿》，浙江图书馆藏万历年间万邦孚刻本。
黄　佐：《黄太泉集》，《广理学备考》本。
徐　阶：《经世堂集》，东京内阁文库藏明刊二十六卷本。
薛应旂：《薛子庸语》，民国二十八年重刊隆庆刻本。
孙应奎：《燕诒录》，万历三年孙应奎自序刻本。
朱　衡：《朱镇山先生集》，台湾“中央图书馆”藏万历十九年汪道昆序刻本。
唐　枢:《木钟台全集》，万历元年朱炳如序刻本。
王　烨:《樗庵集》，万历元年序刻本。
罗汝芳:《罗近溪先生全集》，万历四十六年刘一焜叙刻本。
《近溪子集》，万历十五年杨起元序刻本。
《盱坛直诠》，台湾中国子学名著集成本，万历三十七年序刻本。
《罗近溪先生语要》，光绪二十年刻本。
《罗近溪先生明道录》，京都中文出版社刊和刻近世汉籍丛刊本（无出版年）。
《罗明德公集》，东京内阁文库藏崇祯五年陈懋德序刻本。
王　襞:《东厓王先生遗集》，《四库全书存目丛书》集部第146册收嘉庆年间重修本。
王　栋:《一庵王先生遗集》，《四库全书存目丛书》子部第10册收南京图书馆藏万历三十九年抄本。
颜　均:《颜均集》，北京：中国社会科学出版社，1996年。
何心隐:《何心隐集》，北京：中华书局，1960年。
张元忭:《不二斋文选》，万历三十一年序刻本。
邓以赞:《邓定宇先生文集》，东京内阁文库藏万历三十一年序刻本。
《邓文洁公佚稿》，东京内阁文库藏万历年间刻本。
宋仪望:《华阳馆文集》，万历三年序刻本。
胡　直:《衡庐精舍藏稿》，四库全书珍本四集。
曾同亨:《泉湖山房稿》，东京内阁文库藏明刻本。
万廷言:《学易斋集》，东京尊经阁文库藏明刻本。

邹德涵：《邹聚所先生文集》，《四库全书存目丛书》集部第157册收万历刻本。

王宗沐：《敬所王先生全集》，万历元年张位序刻本。

查　铎：《阐道集》，万历三十七年序刻本。

尹　台：《洞麓堂集》，四库全书珍本。

方弘静：《千一录》，京都大学人文科学研究所摄美国哈佛大学图书馆藏明刊本。

冯　柯：《求是编》，京都中文出版社刊日本江户庆安三年（1650）和刻本。

唐鹤征：《宪世编》，万历四十二年纯白斋刻本。

郭汝霖：《石泉山房文集》，万历二十五年郭氏家刻本。

刘元卿：《山居草》，万历二十一年序刻本。

《江右名贤录》，万历二十序刻本。

《刘聘君全集》，《四库全书存目丛书》集部第154册收咸丰二年重刻本。

王时槐：《友庆堂合稿》，《四库全书存目丛书》集部第114册收光绪三十三年重刻本。

何良俊：《四友斋丛说》，北京：中华书局，1959年。

杨东明：《山居功课》，东京内阁文库藏万历四十年序刻本。

沈懋学：《郊居遗稿》，万历三十三年序刻本。

杨起元：《杨复所先生家藏文集》，万历年间刘廷元序刻本。

《证学编》，《四库全书存目丛刊》子部第90册所收北京图书馆藏万历四十五年佘永宁刻本。

周汝登：《东越证学录》，台湾文海出版社1970年影印万历三十三年序刻本。

《王门宗旨》，《四库全书存目丛书》子部第13册收万历余懋孳刻本。

邹元标：《南皋邹先生会语合编》，万历四十七年龙遇奇刻本。

邹元标：《愿学集》，四库全书珍本。

孟　秋：《孟我疆先生集》，万历十四年邹元标序刻本。

尤时熙：《尤西川文表》，光绪三十年鸿文局石印本《续中州名贤文表》所收。

《拟学小记》，东京尊经阁文库藏嘉靖三十八年尤时熙自序本。

张居正：《张太岳文集》，上海：上海古籍出版社，1984 年。

李　贽：《焚书》《续焚书》，北京：中华书局，1975 年。

《藏书》《续藏书》，北京：中华书局，1959 年。

《李温陵外纪》，台湾伟文图书出版社，1978 年。

焦　竑：《焦澹园集》，台湾伟文图书出版社影印万历三十四年序刻本。

《国朝献征录》，上海书店 1987 年刊影印本。

陶望龄：《歇庵集》，东京内阁文库藏万历三十八年刻本。

李维桢：《大泌山房集》，万历三十九年序刊本。

王世贞：《弇州山人续稿》，台湾文海出版社“明人文集丛刊”影印崇祯刻本。

王　衡：《王缑山先生集》，台湾文海出版社“明人文集丛刊”影印万历刻本。

瞿景淳：《瞿文懿公集》，东京内阁文库藏明刻本。

邓豁渠：《南询录》，东京内阁文库藏万历二十七年何继高后跋本。

李　乐：《见闻杂记》，台湾伟文图书出版社刊影印本。

管志道：《惕若斋集》《续集》，东京内阁文库藏万历二十四年管志道自序本。

《从先维俗议》，京都大学中央图书馆藏万历三十年自序本。

《问辨牍》《续问辨牍》，《四库全书存目丛书》子部第 87、88 册收万历年间刻本。

许孚远：《敬和堂集》，东京内阁文库藏万历二十二年叶向高序刻本。

徐必达：《南州草》，名古屋蓬左文库藏天启元年叙刻本。

于孔兼：《愿学斋亿语》《愿学斋续亿语》，东京内阁文库藏万历三十五年自题本。

《山居稿》，东京内阁文库藏万历四十一年序刻本。

顾宪成：《顾文端公遗书》，康熙年间曾孙贞观集成刻本。

《小心斋札记》，台湾广文书局 1975 年影印本。

《当下绎》，《顾文端公遗书》所收本。

顾允成：《小辨斋偶存》，常州先哲遗书本。

高攀龙：《高子遗书》，四库全书本。

冯从吾：《冯少墟集》，四库全书珍本五集。

《冯少墟续集》，康熙十四年重刻《冯少墟集》本。

《关学编》，道光年间刻本。

叶向高：《苍霞余草》，扬州广陵古籍刻印社，1994 年。

陈继儒：《眉公杂著·眉公见闻录》，台湾伟文图书出版社刊清代禁毁书丛刊第 1 辑。

伍袁萃：《林居漫录》，台湾伟文图书出版社影印万历四十三年伍袁萃跋刻本。

沈德符：《万历野获编》，北京：中华书局，1959 年。

钱希言：《松枢十九山》，万历四十二年刻本。

张　溥：《七录斋集》，台湾伟文图书出版社刊清代禁毁书丛刊第1辑。
钱谦益：《牧斋初学集》，四部丛刊本。
《牧斋有学集》，四部丛刊本。
钱一本：《黾记》，《四库全书存目丛书》子部第14册所收中国科学院图书馆藏明万历四十一年刻本。
陆世仪：《思辨录辑要》，台湾广文书局刊。
刘宗周：《刘子全书》，道光年间刊本。
黄宗羲：《明儒学案》，北京：中华书局，1985年。
《宋元学案》，北京：中华书局，1986年。
《南雷文案》，四部丛刊本。
《黄宗羲全集》，杭州：浙江古籍出版社，1985年。
陈　确：《陈确集》，北京：中华书局，1979年。
顾炎武：《日知录集释》，上海：上海古籍出版社，1984年。
《亭林文集》，四部丛刊本。
吕留良：《吕晚村先生文集》，光绪三十四年翻刻本。
全祖望：《鲒埼亭集》，国学基本丛书本。
戴　望：《颜氏学记》，台湾广文书局刊本。
颜　元：《四存编》，台湾广文书局刊本。
李　颙：《二曲集》，北京：中华书局，1996年。
王嗣槐：《桂山堂文选》，东京内阁文库藏康熙十一年序刻本。
范鄗鼎：《广理学备考》，五经堂汇编本。
胡　渭：《易图明辨》，北京：中华书局，1985年。
戴　震：《戴震集》，上海：上海古籍出版社，1980年。
唐　鉴：《清学案小识》，《四部备要》本。
刘　淇：《助字辨略》，北京：中华书局，1954年。

康有为：《康有为学术著作选》，北京：中华书局，1988年。

圭峰宗密：《禅源诸诠集都序》，东京：筑摩书房，1971年。
黄檗希运：《传心法要》，东京：筑摩书房，1971年。
一元宗本：《归元直指集》，京都中文出版社刊和刻本（无出版年）。
紫柏禅师：《紫柏老人集》，天启七年序刻本。
永觉禅师：《禅余外集》，东京内阁文库藏崇祯十三年序刻本。
《寱言》，京都中文出版社刊和刻本（无出版年）。
李道纯：《中和集》，《道统大成》离集一。
王重阳：《重阳立教十五论》，《道藏》正乙部。
夏宗禹：《紫阳真人悟真篇讲义》，《道藏》洞真部·玉诀类。
王道渊：《崔公入药镜注解》，《道藏》洞真部·玉诀类。
俞　琰：《吕纯阳真人沁园春丹词注解》，《道藏》洞真部·玉诀类。
朱元育：《周易参同契阐幽》，《道统大成》本所收。
陆西星：《玄肤论》，京都大学人文科学研究所藏隆庆元年赵宋刻本《方壶外史》。
赵台鼎：《脉望》，《藏外道书》本，成都：巴蜀书社，1992年。
刘一明：《道书十二种》，北京：中国中医药出版社，1990年。

《性命圭旨》，京都大学图书馆藏康熙年间刻本。
《删补性命圭旨定本》，日本名古屋蓬左文库藏万历间刻本。
《参同契笺注》，《道书十二种》所收，北京：中国中医药出版社，1990年。
《钟吕二仙传道集》，《藏外道书》本。

《藏外道书》，巴蜀书社，1992 年。
《诸真圣胎神用诀》，《道藏》洞神部・方法类。
《内外功图说辑要》，《道藏精华》第 2 集。
《中国方术大辞典》，广州：中山大学出版社，1991 年。

【论著】

吴　虞：《吴虞文集》，上海东亚图书馆民国十年版。
王重民：《美国国会图书馆藏中国善本书目》，台湾文海出版社，1972 年。
《美国国会图书馆藏中国善本书录》，台湾文海出版社，1972 年。
容肇祖：《明代思想史》，上海：开明书店，1941 年。
柳存仁：《王阳明与明代的道教》，载《中国文化研究所学报》（香港中文大学）第 3 卷第 2 期，1970 年。
牟宗三：《从陆象山到刘蕺山》，台北：台湾学生书局，1979 年。
钱　穆：《中国近三百年学术史》，北京：商务印书馆，1997 年。
冯友兰：《三松堂学术文集》，北京：北京大学出版社，1984 年。
陈荣捷：《朱子新探索》，台北：台湾学生书局，1988 年。
《朱学论集》，台北：台湾学生书局，1982 年。
《王阳明〈传习录〉详注集评》，台北：台湾学生书局，1983 年。
侯外庐、邱汉生、张岂之编：《宋明理学史》下卷，北京：人民出版社，1987 年。

余英时：《士与中国文化》，上海：上海人民出版社，1987 年。
陈　来：《有无之境——王阳明哲学的精神》，北京：人民出版社，1991 年。
《朱子书信编年考证》，上海：上海人民出版社，1989 年。
郑志明：《明代三一教主研究》，台北：台湾学生书局，1988 年。
朱鸿林：《〈明儒学案〉点校释误》，台湾“中央研究院”历史语言研究所 1991 年版。
叶树望：《王阳明后学——钱德洪》，载《阳明学》第 5 号（日本二松学舍大学阳明学研究所），1993 年。
王　铁：《〈阴符经注〉非朱子著作》，载《朱熹著作版本源流考》，北京：中国文联出版社，2000 年。
嵇文甫：《晚明思想史论》，上海：世界书局，1944 年；北京：东方出版社，1996 年。

【外文】

佐藤一斋：《传习录栏外书》，启新书院版。
《言志晚录》，讲谈社文库《言志四录》本。
铃木虎雄：《李卓吾年谱》，《支那学》第 7 卷 2 号 3 号，1934 年。
安田二郎：《中国近世思想》，东京：弘文堂，1948 年。
岛田虔次：《中国における近代思惟の挫折》，东京：筑摩书房，1949 年。
岛田虔次：《中国近世の主观唯心论について——万物一体の仁の思想》，京都《东方学报》第 28 册，

1958年3月。

今井宇三郎：《宋代易学の研究》，东京：明治图书出版，1958年。

楠本正继：《宋明时代儒学思想の研究》，千叶：广池学园出版部，1962年。

《（楠本正继先生）中国哲学研究》，东京：国士馆大学图书馆，1975年。

酒井忠夫：《中国善书の研究》，东京：弘文堂，1960年。

荒木见悟：《明代思想研究》，东京：创文社，1972年。

《明末宗教思想研究》，东京：创文社，1979年。

《阳明学の开展と佛教》，东京：研文出版，1984年。

《中国思想史の诸相》，福冈：中国书店，1989年。

《阳明学の位相》，东京：研文出版，1992年。

《中国心学の鼓动と佛教》，福冈：中国书店，1995年。

冈田武彦：《王阳明と明末の儒学》，东京：明德出版社，1970年。

山下龙二：《阳明学の研究》，东京：现代情报社，1971年。

《阳明学の终焉》，东京：研文社，1991年。

三浦国雄：《伊川击壤集の世界》，载京都《东方学报》第47册，1975年。

三浦国雄：《朱子と气と身体》，东京：平凡社，1997年。

奥崎裕司：《中国乡绅地主の研究》，东京：汲古书院、1978年。

秋月观瑛：《中国近世道教の形成》，东京：创文社，1978年。

沟口雄三:《中国前近代思想の屈折と展开》，东京：东京大学出版会，1980 年。

《中国の公と私》，东京：研文出版，1995 年。

金谷治（编）:《中国における人间性の探究》，东京：创文社，1983 年。

末木恭彦:《阴符经考异の思想》,《日本中国学会报》第 36 集，1984 年。

市川安司:《朱子哲学论考》，东京：汲古书院，1985 年。

石田秀实:《踵息考》，载《中国古代养生思想の综合研究》，东京：平河出版社，1988 年。

中　纯夫:《良知修证派について——王门三派说への疑问》，载《富山大学教养纪要》第 22 卷 1 号，1989 年。

《耿定向と张居正》，载《东洋史研究》第 53 卷第 1 号，1994 年。

吉田公平:《陆象山と王阳明》，东京：研文出版，1990 年。

宫崎市定:《宫崎市定全集》，东京：岩波书店，1992 年。

佐野公治:《明代的上帝、鬼神、灵魂观》，载《中国研究集刊》辰号，1993 年。

小野和子:《明季党社考》，京都：同朋舍，1996 年。

鹤成久章:《顾宪成の〈当下绎〉について并びに译注（上）》，载广岛大学《东洋古典学研究》第 5 集，1998 年。

《阳明学大系》卷五《阳明门下》上，东京：明德出版社，1973 年。

“吴震著作集·阳明学系列”后记

值此上海人民出版社推出我的“著作集”四书之际，需要写篇总的后记，讲一下这几本书的成书过程以及修订情况。

1982年我在复旦哲学系攻读中哲硕士学位时，就开始从事阳明学特别是阳明后学的研究，至今正好是40年。20世纪80年代末进入日本京都大学博士后期课程，更是将精力集中在阳明后学研究领域，并以此为题提交了学位论文。此后经过翻译、修订、增补的漫长过程，同名博士论文《阳明后学研究》终于在上海人民出版社出版(2003年)，迄今将近20年；十余年后又经较大幅度的修改增订，同在该社刊行(2016年)。若再加上《明末清初劝善运动思想研究》(修订版)在该社的出版(2016年)，可以说，我的学术著作跟上海人民出版社有着很深的缘分。这次该社推出我的“著作集”，以“阳明学系列”命名，收入四部有关阳明学的研究著作，于我而言，这是莫大的荣幸，也是对自己40年来学术研究生涯的一个总结。

《阳明后学研究》(以2016年增订版为例)共分九章，主要以人物个案研究为主，涉及王龙溪、钱德洪、罗念庵、聂双江、陈明水、欧阳南野、耿天台，其中，念庵和双江是从旧著《聂豹·罗洪先评传》(2001年)中抽出，龙溪、德洪、天台三章则在日本留学时已作为单独论文发表,这些人物个案的研究在当时大陆中国哲学界尚属首次。只是王龙溪一章的研究偏重于其思想与道教的互动问题,未涉入其心学理论本身,这是由于序章"现成良知"和第一章"无善无恶"(先后发表于刘东主编《中国学术》第 4 期,商务印书馆,2000 年;《中国学术》第 13 期,商务印书馆,2003 年)这两章不同于人物个案研究而是以问题史考察为重点,几乎就是以龙溪思想为核心而展开的。自龙溪指出"先师提出良知二字,正指见在而言","见在良知"或"现成良知"的问题便成为王门争辩的核心议题,形成了各种王门良知说,而龙溪推演阳明晚年"四句教"而得出"四无说"的观点,更是在王门以及晚明思想界引发了聚讼纷纭的激烈争辩,可以说在阳明学的发展史上,龙溪思想是理解阳明学的重要参照坐标,占有重要的历史地位。此次收入"著作集",删去附录《心学道统论》一文,新增"王时槐论"一章,该文原是《聂豹·罗洪先评传》中的附论,也应算作当时研究阳明后学的成果之一。

在《阳明后学研究》出版同年,学林出版社刊出我的另一部书《明代知识界讲学活动系年:1522—1602》,为配合本"系列"名称,特将"明代知识界"改为"阳明学时代"。在该书初版后记中,我曾说这本书其实是我研究阳明后学的"副产品",这是实话。但正由于是"副产品",所以不免受到 20 世纪八九十年代原始文献资料尚未大量刊行出版的局限,迫使我的资料收集采用了近乎"手工业作坊"的方式,全靠平时跑图书馆得来,虽不至于"上穷碧落下黄泉",但确实做到了"动手动脚找材料"(傅斯年语)。然后通过阅读整理,累积起数十万字晚明士人社群(以王门为主)推动讲学活动的资料,才有上述《系年》之作。时过境迁,21 世纪的当下,不仅明代文献的整理出版有了爆发式增长,而且可以凭借电子人文技术,坐在电脑前就可从各种文献资料库瞬间获取大量的古籍文献资料。在如此优越的条件下,按理对这部旧著应作全面的修订,然而近年来科研教学等各种事务缠身,其压力之重,想必在学术圈内者可以谅察,这导致我根本无法抽身进行修订。幸运的是,素昧平生的江苏师范大学兰军博士热衷于明代讲学活动的研究,经人介绍,他自告奋勇承担了《系年》的全面修订工作,并新增了近8万字的材料。所以在此必须郑重地向兰军博士表示衷心感谢!不过需要说明的是,兰军博士新增部分大多是根据"阳明后学文献丛书"等新出的各种标点本进行收集整理的,与我的原著主要使用原刻本不同。

《系年》一书关注16世纪20年代以降80年间,以阳明后学为主的士人社群如何积极投身社会讲学的活动状况,而这场讲学运动具有跨地域以及超越身份限制的特征,通过儒家精英的这些讲学活动使得儒家经典知识得以转化为士庶两层社会都能普遍接收的常识,加速了儒学世俗化的转向;同时也使我们发现那些心学家投身讲学表现出某种宗教传教士一般的热诚,这在整个中国历史上是非常少见的。在他们的观念中,有必要重新接续孔子"席不暇暖"从事讲学的思想精神,而儒家讲的"万物一体之学"更有必要转化出"万物一体之政",并通过"政学合一"的互动方式来推动社会秩序的重建。质言之,阳明心学倡导个体精神的自我转化只是初级目标,通过自我转化以推动社会转化,并使这种双重转化得以同时推进,以实现社会转化和秩序安定,才是心学理论乃至儒家思想应追求的终极目标。

《泰州学派思想研究》(收入吴光主编"阳明学研究丛书",中国人民大学出版社,2009年,原书名无"思想"两字)是我研究阳明后学的最后一项计划,至此,我对阳明后学的三大板块:浙中、江右、泰州的研究，总算告一段落。绪论“泰州学派的重新厘定”对黄宗羲《明儒学案》“泰州学案”所设立的思想标准进行了批判性反思，指出黄宗羲一反其设计六大“王门学案”的标准——即以地域出身和师承关系为设准，在“泰州学案”的设定中，他将出身地域不同、又无明确师承关系的一些人列入“泰州学案”，遂致整部“学案”成了一锅“大杂烩”。李卓吾且不论，因为黄宗羲在《明儒学案》中完全无视他的存在，姑就泰州学案所列的赵大洲、耿天台、管东溟、周海门等人物思想来看，他们何以跟王心斋开创的泰州学派有关是令人怀疑的。在对“泰州学案”作出重新厘定之后，我将视角集中在王心斋、王东厓、王一庵、何心隐、颜山农、罗近溪六人身上，着重探讨了心斋和近溪，其中心斋虽只占一章，然此章篇幅长达全书三分之一强，近溪一章大约占了四分之一，这是从《罗汝芳评传》(2005 年)中抽出的。趁此次新版，增加一篇前年所作《“名教罪人”抑或“启蒙英雄”？——李贽思想的重新定位》(《现代哲学》第 3 期，2020 年)一文，庶几可为泰州学派研究画上句号。尽管李贽算不上泰州学派中人，然通过对其思想的定位，或可为我们重新观察泰州学派提供另一条思路。我的看法是，骂李贽为“名教之罪人”(于孔兼语)、对泰州学人作出“遂复非名教之所能羁络”(黄宗羲语)这类“定谳”式的判语，这不过是儒家精英对活跃于底层社会的民间儒家学者所显示的一种傲慢，并不意味着泰州学人真有反儒学、反传统的所谓“启蒙精神”。

《〈传习录〉精读》是我 1999 年为博士生开设“传习录精读”课程的讲稿，后经反复讲述和文字修订，由复旦大学出版社刊行于 2011 年。不知何故，出版之同年便连续印刷 4 次，此后由于所谓“电子书”悄然上市，该书就再也没有了加印或重版的机会。

其实,这部讲稿并不算通俗性读物,尽管在讲述时需要考虑基本知识的普及,但重点却放在对阳明心学思想体系的深入解读,因而打乱了《传习录》文本条目的次序,将其纳入到阳明学的思想结构中进行了重新组合,目的在于揭示阳明学的义理构架及其思想内涵。因而题名中的"精读"只是意指通过对《传习录》的深入解读,以展示阳明心学的哲学意义及其所蕴含的"问题"。此次收入"著作集",另增两篇近年写的文章《论王阳明"一体之仁"的仁学思想》(《哲学研究》2017年第1期)和《作为良知伦理学的"知行合一"论——以"一念动处便是知亦便是行"为中心》(《学术月刊》2018年第5期),以图本书的阳明学研究得到进一步充实。

以上四书收入我的"著作集"之际,未作任何文字的修订,新增几篇附录及相应的篇幅调整,已如上述。各书的文字校对则由苏杭博士后、郎嘉晨、崔翔博士生以及范旭和曹宇辰硕士生代劳,对于他们的辛苦付出,我要表示感谢!虽然各书原有的后记被一并取消,但其中写下的"鸣谢词"则永远有效。最后衷心感谢上海人民出版社原社长,现任上海市社联党组书记、专职副主席王为松先生,承其关爱,本"著作集"才得以问世;感谢上海人民出版社赵伟、任健敏等编辑朋友,使我很荣幸能将自己近40年来的阳明学研究之成果奉献给广大读者。

吴 震

2022年11月18日

图书在版编目(CIP)数据

阳明后学研究:重修增订本/吴震著. —上海:
上海人民出版社,2023
(吴震著作集.阳明学系列)
ISBN 978-7-208-17962-2

Ⅰ.①阳… Ⅱ.①吴… Ⅲ.①哲学思想-研究-中国
-明代 Ⅳ.①B248.05

中国版本图书馆 CIP 数据核字(2022)第 177904 号

责任编辑 赵 伟 任健敏
封面设计 胡 斌 刘健敏

吴震著作集·阳明学系列
阳明后学研究(重修增订本)
吴 震 著

出 版 上海人民出版社
(201101 上海市闵行区号景路 159 弄 C 座)
发 行 上海人民出版社发行中心
印 刷 上海盛通时代印刷有限公司
开 本 635×965 1/16
印 张 33.5
插 页 5
字 数 373,000
版 次 2023 年 1 月第 1 版
印 次 2023 年 1 月第 1 次印刷
ISBN 978-7-208-17962-2/B·1656
定 价 158.00 元